SHIGERU MIZUKI 12
KITARO

Aus dem Japanischen von **Gandalf Bartholomäus**
Lettering: **diceindustries**

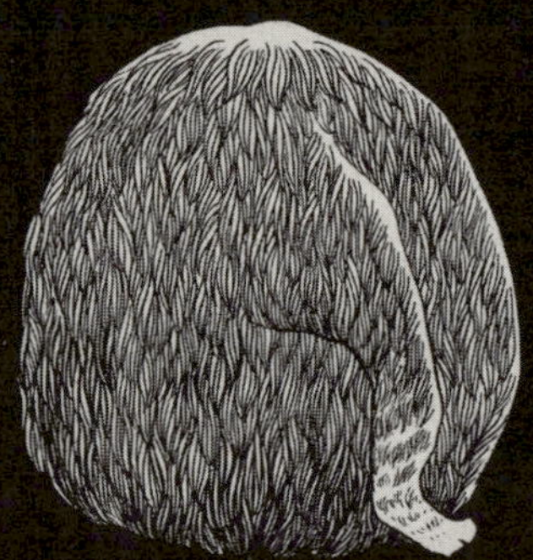

REPRODUKT

KITARO 12

INHALT

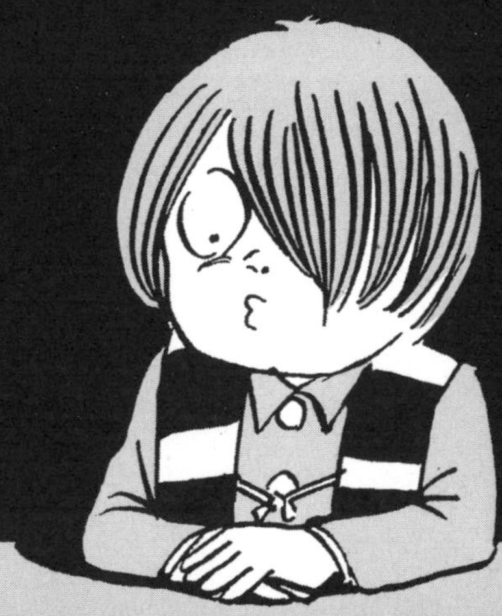

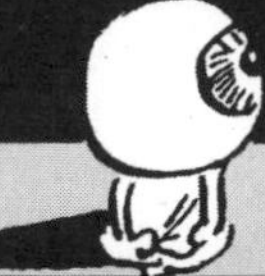

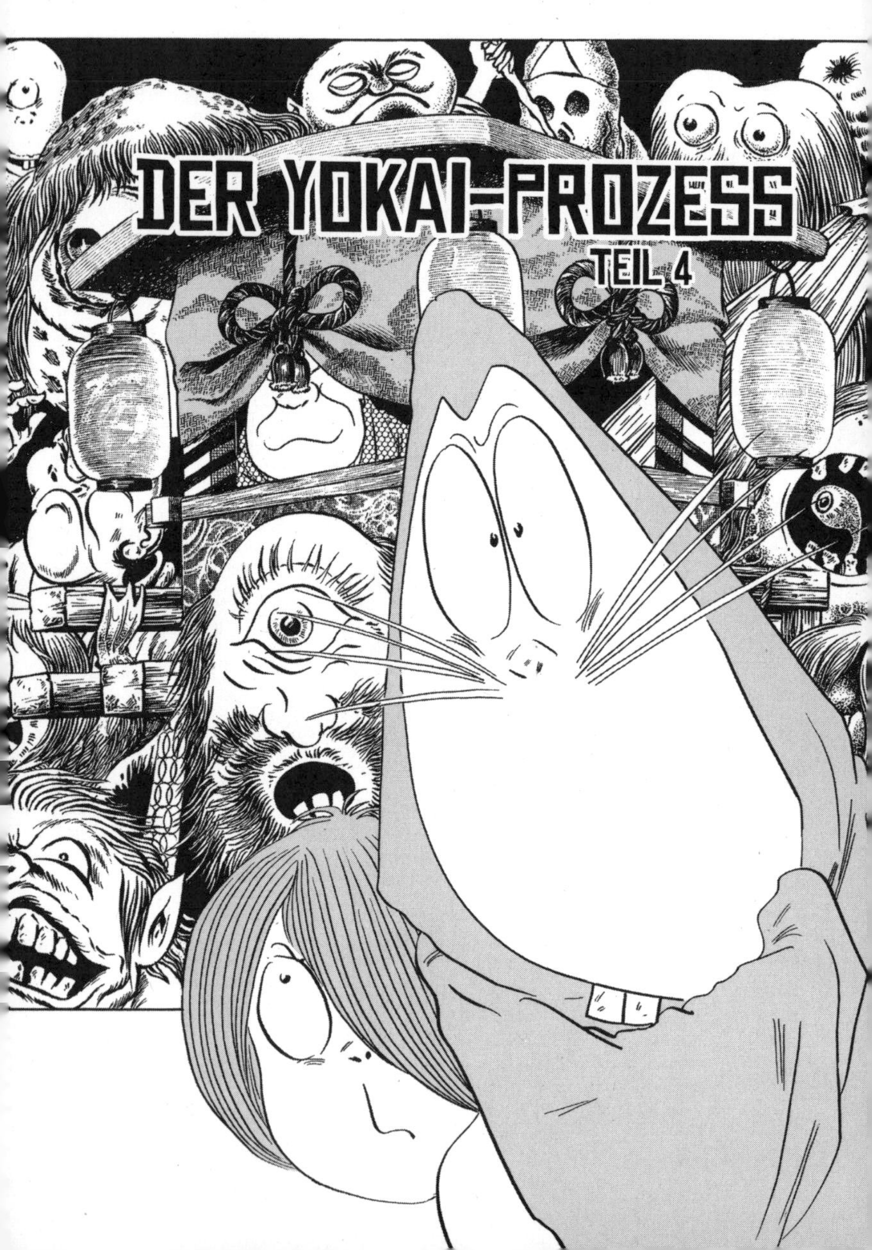
DER YOKAI-PROZESS
TEIL 4

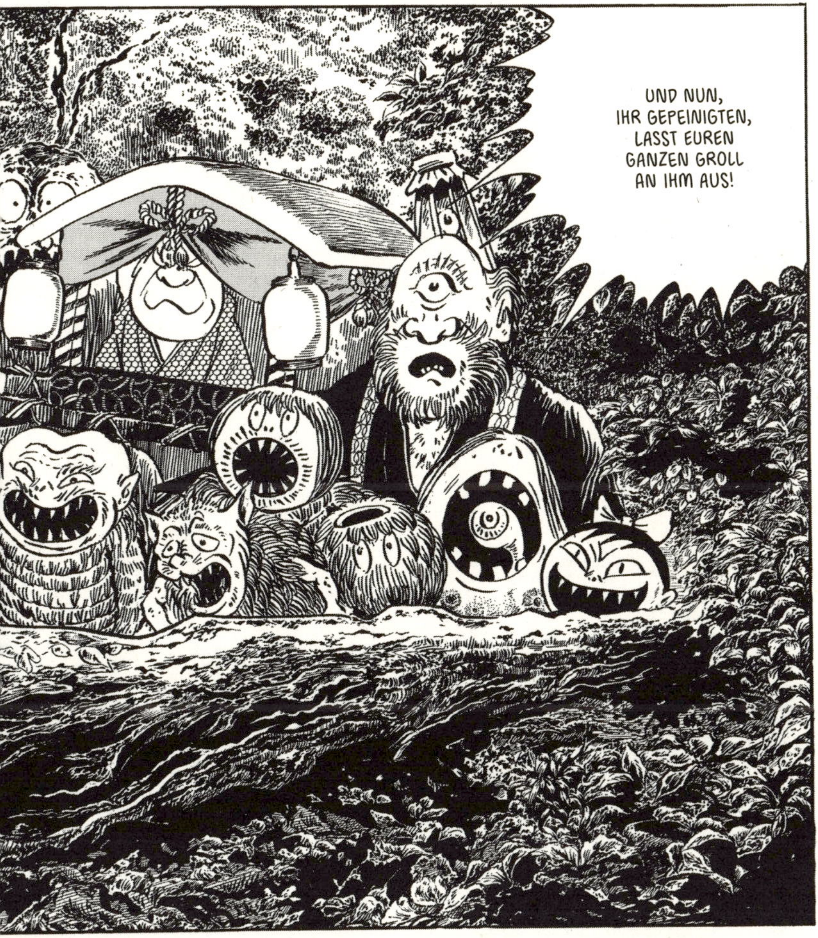

UND NUN,
IHR GEPEINIGTEN,
LASST EUREN
GANZEN GROLL
AN IHM AUS!

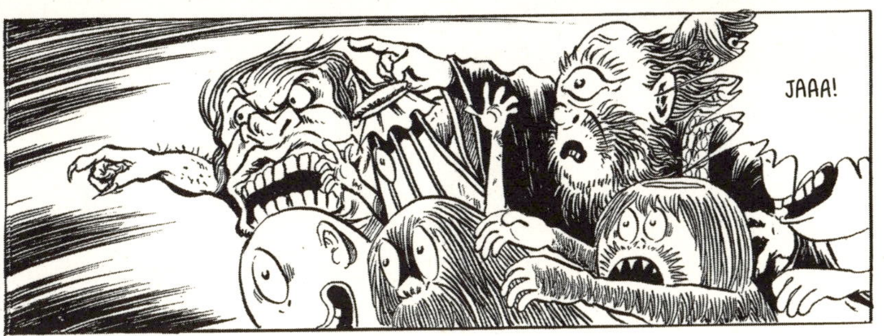

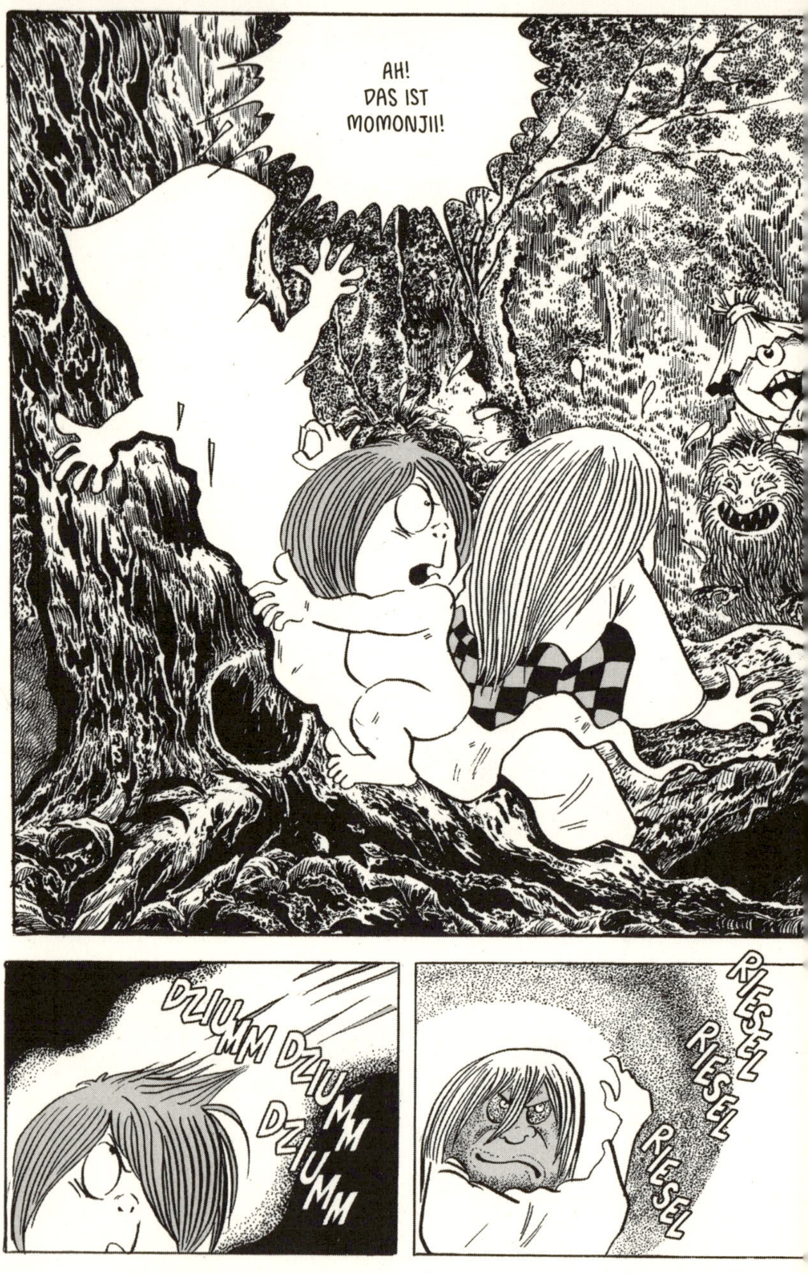

AH!
DAS IST
MOMONJII!

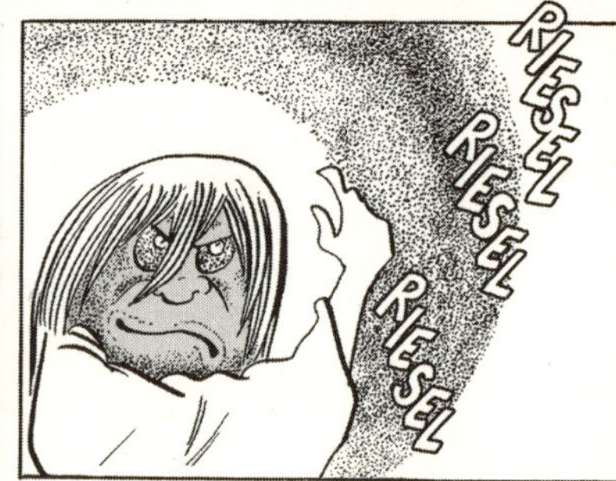

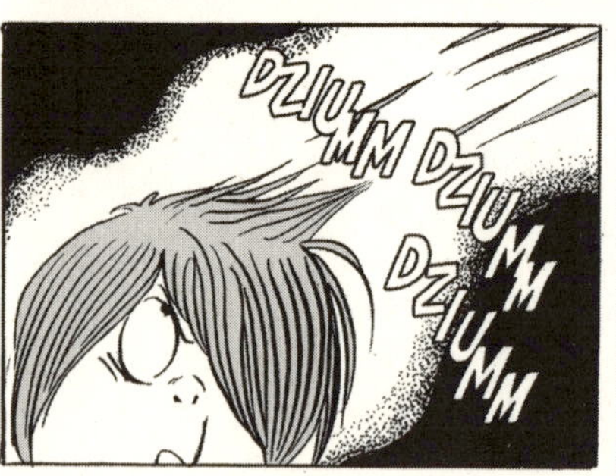

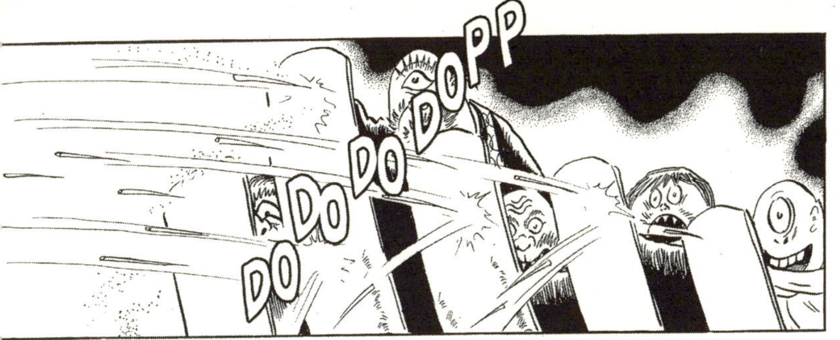
DO DO DO DO DOPP
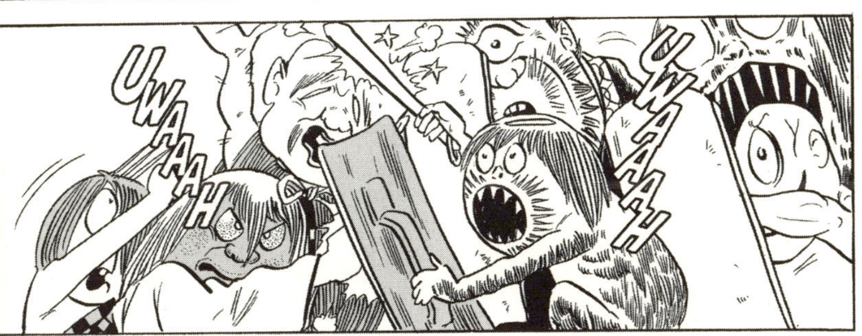
UWAAAH
UWAAAAH
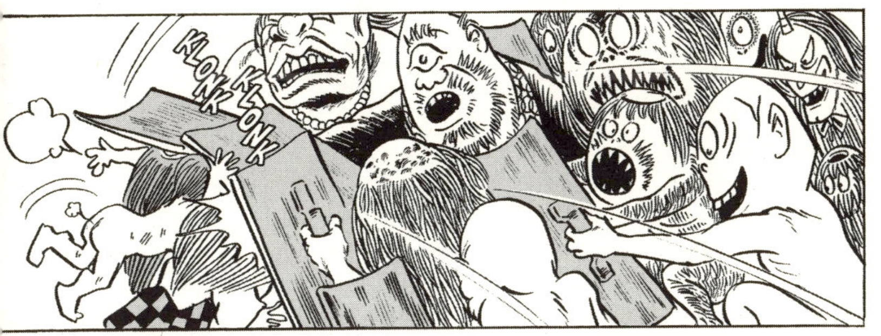
KLONK KLONK KLONK
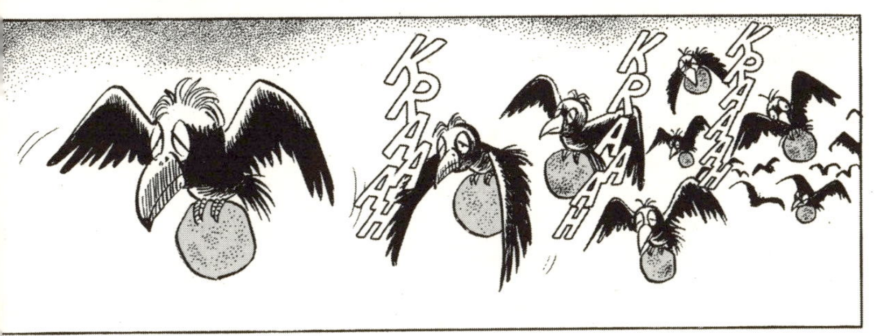
KRAAAH
KRAAAAH
KRAAAAAH

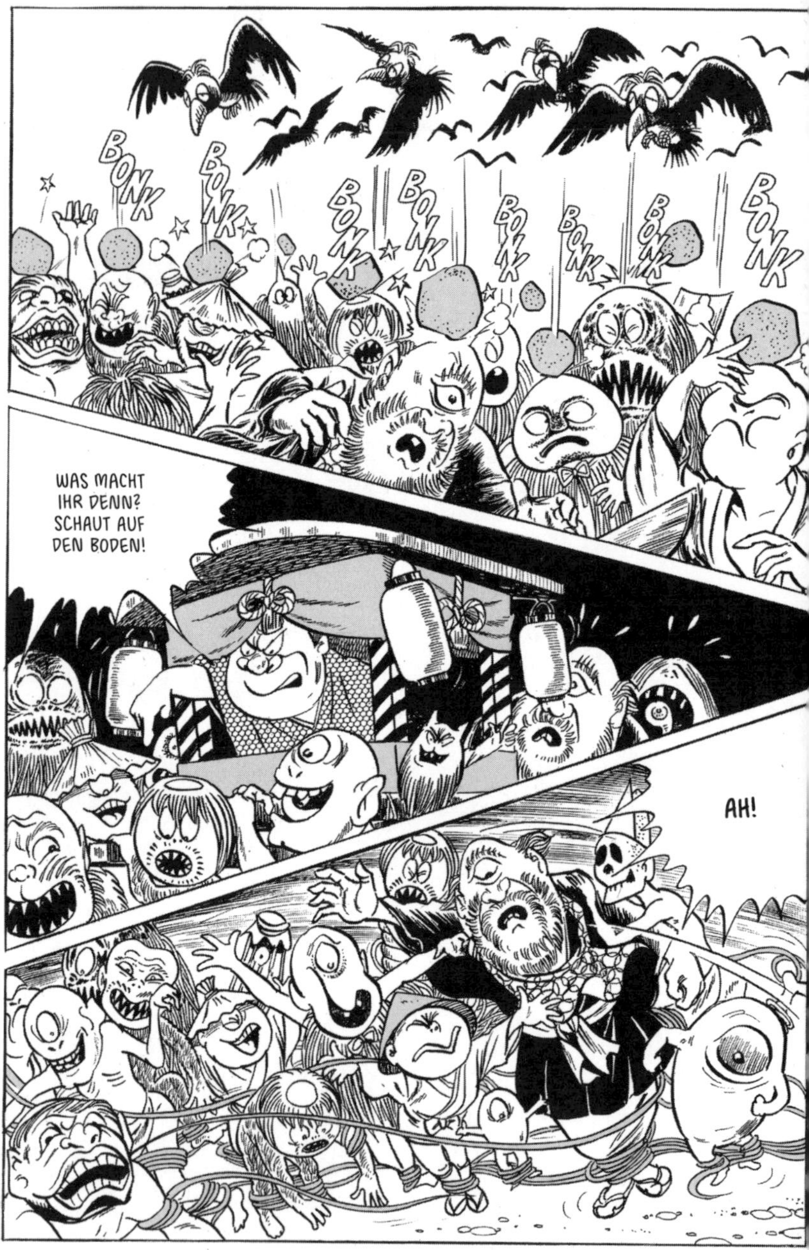
BONK
BONK
BONK
BONK
BONK
BONK
BONK
BONK
WAS MACHT IHR DENN? SCHAUT AUF DEN BODEN!
AH!

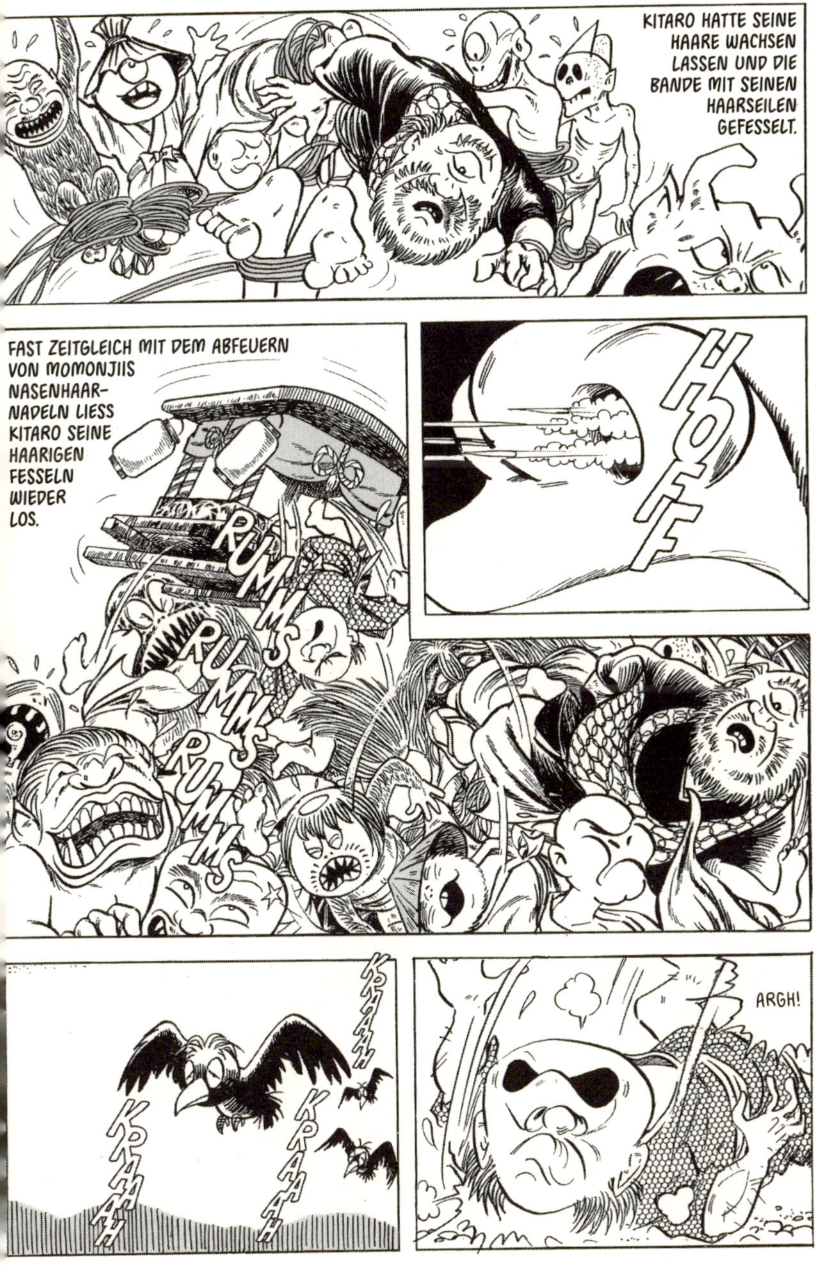

KITARO HATTE SEINE HAARE WACHSEN LASSEN UND DIE BANDE MIT SEINEN HAARSEILEN GEFESSELT.

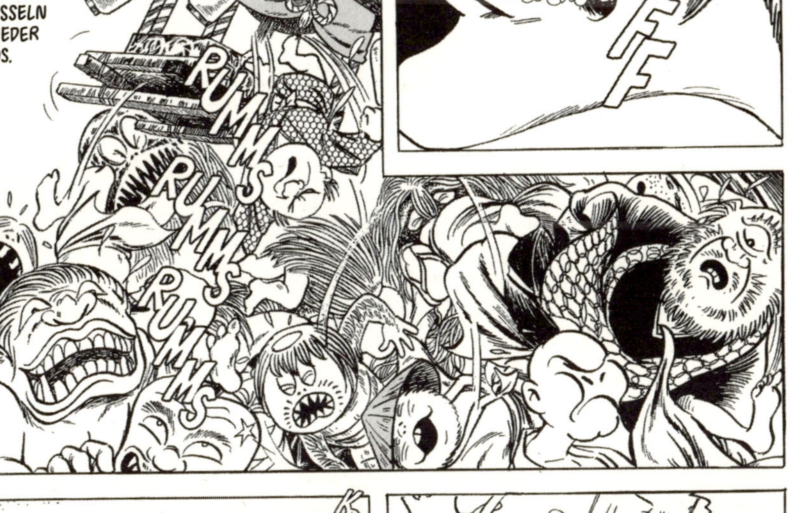

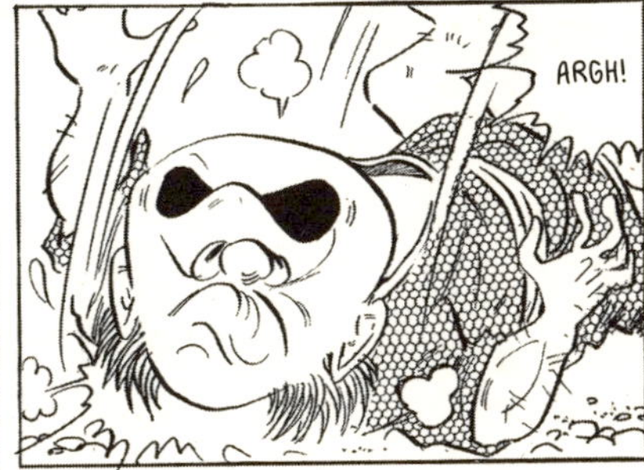

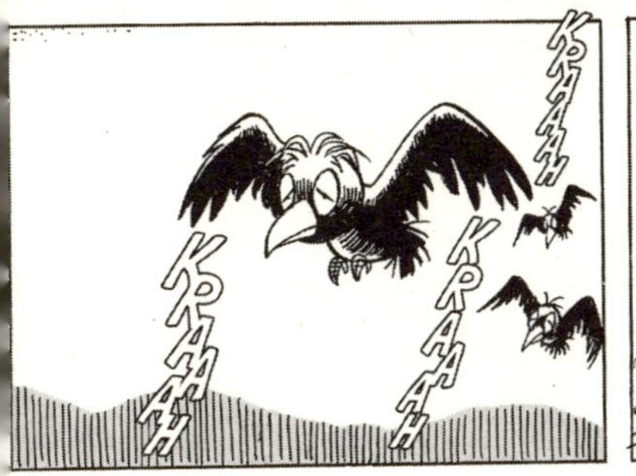

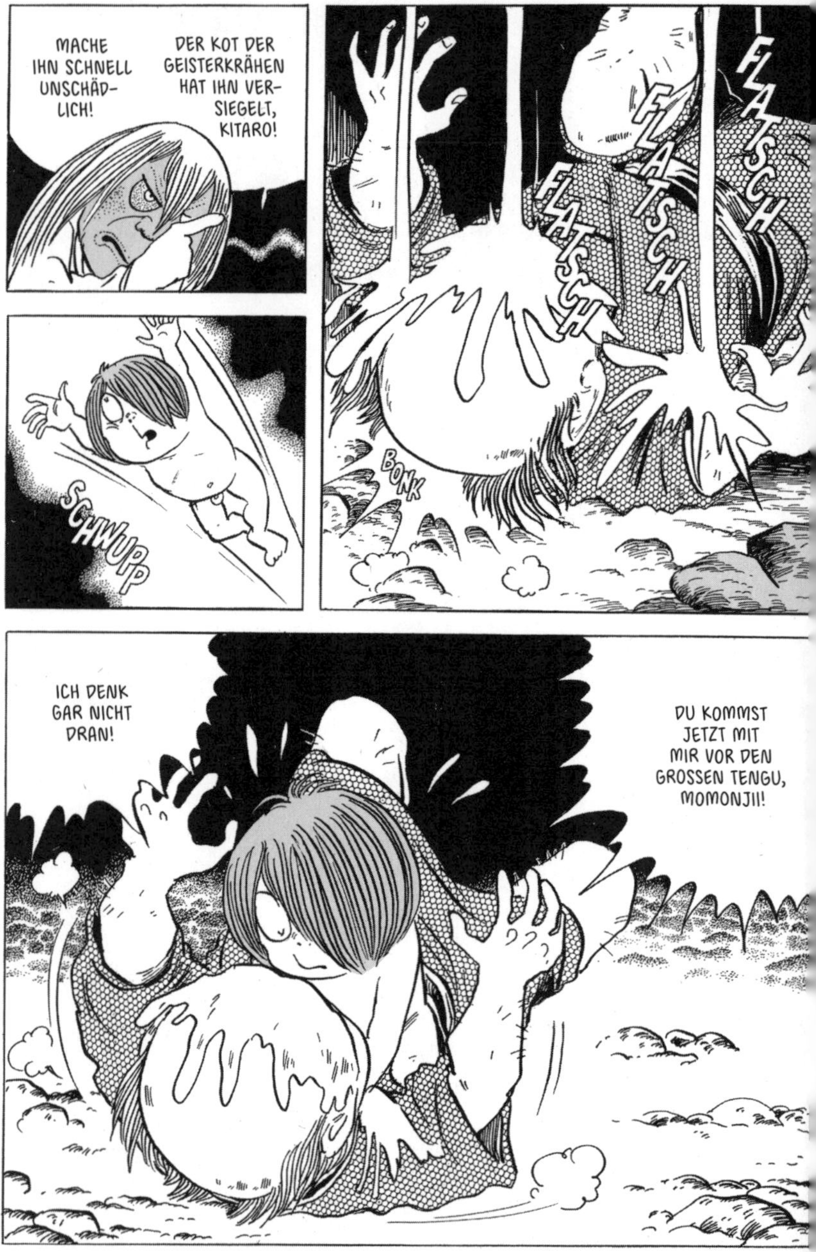

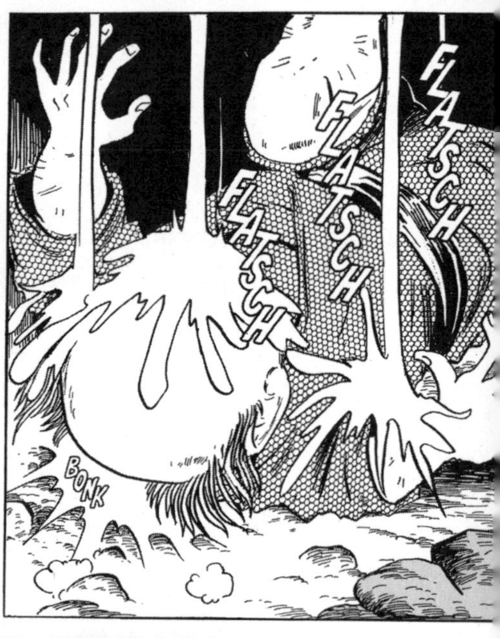

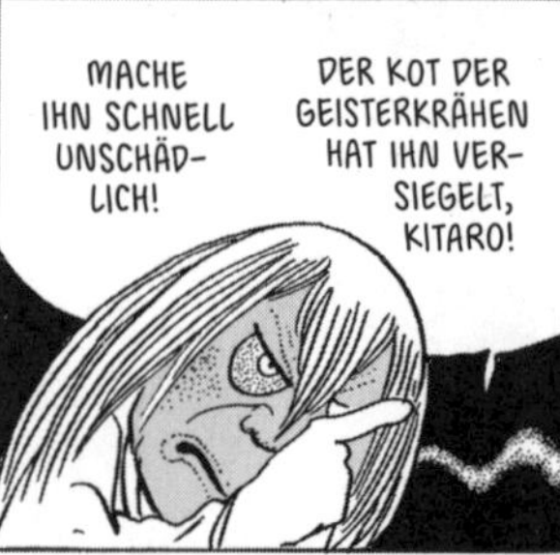

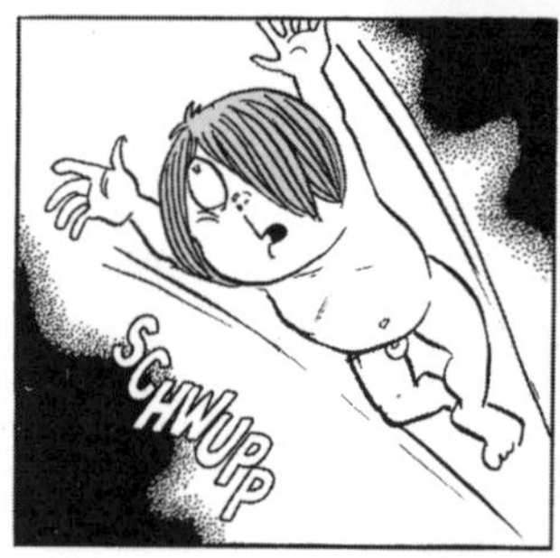

DU KOMMST JETZT MIT MIR VOR DEN GROSSEN TENGU, MOMONJII!

ICH DENK GAR NICHT DRAN!

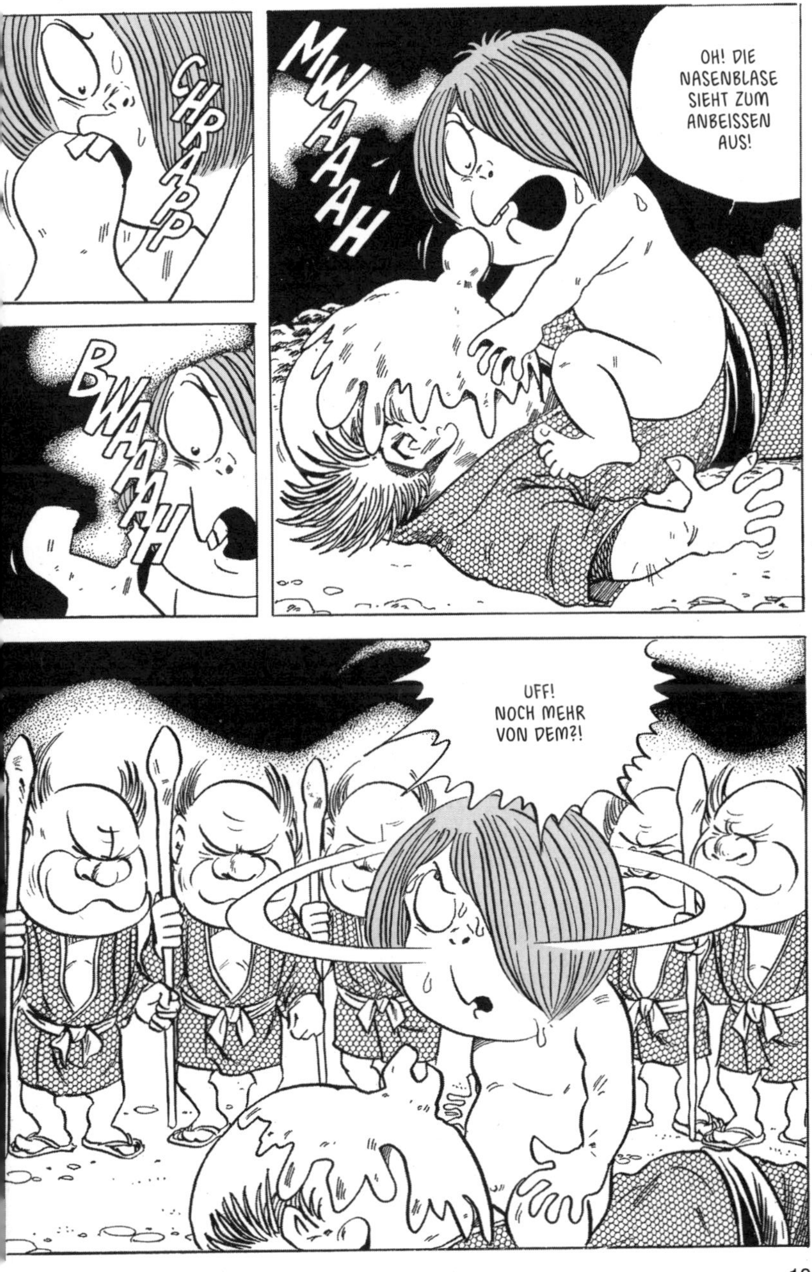

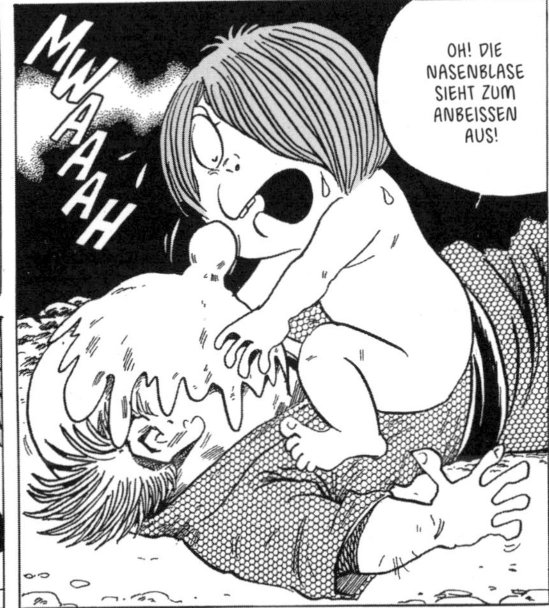
MWAAAH
OH! DIE NASENBLASE SIEHT ZUM ANBEISSEN AUS!

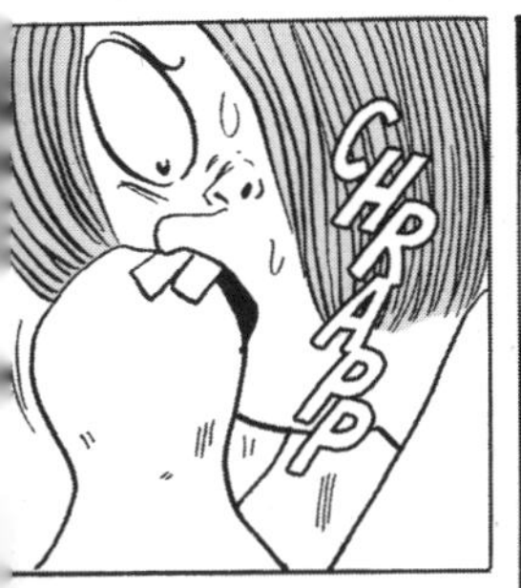
CHRAAPP

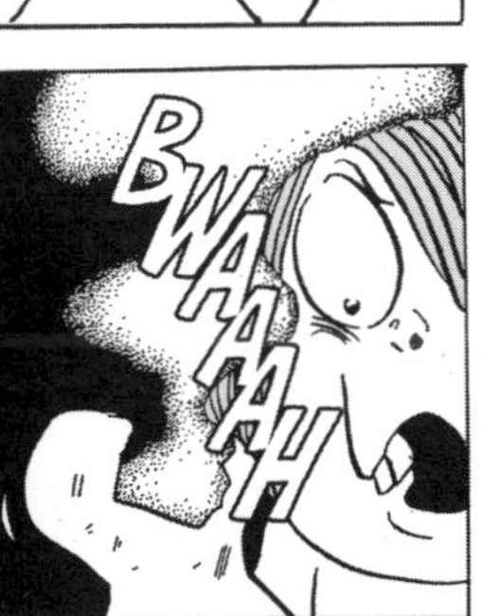
BWAAAAH

UFF!
NOCH MEHR
VON DEM?!

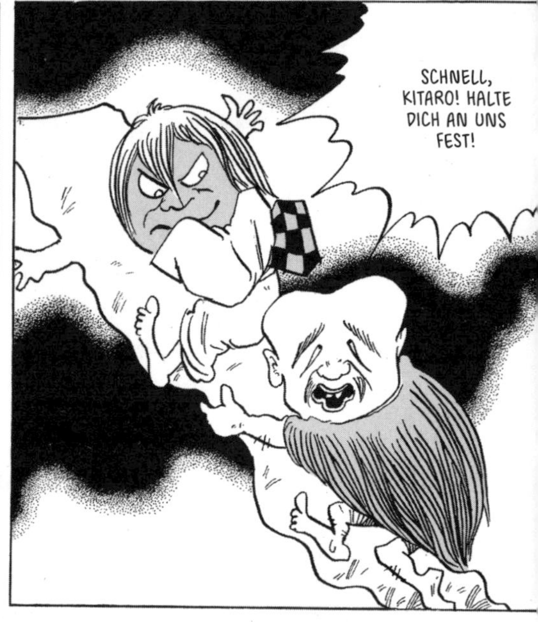
SCHNELL, KITARO! HALTE DICH AN UNS FEST!

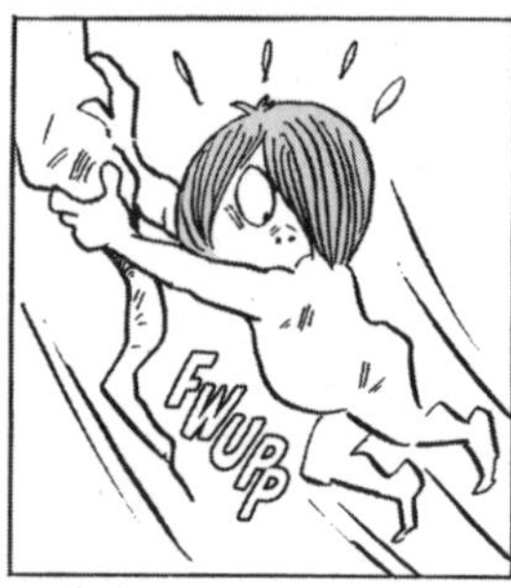
FWUPP

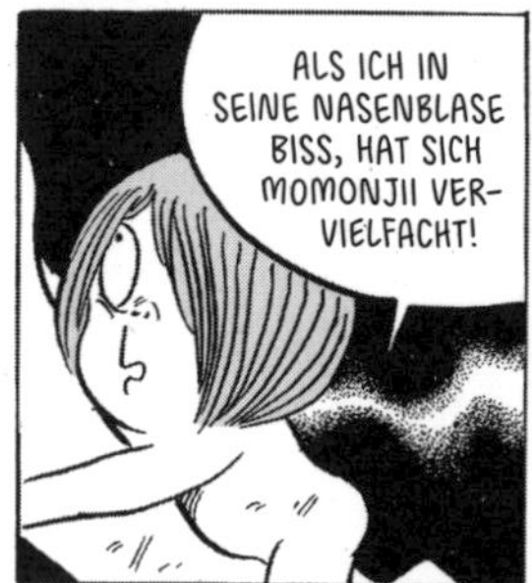
ALS ICH IN SEINE NASENBLASE BISS, HAT SICH MOMONJII VERVIELFACHT!

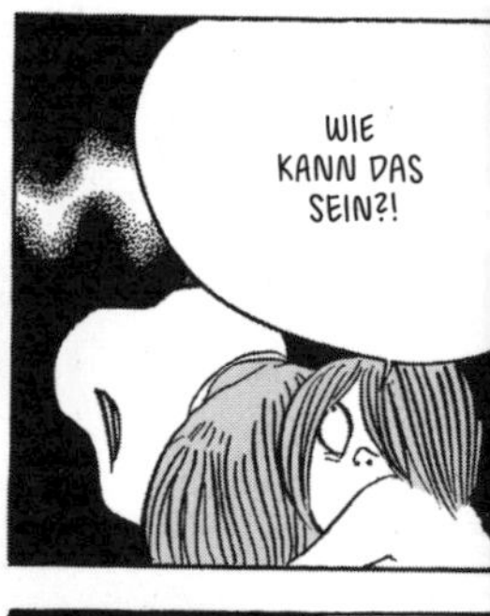
WIE KANN DAS SEIN?!

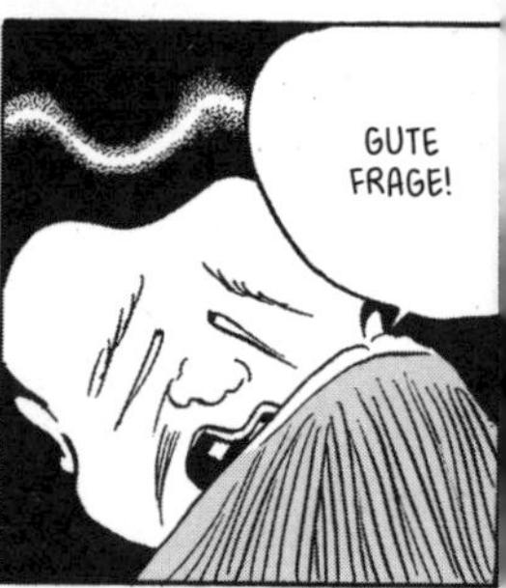
GUTE FRAGE!

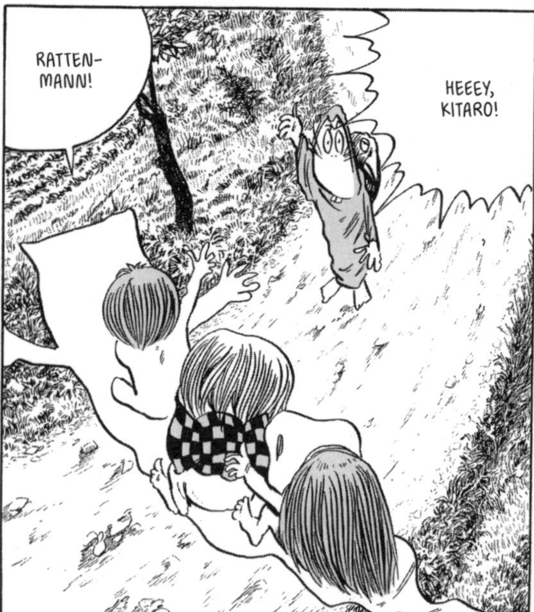
HEEEY, KITARO!
RATTEN-MANN!

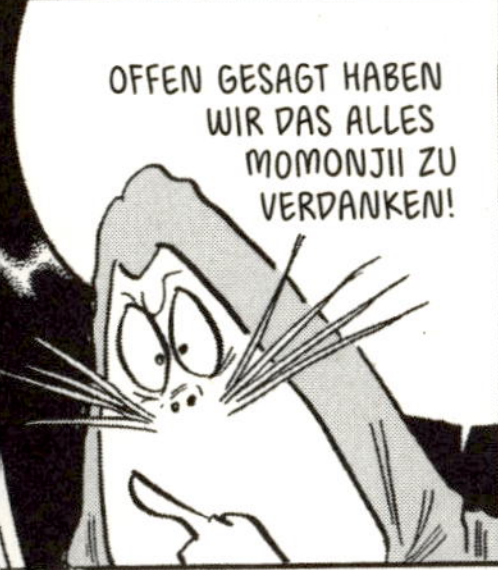
OFFEN GESAGT HABEN WIR DAS ALLES MOMONJII ZU VERDANKEN!

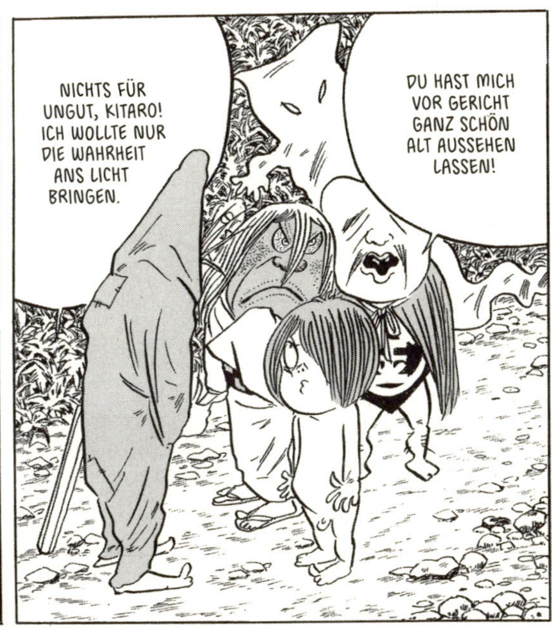
DU HAST MICH VOR GERICHT GANZ SCHÖN ALT AUSSEHEN LASSEN!
NICHTS FÜR UNGUT, KITARO! ICH WOLLTE NUR DIE WAHRHEIT ANS LICHT BRINGEN.

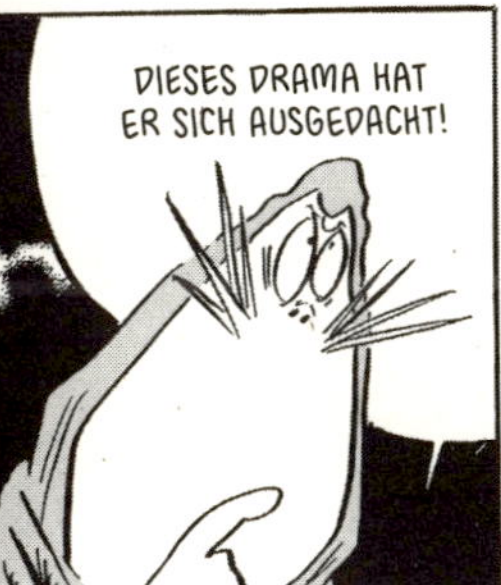
DIESES DRAMA HAT ER SICH AUSGEDACHT!

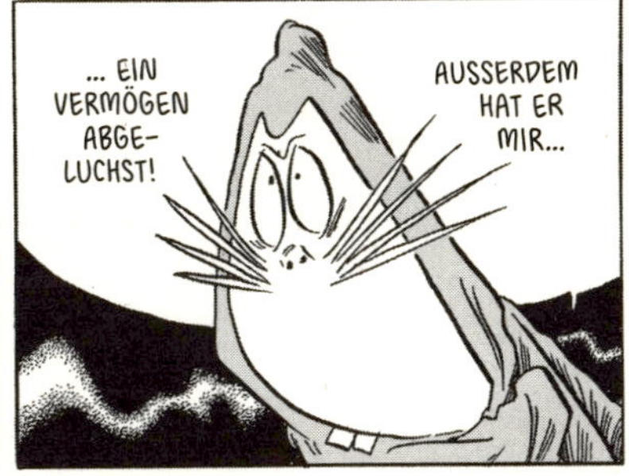
AUSSERDEM HAT ER MIR...
... EIN VERMÖGEN ABGE-LUCHST!

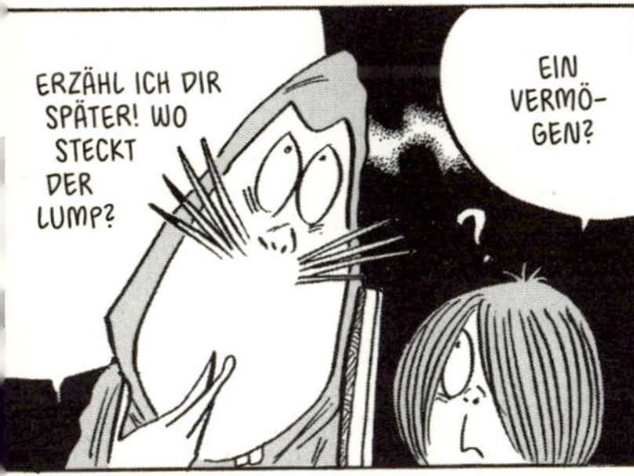
EIN VERMÖ-GEN?
?
ERZÄHL ICH DIR SPÄTER! WO STECKT DER LUMP?

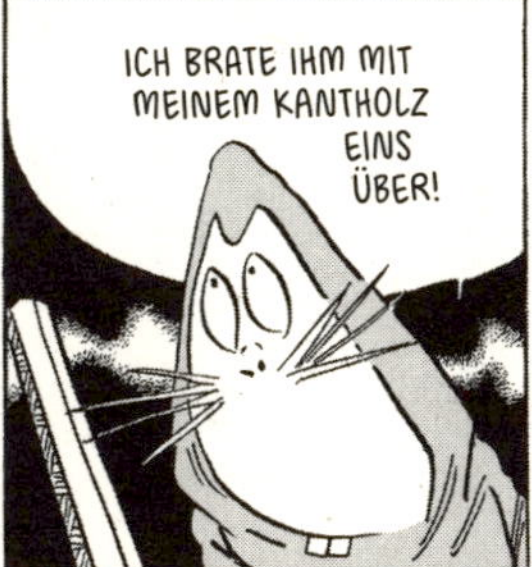
ICH BRATE IHM MIT MEINEM KANTHOLZ EINS ÜBER!

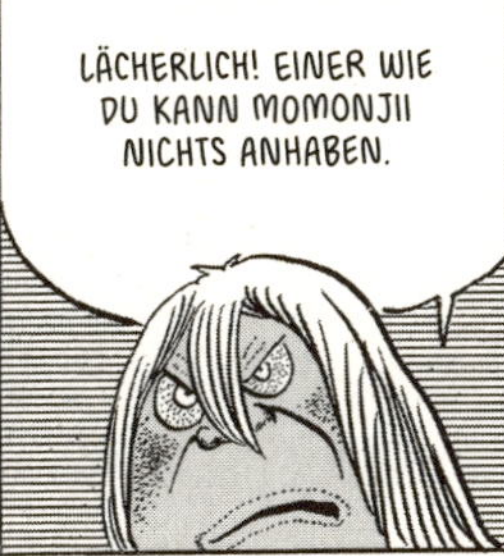
LÄCHERLICH! EINER WIE DU KANN MOMONJII NICHTS ANHABEN.

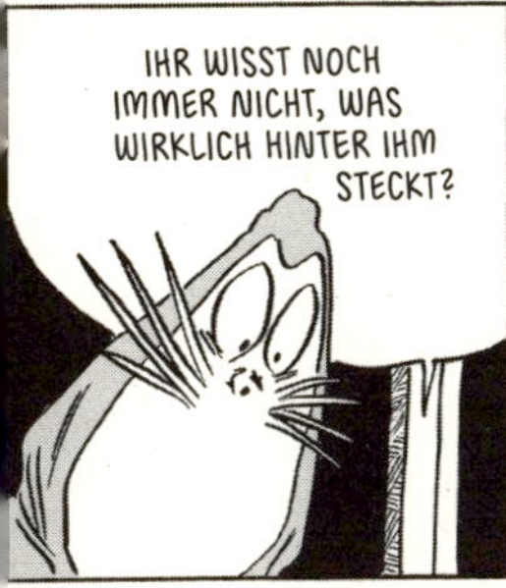
IHR WISST NOCH IMMER NICHT, WAS WIRKLICH HINTER IHM STECKT?

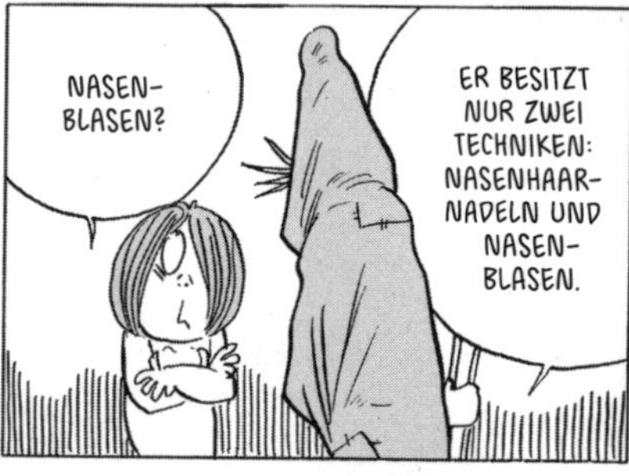
ER BESITZT NUR ZWEI TECHNIKEN: NASENHAAR-NADELN UND NASEN-BLASEN.
NASEN-BLASEN?

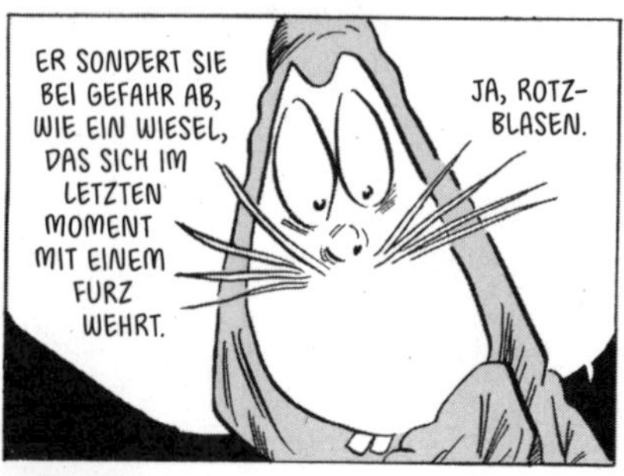
JA, ROTZ-BLASEN.
ER SONDERT SIE BEI GEFAHR AB, WIE EIN WIESEL, DAS SICH IM LETZTEN MOMENT MIT EINEM FURZ WEHRT.

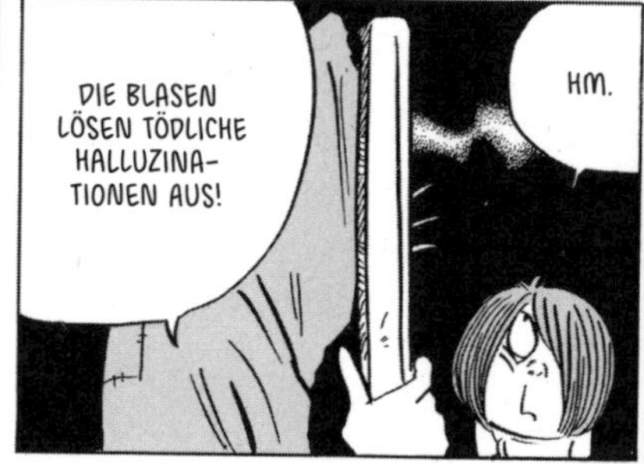
HM.
DIE BLASEN LÖSEN TÖDLICHE HALLUZINA-TIONEN AUS!

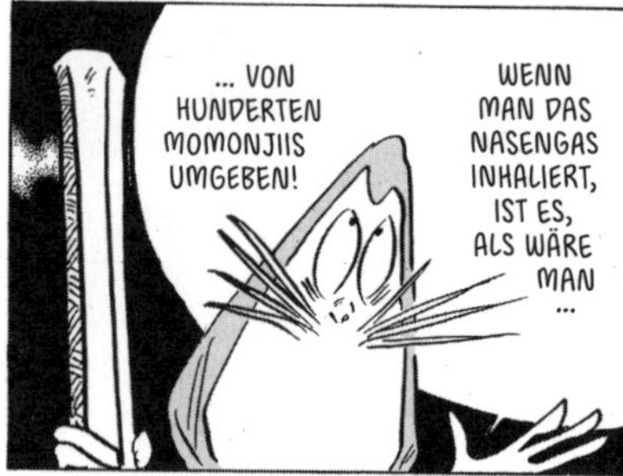
WENN MAN DAS NASENGAS INHALIERT, IST ES, ALS WÄRE MAN …
… VON HUNDERTEN MOMONJIIS UMGEBEN!

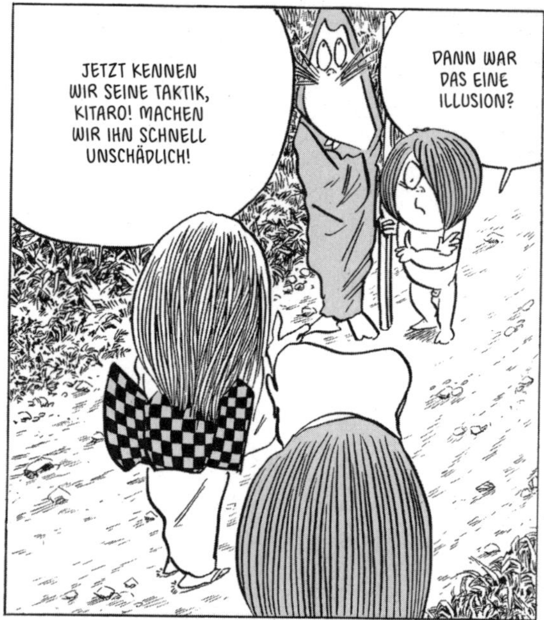
DANN WAR DAS EINE ILLUSION?
JETZT KENNEN WIR SEINE TAKTIK, KITARO! MACHEN WIR IHN SCHNELL UNSCHÄDLICH!

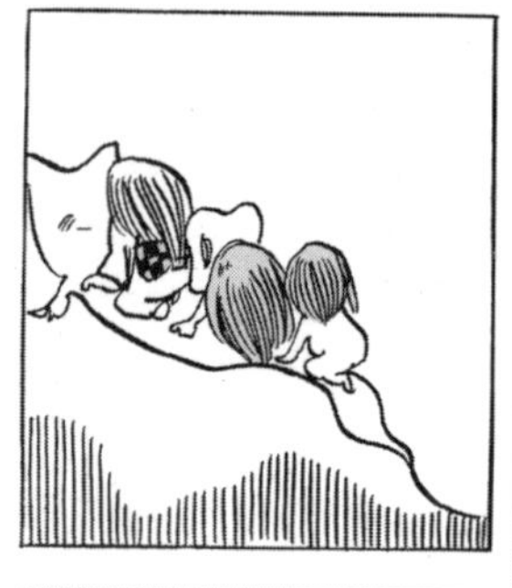

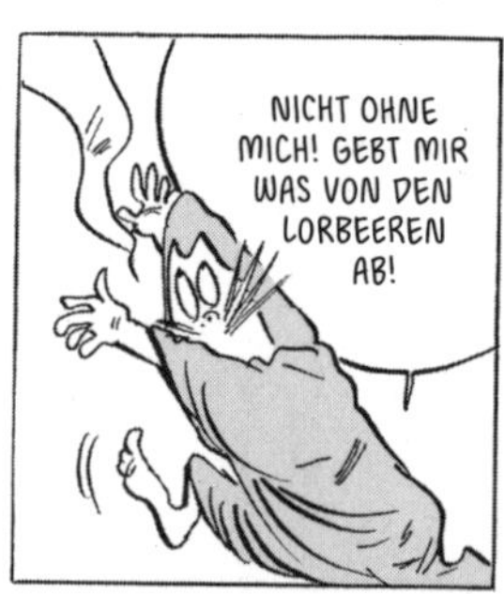
NICHT OHNE MICH! GEBT MIR WAS VON DEN LORBEEREN AB!

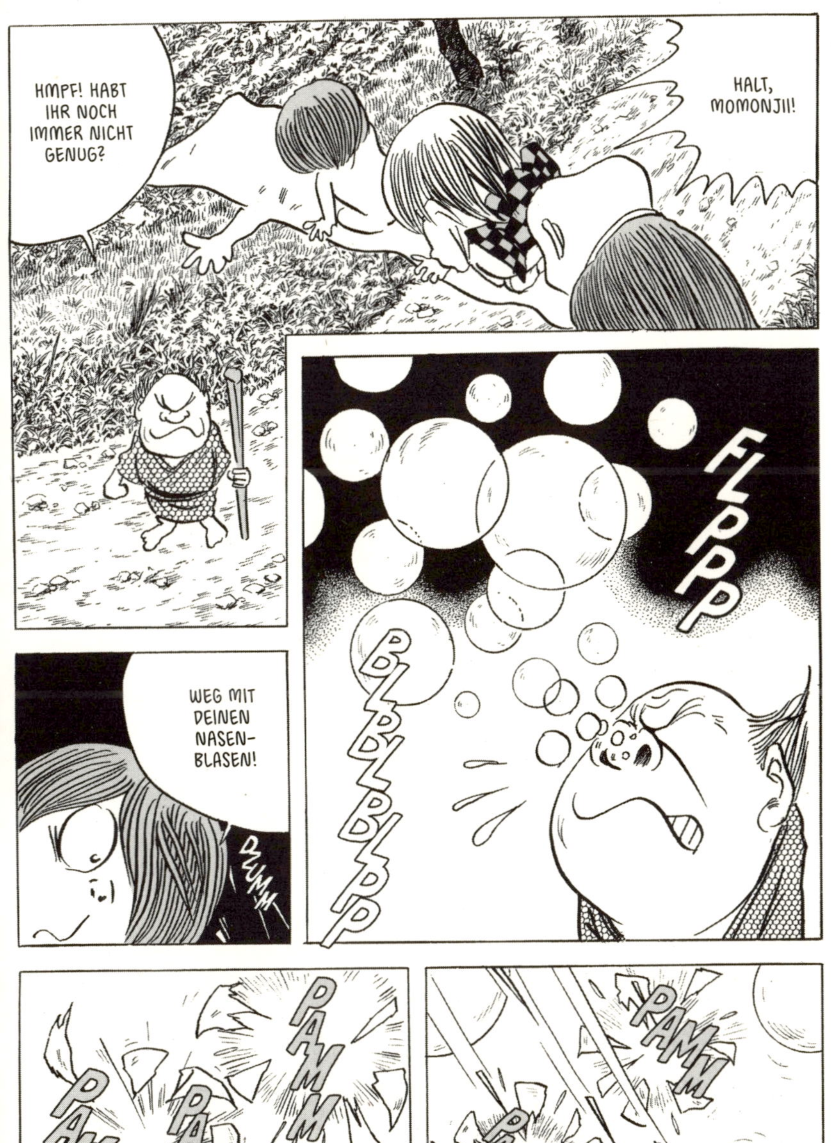
HMPF! HABT IHR NOCH IMMER NICHT GENUG?
HALT, MOMONJII!
FLPPP
BLBLBLBLPP
WEG MIT DEINEN NASEN-BLASEN!
PAMM
PAMM
PAMM
PAMM
PAMM

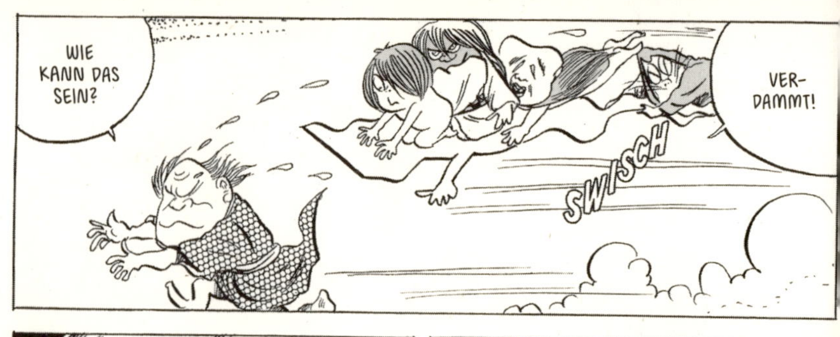
VER-
DAMMT!
SWISCH
WIE
KANN DAS
SEIN?

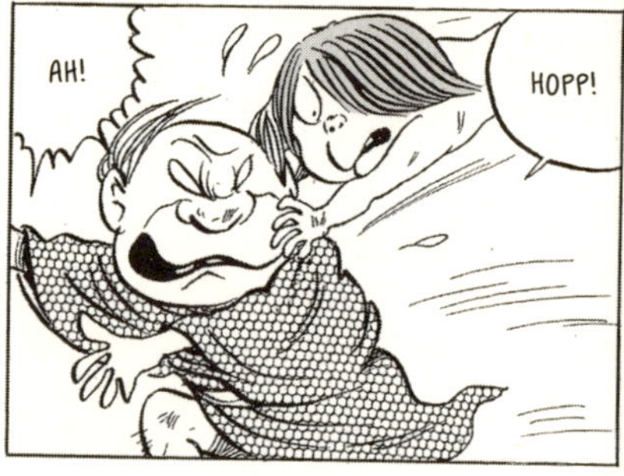
HOPP!
AH!

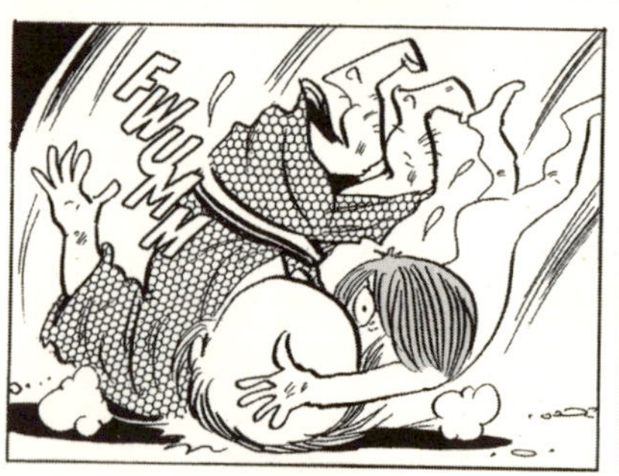
FWUMM

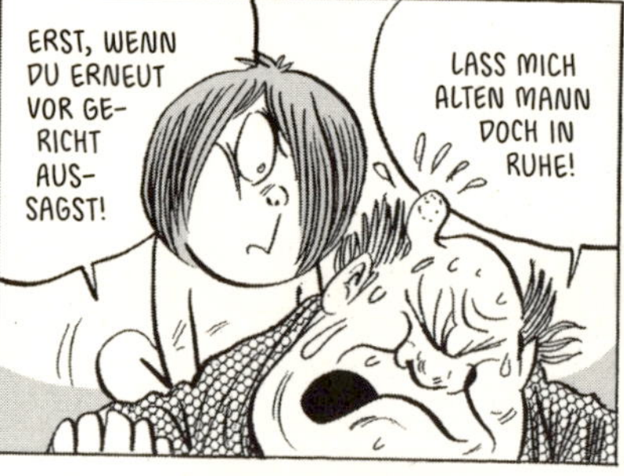
LASS MICH
ALTEN MANN
DOCH IN
RUHE!
ERST, WENN
DU ERNEUT
VOR GE-
RICHT
AUS-
SAGST!

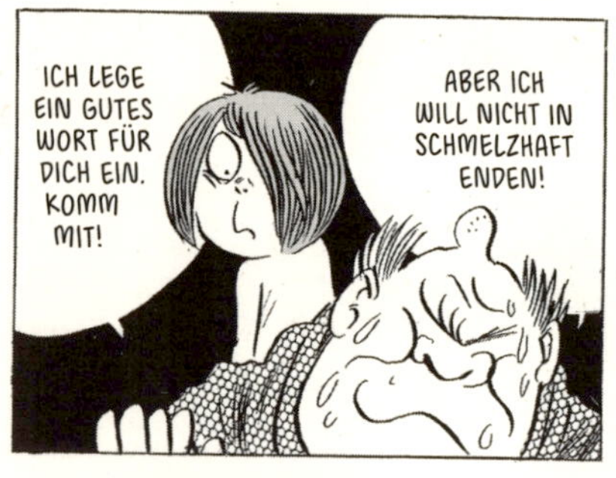
ABER ICH
WILL NICHT IN
SCHMELZHAFT
ENDEN!
ICH LEGE
EIN GUTES
WORT FÜR
DICH EIN.
KOMM
MIT!

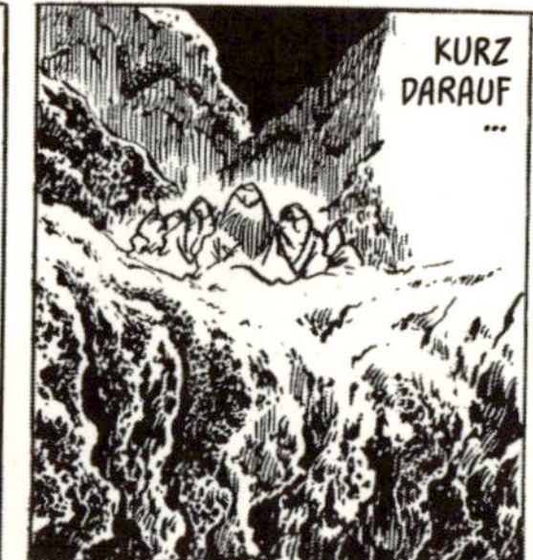
KURZ
DARAUF
...

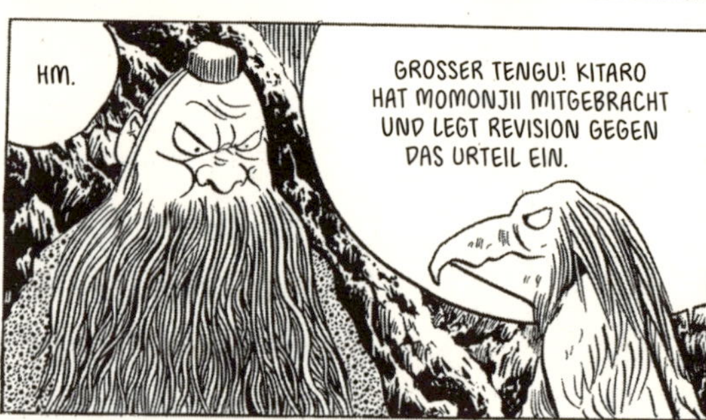
GROSSER TENGU! KITARO
HAT MOMONJII MITGEBRACHT
UND LEGT REVISION GEGEN
DAS URTEIL EIN.
HM.

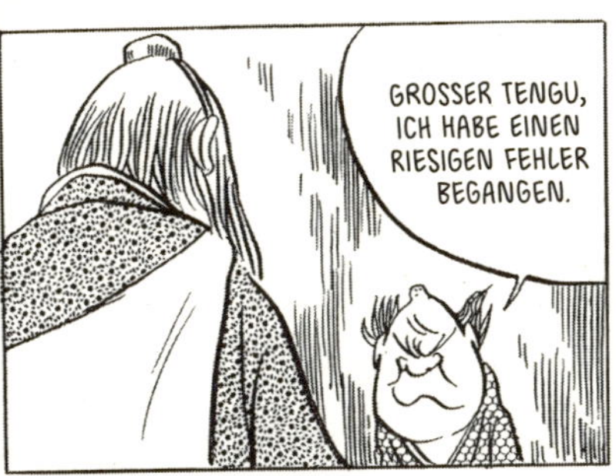
GROSSER TENGU, ICH HABE EINEN RIESIGEN FEHLER BEGANGEN.

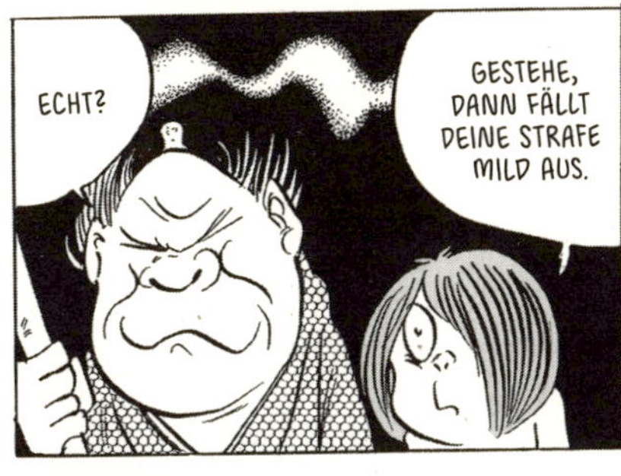
ECHT?
GESTEHE, DANN FÄLLT DEINE STRAFE MILD AUS.

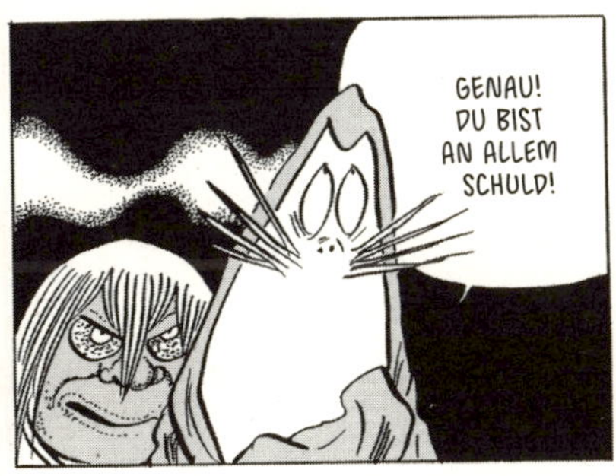
GENAU! DU BIST AN ALLEM SCHULD!

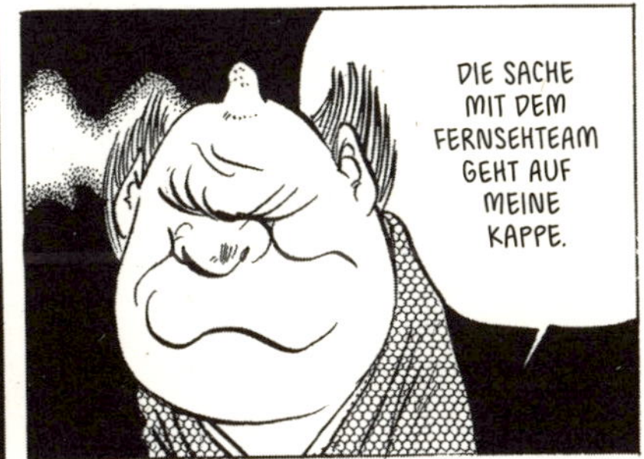
DIE SACHE MIT DEM FERNSEHTEAM GEHT AUF MEINE KAPPE.

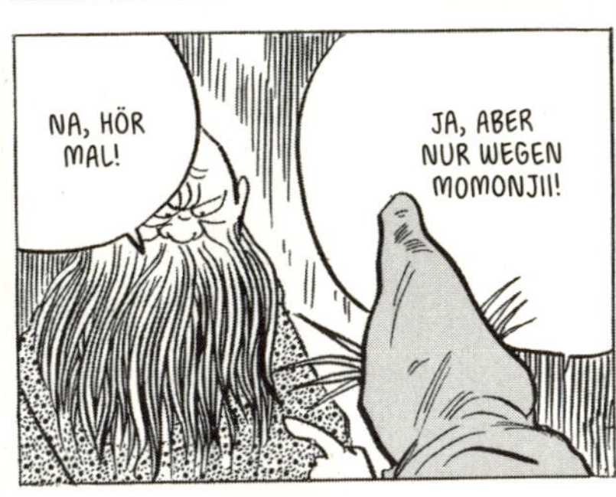
NA, HÖR MAL!
JA, ABER NUR WEGEN MOMONJII!

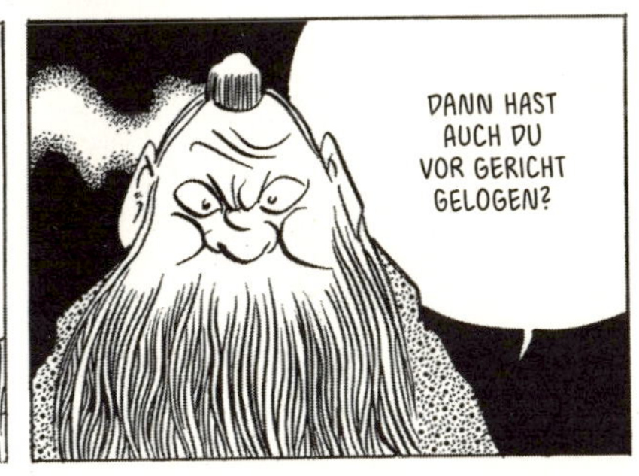
DANN HAST AUCH DU VOR GERICHT GELOGEN?

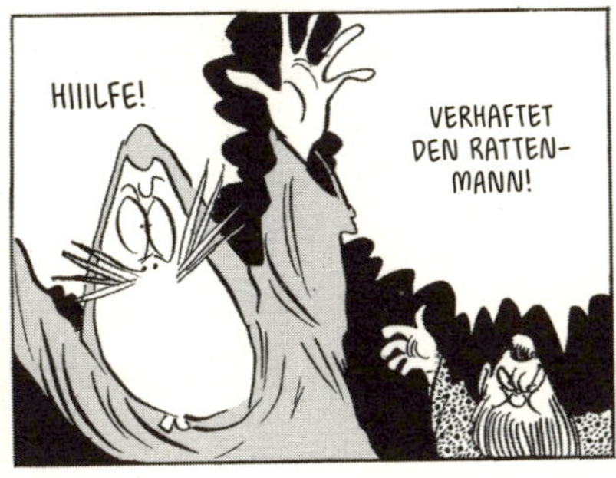
HIIILFE!
VERHAFTET DEN RATTEN-MANN!

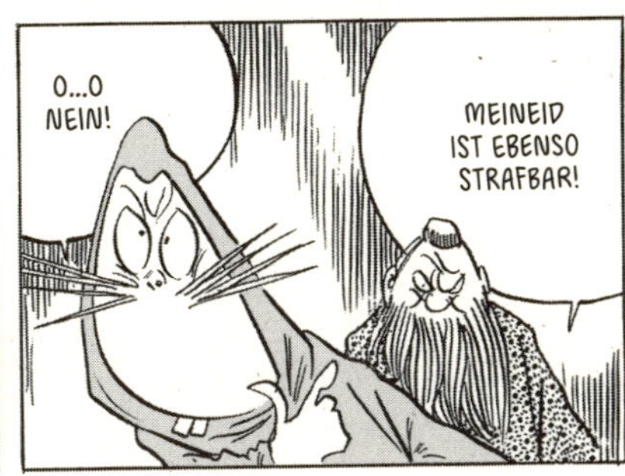
O...O NEIN!
MEINEID IST EBENSO STRAFBAR!

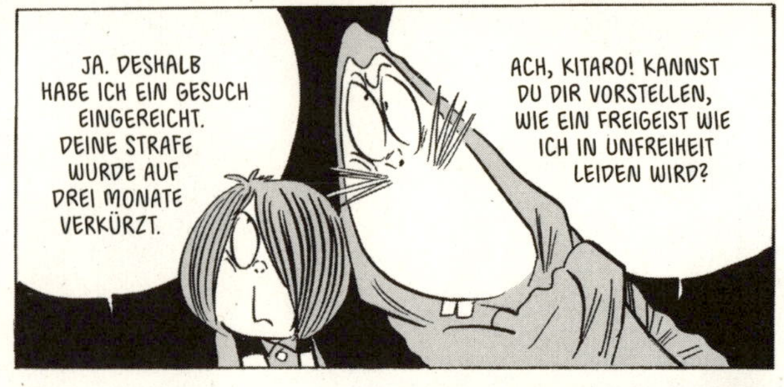

SCHLIESSLICH WURDE MOMONJII ZU DREI JAHREN HAFT VERURTEILT, DER RATTENMANN BEKAM EIN JAHR AUFGEBRUMMT.

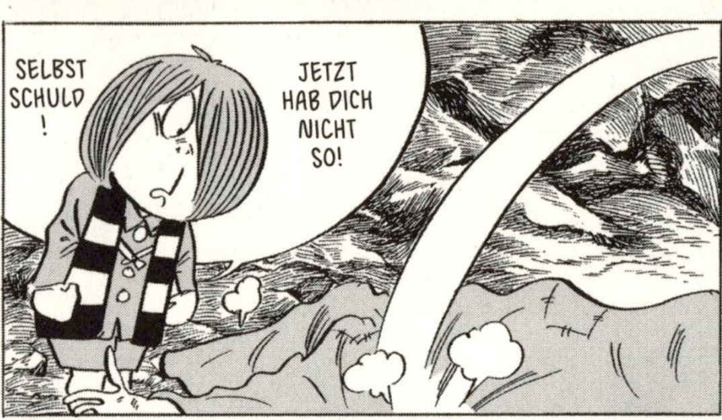

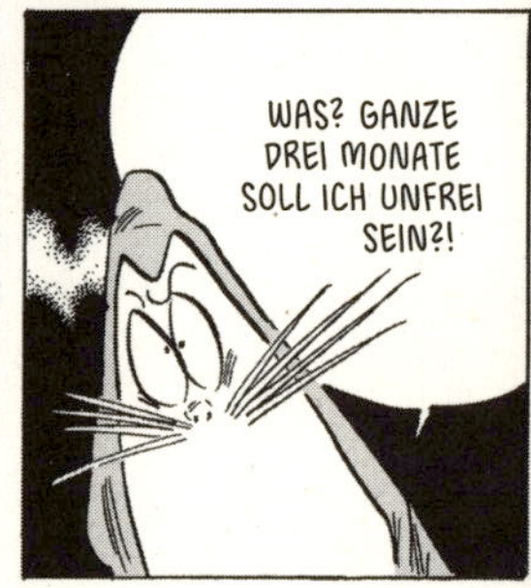

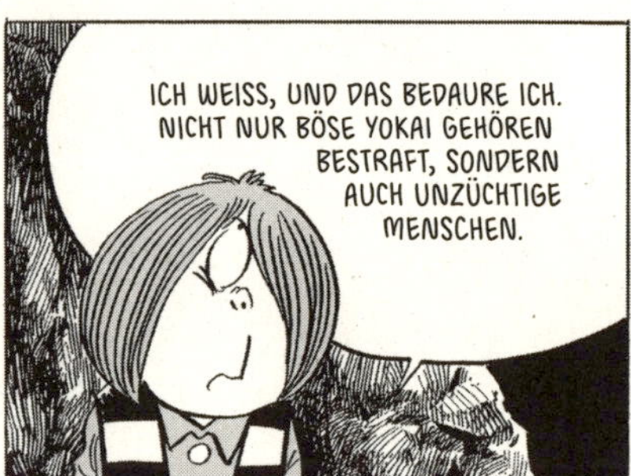

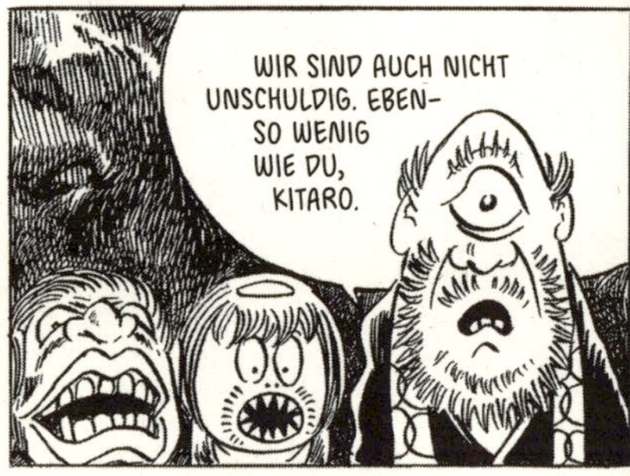

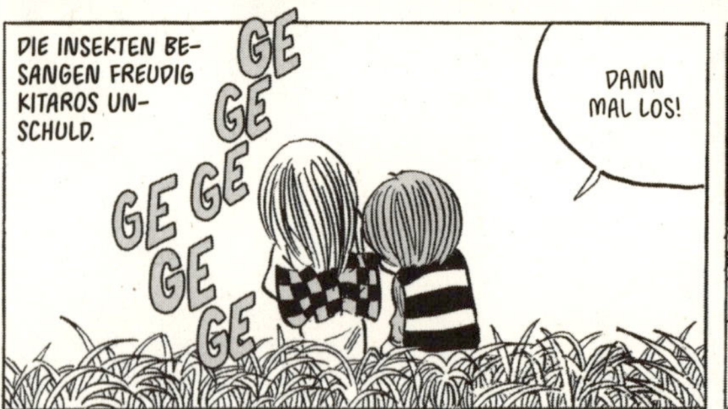

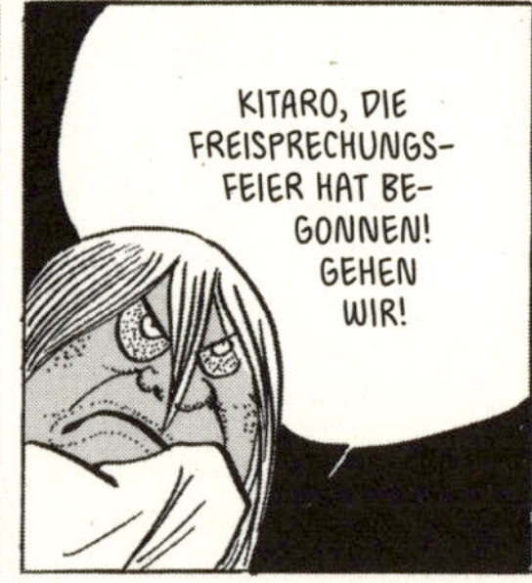

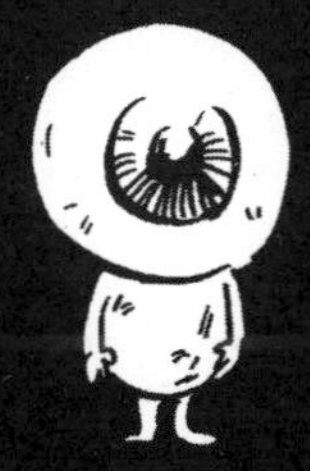

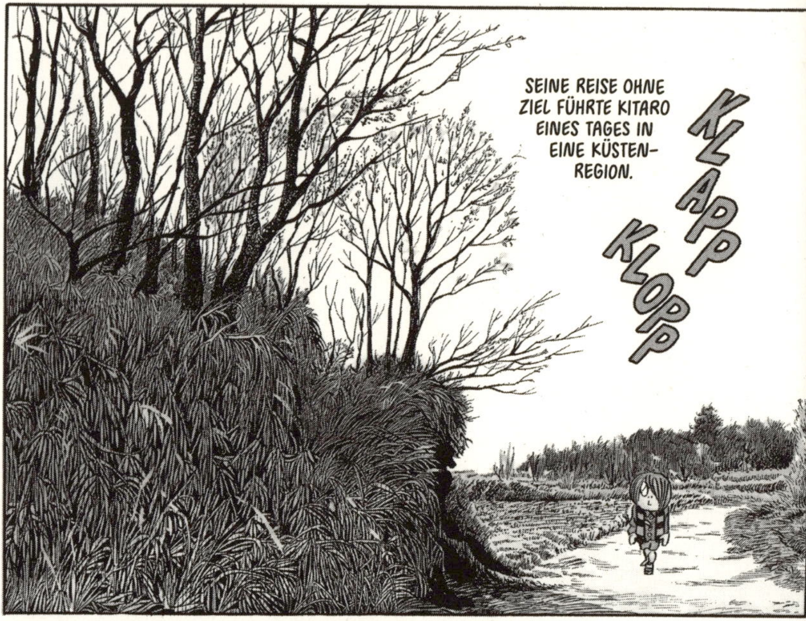

SEINE REISE OHNE ZIEL FÜHRTE KITARO EINES TAGES IN EINE KÜSTEN-REGION.

KLAPP KLOPP

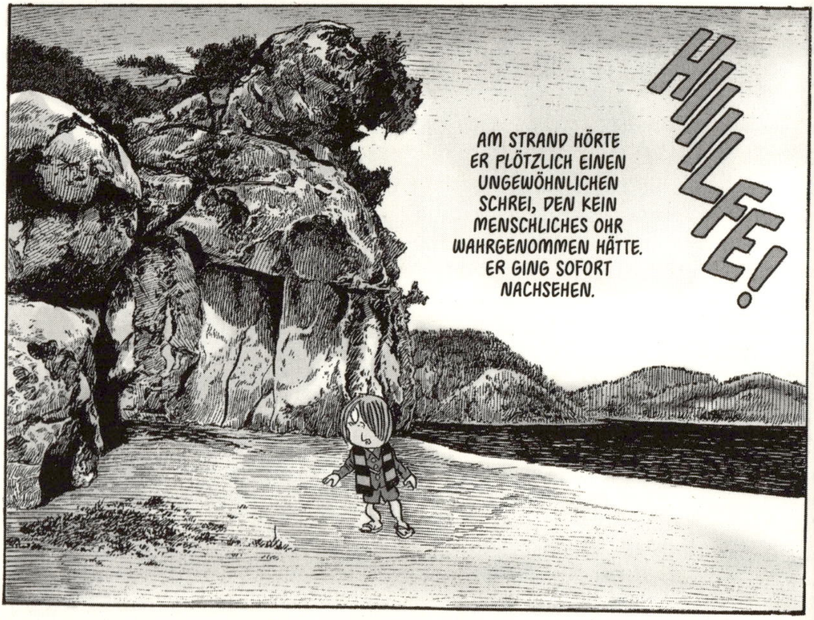

HIIILFE!

AM STRAND HÖRTE ER PLÖTZLICH EINEN UNGEWÖHNLICHEN SCHREI, DEN KEIN MENSCHLICHES OHR WAHRGENOMMEN HÄTTE. ER GING SOFORT NACHSEHEN.

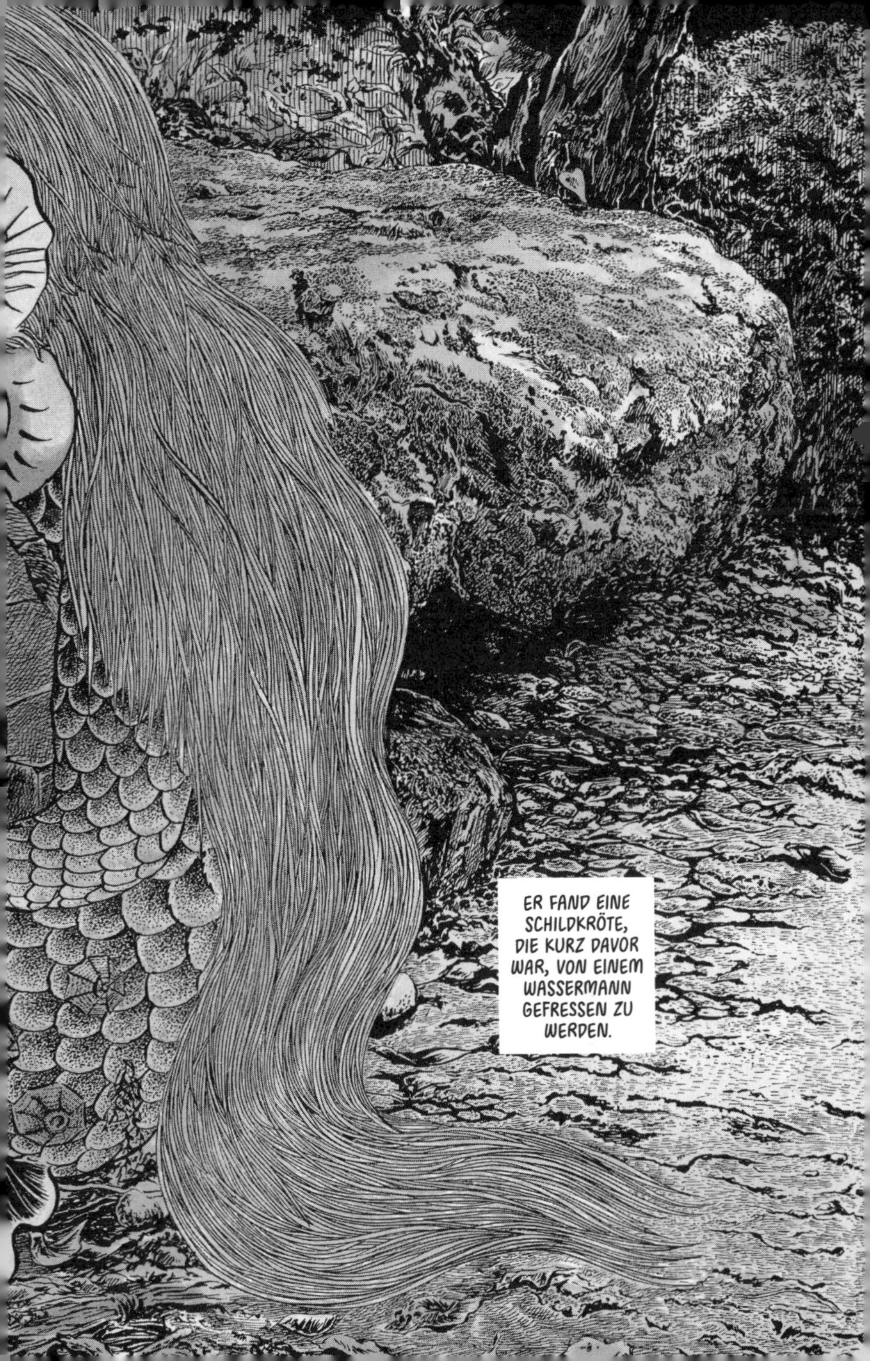
ER FAND EINE SCHILDKRÖTE, DIE KURZ DAVOR WAR, VON EINEM WASSERMANN GEFRESSEN ZU WERDEN.

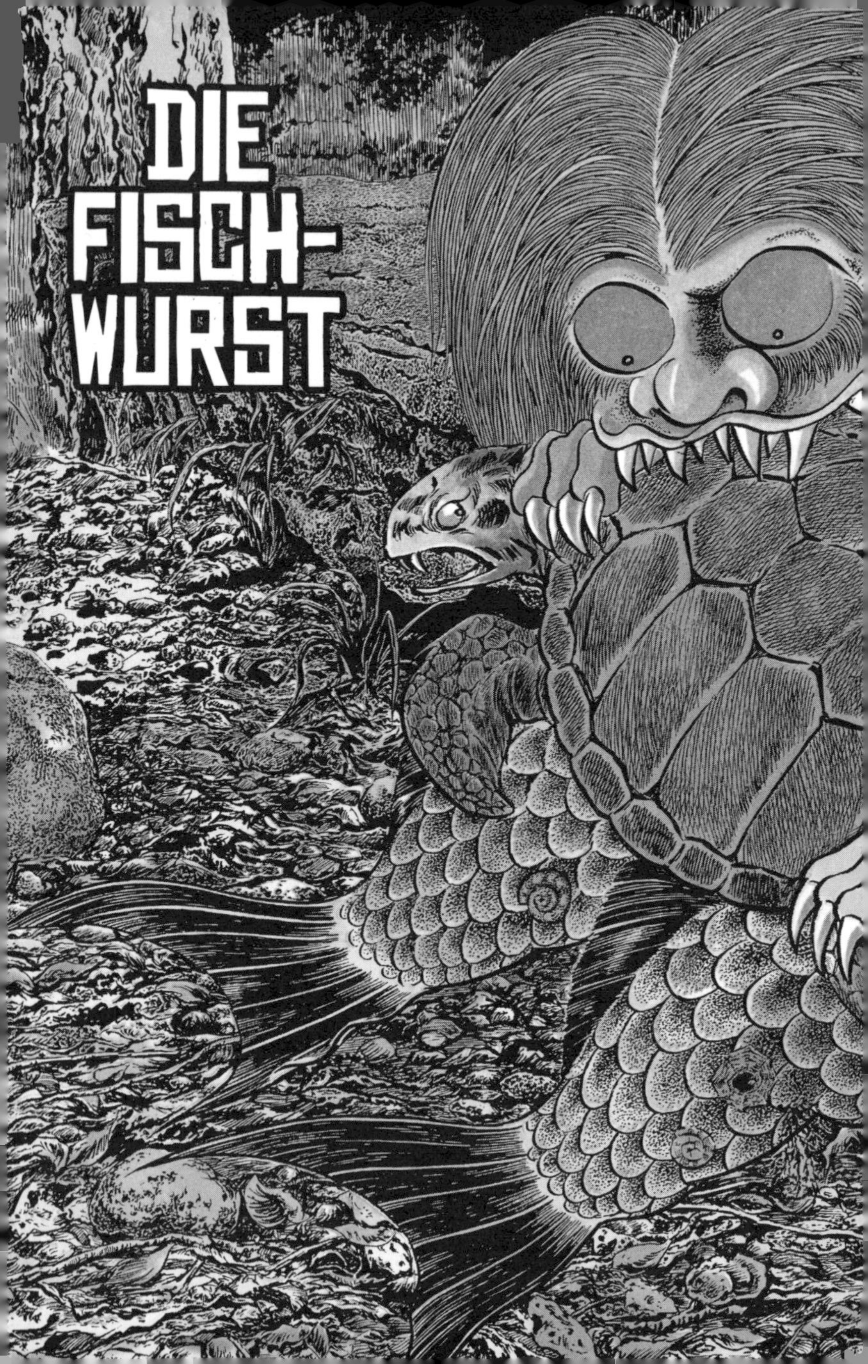
DIE FISCH-WURST

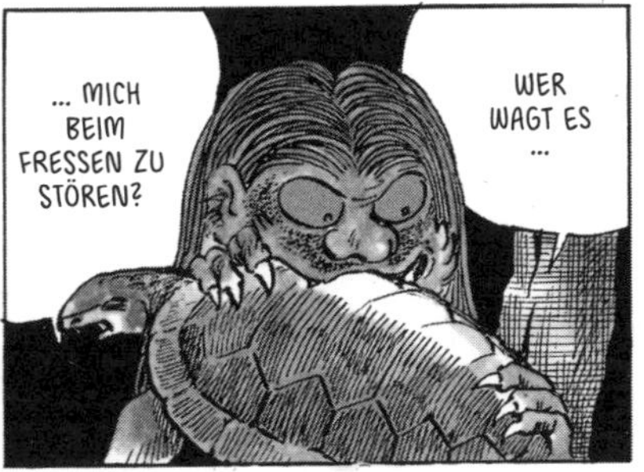
WER WAGT ES …
… MICH BEIM FRESSEN ZU STÖREN?

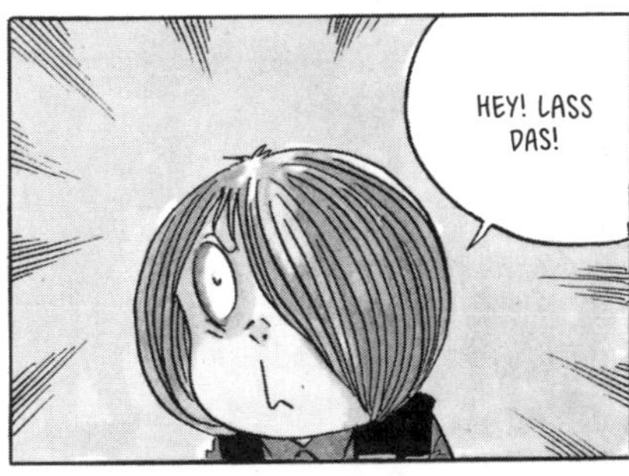
HEY! LASS DAS!

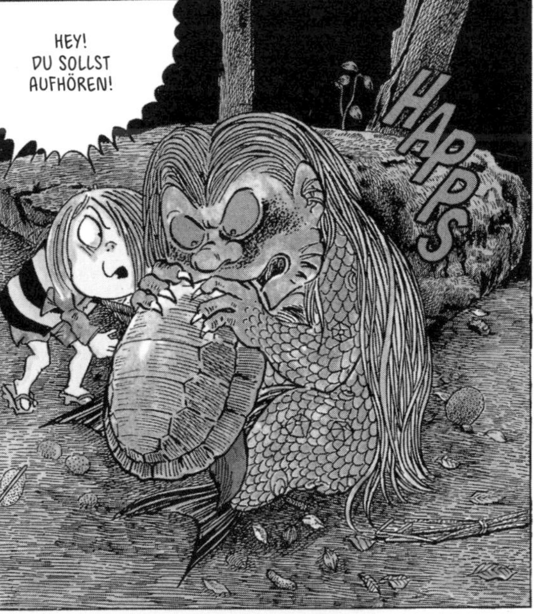
HAPPS
HEY! DU SOLLST AUFHÖREN!

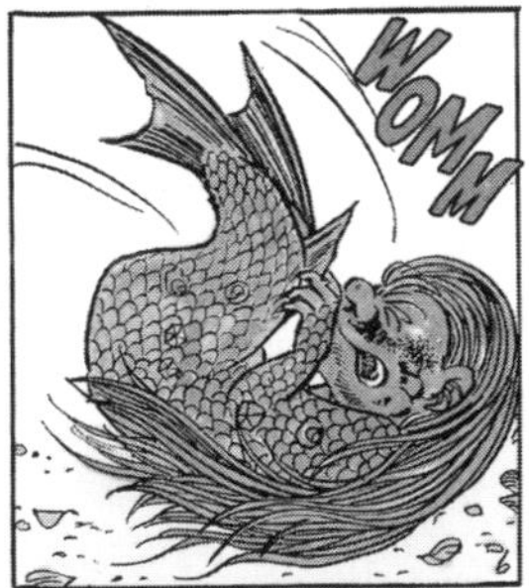
WOMM

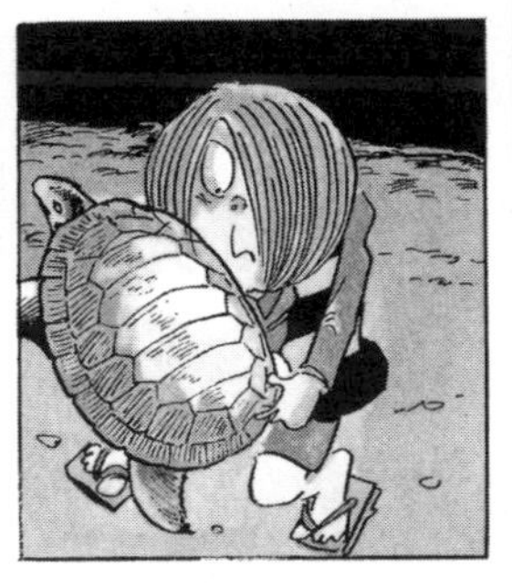

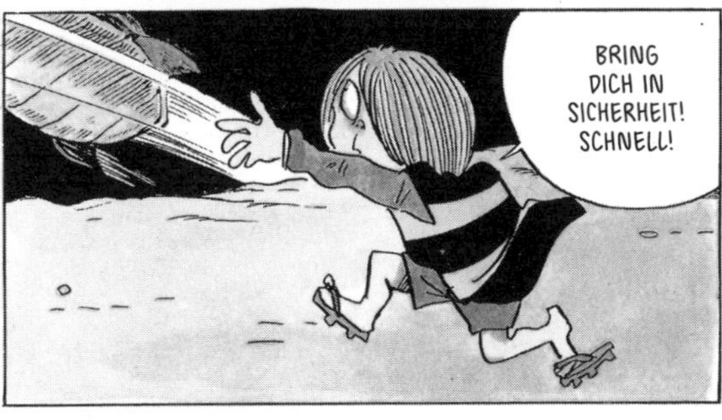
BRING DICH IN SICHERHEIT! SCHNELL!

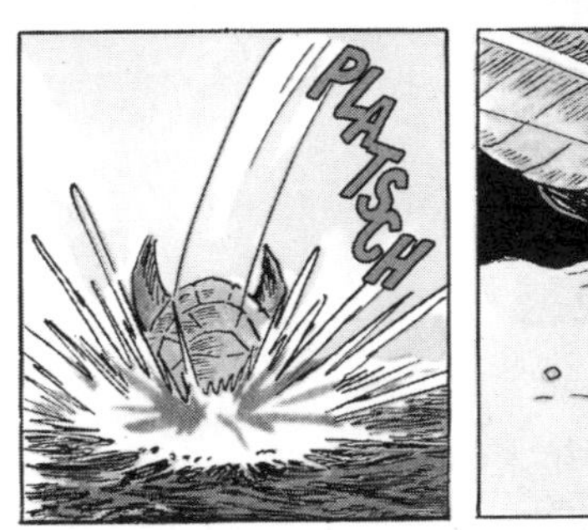
PLATSCH

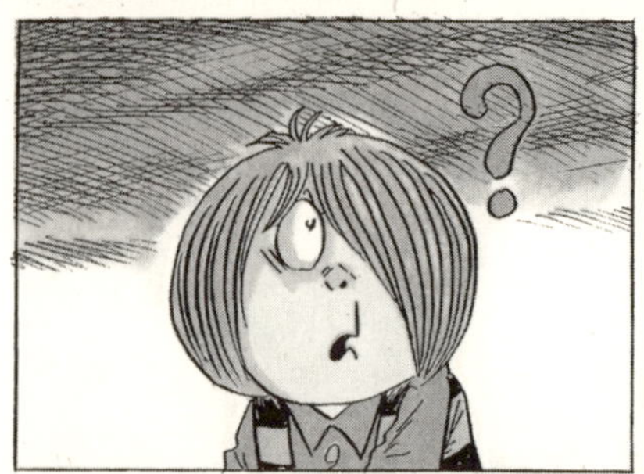
?

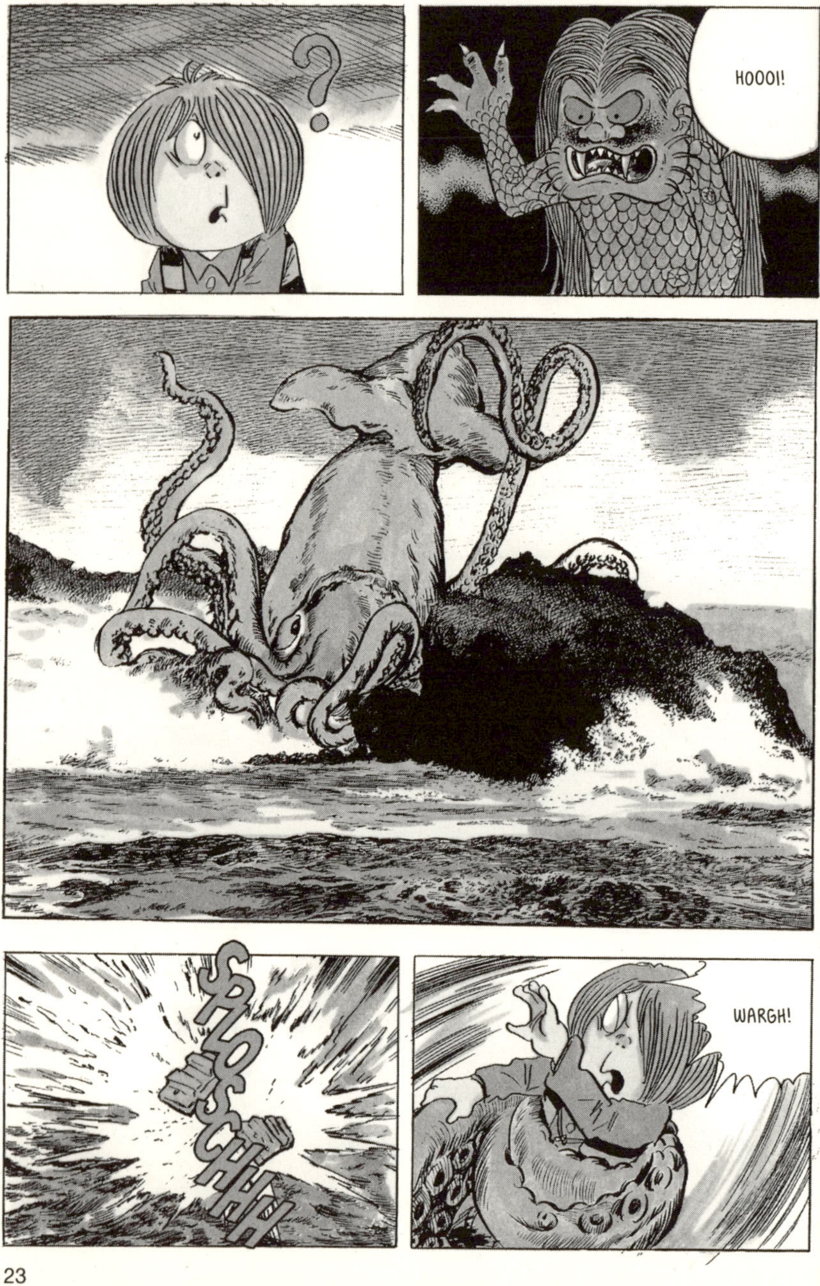

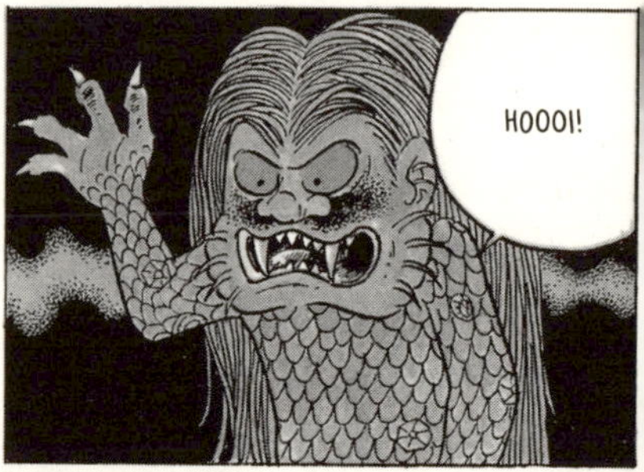
HOOOI!

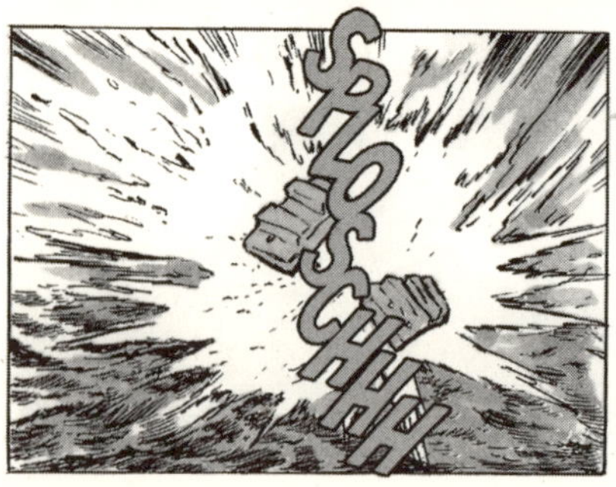
SPLOSCHHH

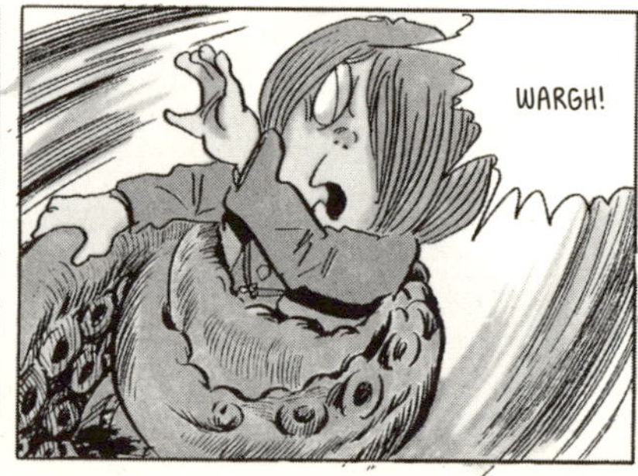
WARGH!

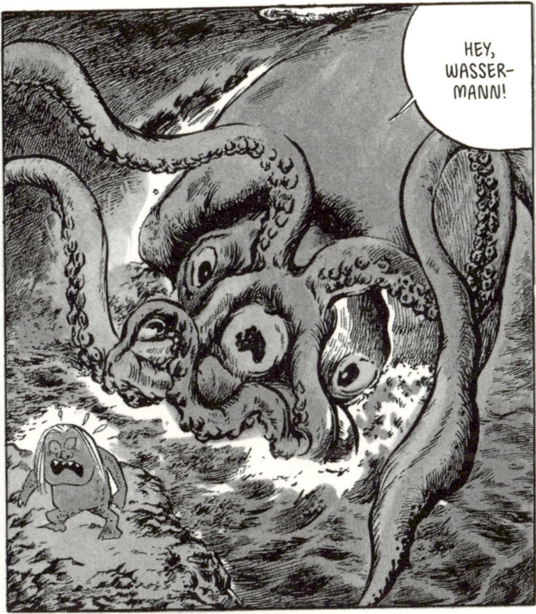

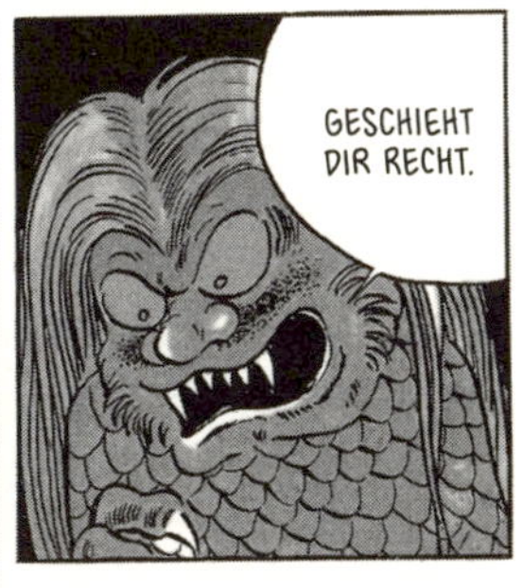

KITARO WURDE VON EINEM RIESENTINTENFISCH GEFRESSEN, EINEM TREUEN ERGEBENEN DES WASSERMANNS. SEINE WESTE UND SEIN GEHIRN STROTZTEN JEDOCH DER MAGENSÄURE DES TINTENFISCHS, UND SO ERLANGTE ER DIE KONTROLLE ÜBER DAS SEEUNGEHEUER. ALLERDINGS KONNTE ER DEN TINTENFISCH NUN NICHT MEHR SO EINFACH VERLASSEN.

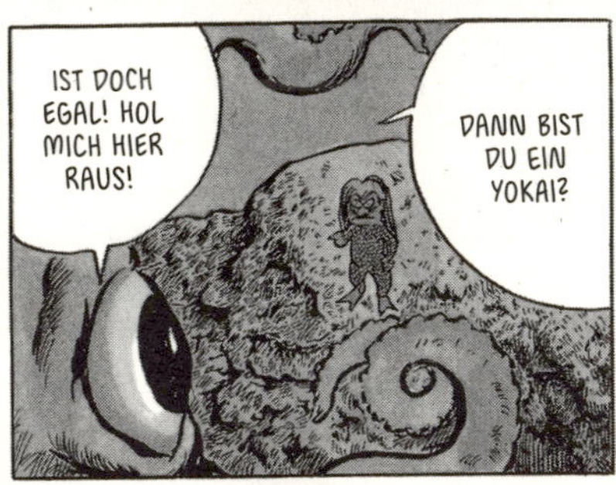

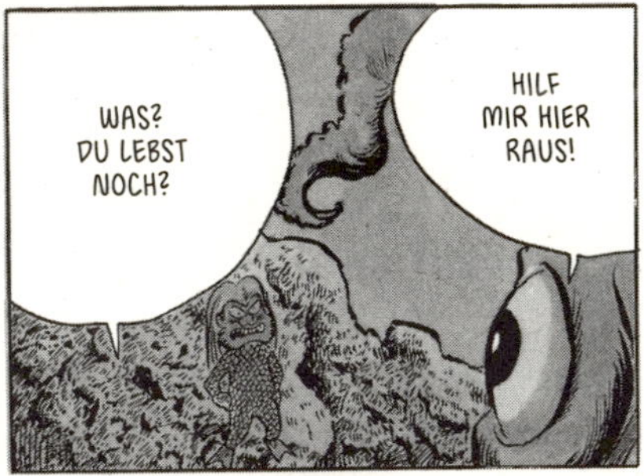

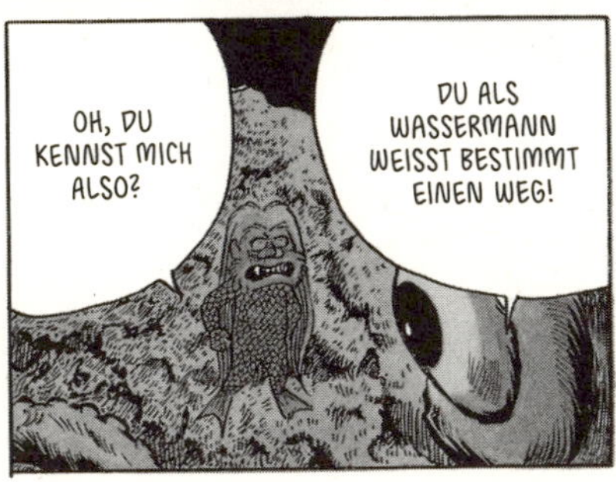

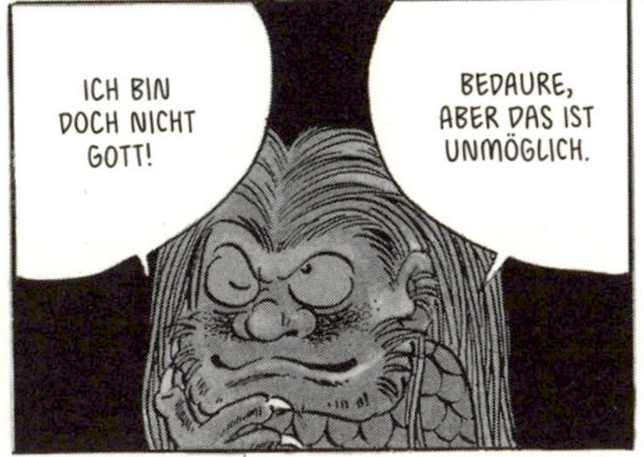

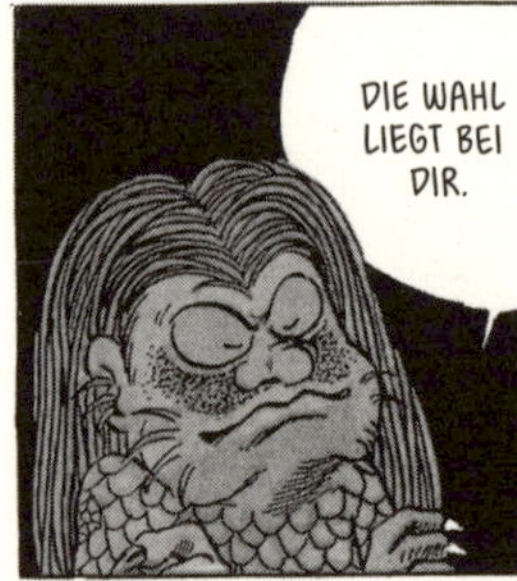
DIE WAHL LIEGT BEI DIR.

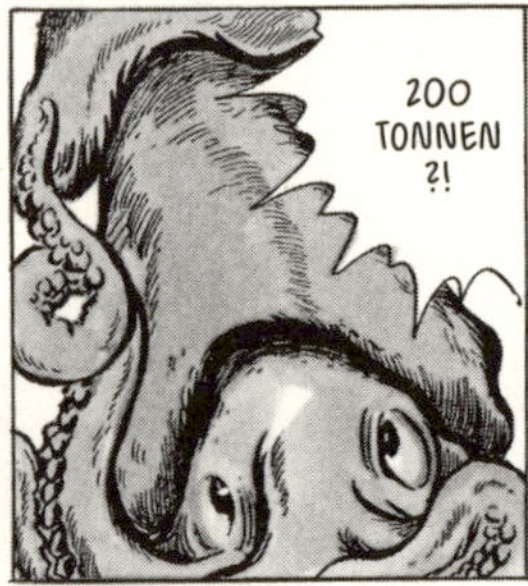
200 TONNEN ?!

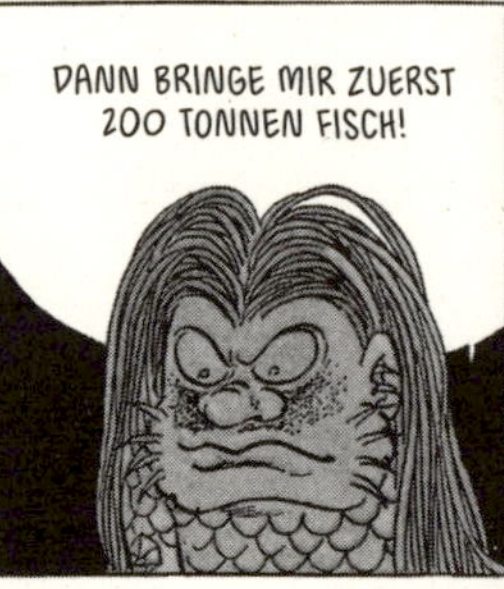
DANN BRINGE MIR ZUERST 200 TONNEN FISCH!

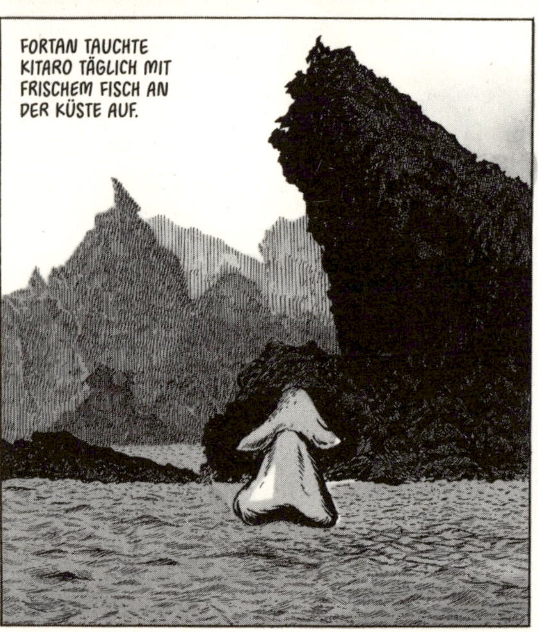
FORTAN TAUCHTE KITARO TÄGLICH MIT FRISCHEM FISCH AN DER KÜSTE AUF.

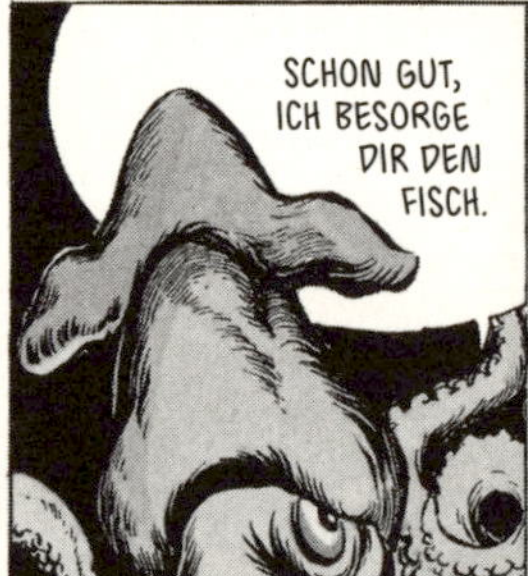
SCHON GUT, ICH BESORGE DIR DEN FISCH.

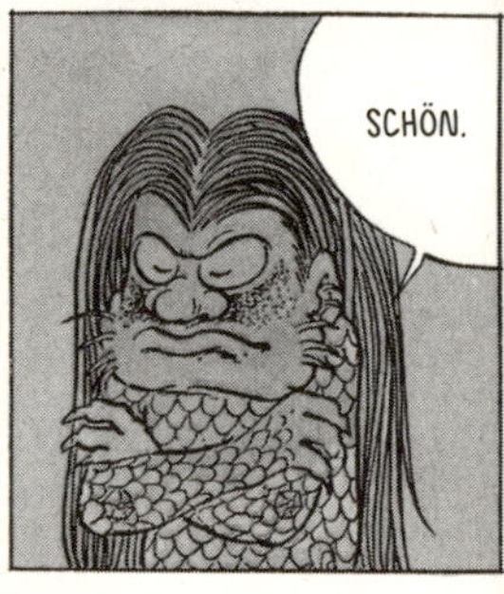
SCHÖN.

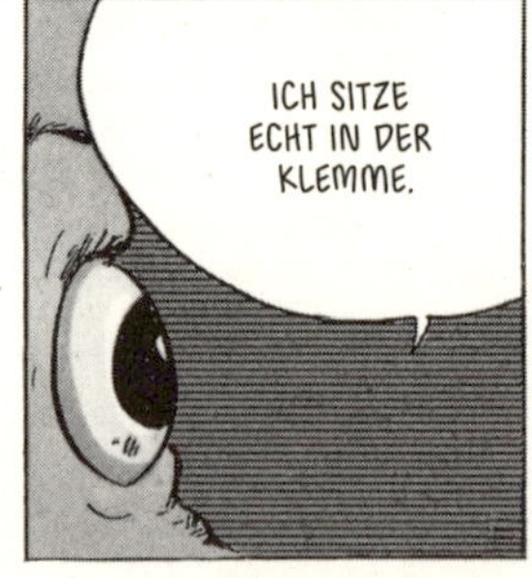
ICH SITZE ECHT IN DER KLEMME.

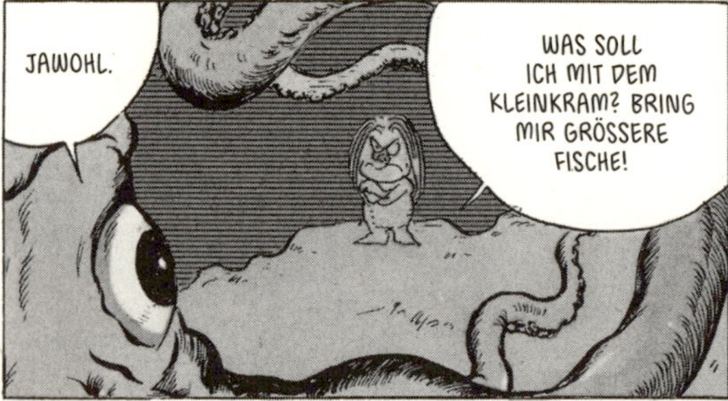
WAS SOLL ICH MIT DEM KLEINKRAM? BRING MIR GRÖSSERE FISCHE!
JAWOHL.

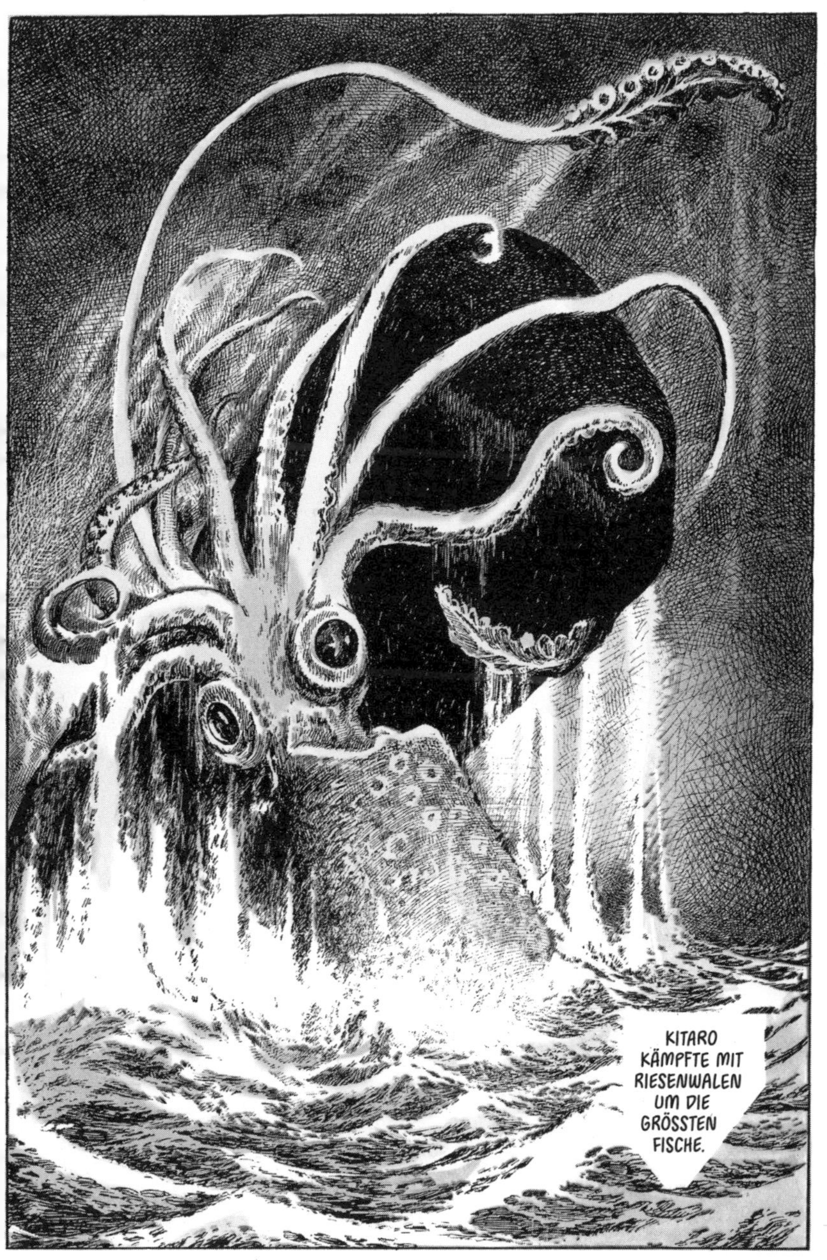
KITARO KÄMPFTE MIT RIESENWALEN UM DIE GRÖSSTEN FISCHE.

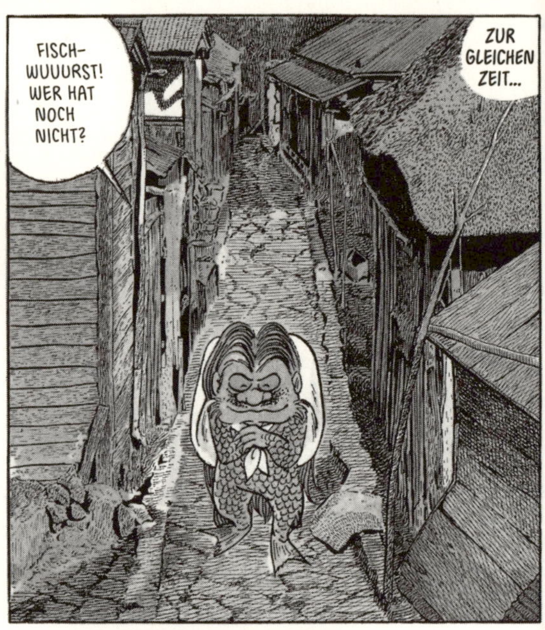
ZUR GLEICHEN ZEIT...
FISCH-WUUURST! WER HAT NOCH NICHT?

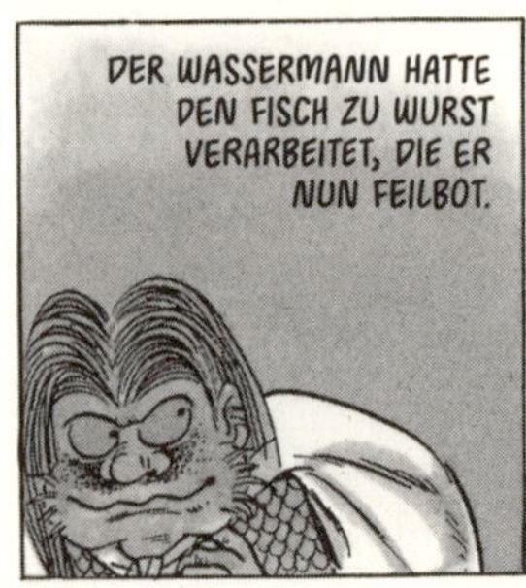
DER WASSERMANN HATTE DEN FISCH ZU WURST VERARBEITET, DIE ER NUN FEILBOT.

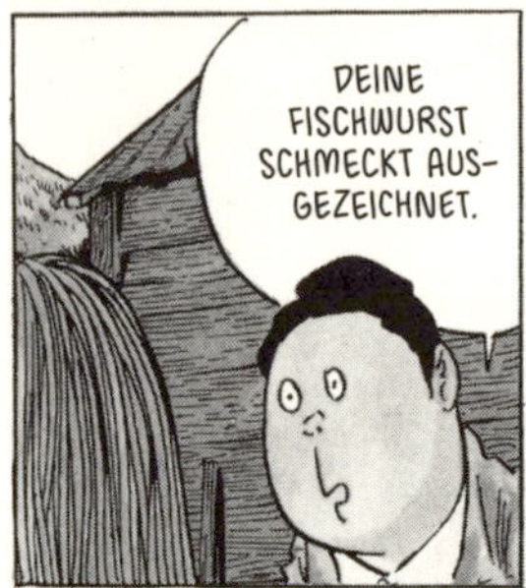
DEINE FISCHWURST SCHMECKT AUSGEZEICHNET.

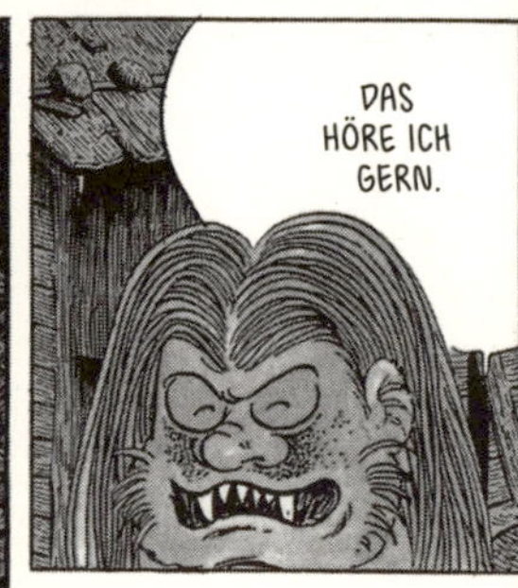
DAS HÖRE ICH GERN.

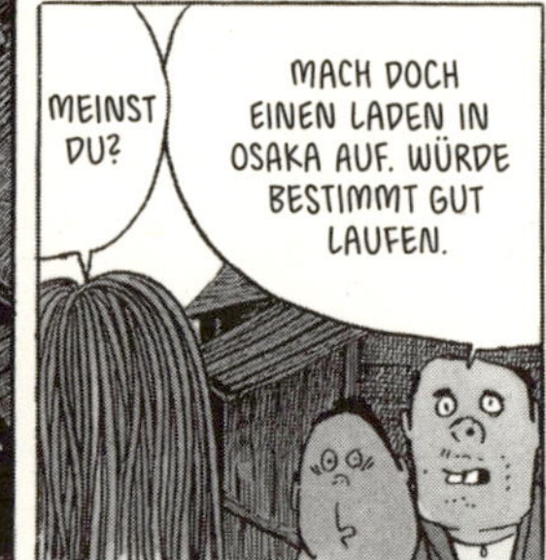
MACH DOCH EINEN LADEN IN OSAKA AUF. WÜRDE BESTIMMT GUT LAUFEN.
MEINST DU?

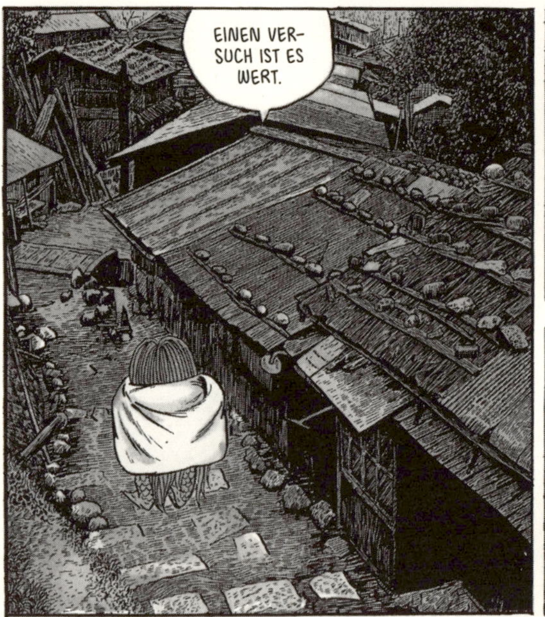
EINEN VERSUCH IST ES WERT.

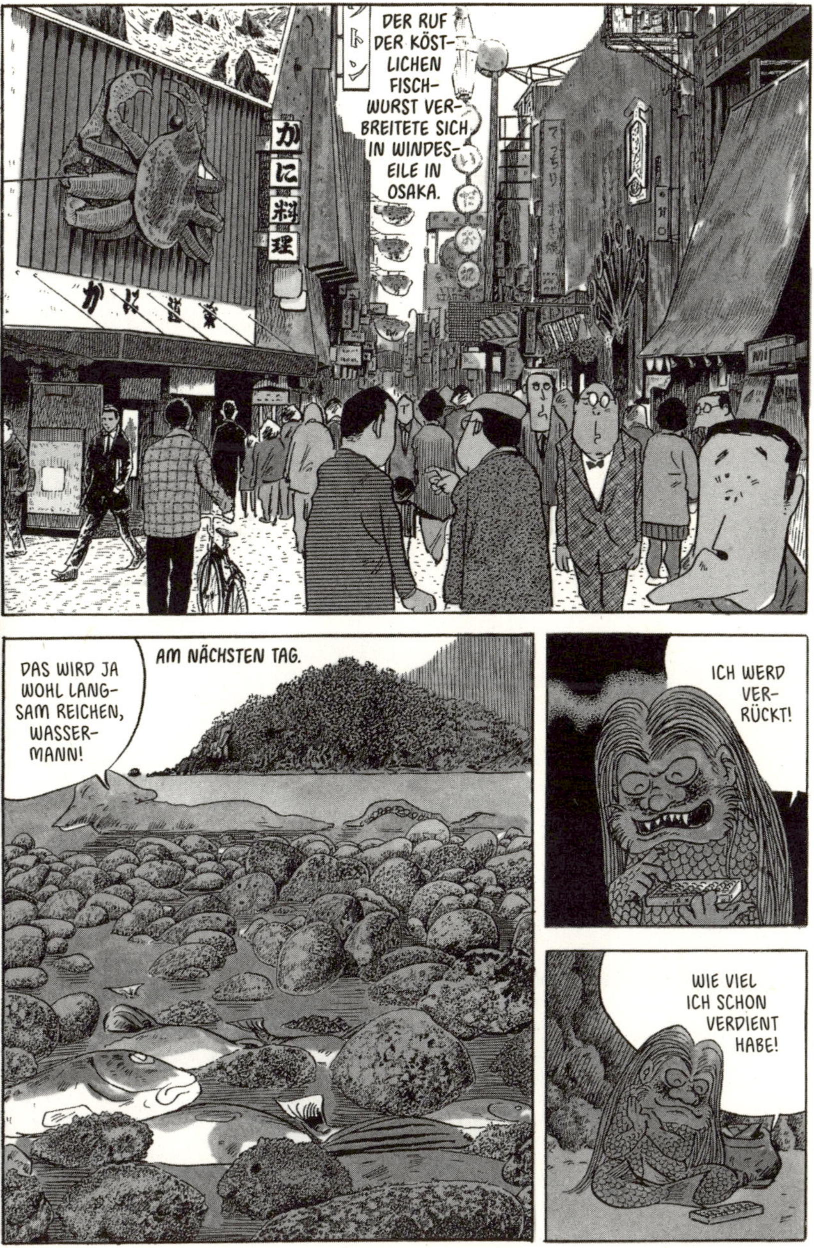

DER RUF DER KÖSTLICHEN FISCHWURST VERBREITETE SICH IN WINDESEILE IN OSAKA.

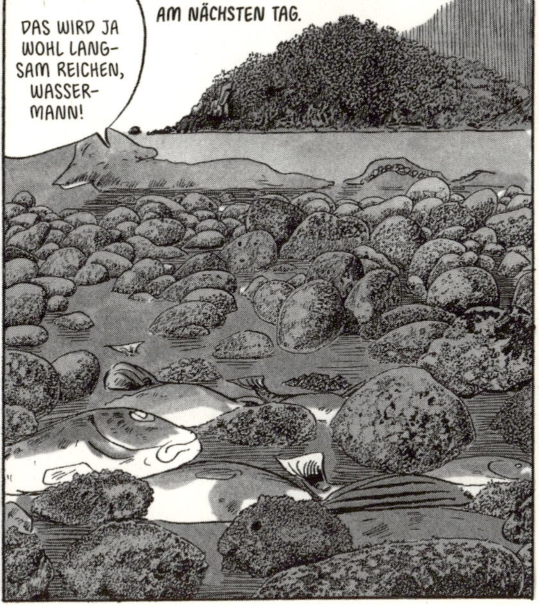

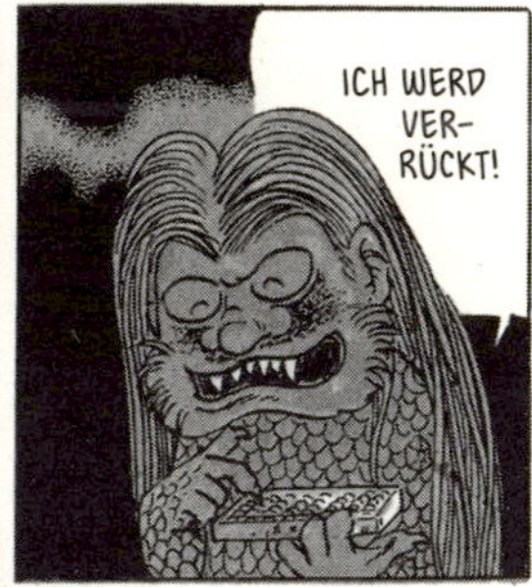

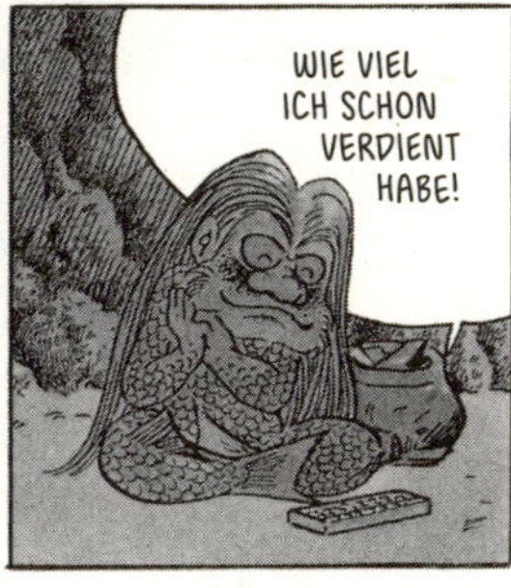

NIE-
MALS!

NICHTS DA.
DAS WAREN
LÄNGST 300
TONNEN!

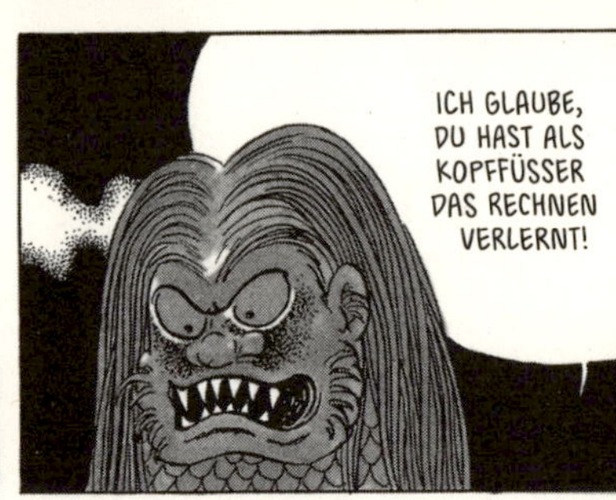

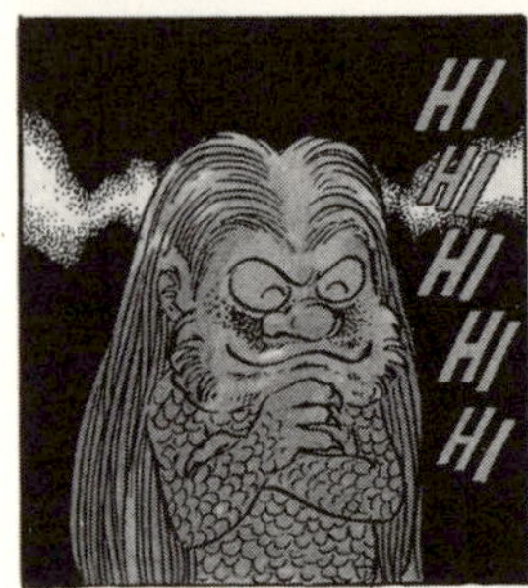

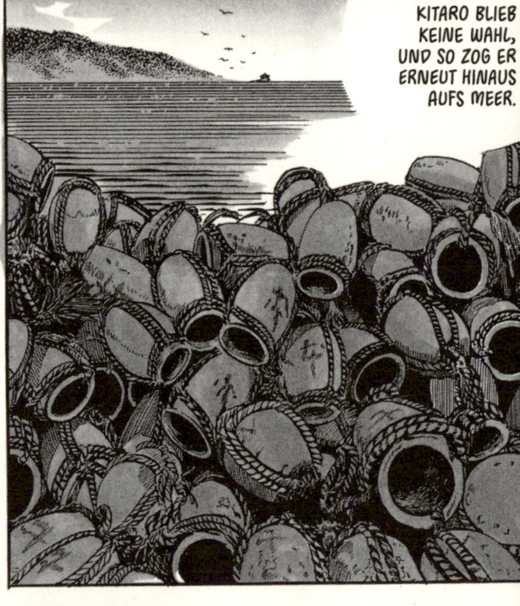

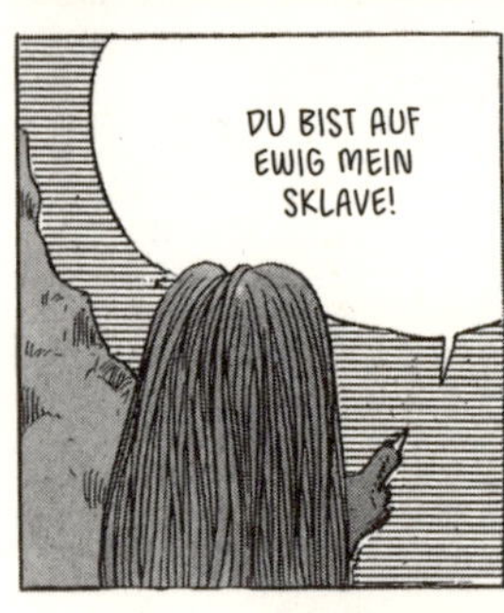

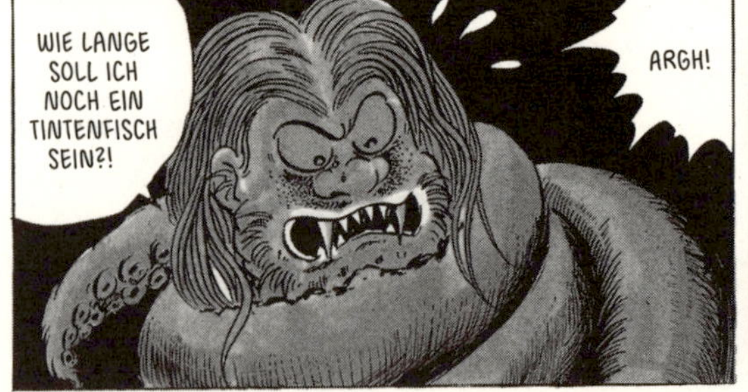

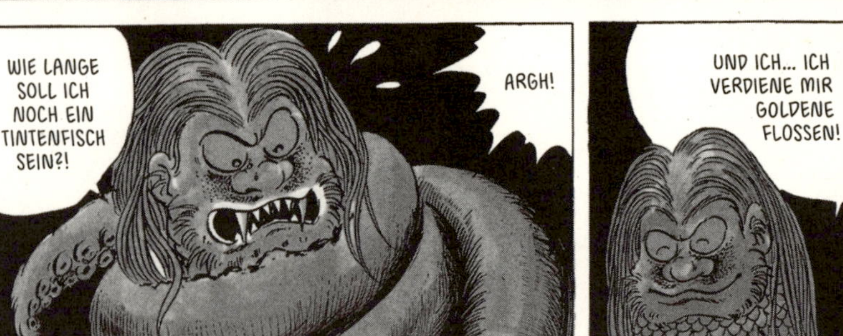

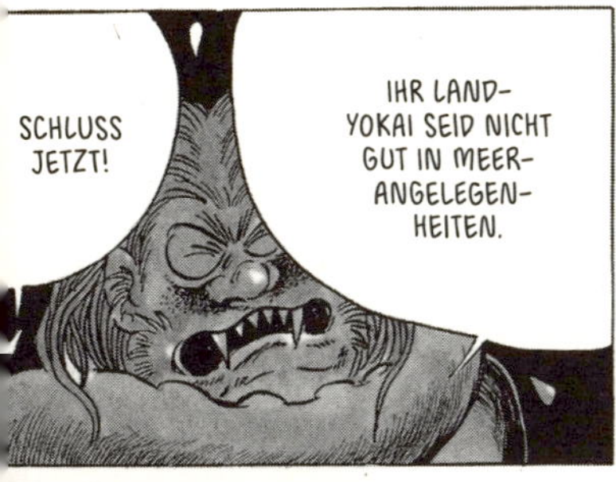
IHR LAND-YOKAI SEID NICHT GUT IN MEER-ANGELEGEN-HEITEN.
SCHLUSS JETZT!

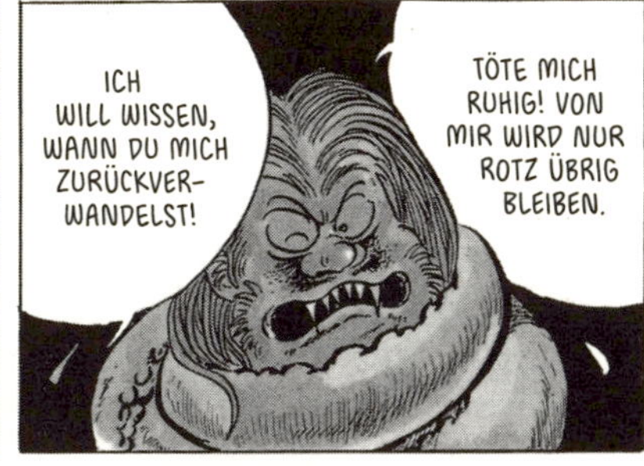
TÖTE MICH RUHIG! VON MIR WIRD NUR ROTZ ÜBRIG BLEIBEN.
ICH WILL WISSEN, WANN DU MICH ZURÜCKVER-WANDELST!

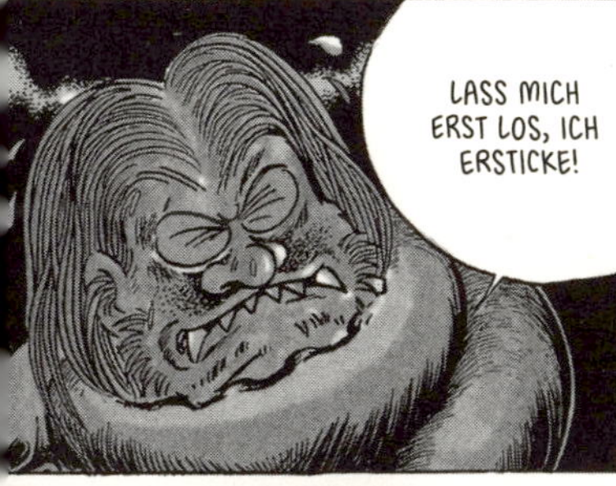
LASS MICH ERST LOS, ICH ERSTICKE!

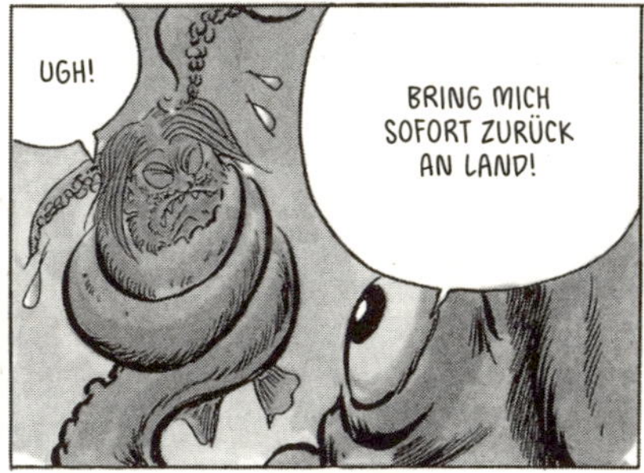
BRING MICH SOFORT ZURÜCK AN LAND!
UGH!

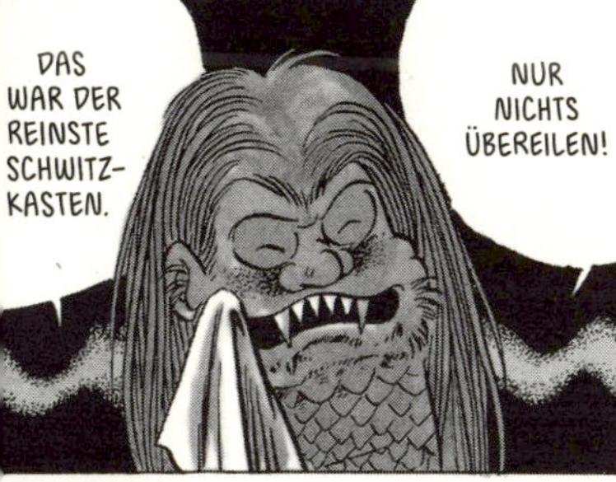
NUR NICHTS ÜBEREILEN!
DAS WAR DER REINSTE SCHWITZ-KASTEN.

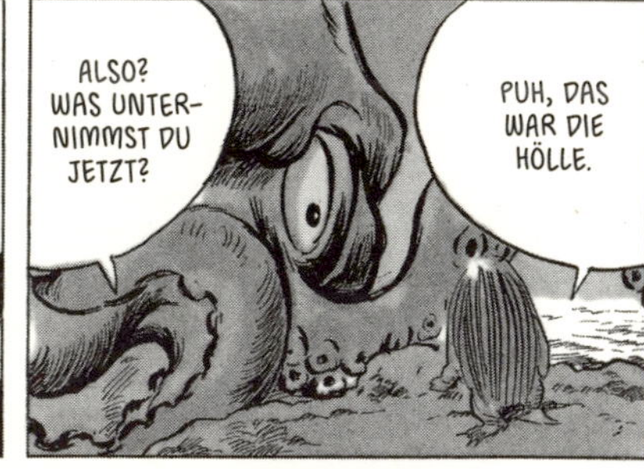
PUH, DAS WAR DIE HÖLLE.
ALSO? WAS UNTER-NIMMST DU JETZT?

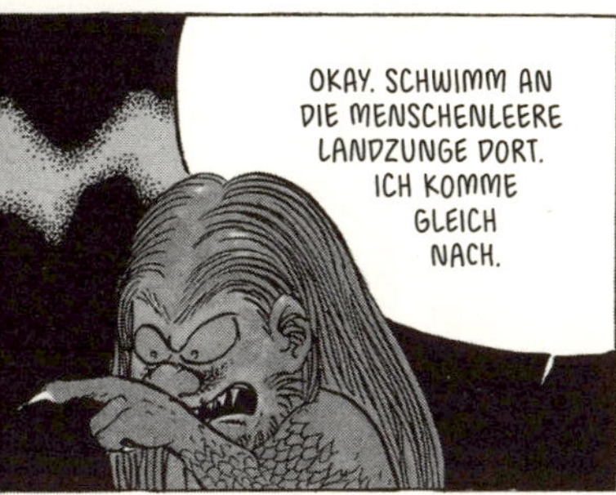
OKAY. SCHWIMM AN DIE MENSCHENLEERE LANDZUNGE DORT. ICH KOMME GLEICH NACH.

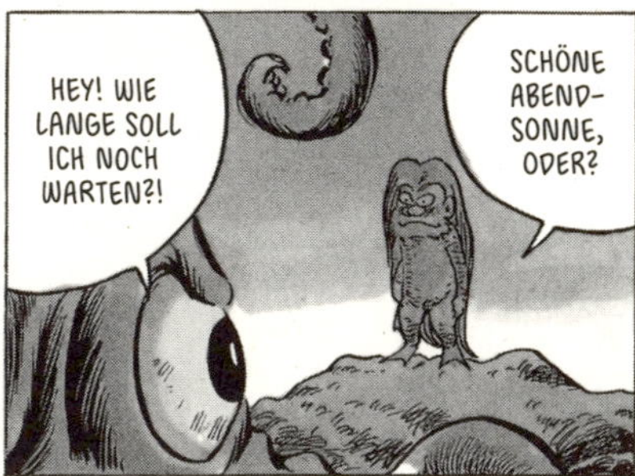
SCHÖNE ABEND-SONNE, ODER?
HEY! WIE LANGE SOLL ICH NOCH WARTEN?!

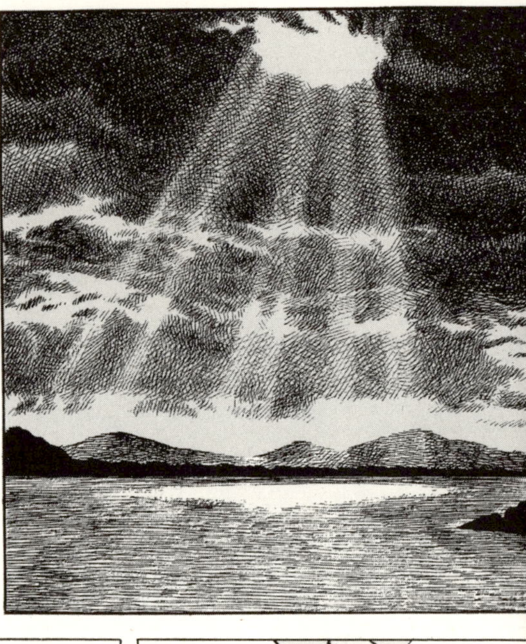

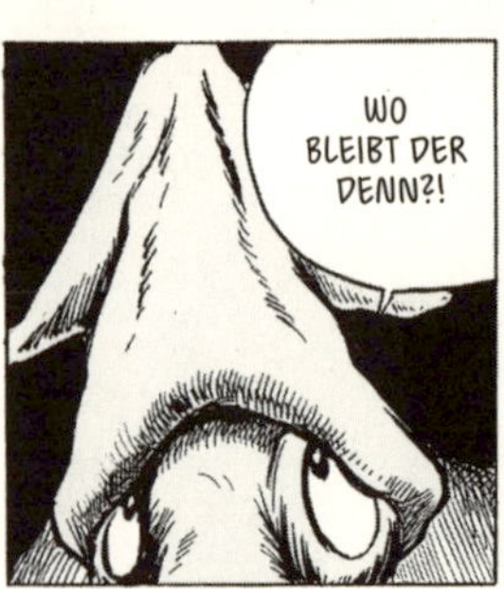
WO BLEIBT DER DENN?!

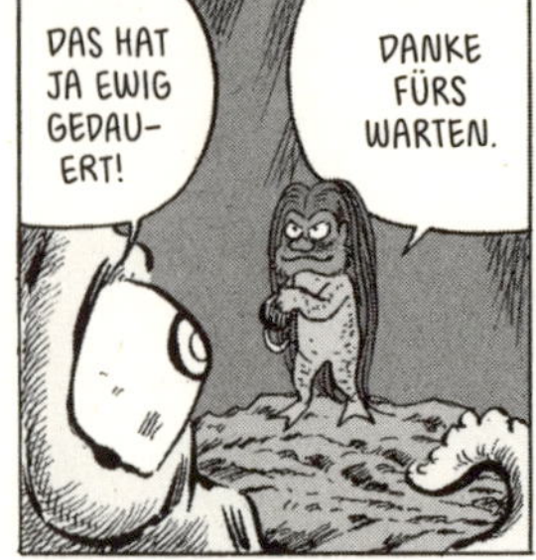
DANKE FÜRS WARTEN.
DAS HAT JA EWIG GEDAU-ERT!

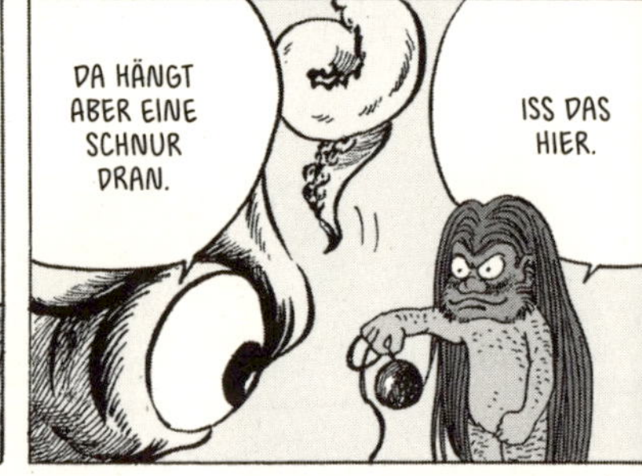
ISS DAS HIER.
DA HÄNGT ABER EINE SCHNUR DRAN.

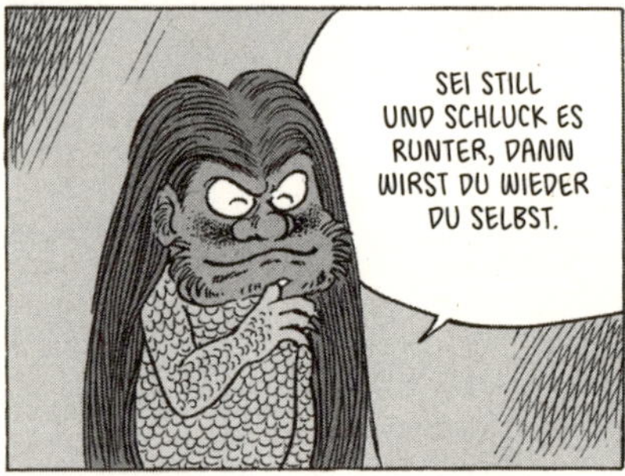
SEI STILL UND SCHLUCK ES RUNTER, DANN WIRST DU WIEDER DU SELBST.

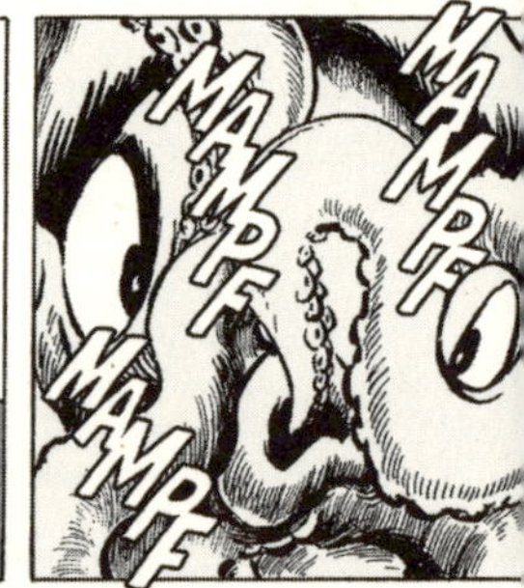
MAMPF
MAMPF
MAMPF

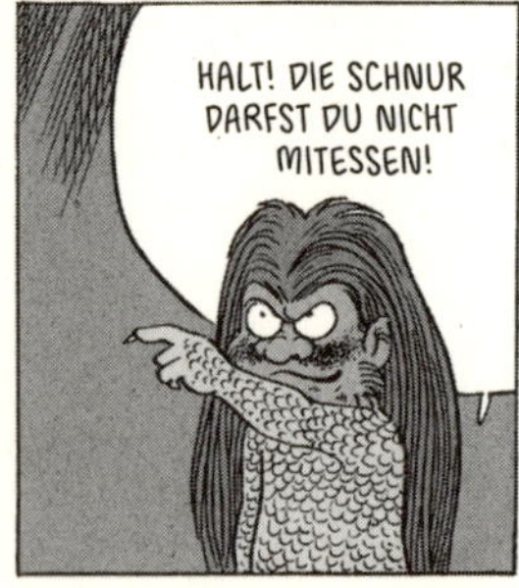
HALT! DIE SCHNUR DARFST DU NICHT MITESSEN!

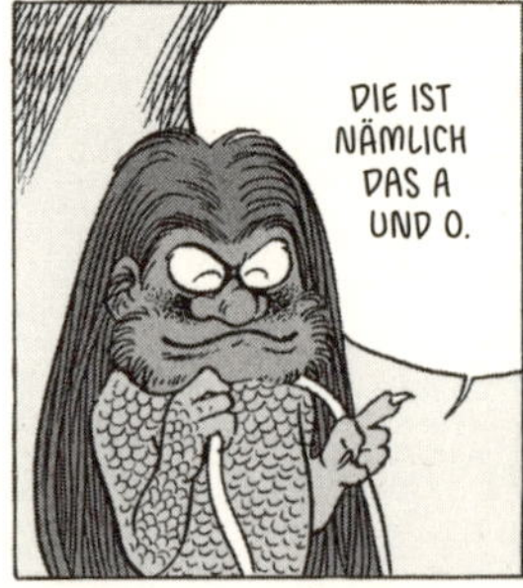
DIE IST NÄMLICH DAS A UND O.

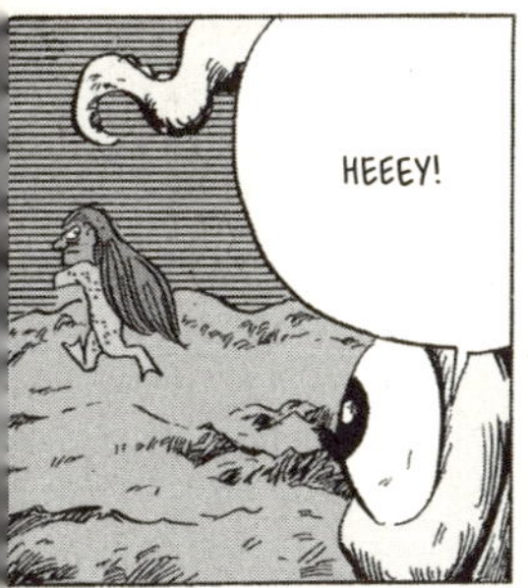
HEEEY!

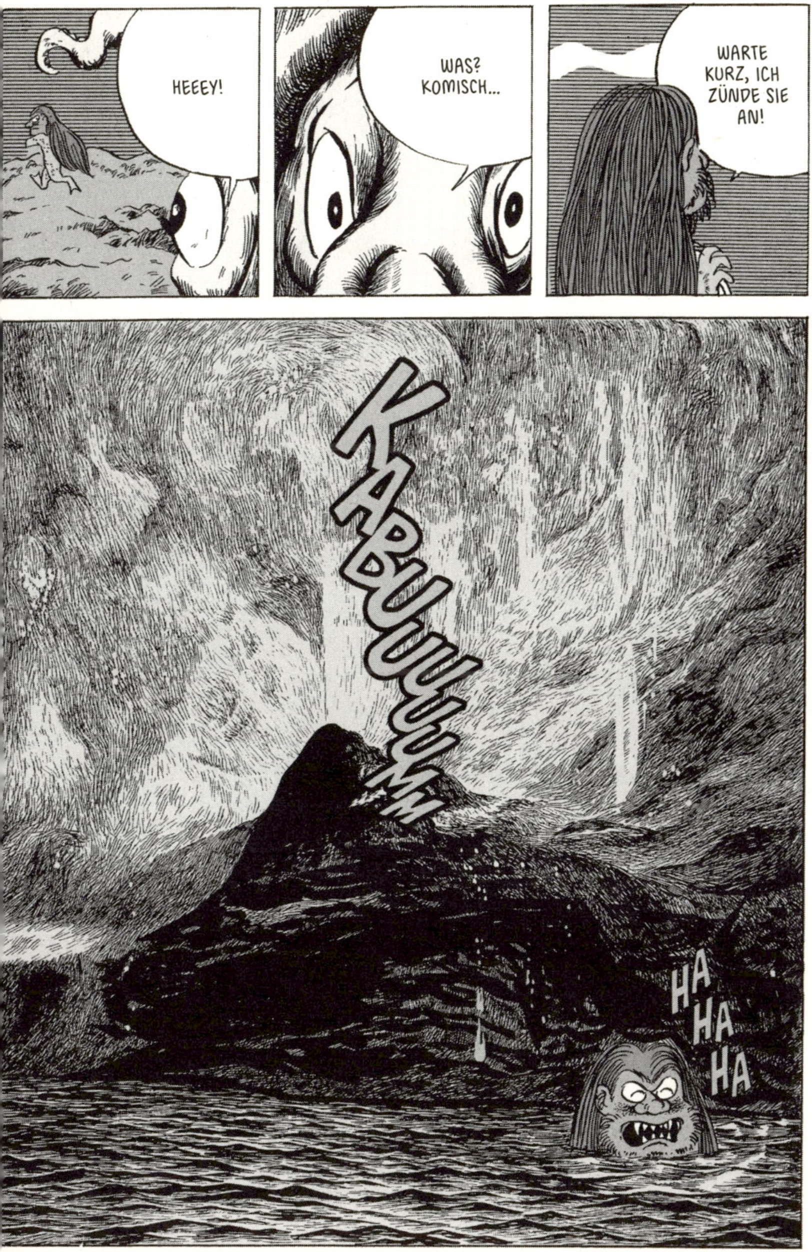

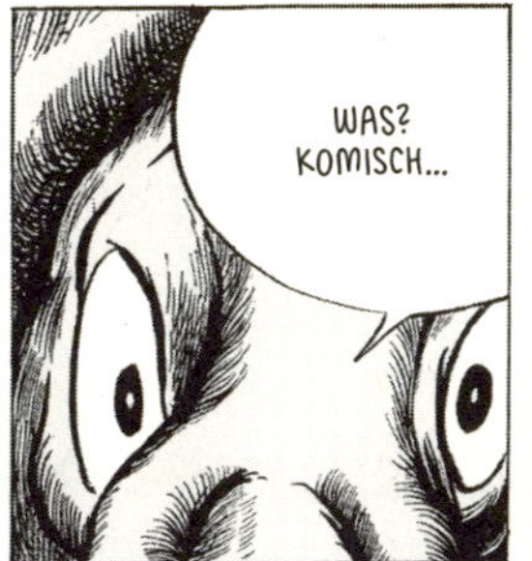
WAS?
KOMISCH...

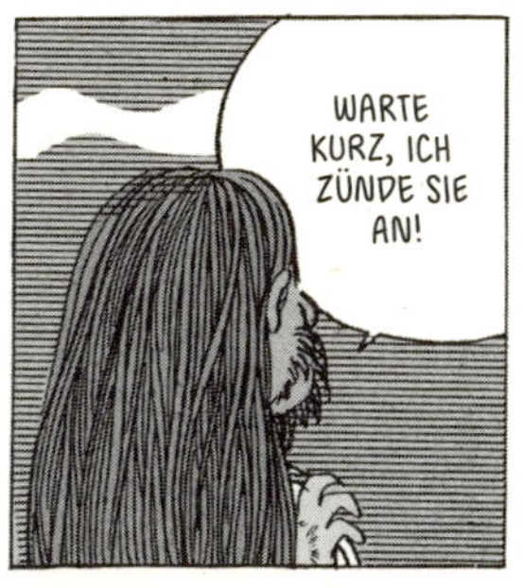
WARTE
KURZ, ICH
ZÜNDE SIE
AN!
KABUUUUMM
HA
HA
HA

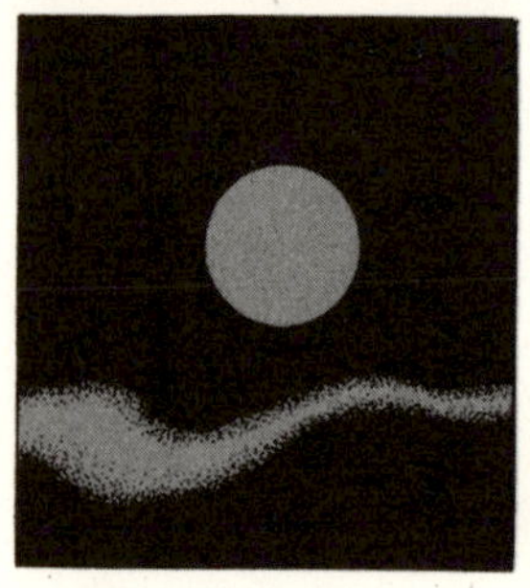

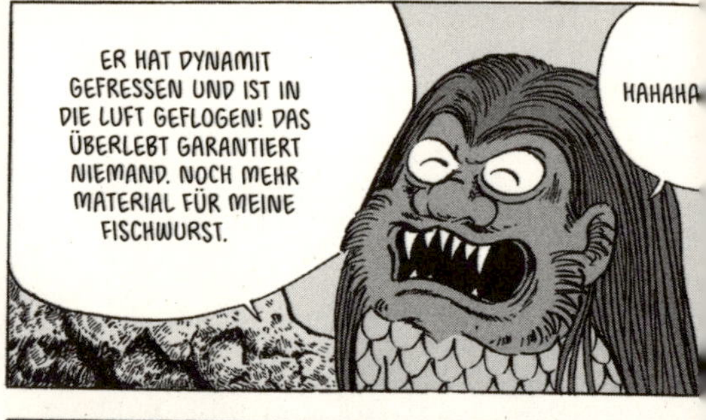

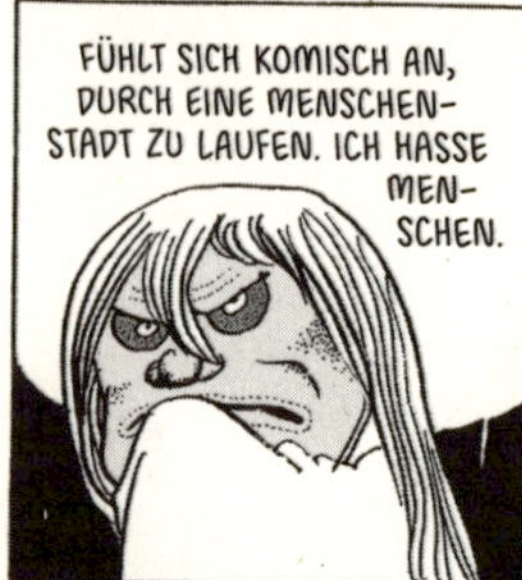

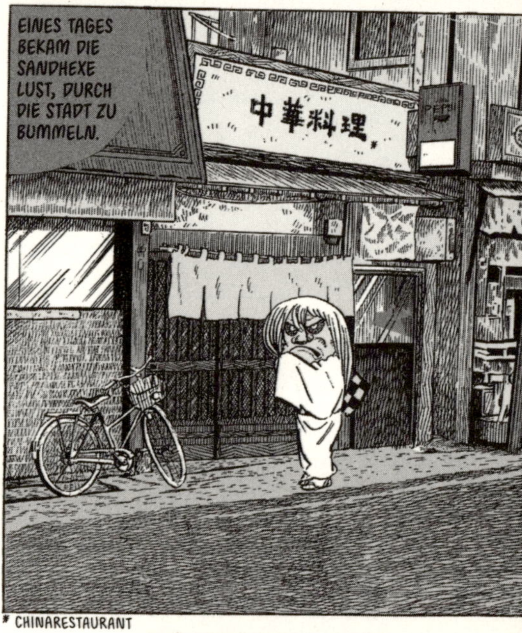

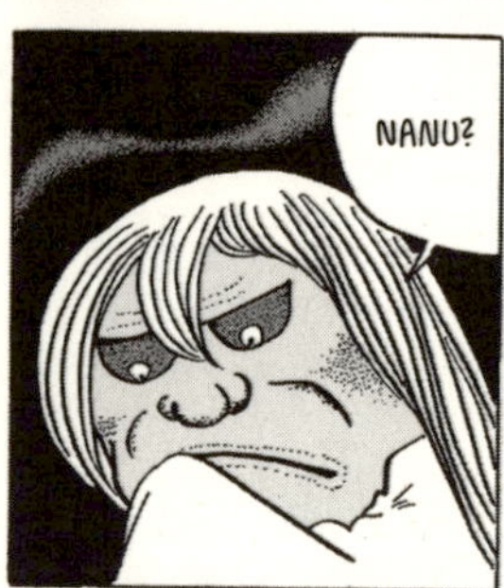

* CHINARESTAURANT

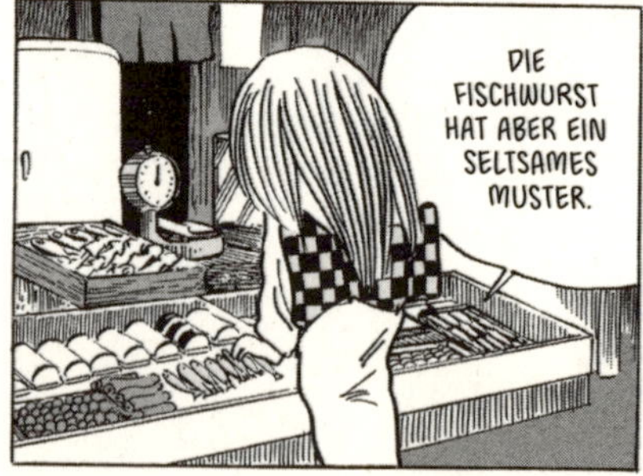

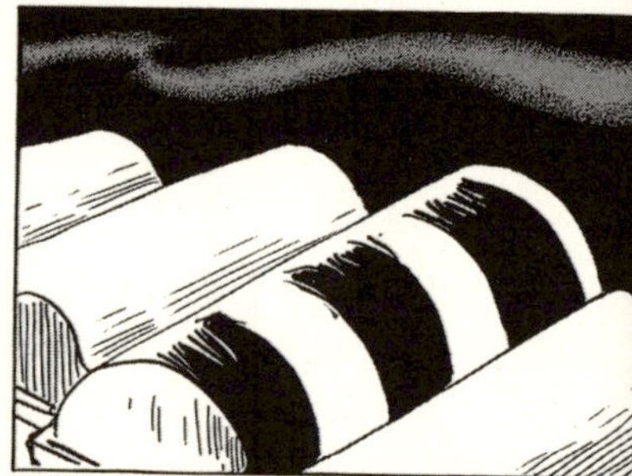

OBWOHL KITARO INZWISCHEN ALS FISCHWURST EXISTIERTE UND NICHT MEHR ALS TINTENFISCH, HATTE ER SEINEN LEBENSWILLEN NOCH IMMER NICHT VERLOREN. MIT SEINER GEISTERKRAFT HATTE ER DIE SANDHEXE ZU SICH GERUFEN. ALS DIESE DIE KITARO-FISCHWURST ENTDECKTE, WAR DIE AUFREGUNG GROSS.

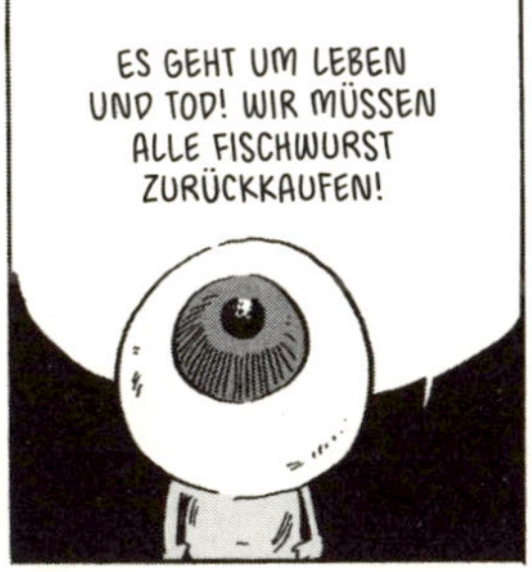

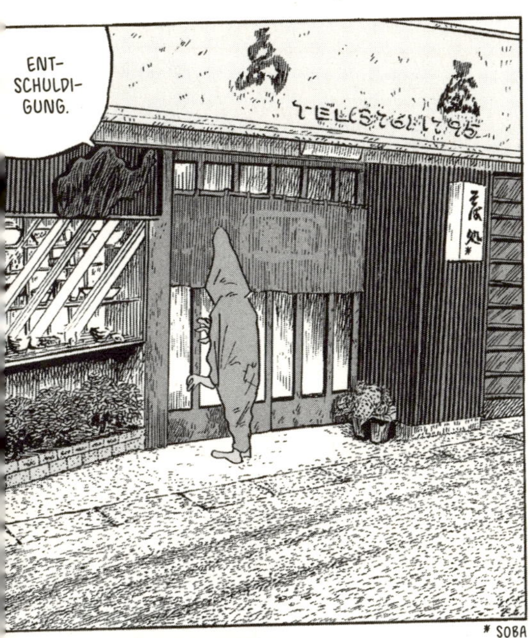

* SOBA

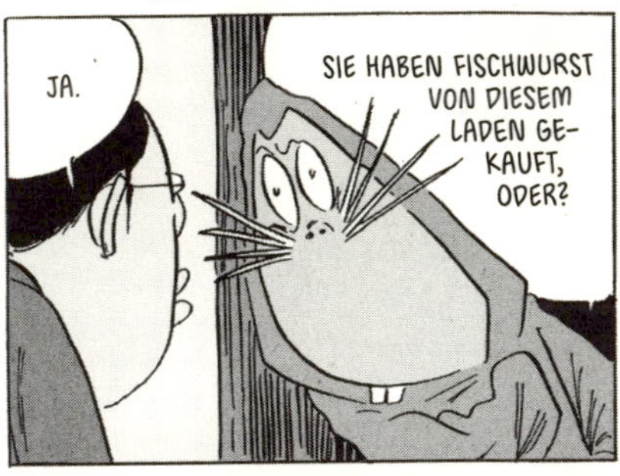

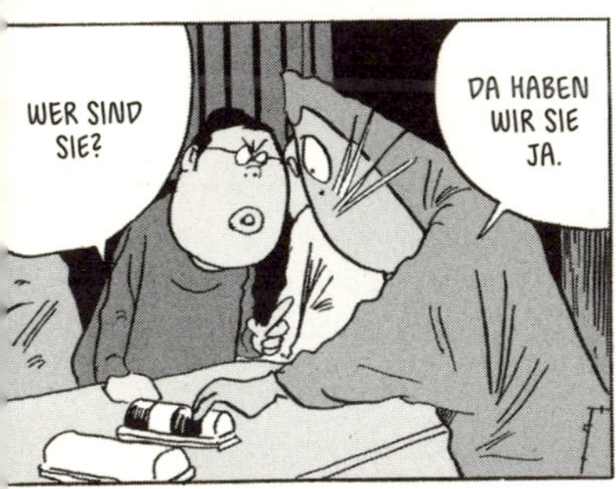

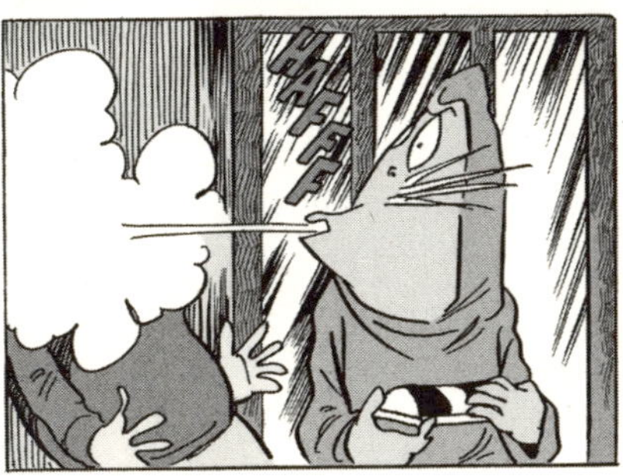

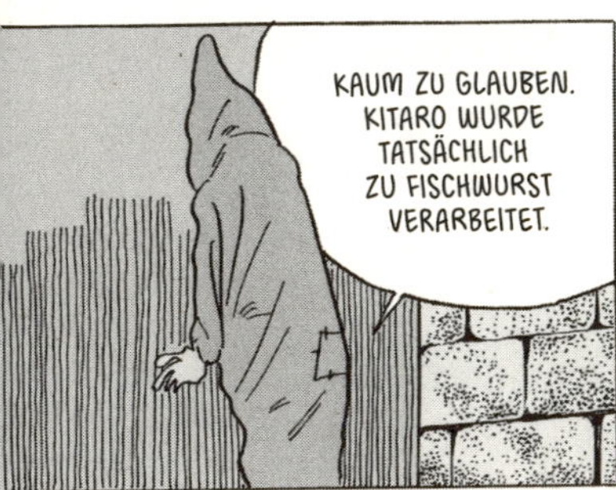

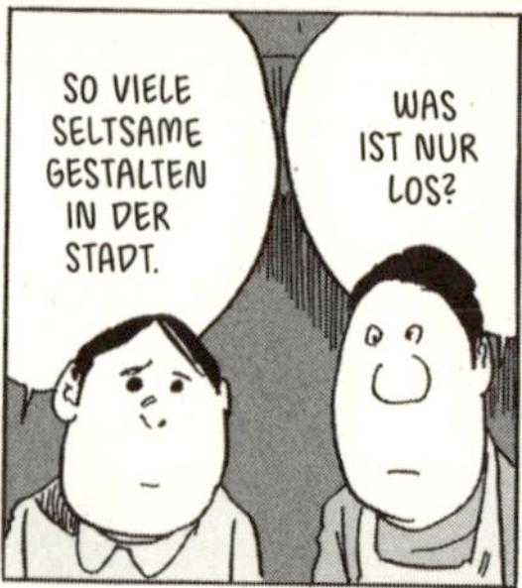
SO VIELE SELTSAME GESTALTEN IN DER STADT.
WAS IST NUR LOS?

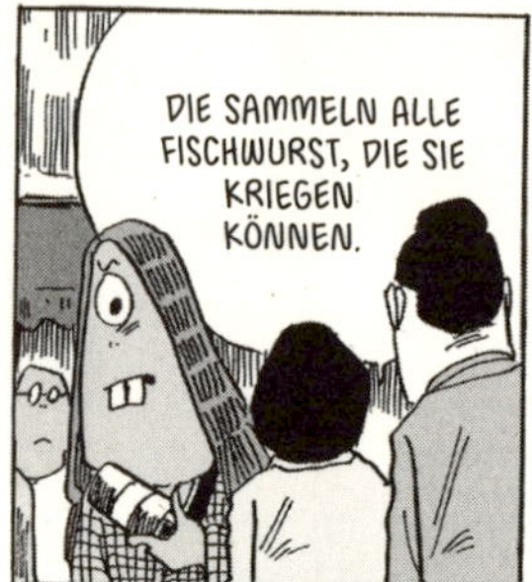
DIE SAMMELN ALLE FISCHWURST, DIE SIE KRIEGEN KÖNNEN.

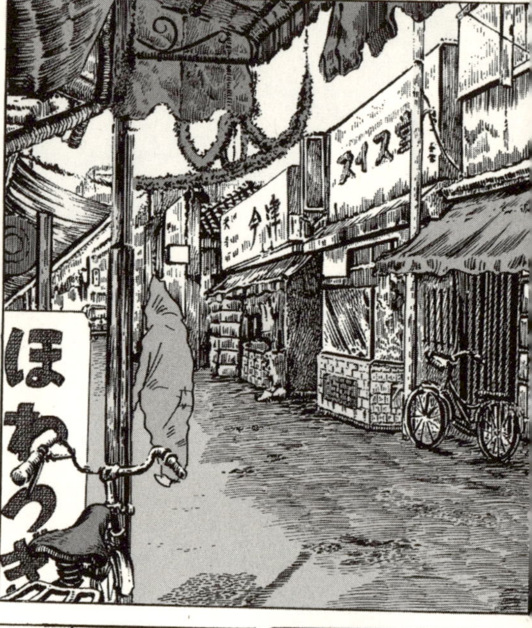

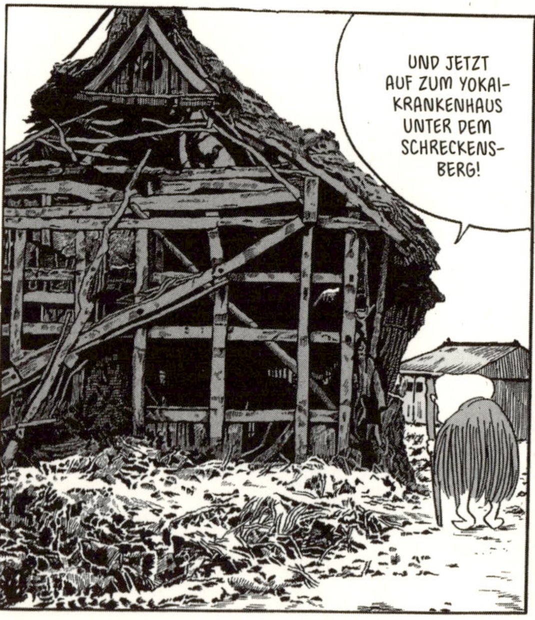
UND JETZT AUF ZUM YOKAI-KRANKENHAUS UNTER DEM SCHRECKENS-BERG!

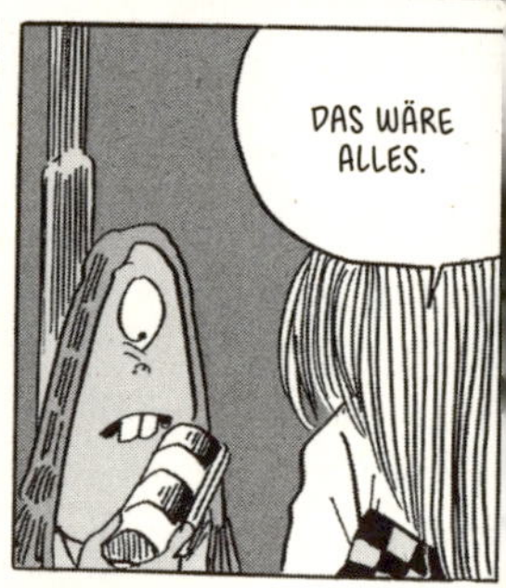
DAS WÄRE ALLES.

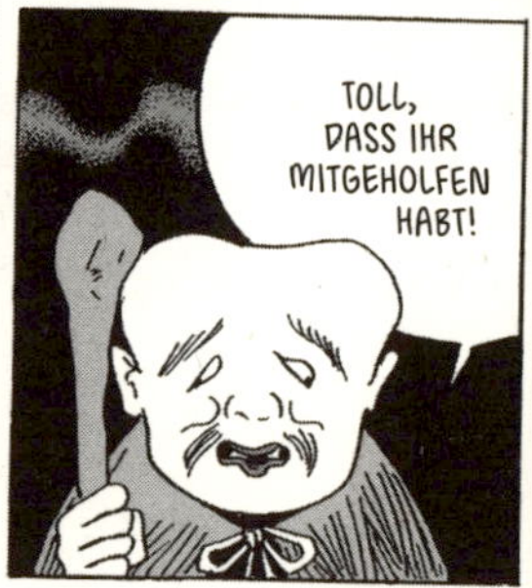
TOLL, DASS IHR MITGEHOLFEN HABT!

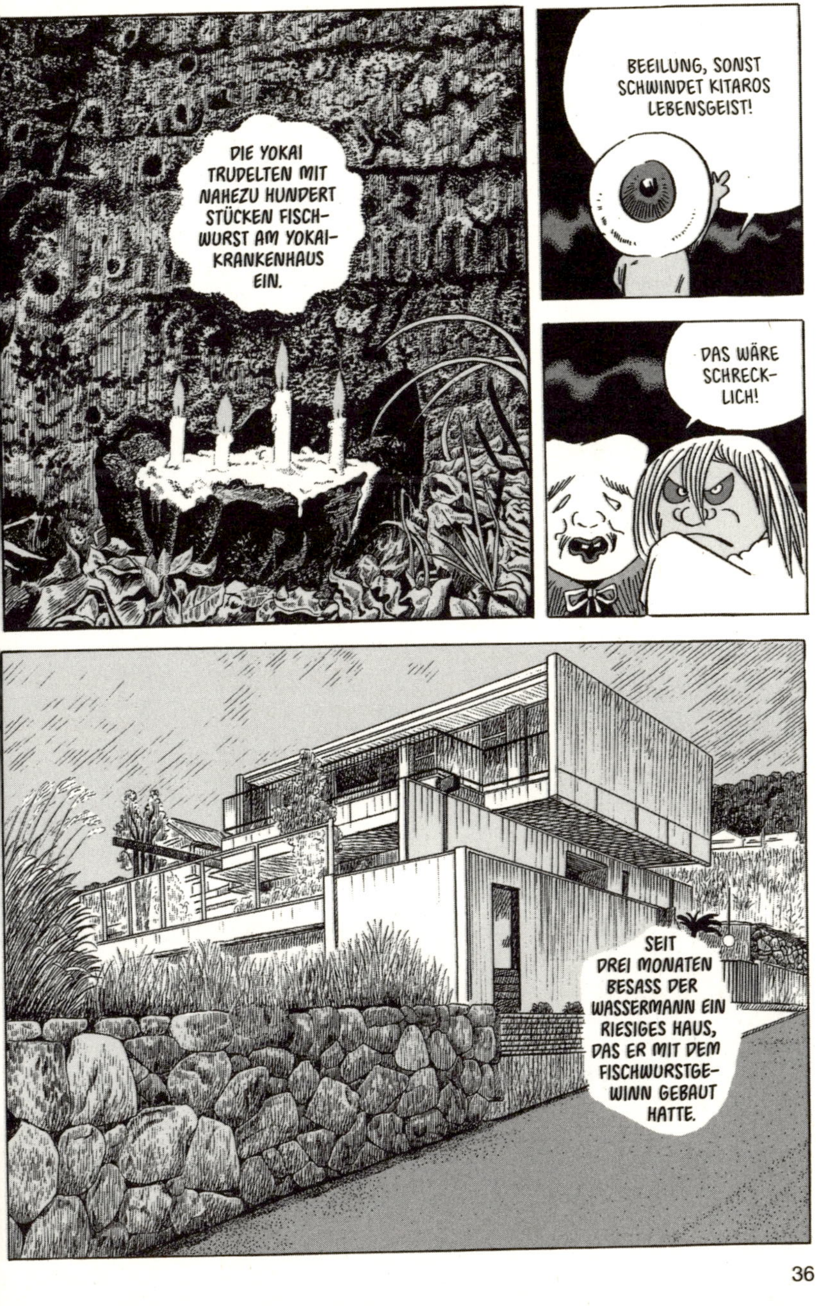

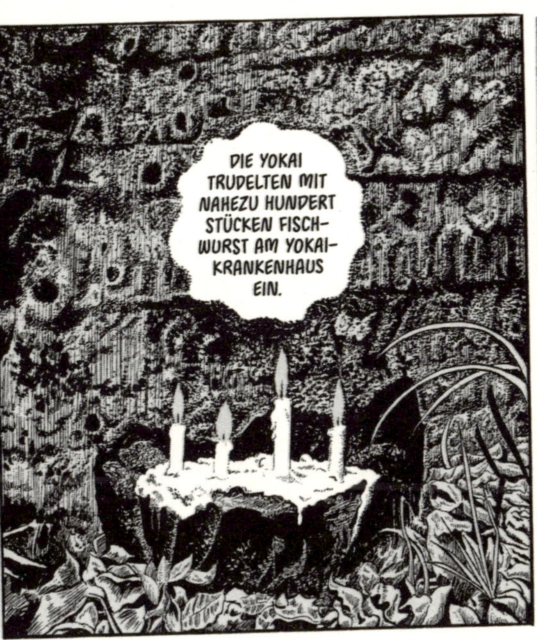
DIE YOKAI TRUDELTEN MIT NAHEZU HUNDERT STÜCKEN FISCH-WURST AM YOKAI-KRANKENHAUS EIN.

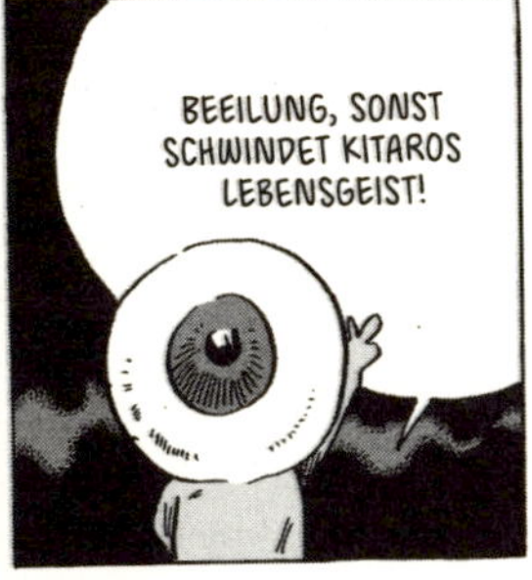
BEEILUNG, SONST SCHWINDET KITAROS LEBENSGEIST!

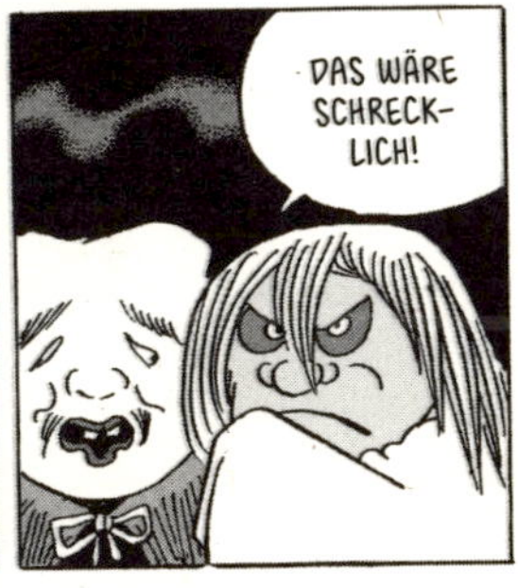
DAS WÄRE SCHRECK-LICH!

SEIT DREI MONATEN BESASS DER WASSERMANN EIN RIESIGES HAUS, DAS ER MIT DEM FISCHWURSTGE-WINN GEBAUT HATTE.

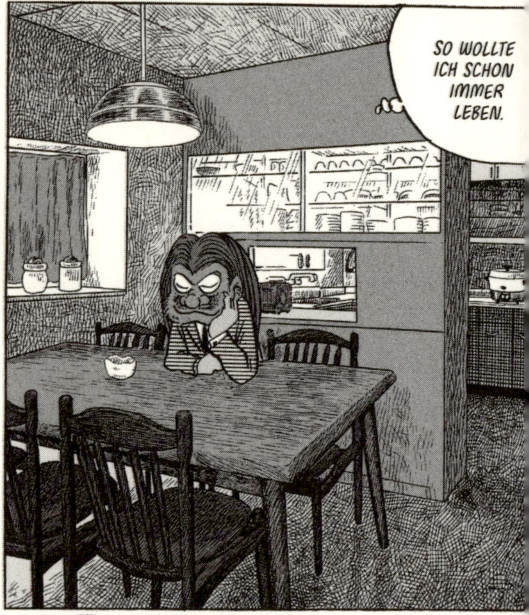
SO WOLLTE ICH SCHON IMMER LEBEN.

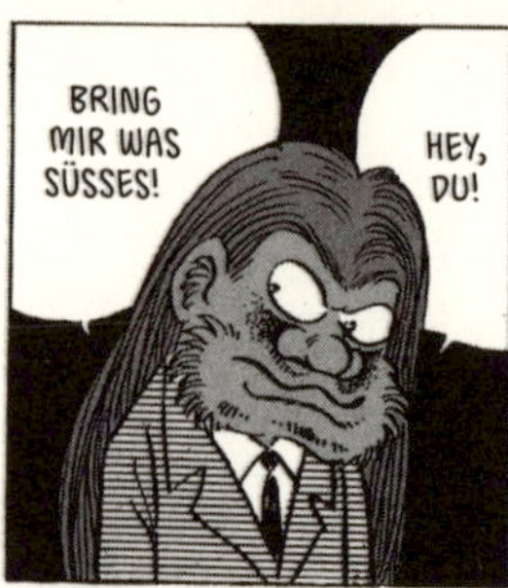
HEY, DU!
BRING MIR WAS SÜSSES!

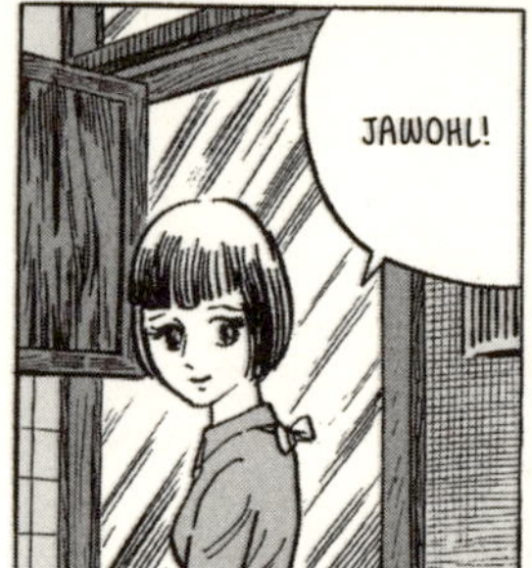
JAWOHL!

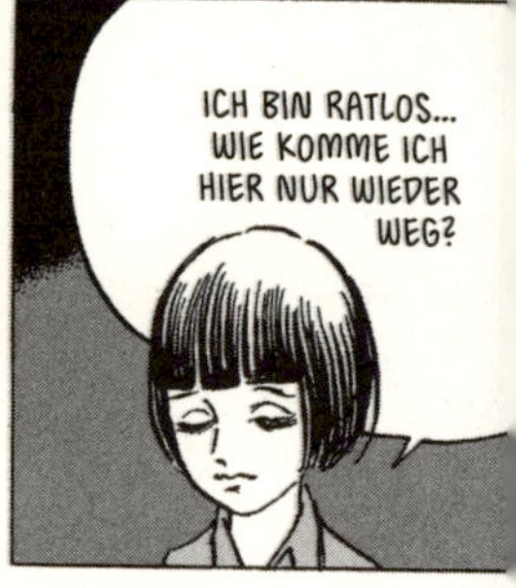
ICH BIN RATLOS… WIE KOMME ICH HIER NUR WIEDER WEG?

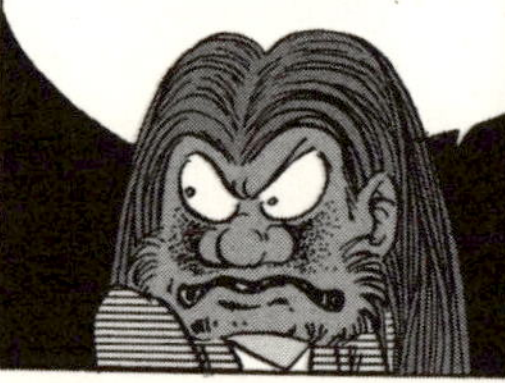
WENN DU MIR KEINEN LECKEREN NACHTISCH MACHST, ENDEST DU ALS FISCHWURST!

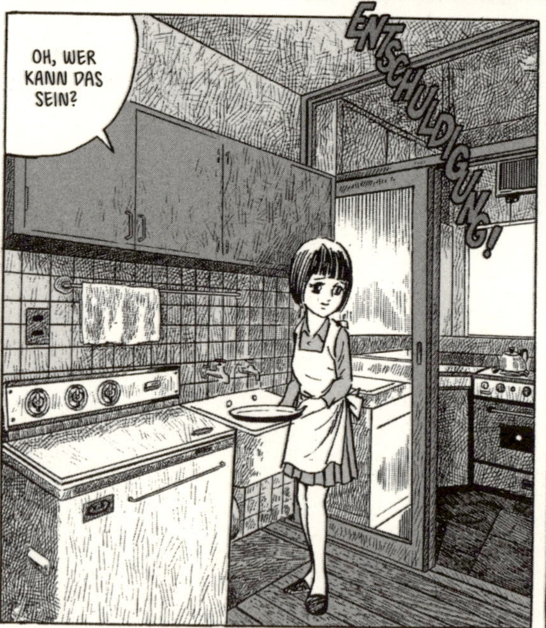
ENTSCHULDIGUNG!
OH, WER KANN DAS SEIN?

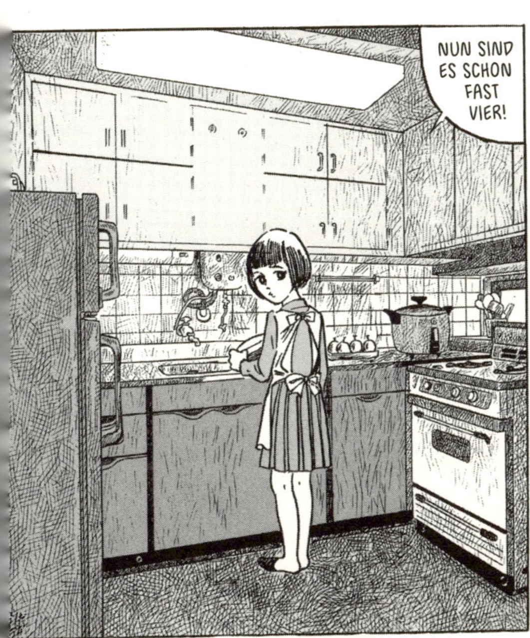
NUN SIND ES SCHON FAST VIER!

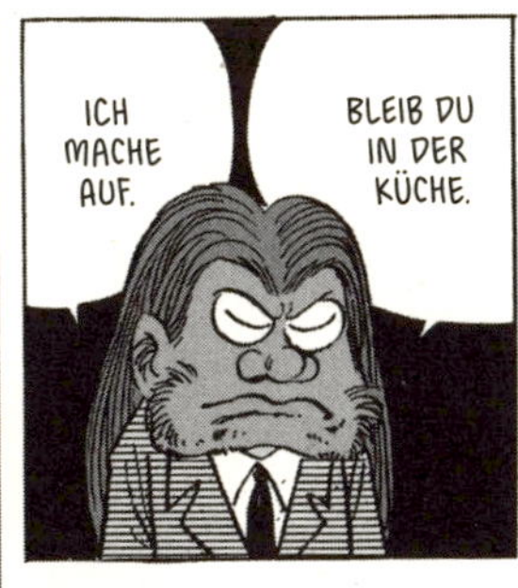
BLEIB DU IN DER KÜCHE.
ICH MACHE AUF.

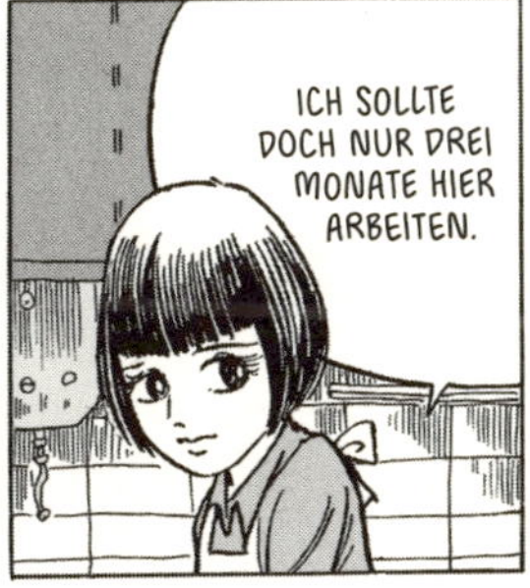
ICH SOLLTE DOCH NUR DREI MONATE HIER ARBEITEN.

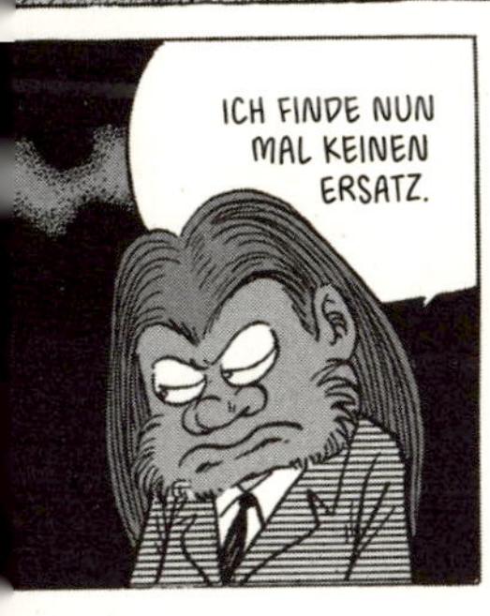
ICH FINDE NUN MAL KEINEN ERSATZ.

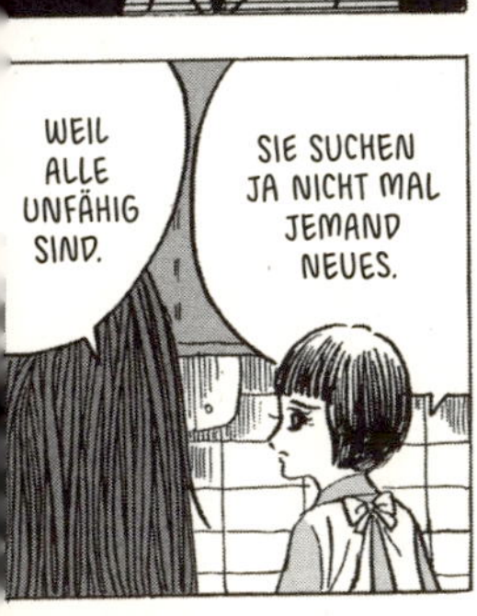
SIE SUCHEN JA NICHT MAL JEMAND NEUES.
WEIL ALLE UNFÄHIG SIND.

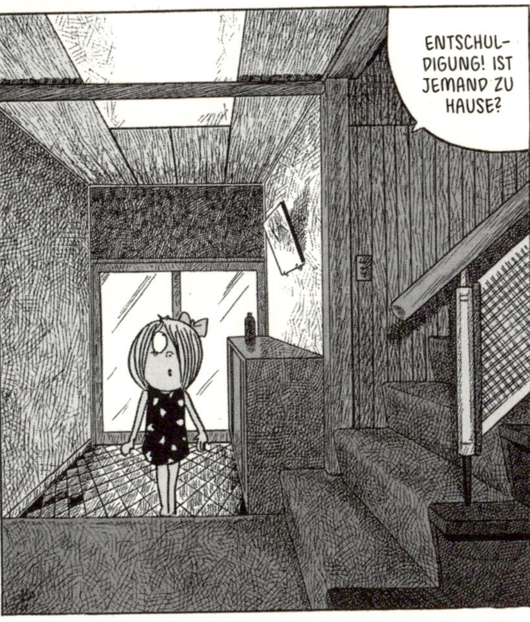
ENTSCHUL-DIGUNG! IST JEMAND ZU HAUSE?

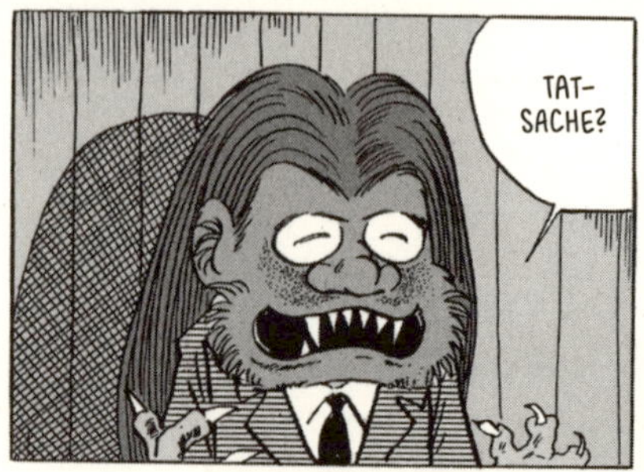

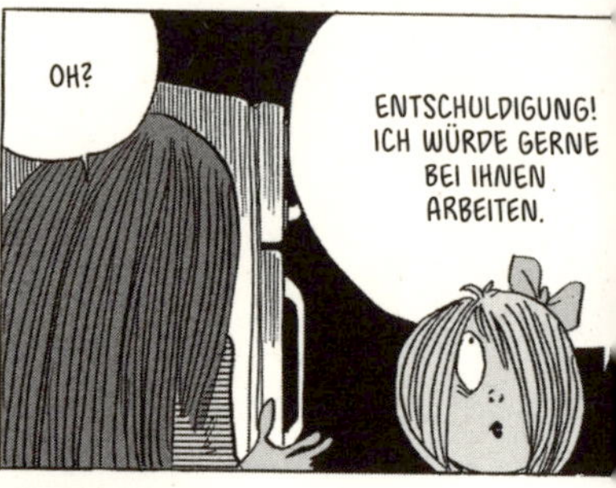

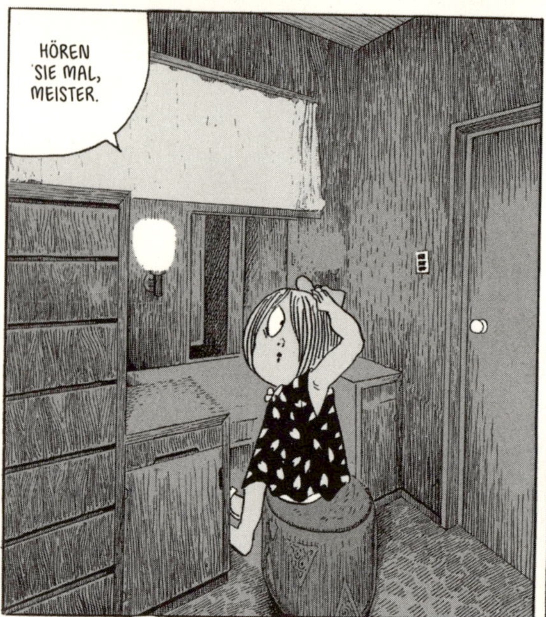

DER WASSERMANN STELLTE DAS UNVERHOFFT AUFGETAUCHTE MÄDCHEN EIN. SIE WAR NICHT NUR AUFMERKSAM, SONDERN KONNTE AUCH VORZÜGLICHE SÜSSSPEISEN ZUBEREITEN. DER WASSERMANN WAR VERNARRT IN SIE.

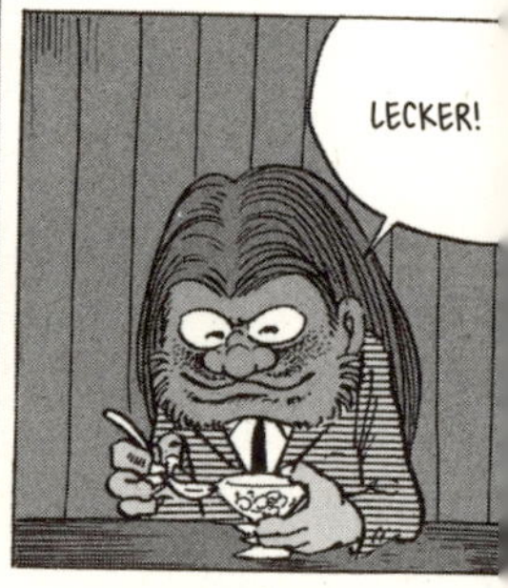

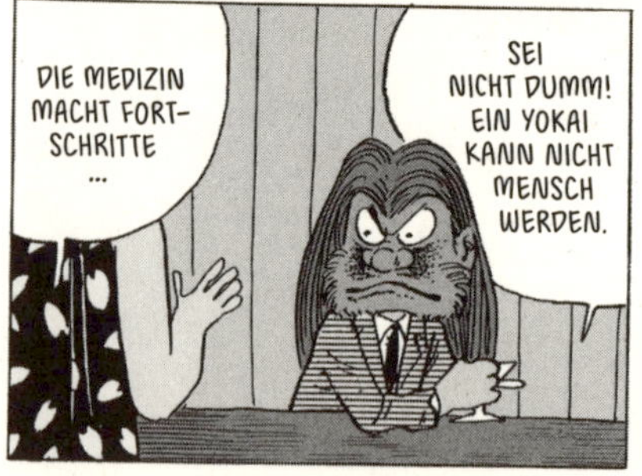

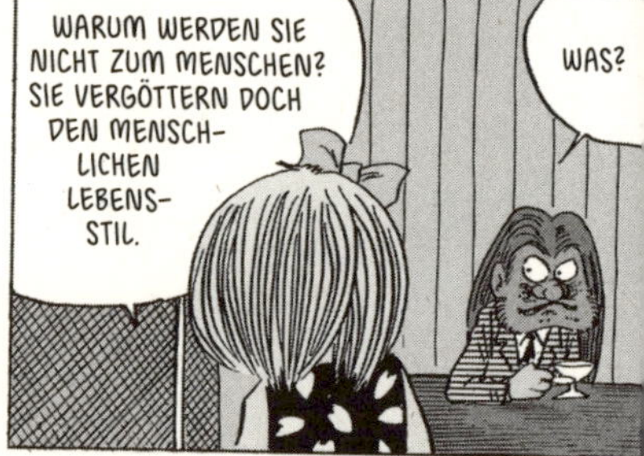

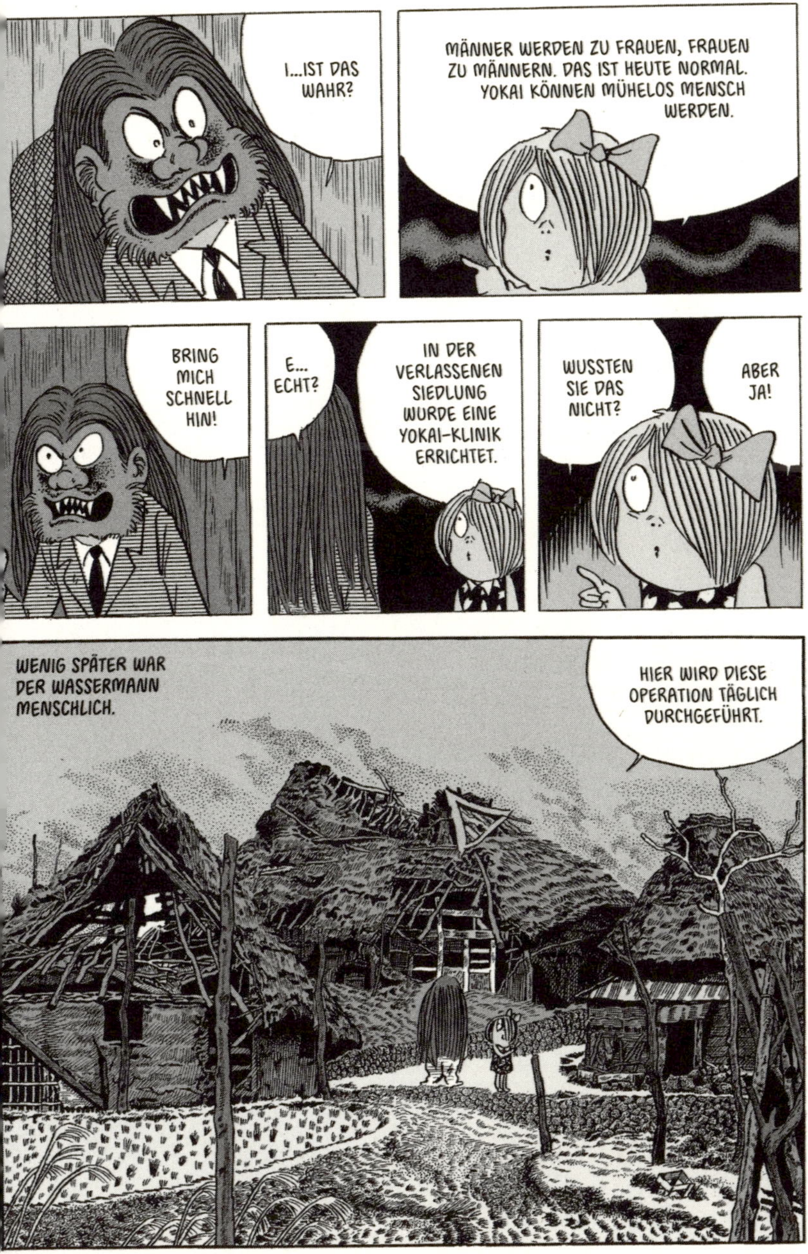

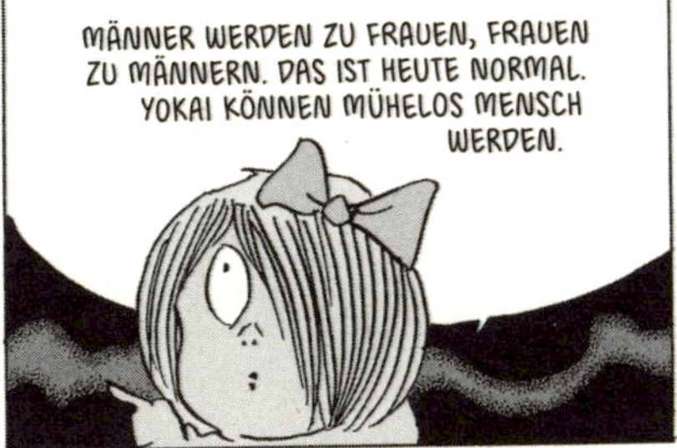

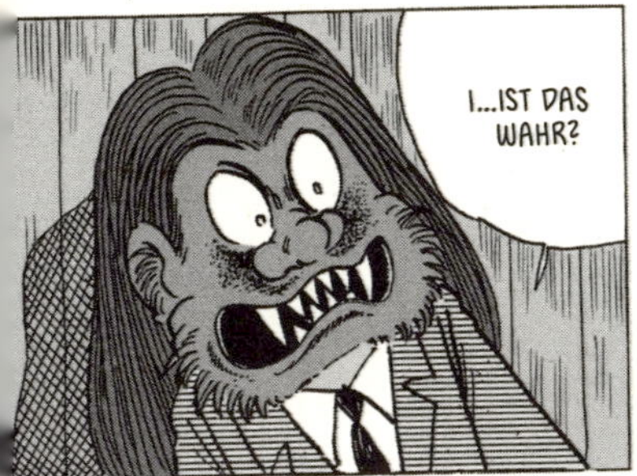

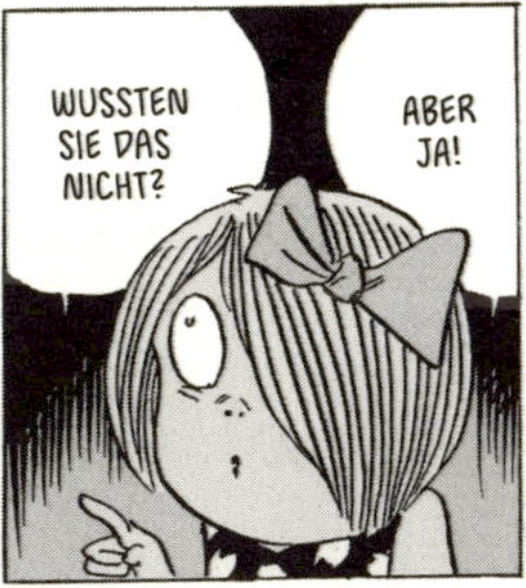

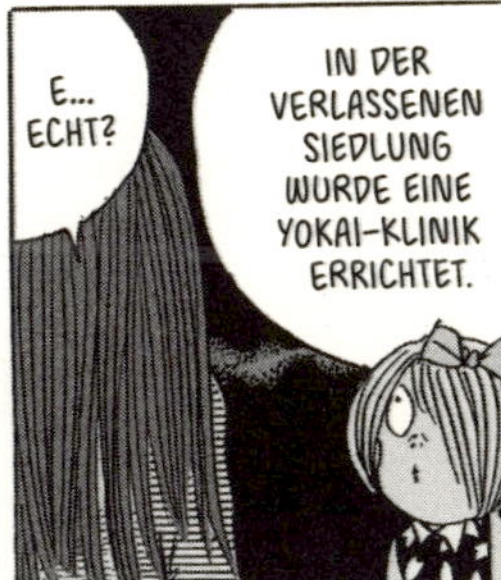

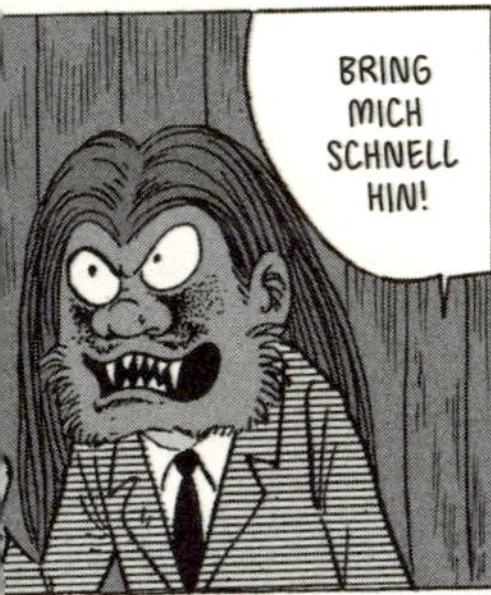

WENIG SPÄTER WAR DER WASSERMANN MENSCHLICH.

HIER WIRD DIESE OPERATION TÄGLICH DURCHGEFÜHRT.

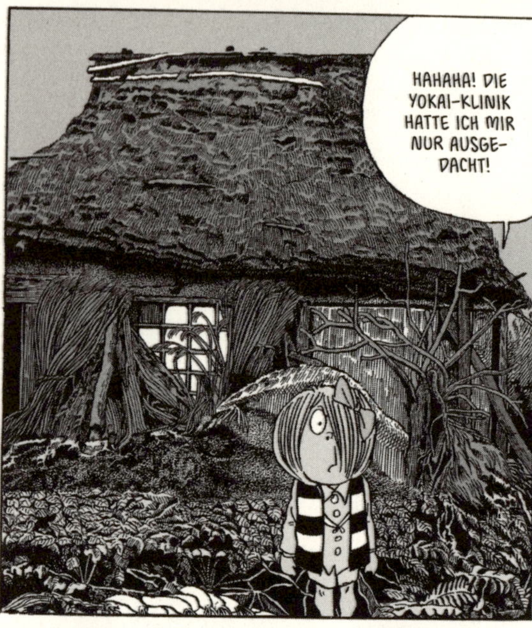

DOCH DAS MENSCHENLEBEN WAR ALLES ANDERE ALS SPASS! MAN MUSSTE ARBEITEN GEHEN UND STEUERN ZAHLEN. VIELES WAR LÄSTIGER, ALS MAN ES SICH HÄTTE AUSMALEN KÖNNEN. ALS WÄRE DAS NICHT GENUG, ALTERTEN MENSCHEN AUCH NOCH UND STARBEN IRGEND-WANN. DER WASSERMANN WAR ZURÜCK ZUR YOKAI-KLINIK GEEILT, DOCH DORT HERRSCHTE GÄHNENDE LEERE.

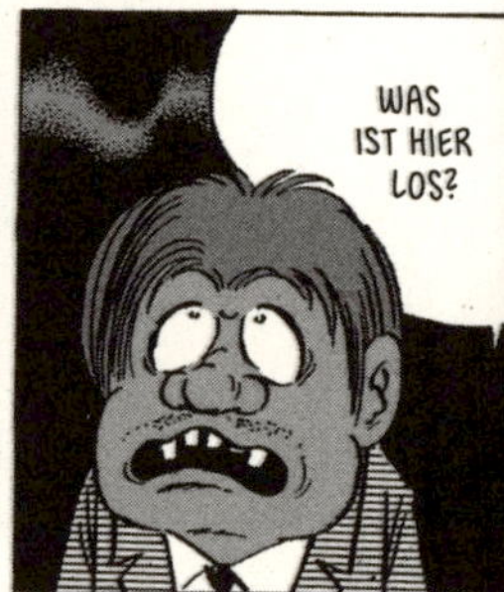

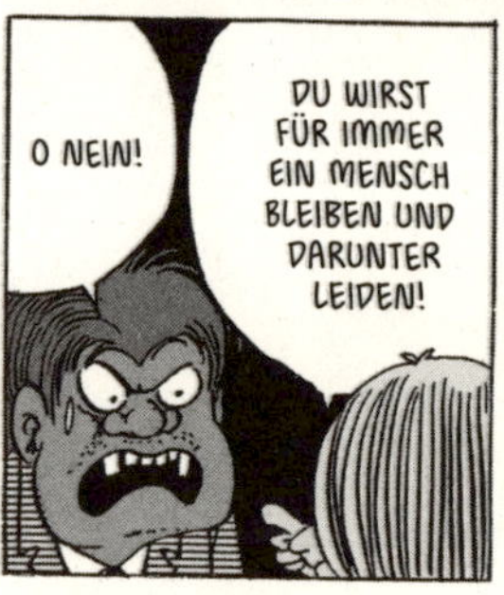

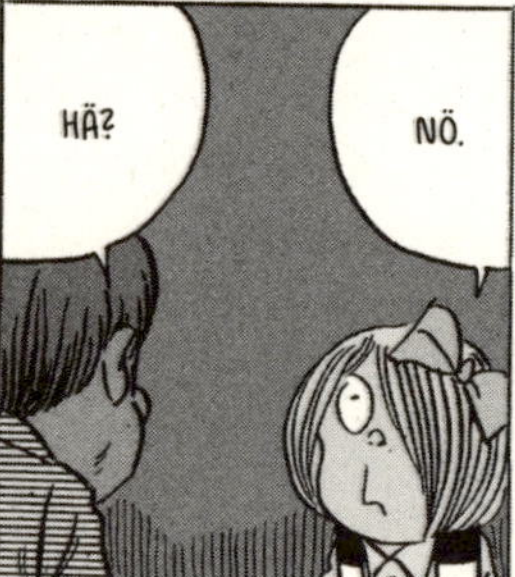

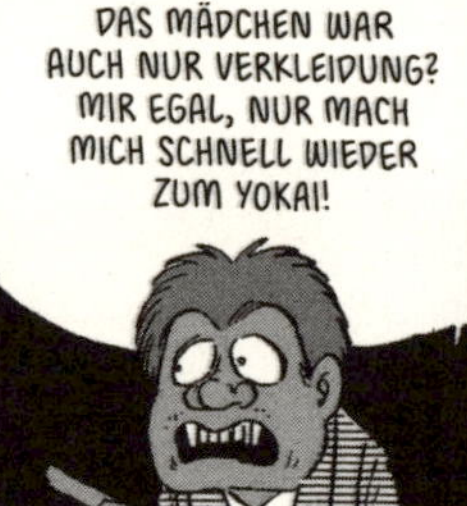

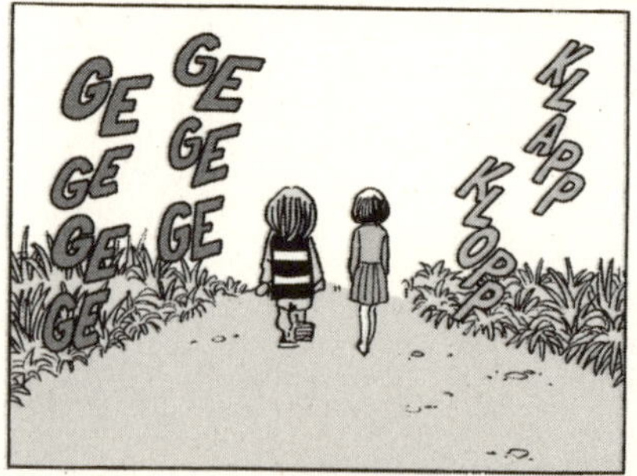

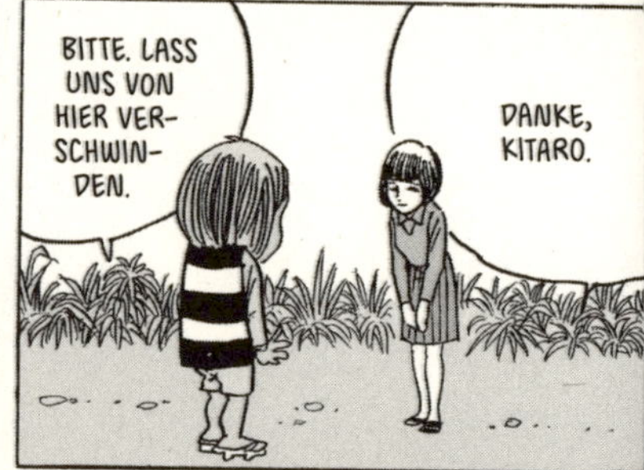

Die Fischwurst – Ende

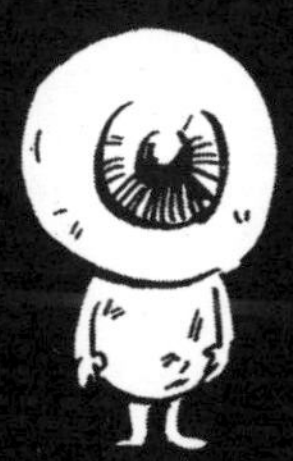

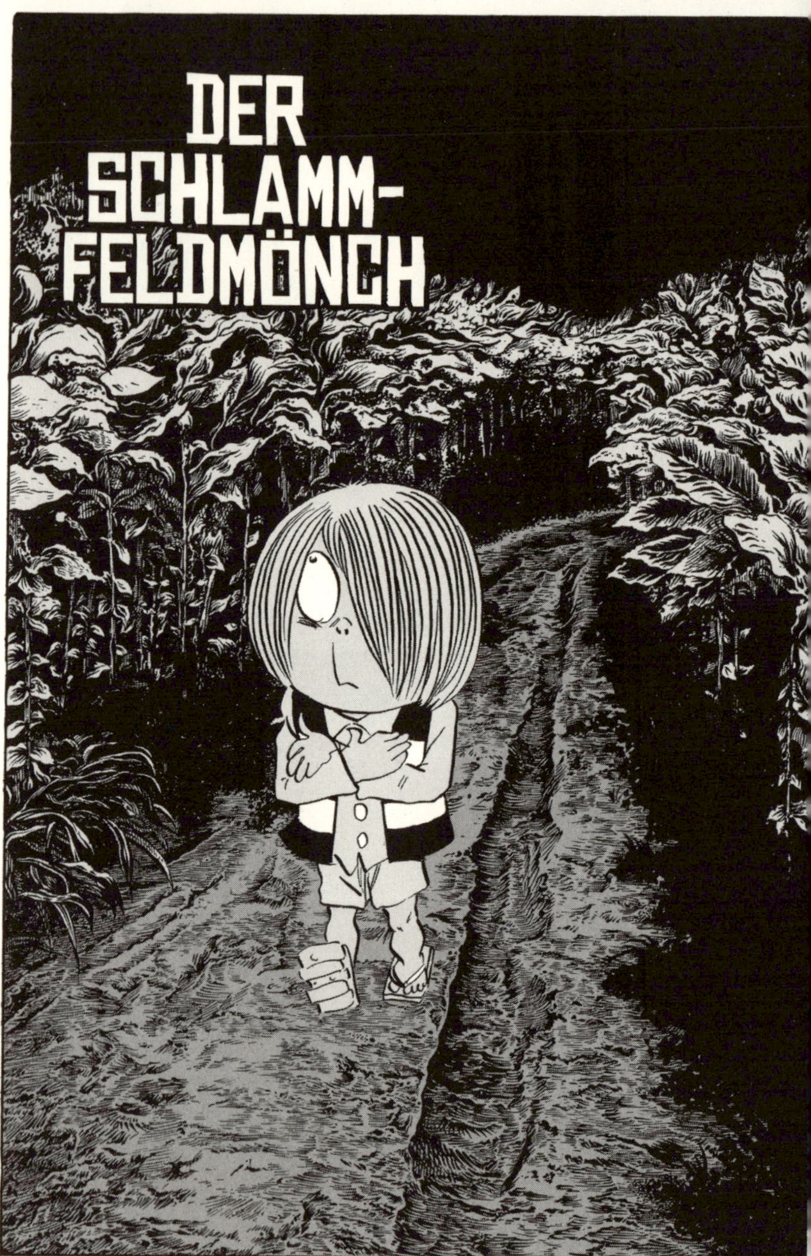
DER SCHLAMM-FELDMÖNCH

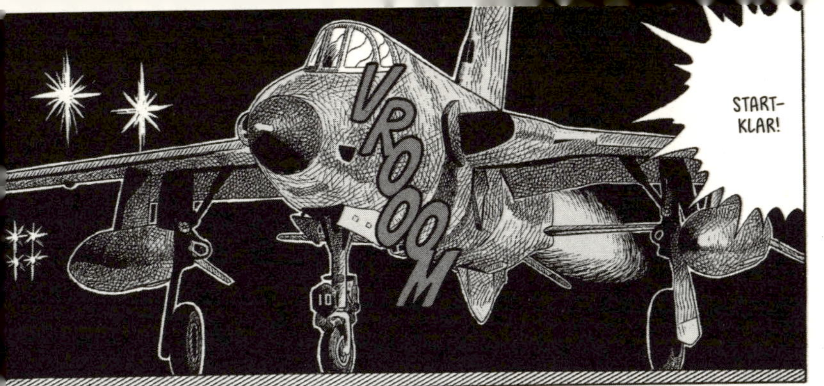
START-
KLAR!
VROOOM

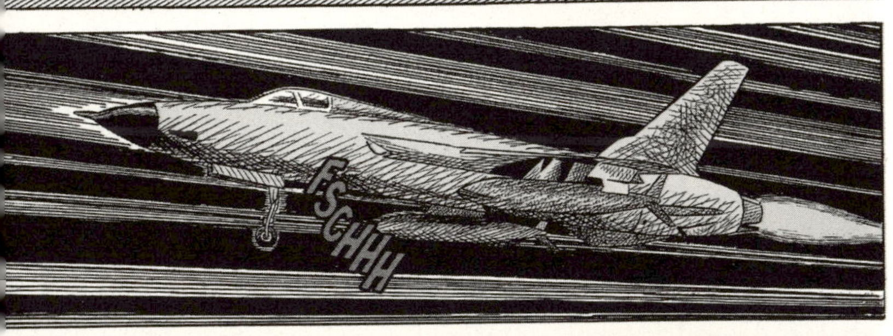
FSCHHH

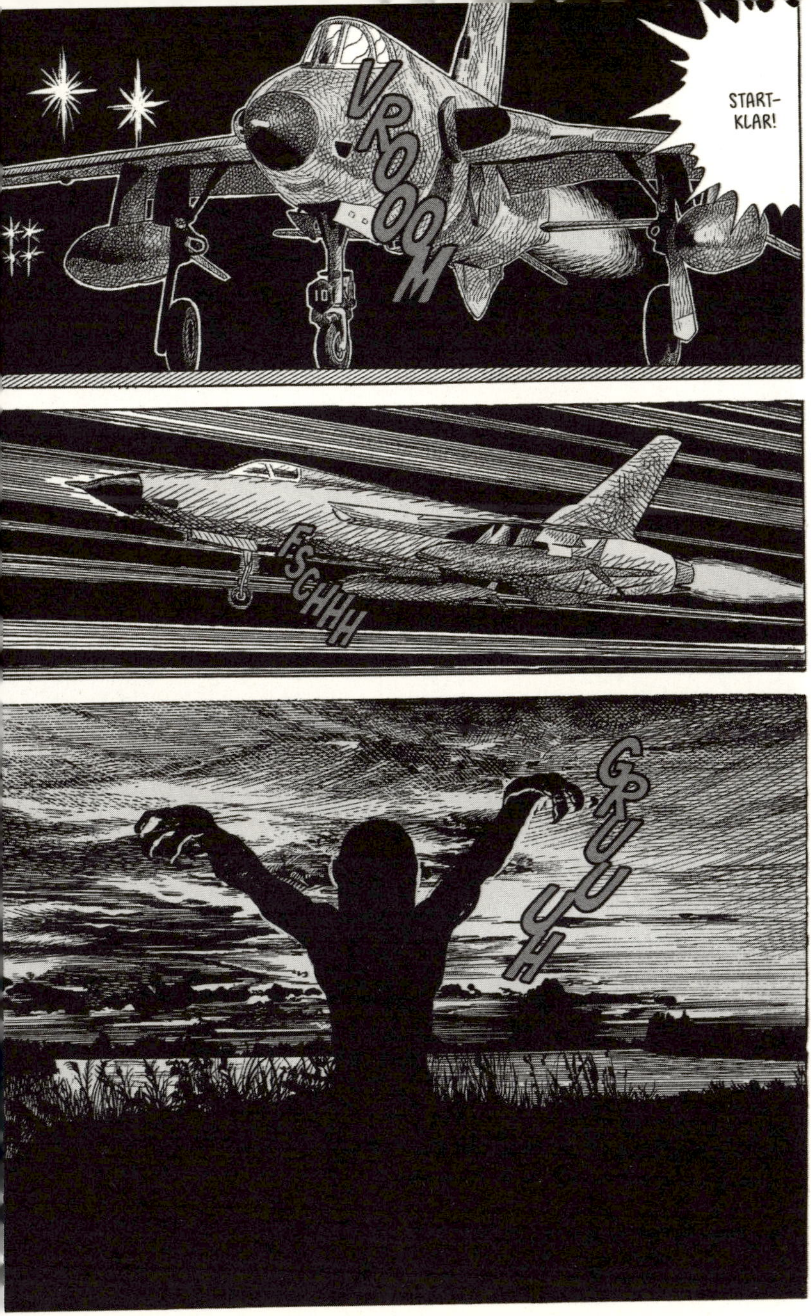

GRUUUH

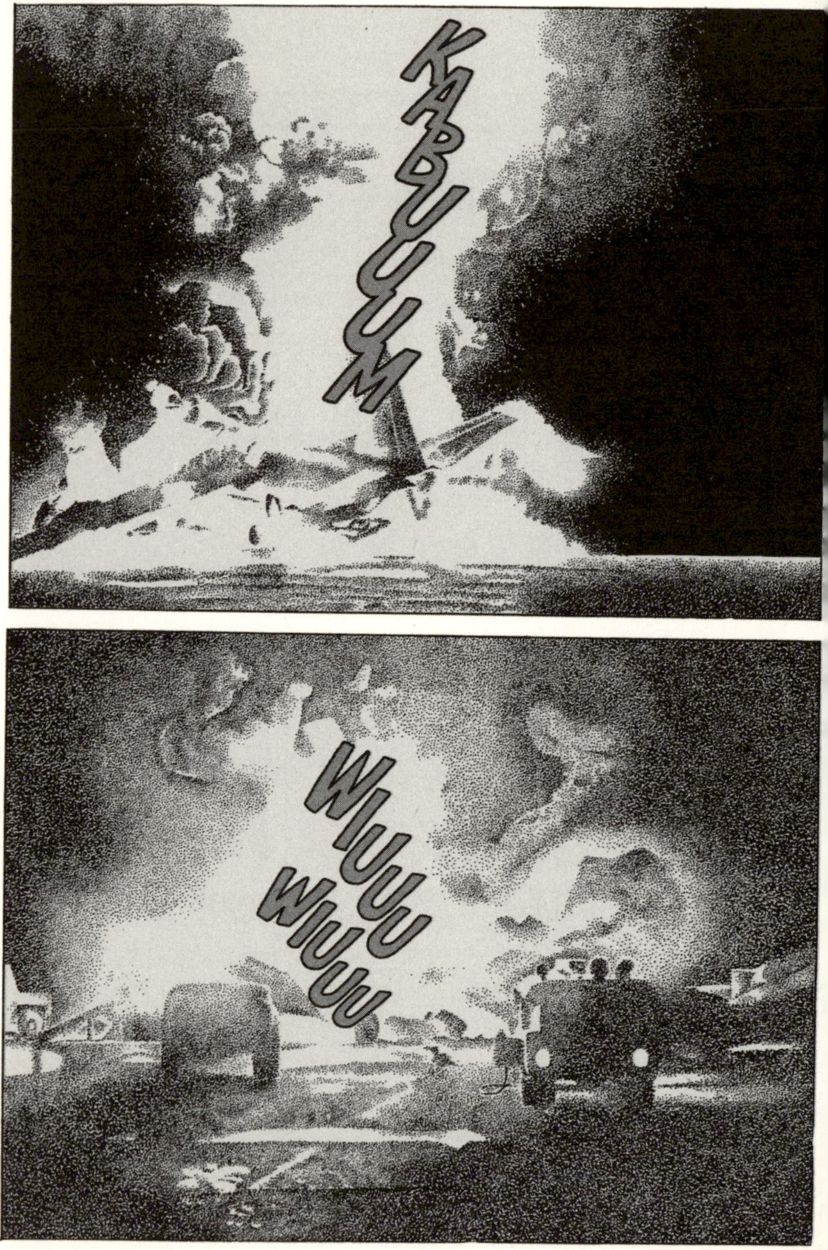

KABUUUM

WIUUUU
WIUUUU

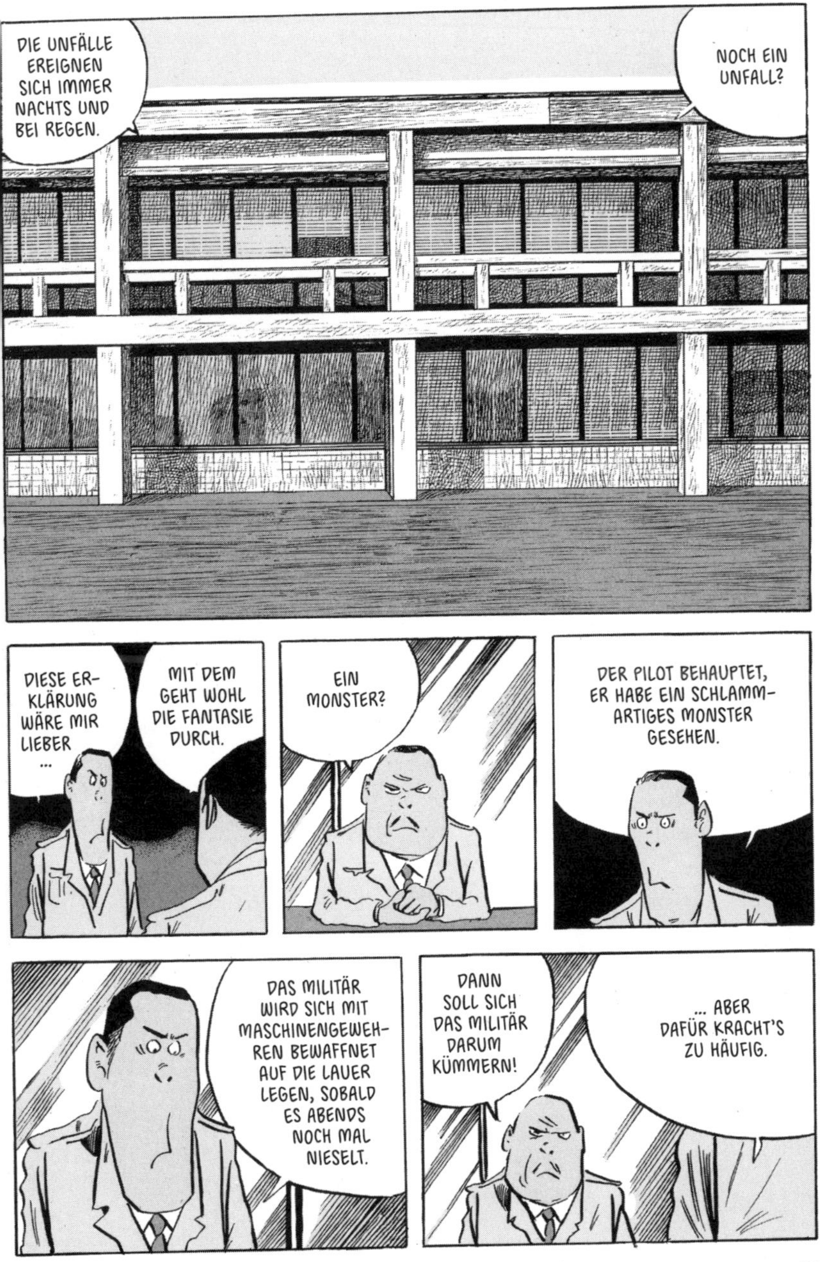

NOCH EIN UNFALL?
DIE UNFÄLLE EREIGNEN SICH IMMER NACHTS UND BEI REGEN.

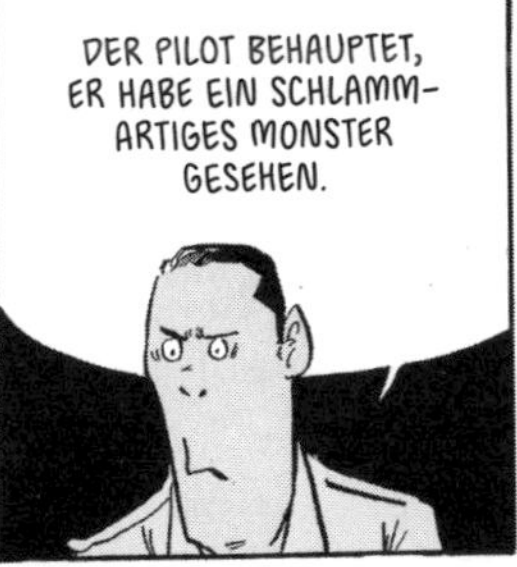
DER PILOT BEHAUPTET, ER HABE EIN SCHLAMM-ARTIGES MONSTER GESEHEN.

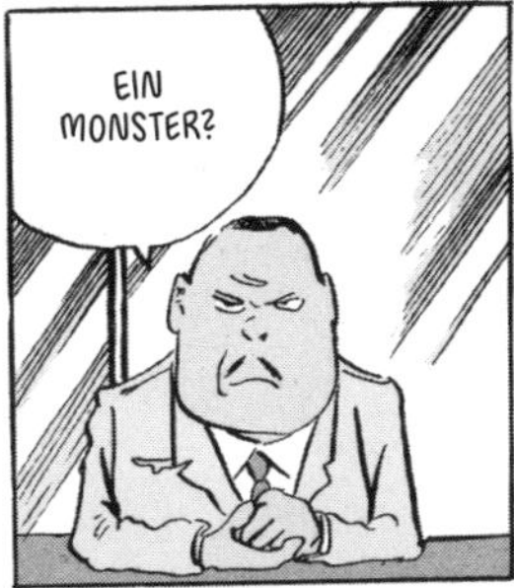
EIN MONSTER?

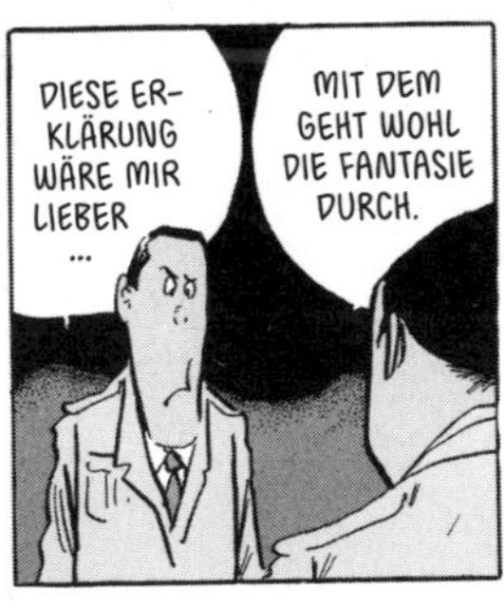
MIT DEM GEHT WOHL DIE FANTASIE DURCH.
DIESE ERKLÄRUNG WÄRE MIR LIEBER ...

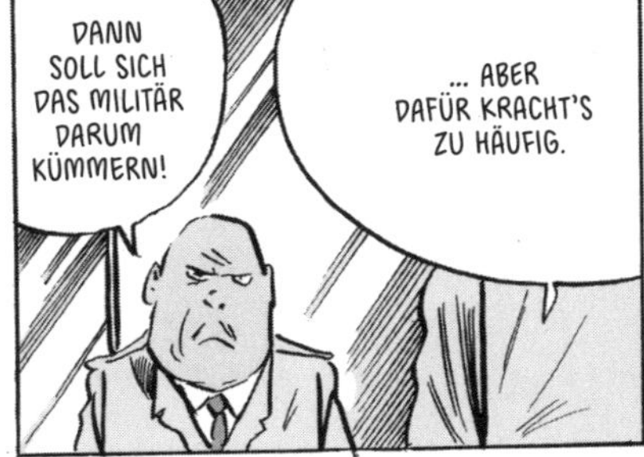
... ABER DAFÜR KRACHT'S ZU HÄUFIG.
DANN SOLL SICH DAS MILITÄR DARUM KÜMMERN!

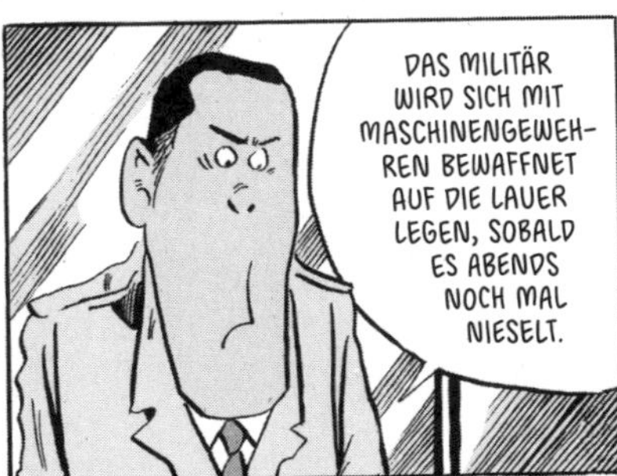
DAS MILITÄR WIRD SICH MIT MASCHINENGEWEHREN BEWAFFNET AUF DIE LAUER LEGEN, SOBALD ES ABENDS NOCH MAL NIESELT.

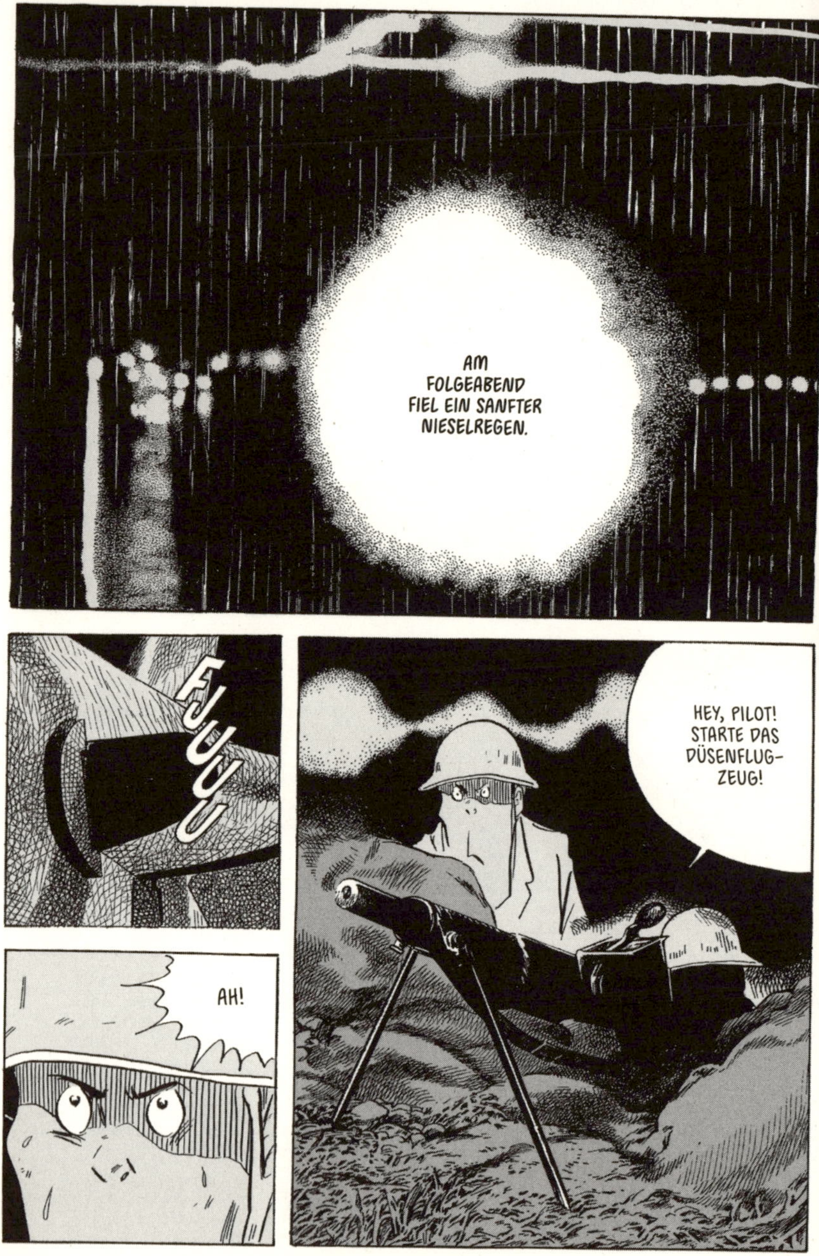

AM FOLGEABEND FIEL EIN SANFTER NIESELREGEN.

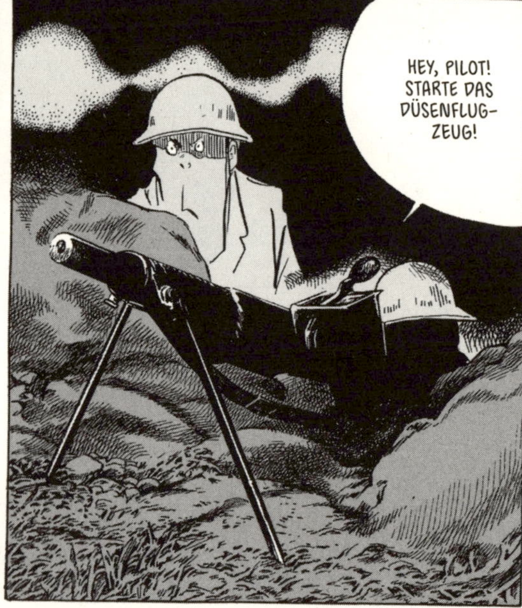

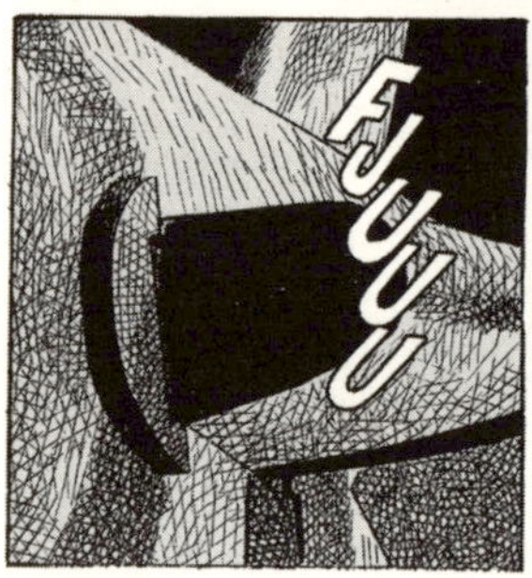

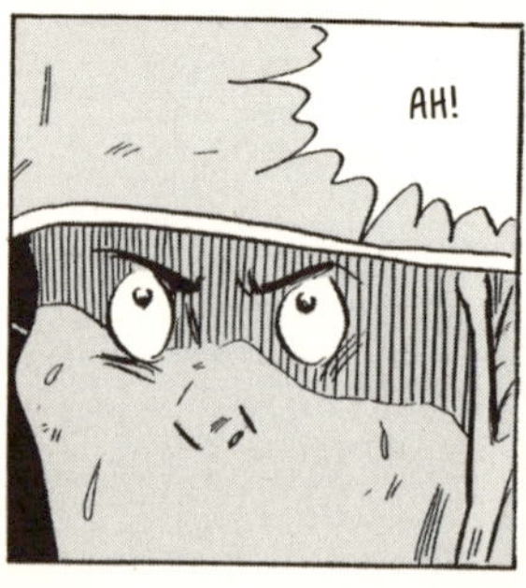

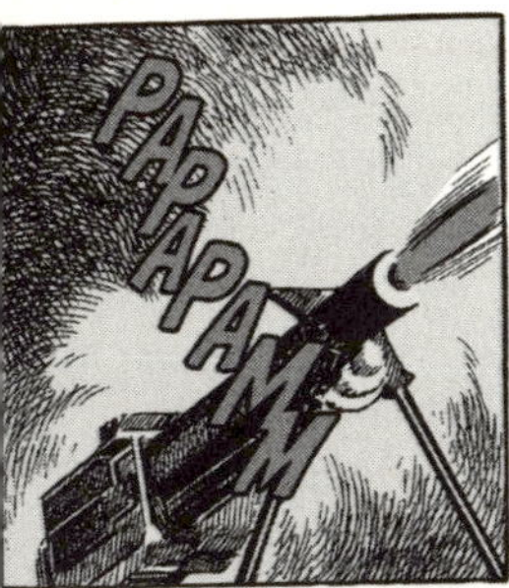

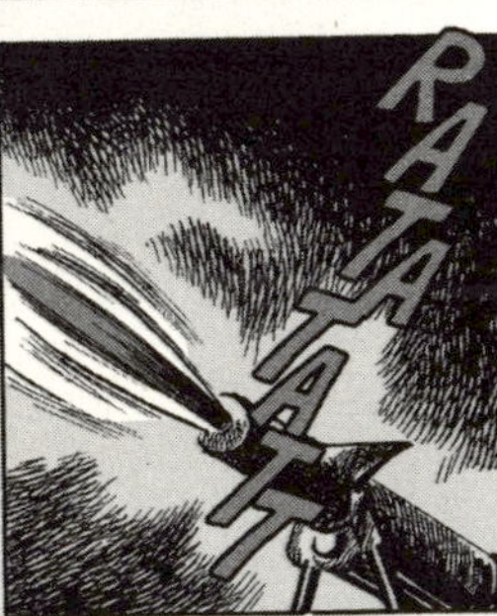

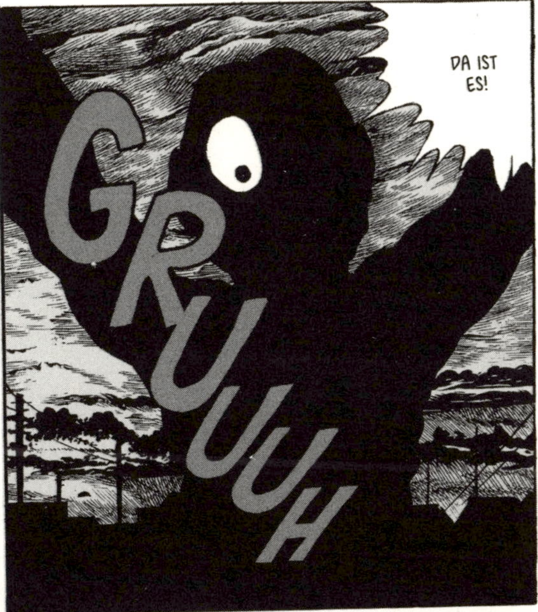

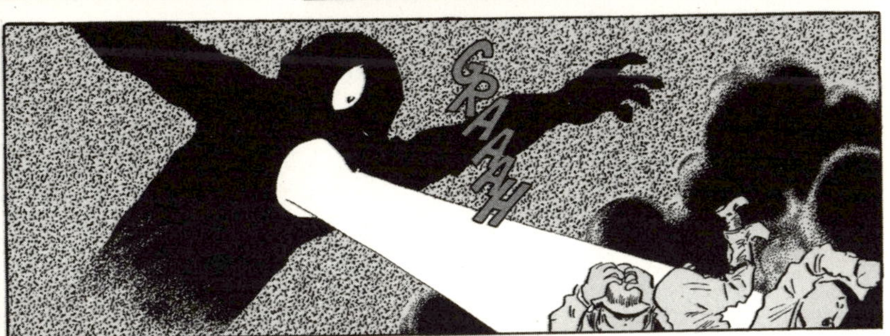

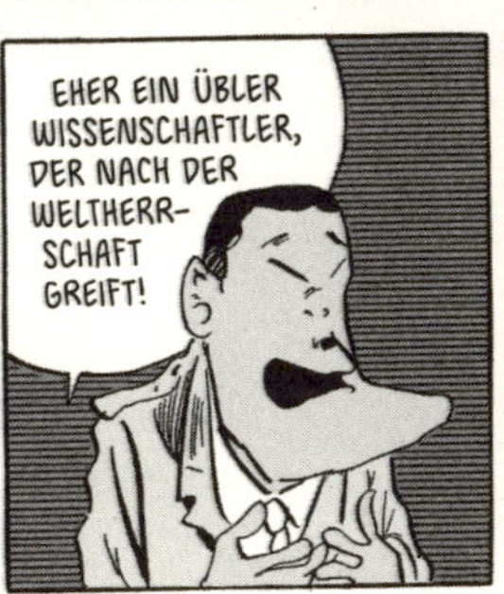

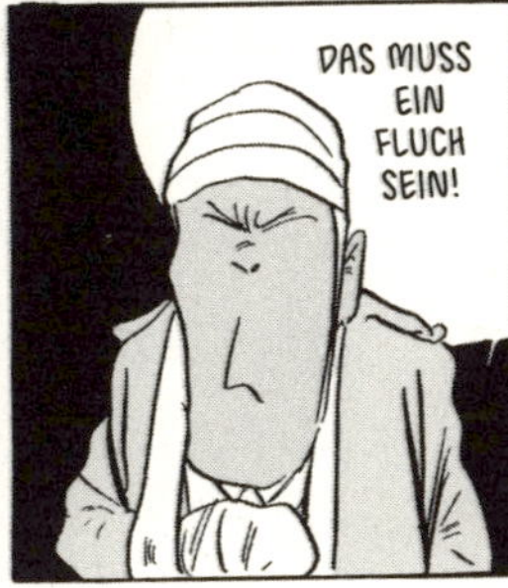

DAS MONSTER RÜHRTE SICH NICHT VOM FLECK. STATTDESSEN SPIE ES FEUERROTEN SCHLAMM AUF DIE SOLDATEN, DIE DAVON HOHES FIEBER BEKAMEN UND WIE IM WAHN DURCHEINANDER-LIEFEN.

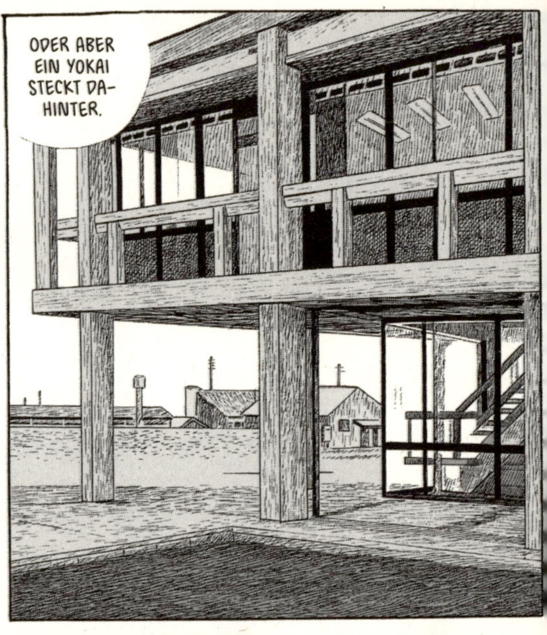
ODER ABER EIN YOKAI STECKT DAHINTER.

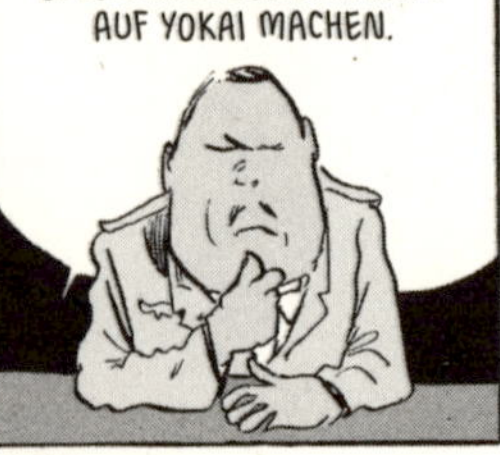
EIN GEWISSER KITARO SOLL UNENTGELTLICH JAGD AUF YOKAI MACHEN.

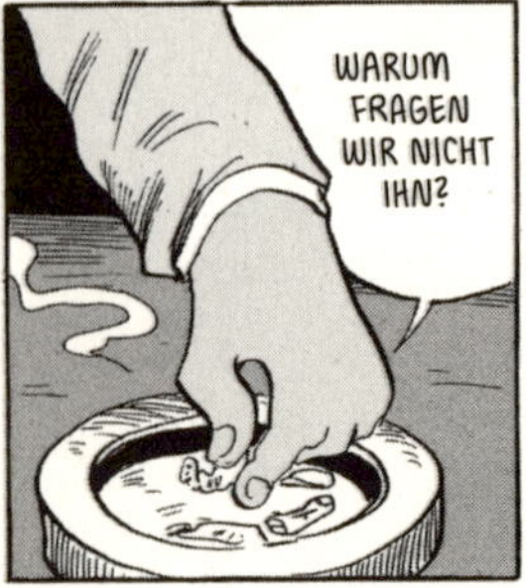
WARUM FRAGEN WIR NICHT IHN?

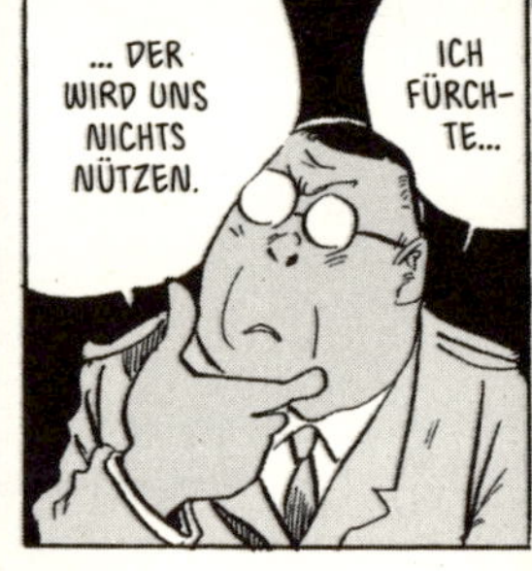
ICH FÜRCHTE...
... DER WIRD UNS NICHTS NÜTZEN.

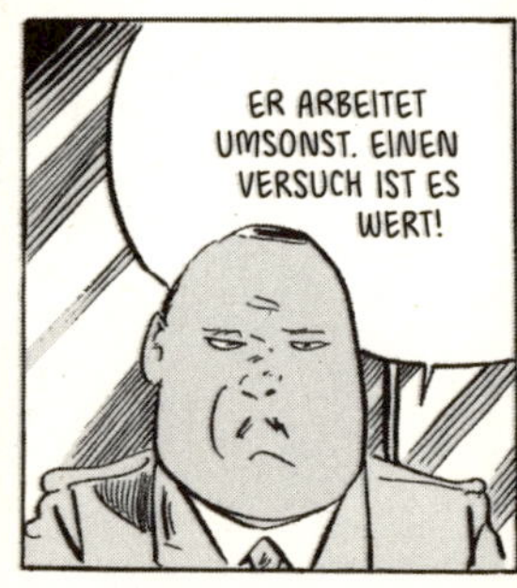
ER ARBEITET UMSONST. EINEN VERSUCH IST ES WERT!

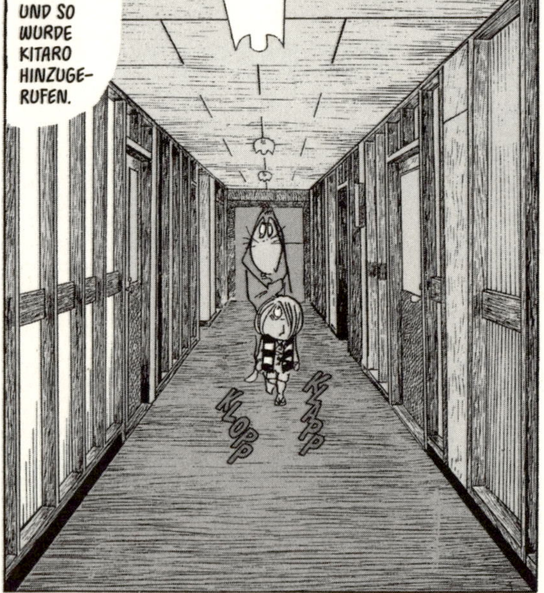
UND SO WURDE KITARO HINZUGERUFEN.
KLAPP
KLOPP

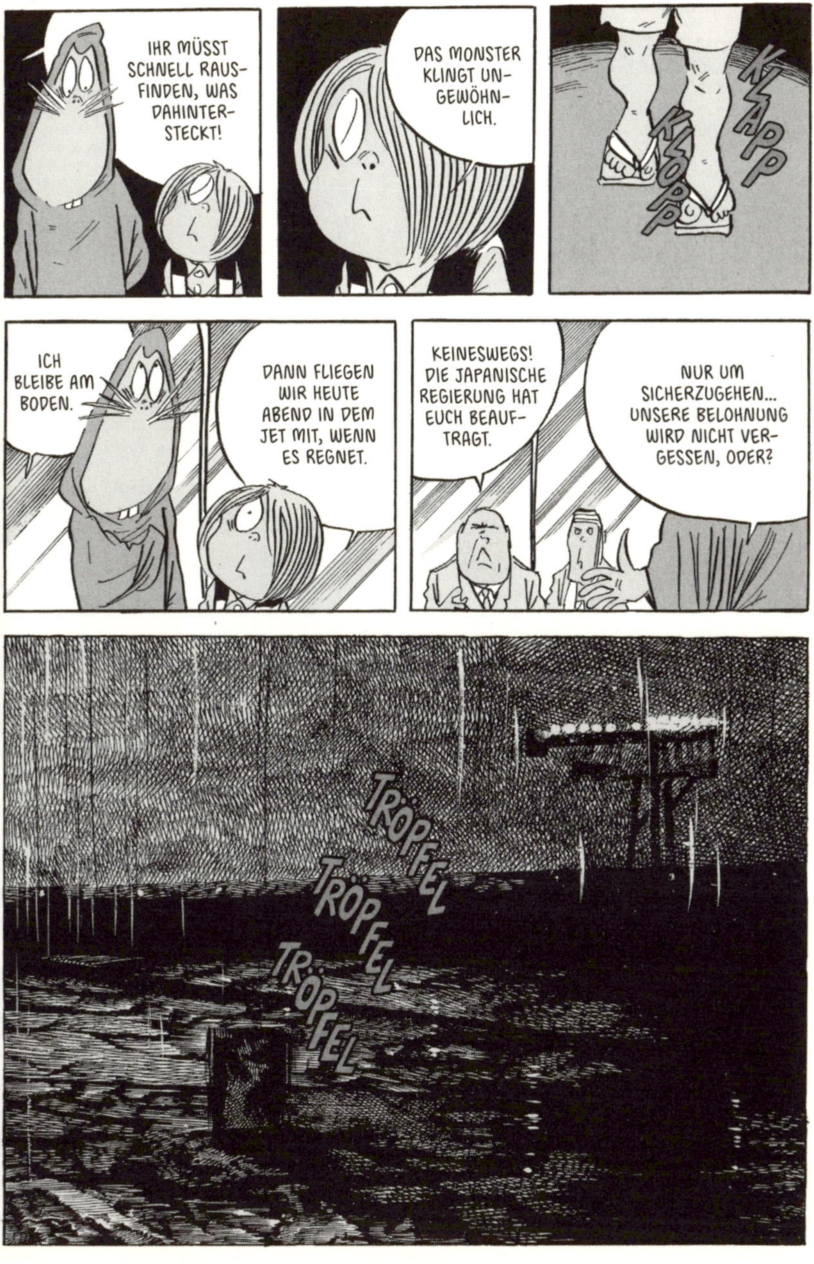

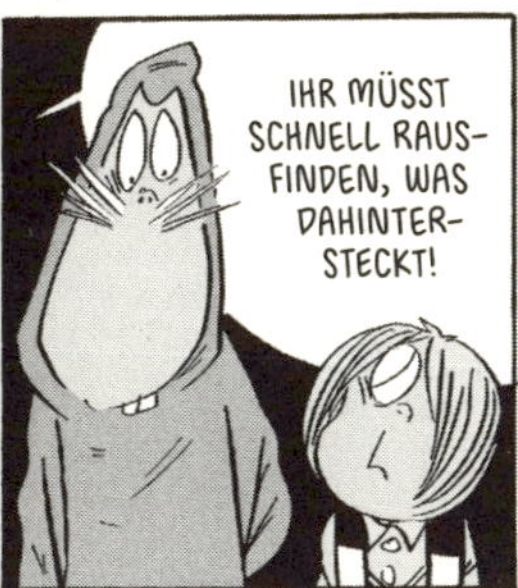

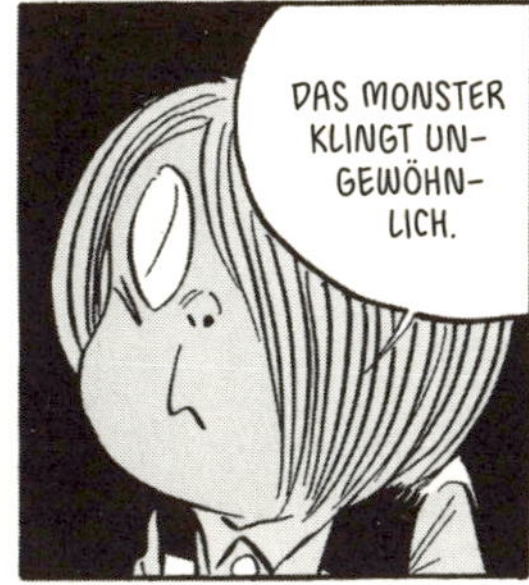

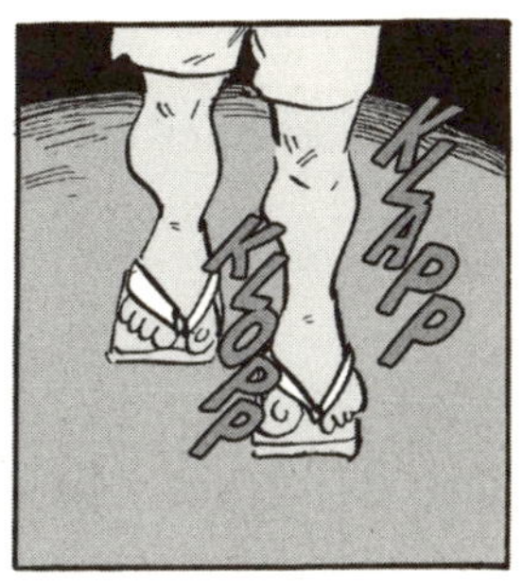

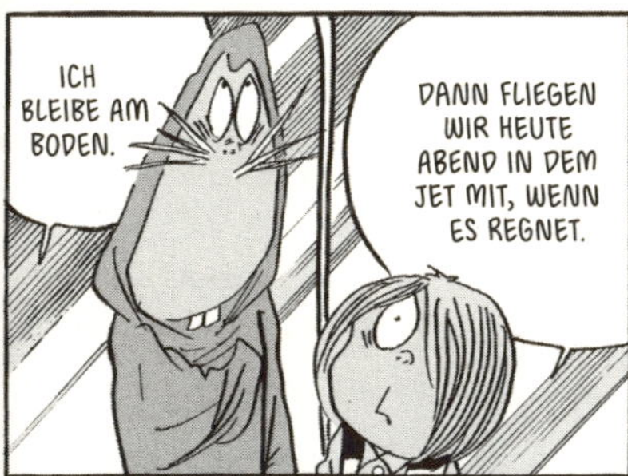

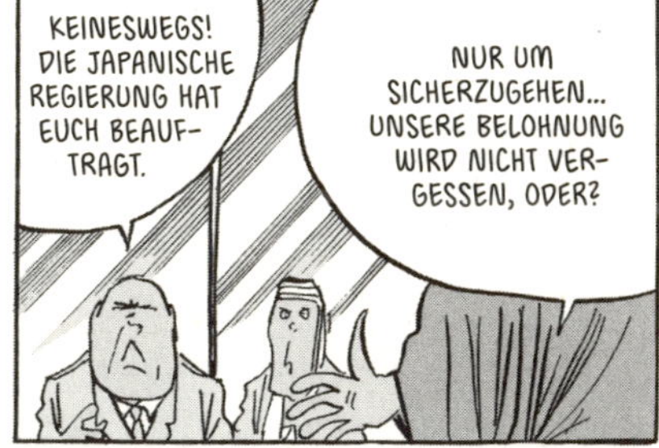

TRÖPFEL
TRÖPFEL
TRÖPFEL

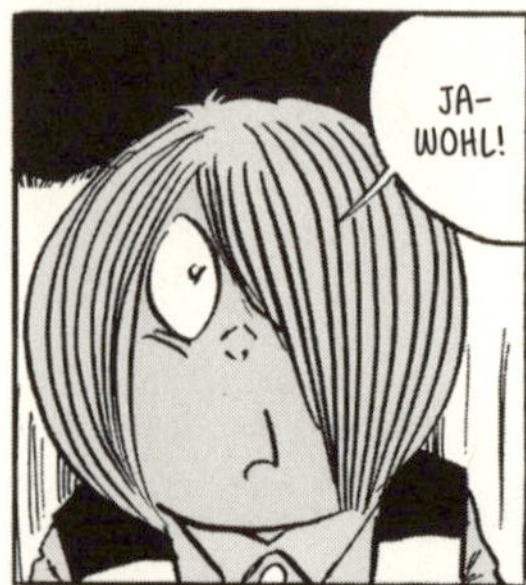
JA-
WOHL!

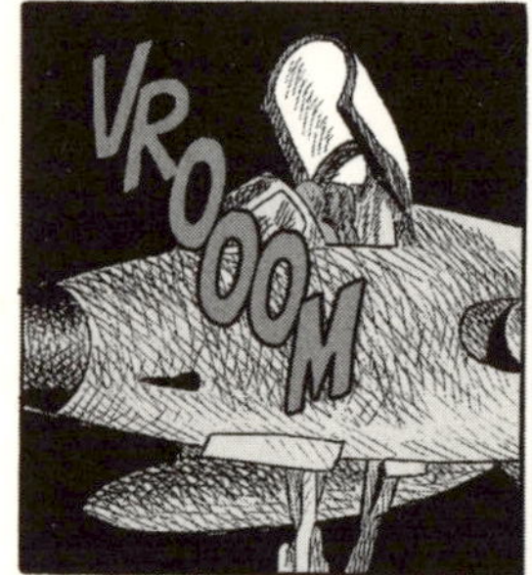
VROOOM

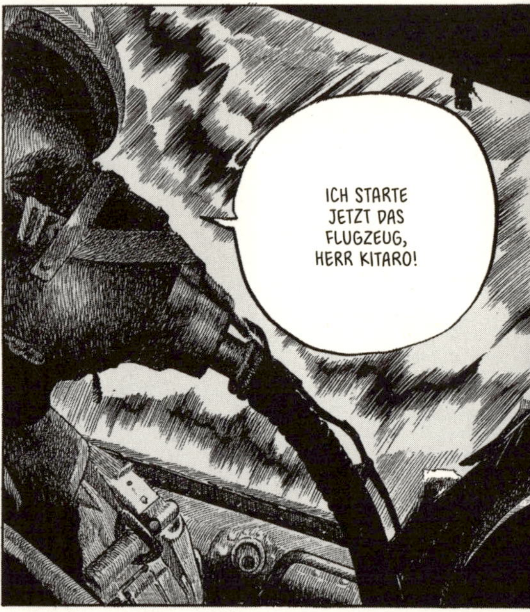
ICH STARTE JETZT DAS FLUGZEUG, HERR KITARO!

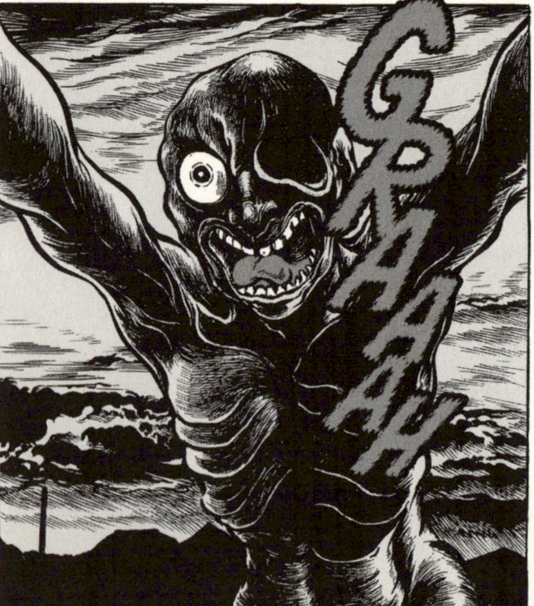
GRAAAAH

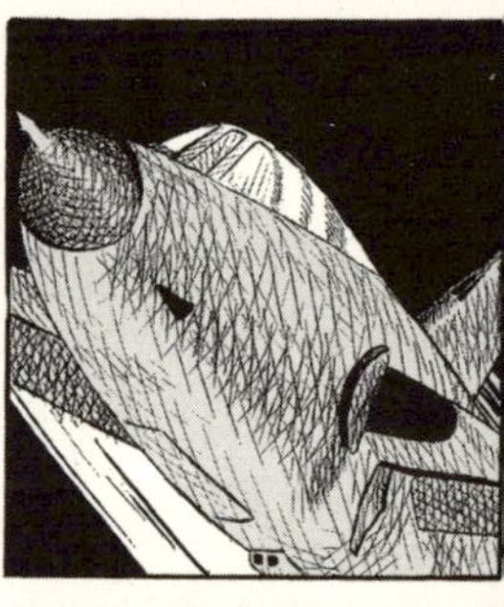

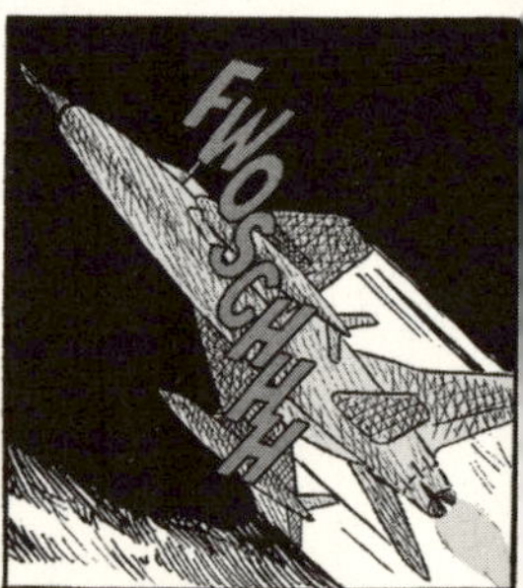
FWOSCHH

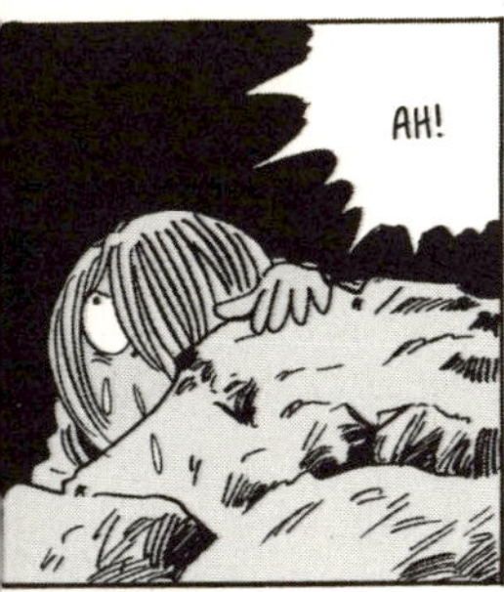
AH!

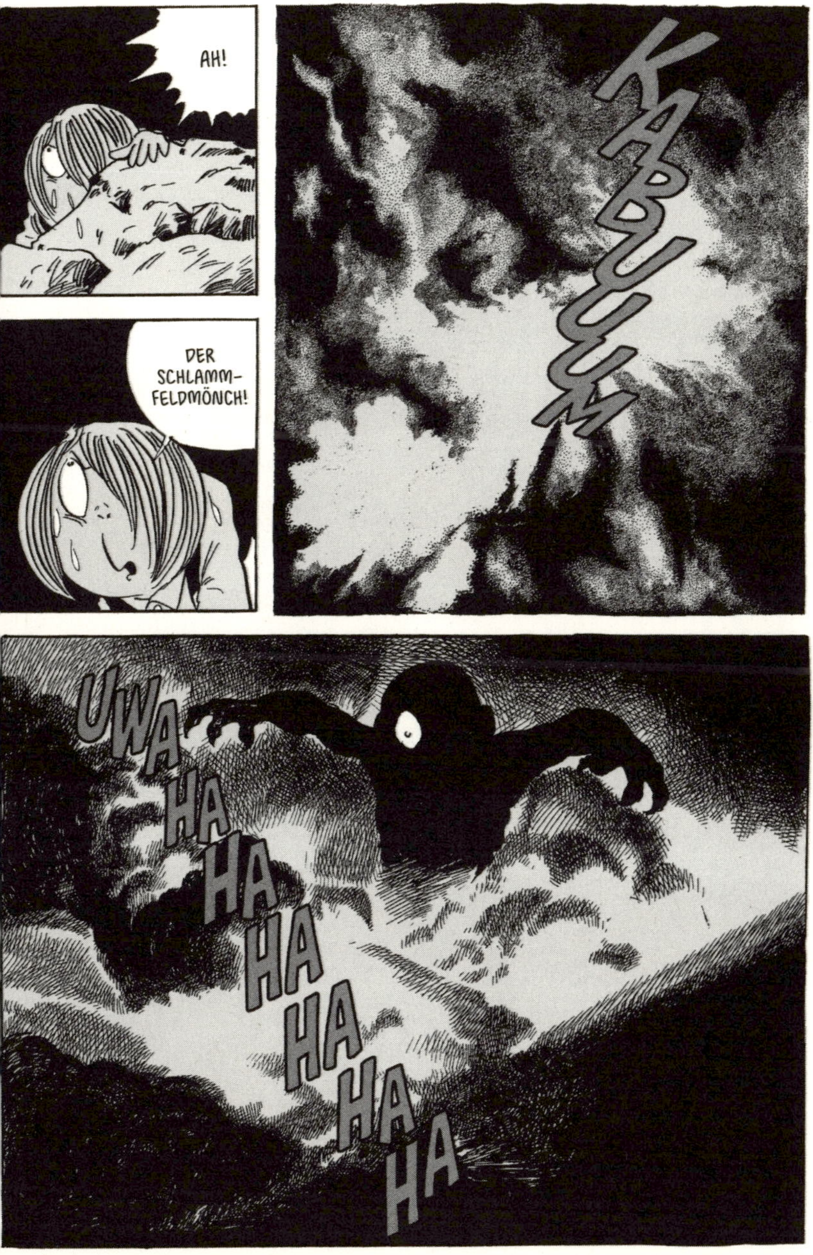

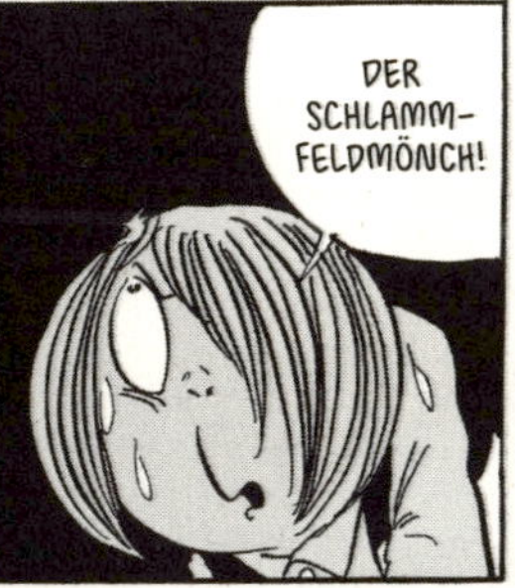
DER SCHLAMM-FELDMÖNCH!

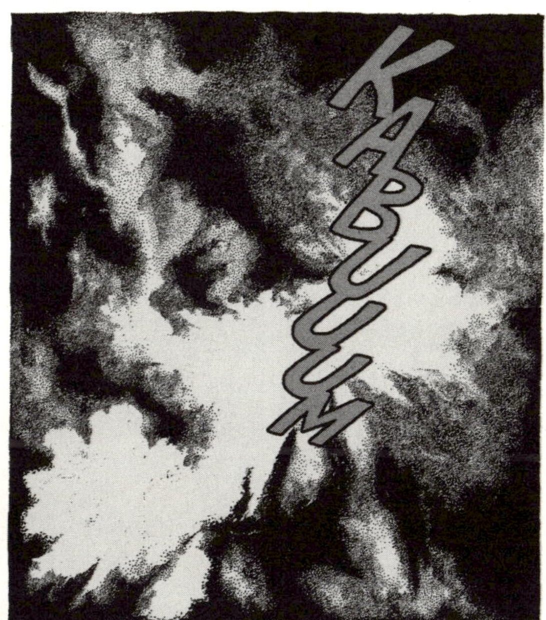
KABUUM
UWA HA HA HA HA HA HA

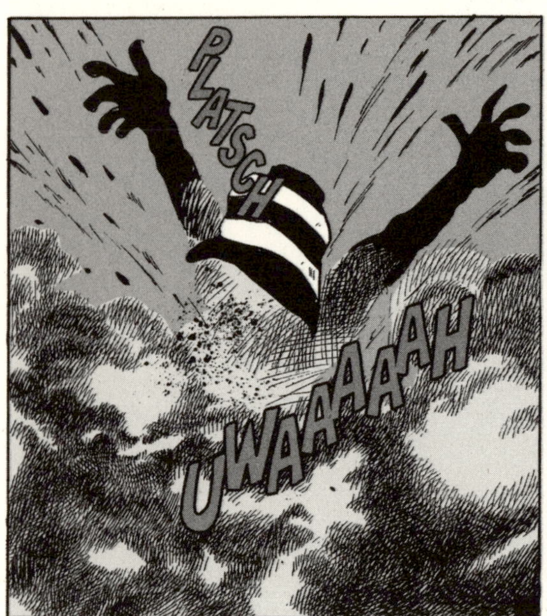
PLATSCH
UWAAAAAAH

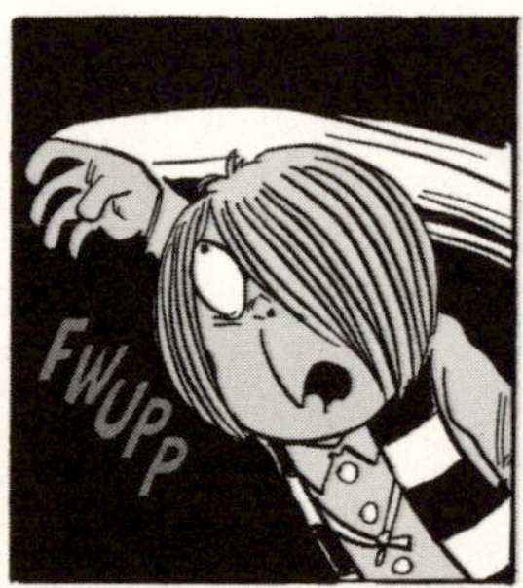
FWUPP

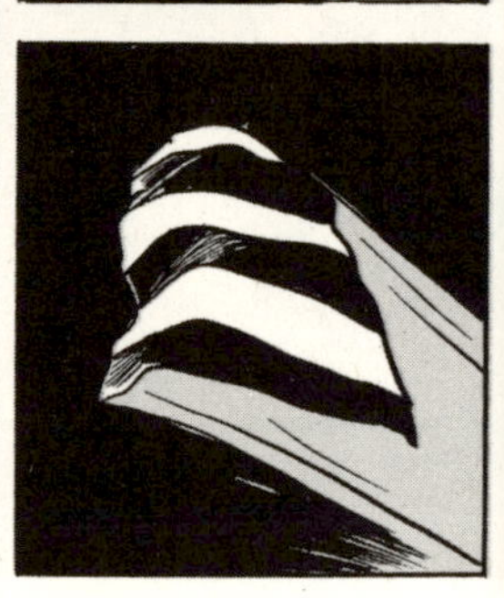

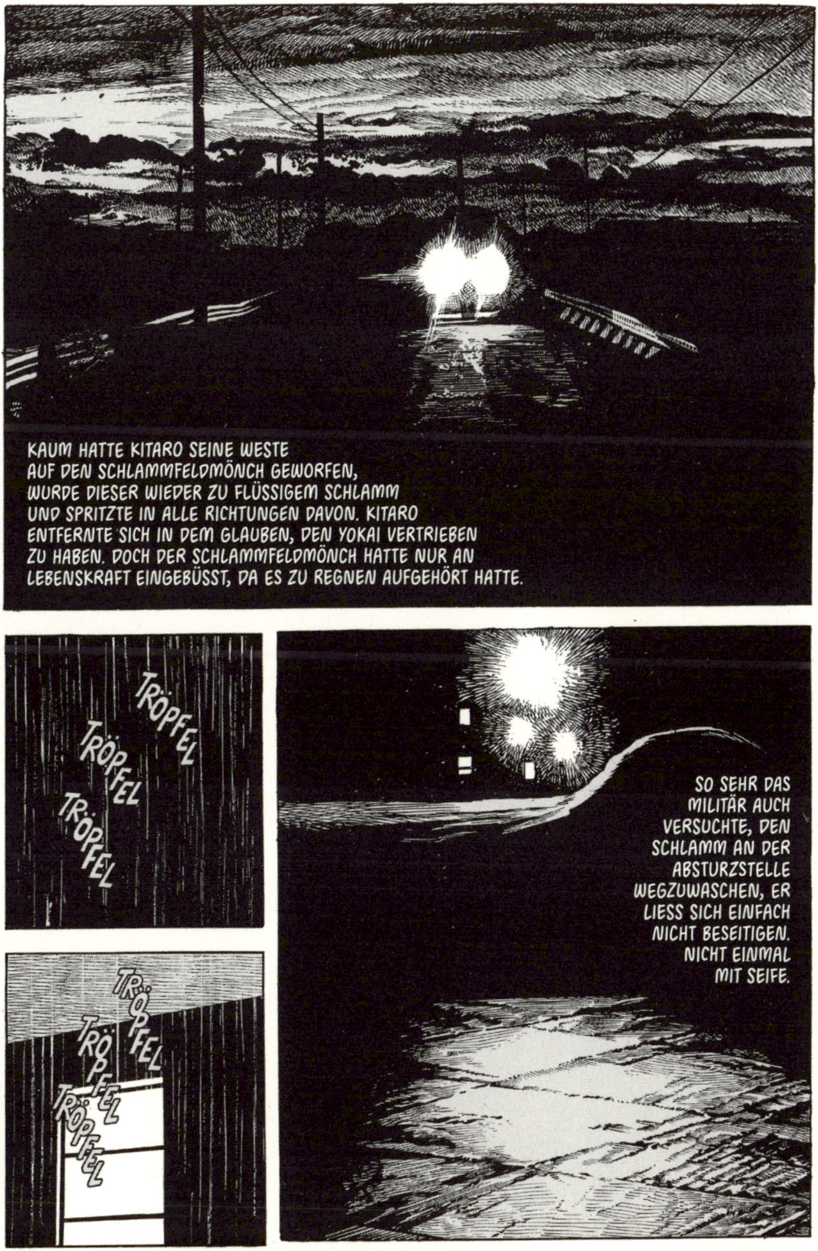

KAUM HATTE KITARO SEINE WESTE
AUF DEN SCHLAMMFELDMÖNCH GEWORFEN,
WURDE DIESER WIEDER ZU FLÜSSIGEM SCHLAMM
UND SPRITZTE IN ALLE RICHTUNGEN DAVON. KITARO
ENTFERNTE SICH IN DEM GLAUBEN, DEN YOKAI VERTRIEBEN
ZU HABEN. DOCH DER SCHLAMMFELDMÖNCH HATTE NUR AN
LEBENSKRAFT EINGEBÜSST, DA ES ZU REGNEN AUFGEHÖRT HATTE.

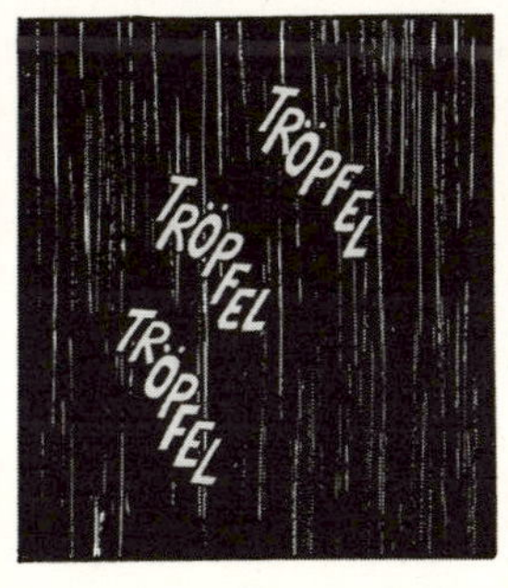

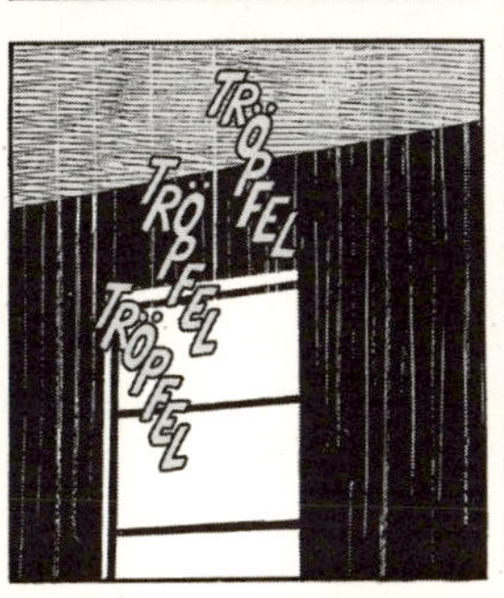

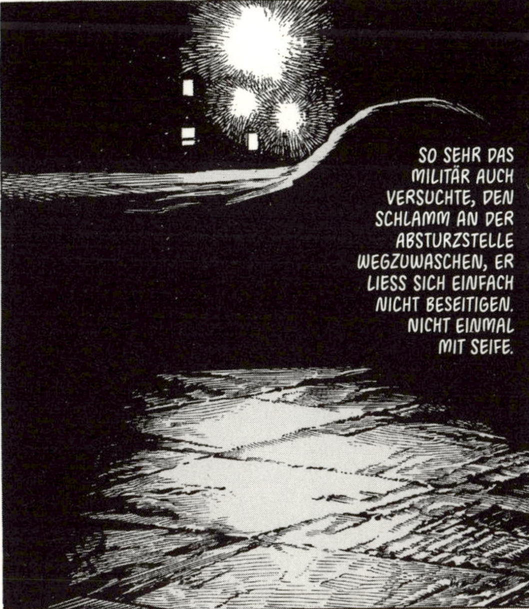

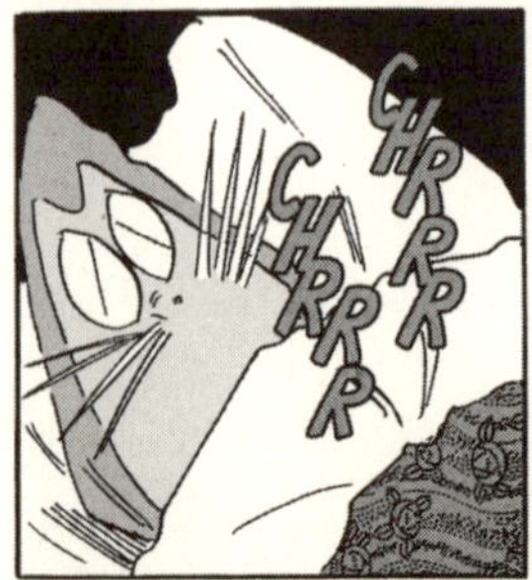

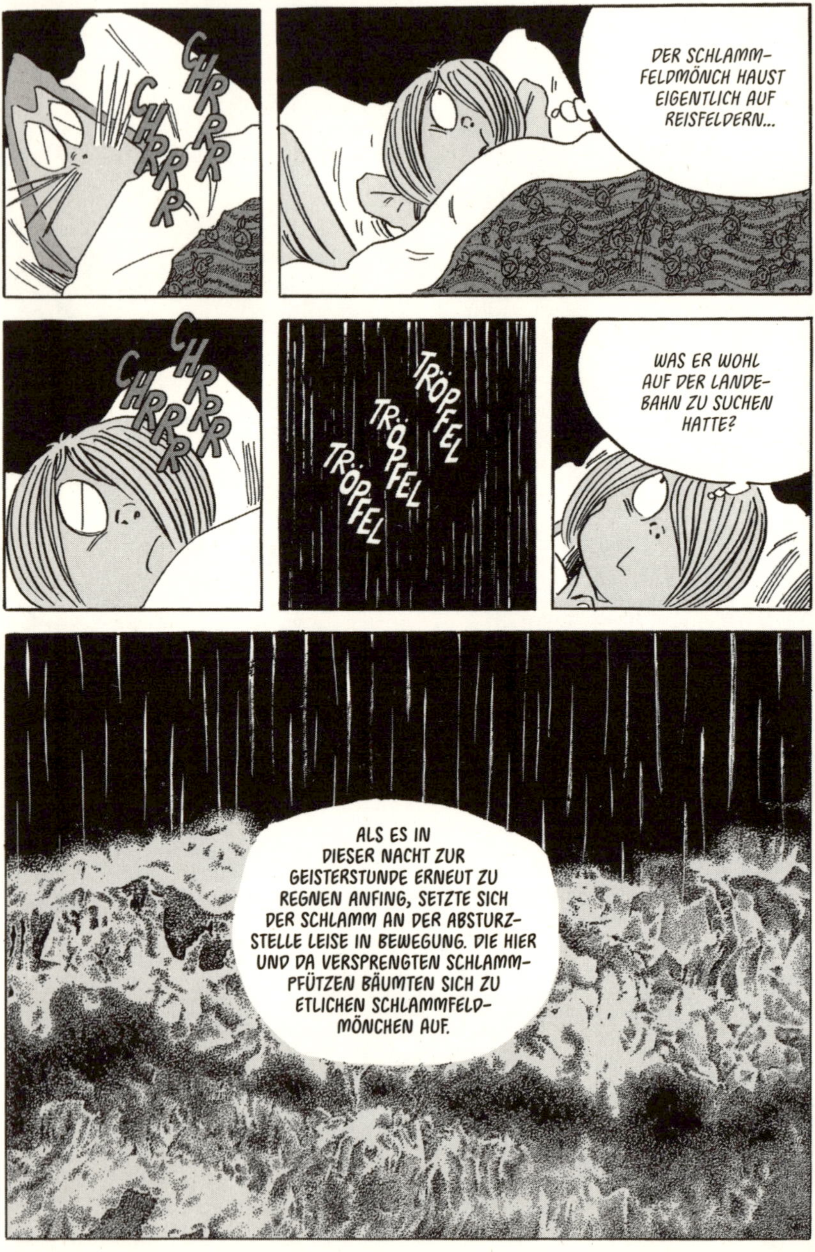

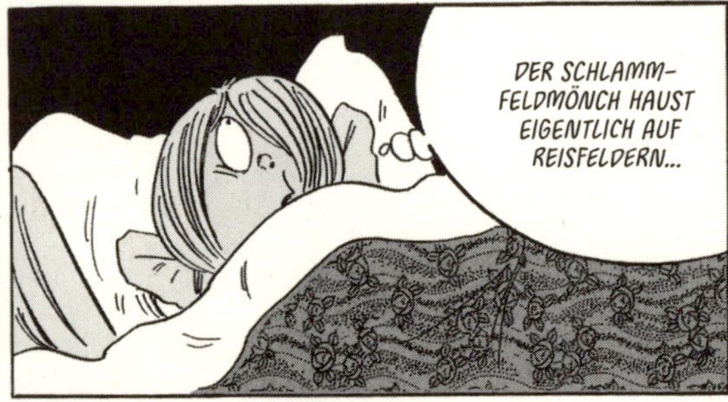

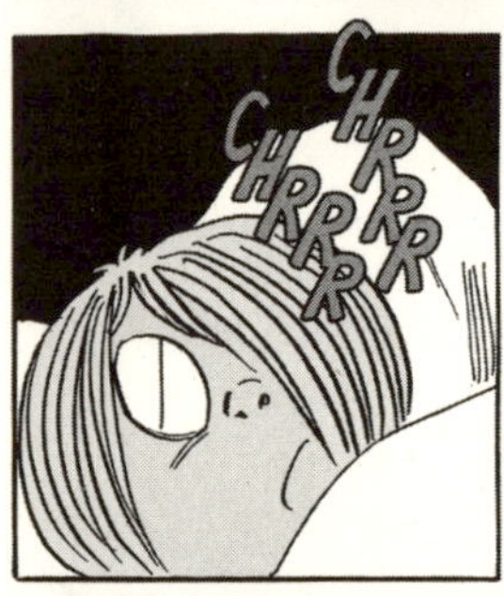

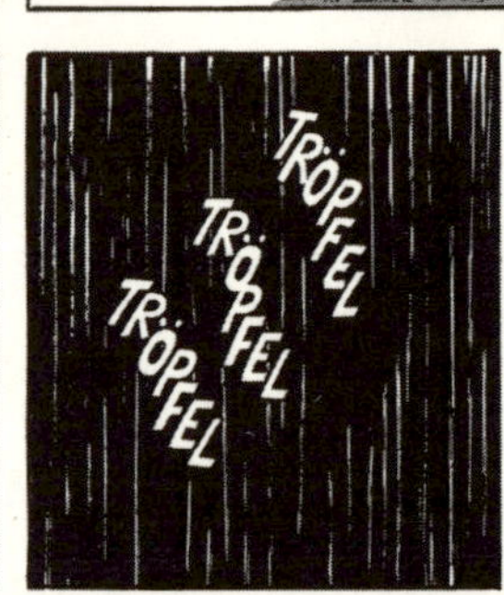

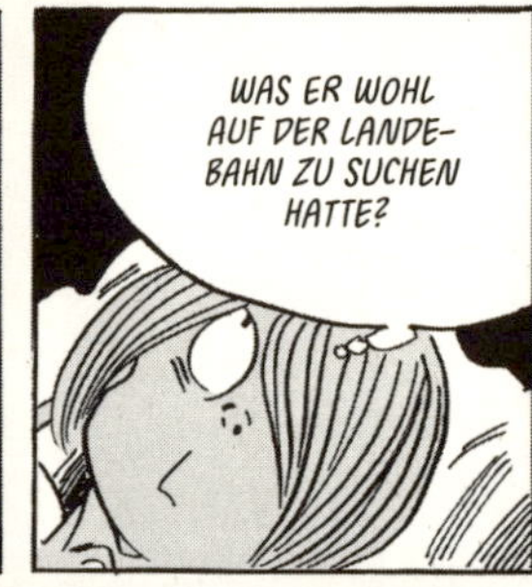

ALS ES IN DIESER NACHT ZUR GEISTERSTUNDE ERNEUT ZU REGNEN ANFING, SETZTE SICH DER SCHLAMM AN DER ABSTURZSTELLE LEISE IN BEWEGUNG. DIE HIER UND DA VERSPRENGTEN SCHLAMMPFÜTZEN BÄUMTEN SICH ZU ETLICHEN SCHLAMMFELDMÖNCHEN AUF.

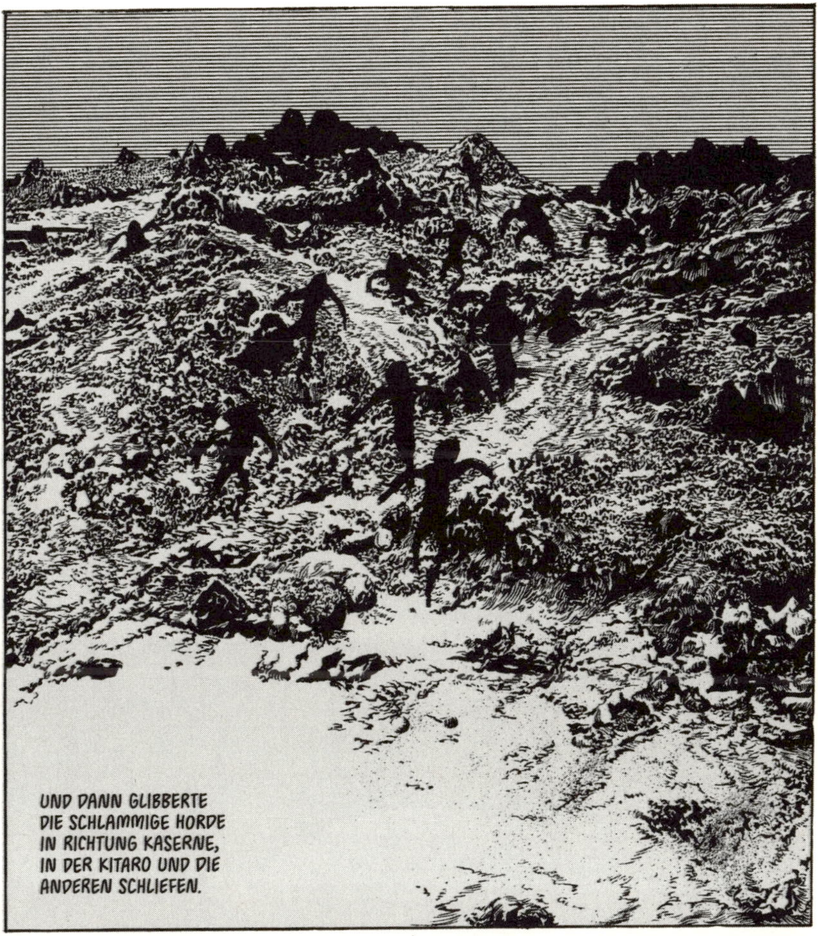

UND DANN GLIBBERTE
DIE SCHLAMMIGE HORDE
IN RICHTUNG KASERNE,
IN DER KITARO UND DIE
ANDEREN SCHLIEFEN.

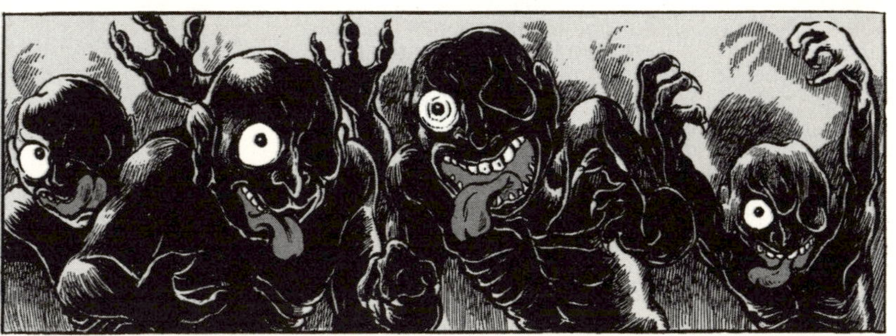

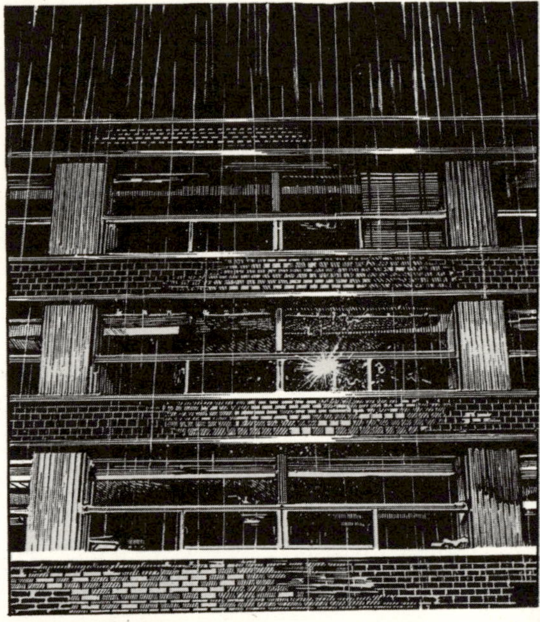

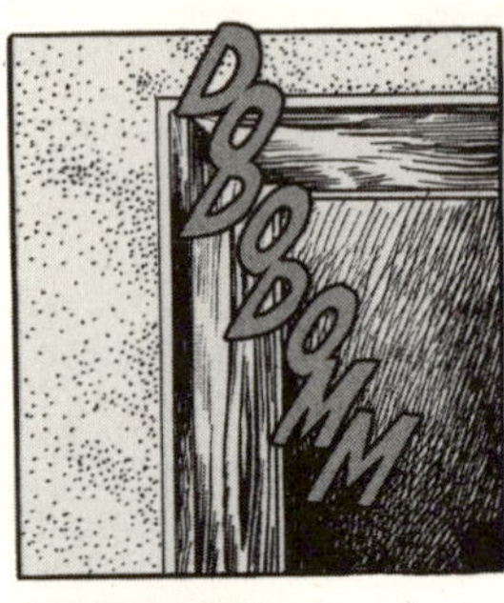
DODODOMM

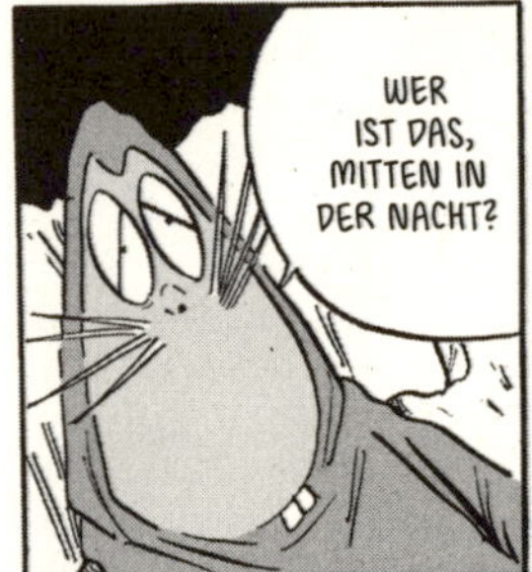
WER IST DAS, MITTEN IN DER NACHT?

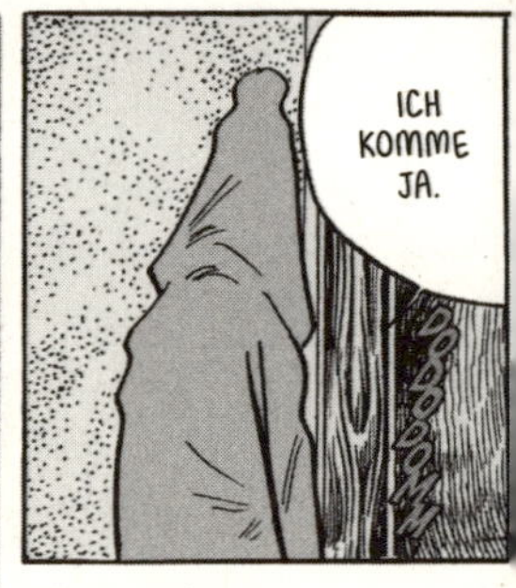
ICH KOMME JA.
DODODOMM

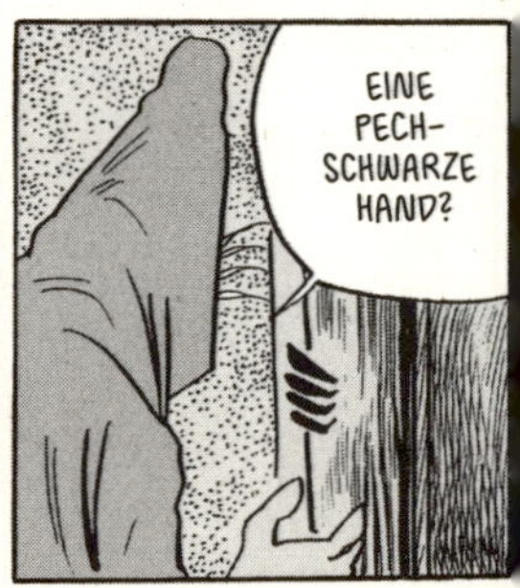
EINE PECH-SCHWARZE HAND?

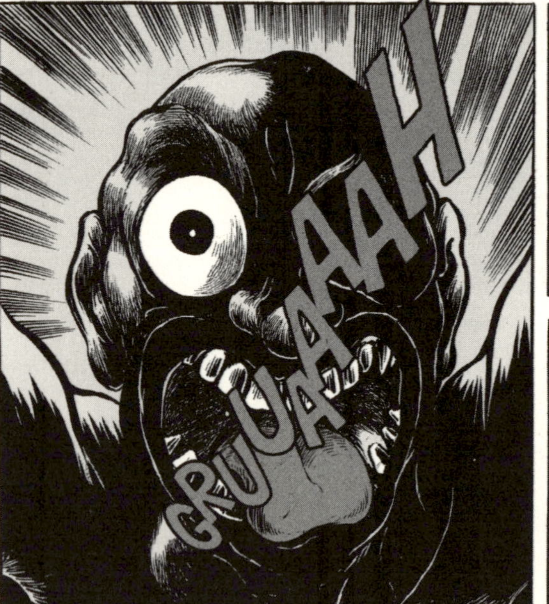
GRUAAAAH

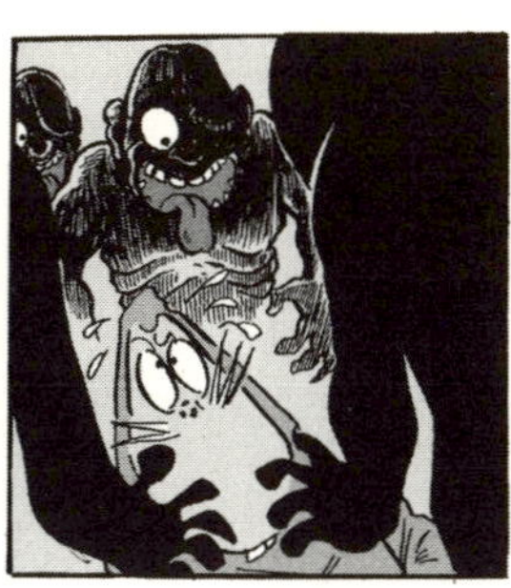
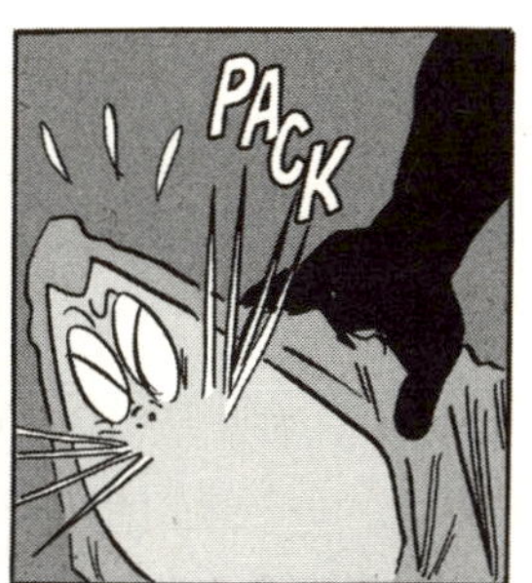
PACK
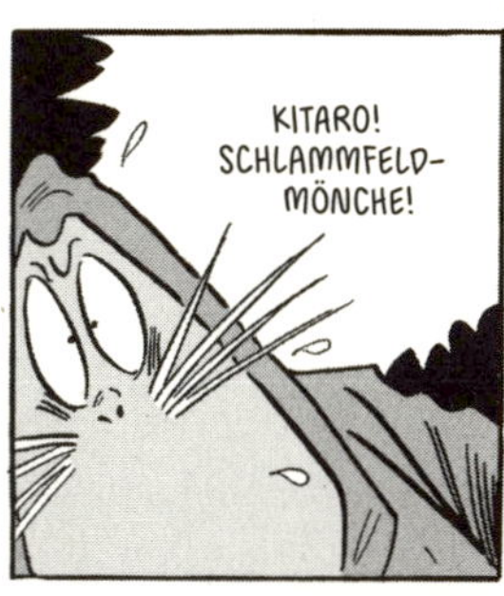
KITARO! SCHLAMMFELD-MÖNCHE!
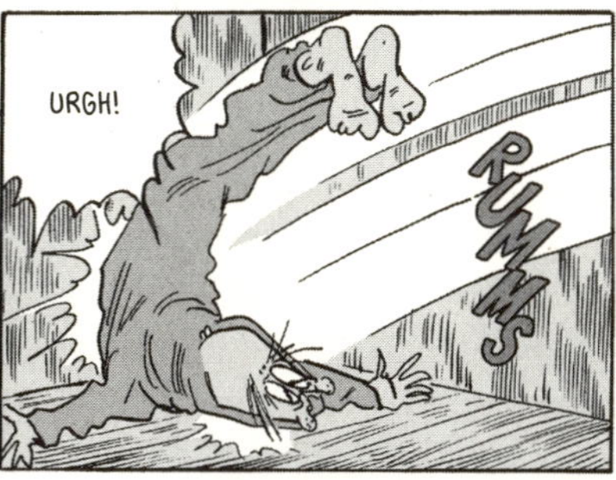
URGH!
RUMMS
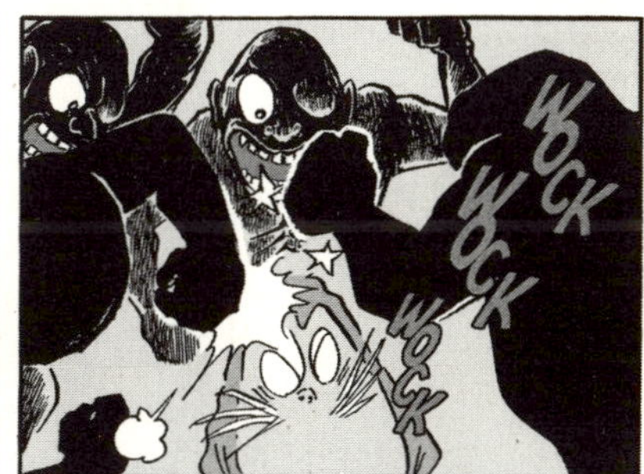
WOCK
WOCK
WOCK
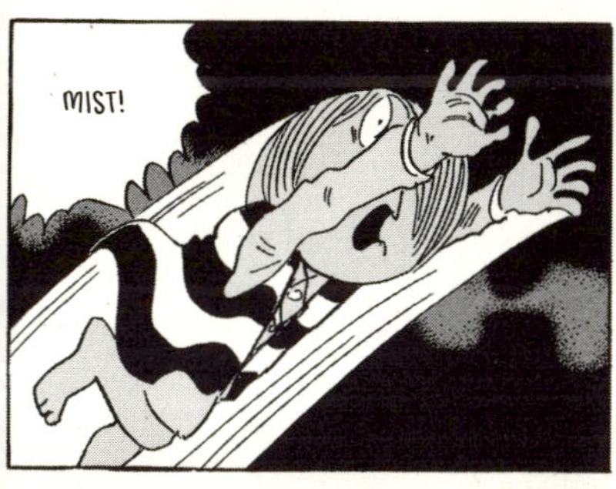
MIST!
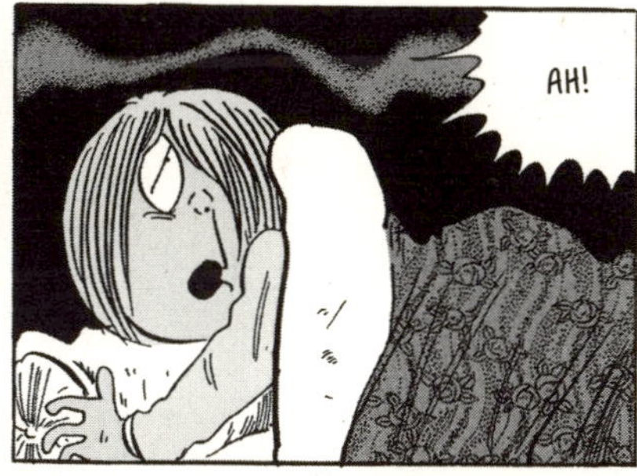
AH!
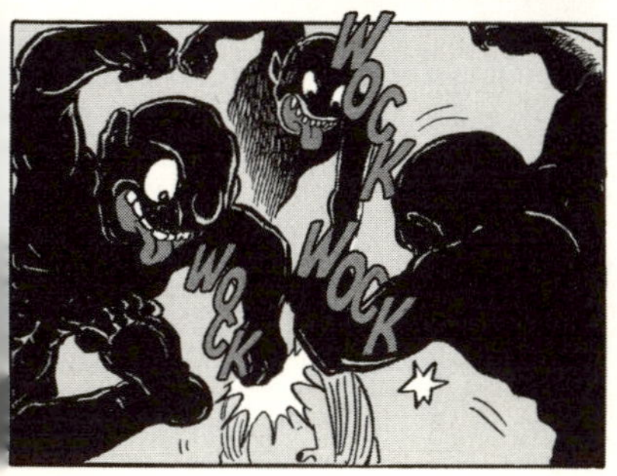
WOCK
WOCK
WOCK
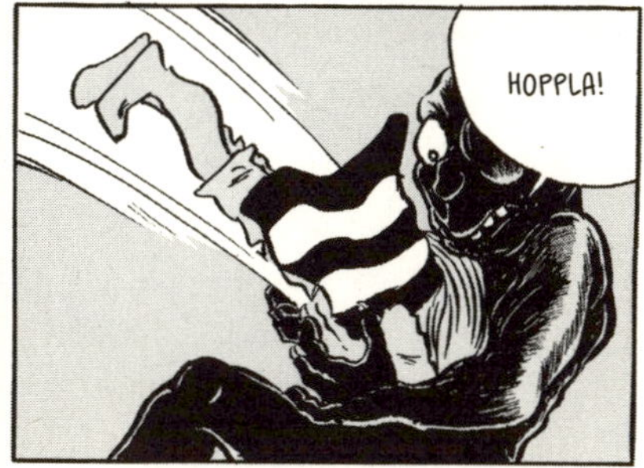
HOPPLA!

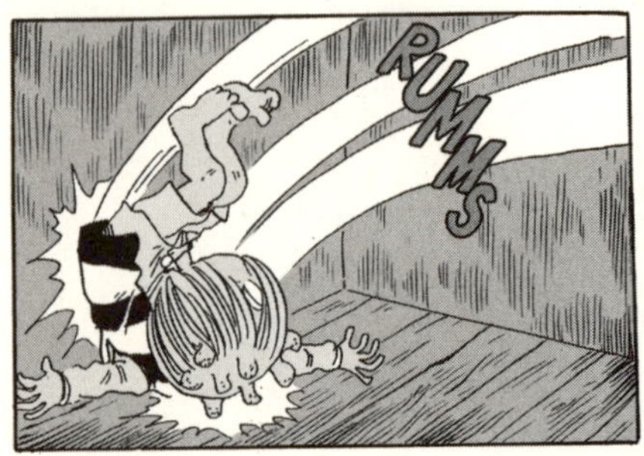

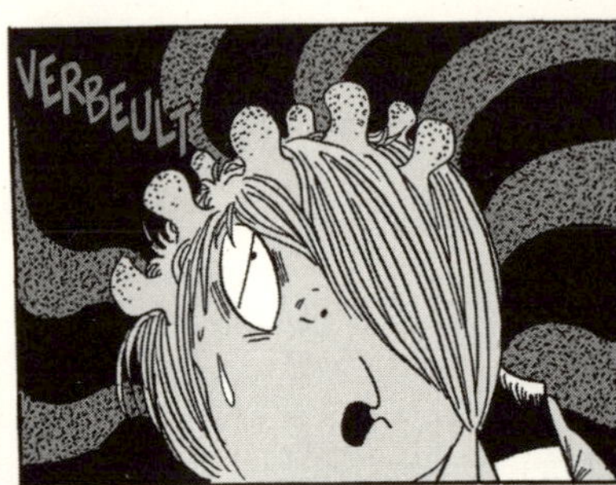

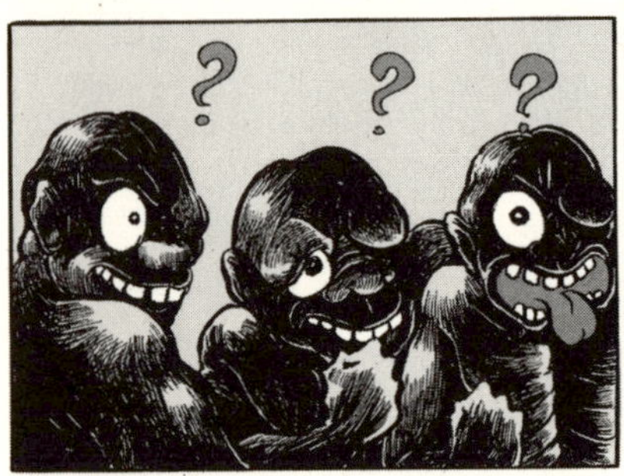

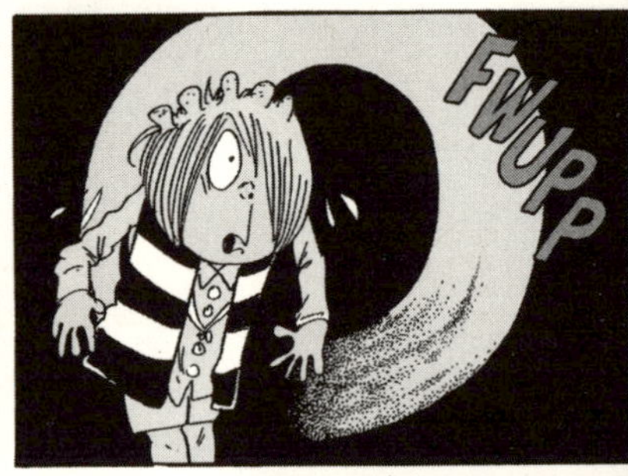

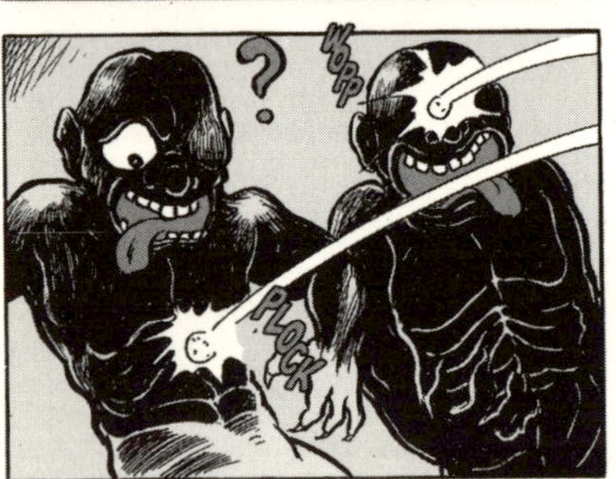

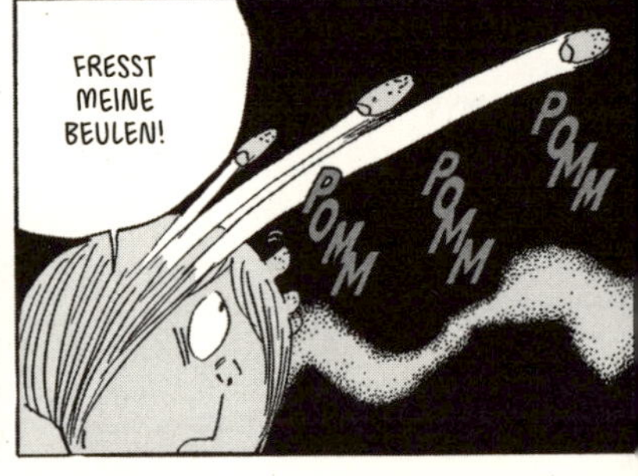

KITAROS BEULENGESCHOSSE ZERSPRENGTEN DIE SCHLAMMFELDMÖNCHE NUR KURZFRISTIG. IM NU HATTEN DIE SCHLAMMKLUMPEN WIEDER IHRE URSPRÜNGLICHE GESTALT ANGENOMMEN.

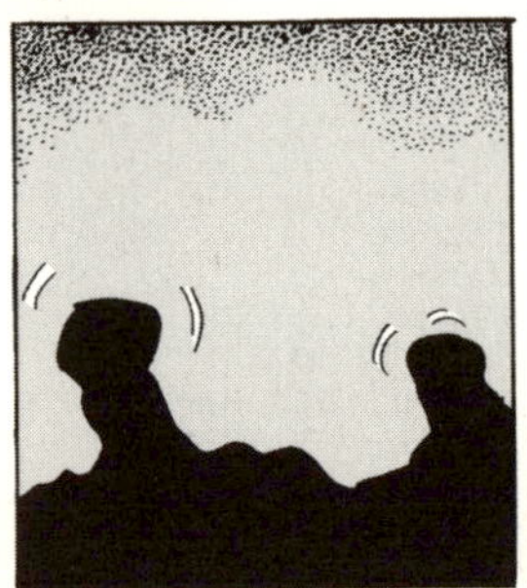

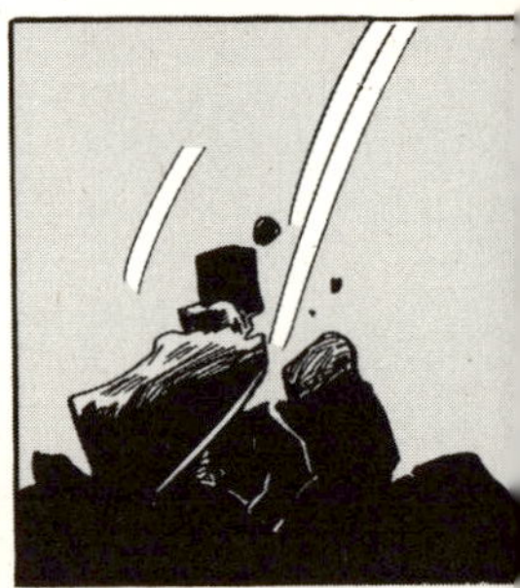

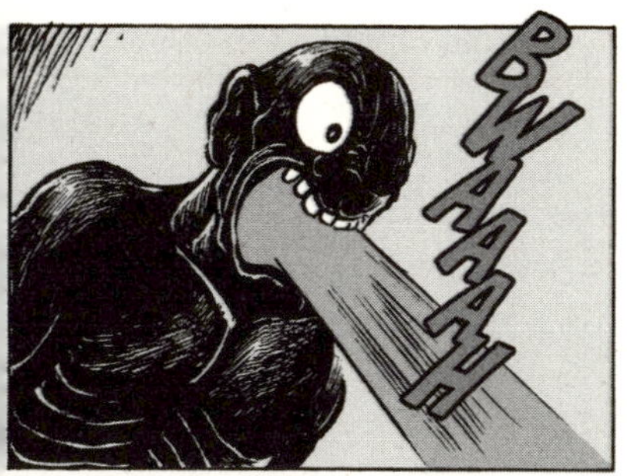
BWAAAAH

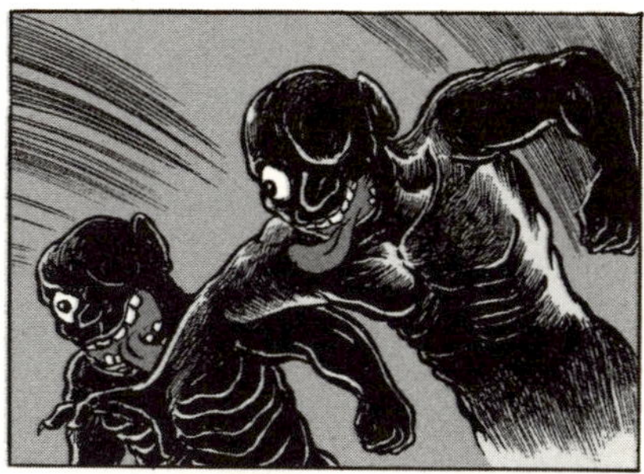

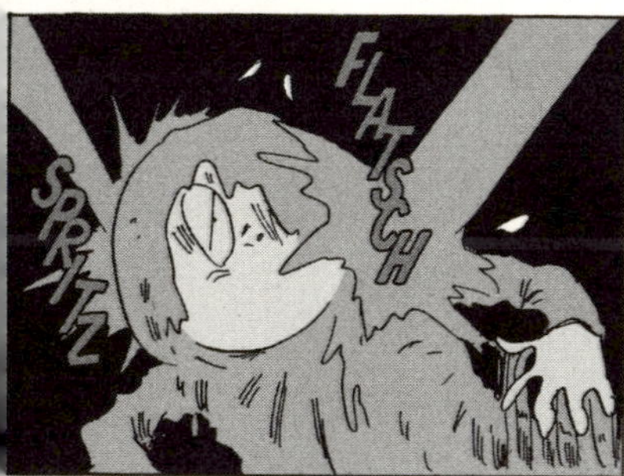
FLATSCH
SPRITZ

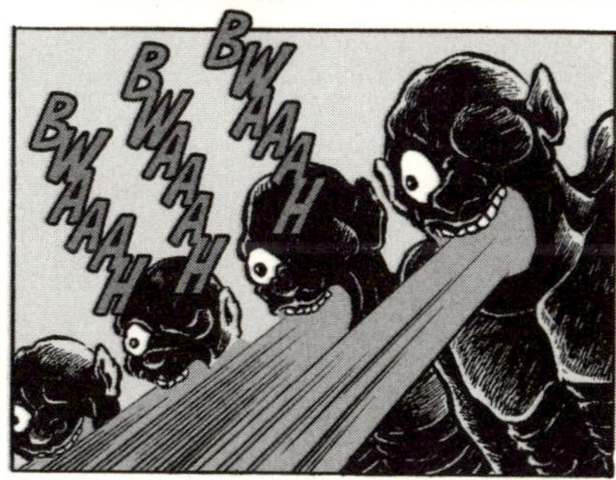
BWAAAH
BWAAAAH
BWAAAAH

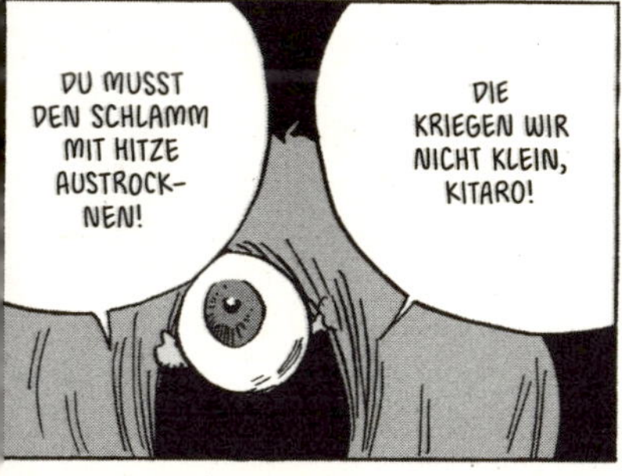
DIE KRIEGEN WIR NICHT KLEIN, KITARO!
DU MUSST DEN SCHLAMM MIT HITZE AUSTROCK-NEN!

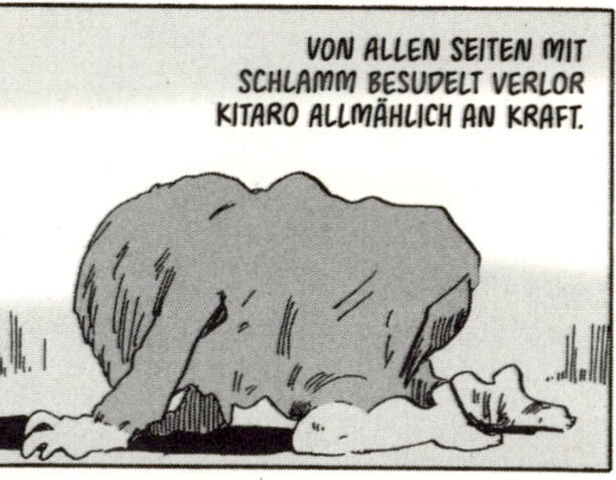
VON ALLEN SEITEN MIT SCHLAMM BESUDELT VERLOR KITARO ALLMÄHLICH AN KRAFT.

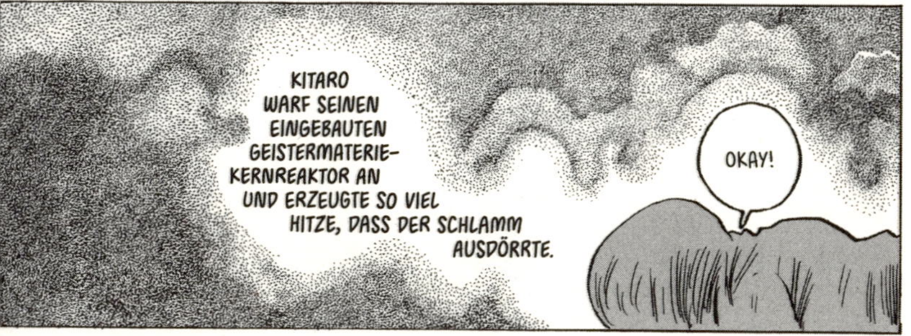
OKAY!
KITARO WARF SEINEN EINGEBAUTEN GEISTERMATERIE-KERNREAKTOR AN UND ERZEUGTE SO VIEL HITZE, DASS DER SCHLAMM AUSDÖRRTE.

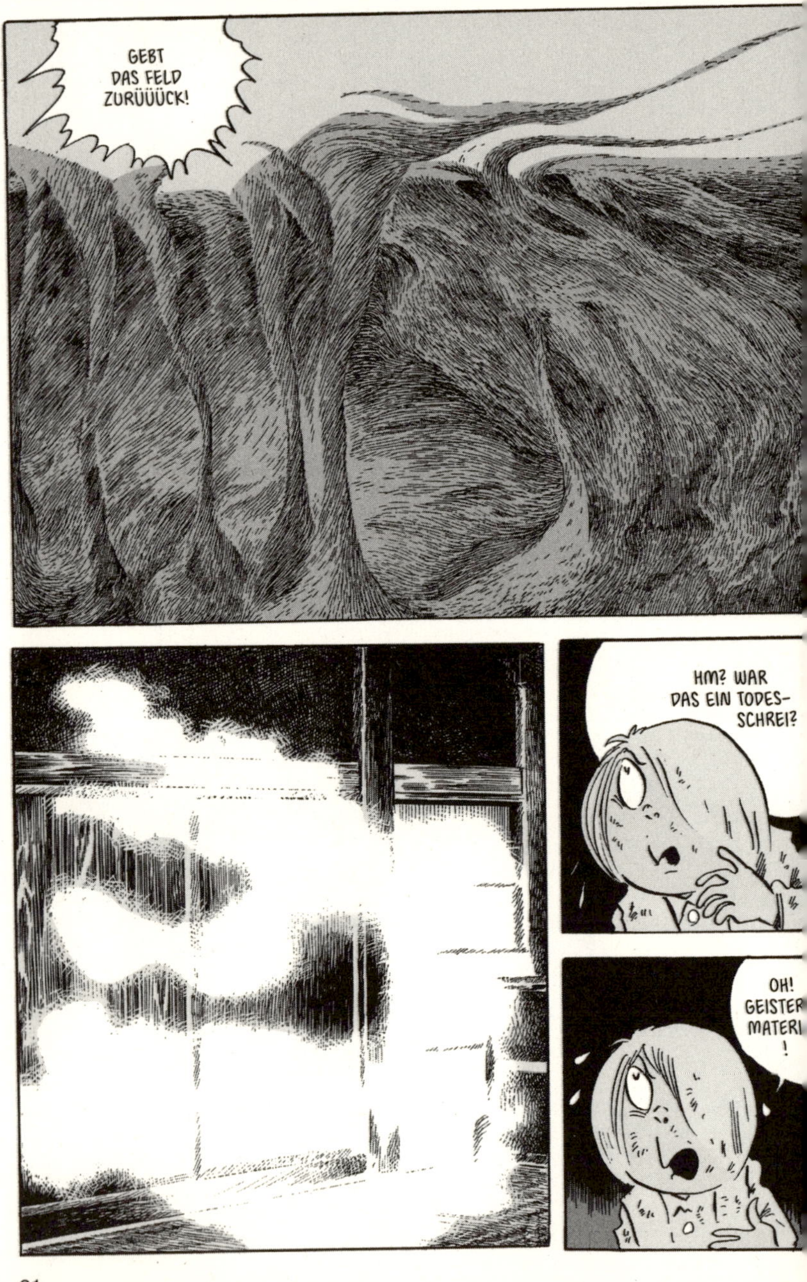

GEBT DAS FELD ZURÜÜÜCK!

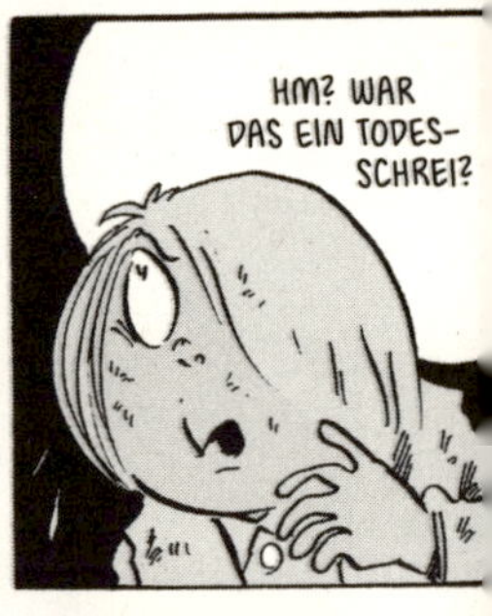
HM? WAR DAS EIN TODES-SCHREI?

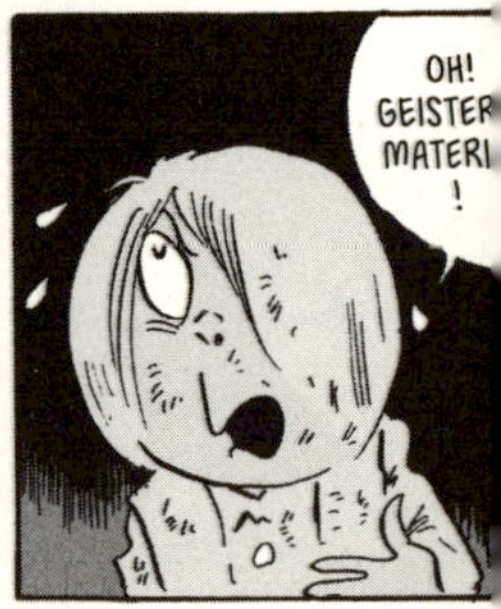
OH! GEISTER MATERI !

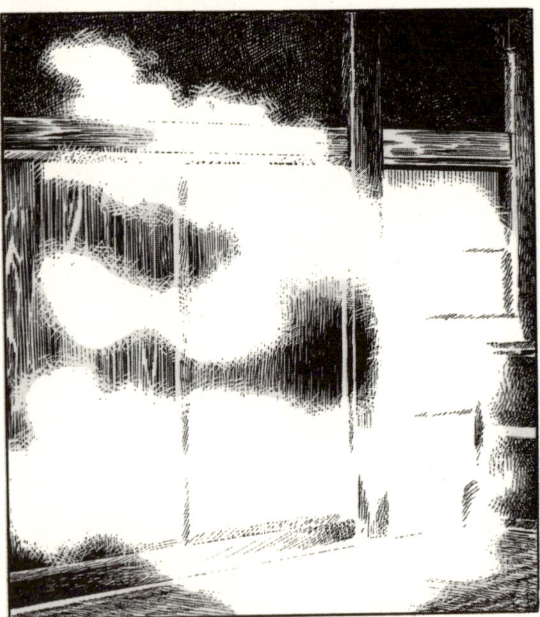

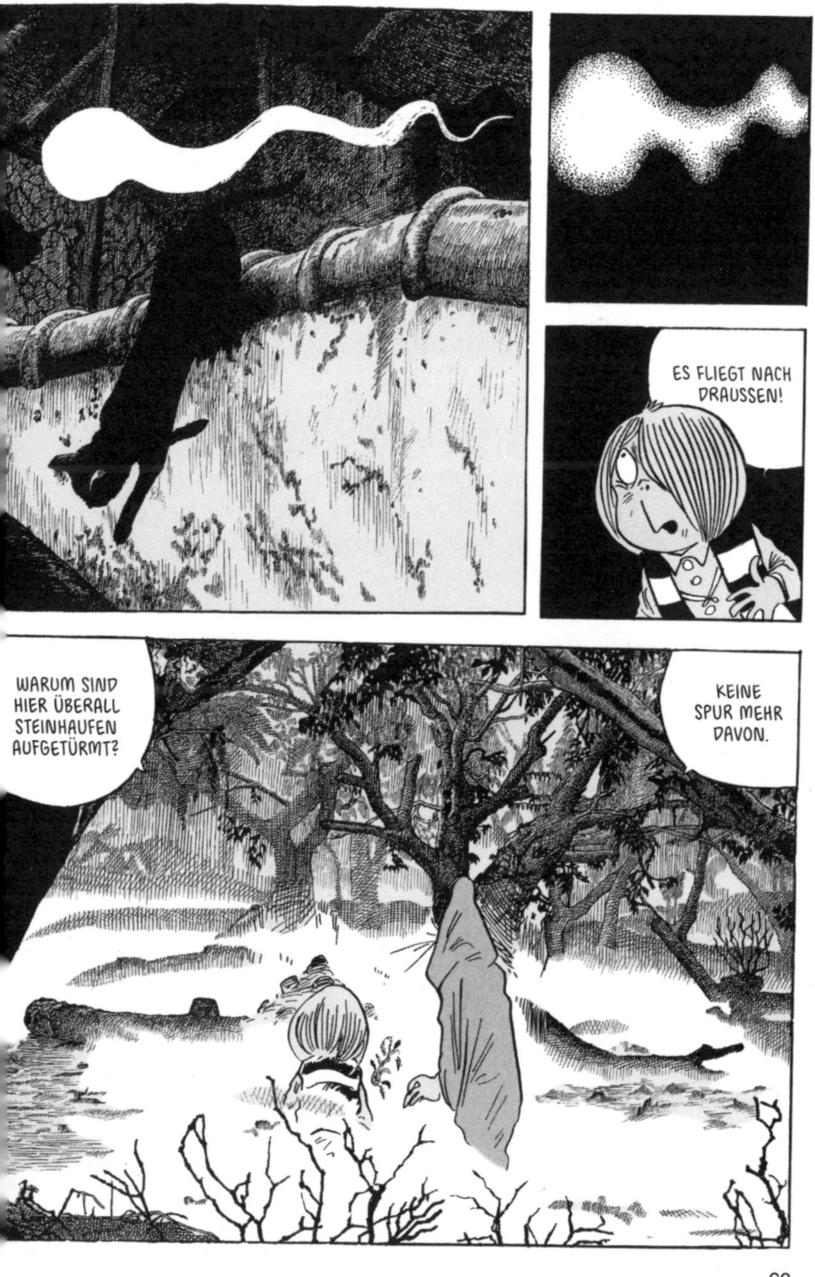

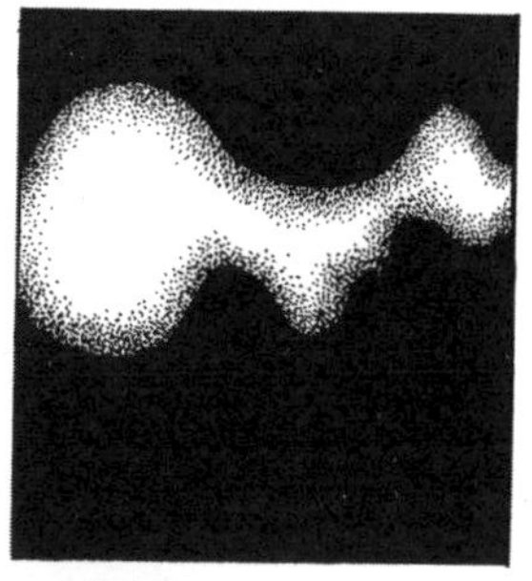

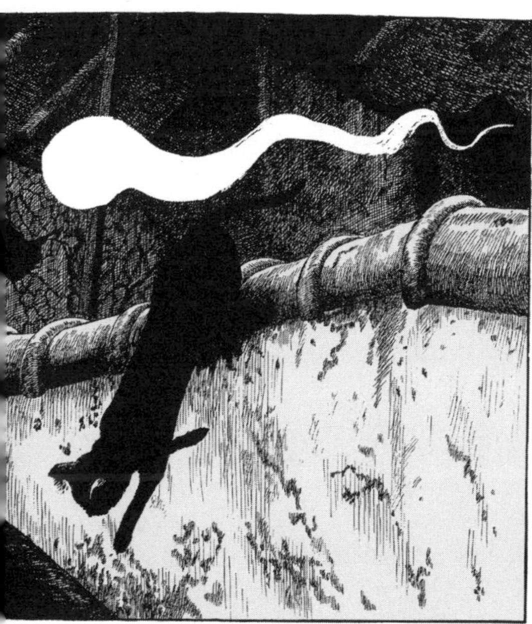

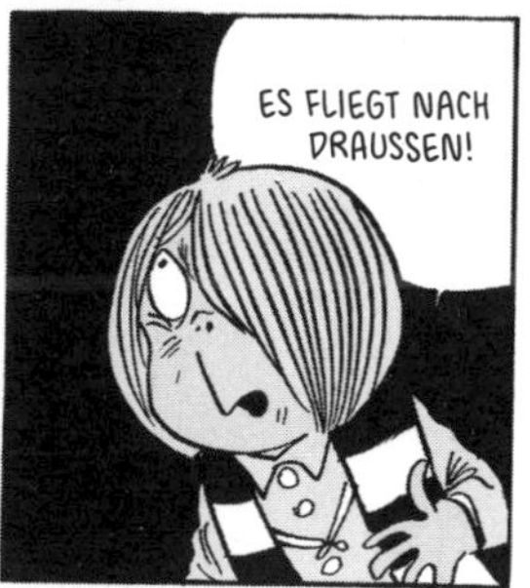

KEINE SPUR MEHR DAVON.

WARUM SIND HIER ÜBERALL STEINHAUFEN AUFGETÜRMT?

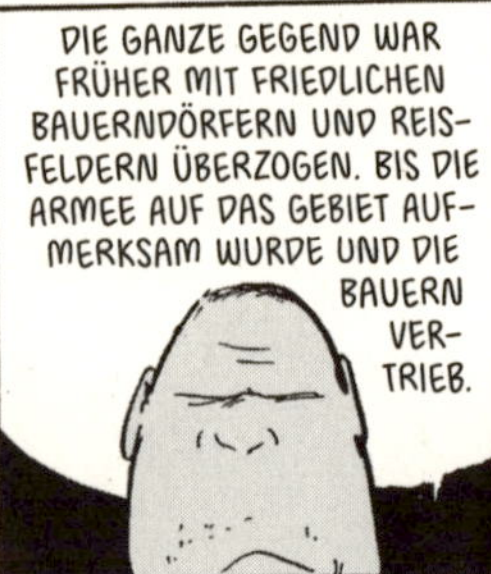
DIE GANZE GEGEND WAR FRÜHER MIT FRIEDLICHEN BAUERNDÖRFERN UND REISFELDERN ÜBERZOGEN. BIS DIE ARMEE AUF DAS GEBIET AUFMERKSAM WURDE UND DIE BAUERN VERTRIEB.

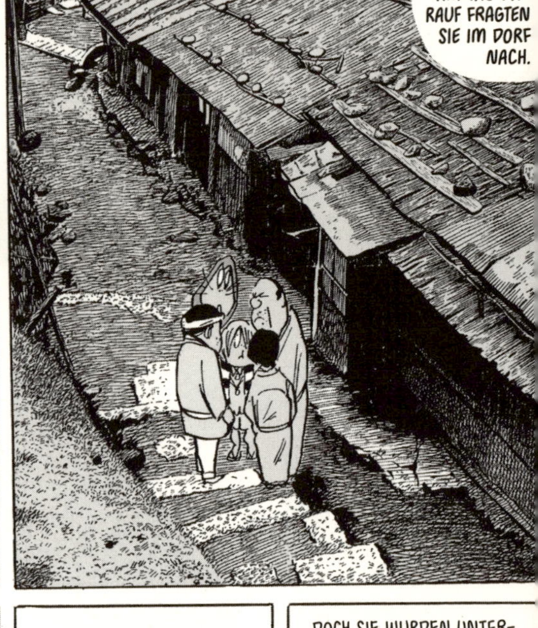
AM TAG DARAUF FRAGTEN SIE IM DORF NACH.

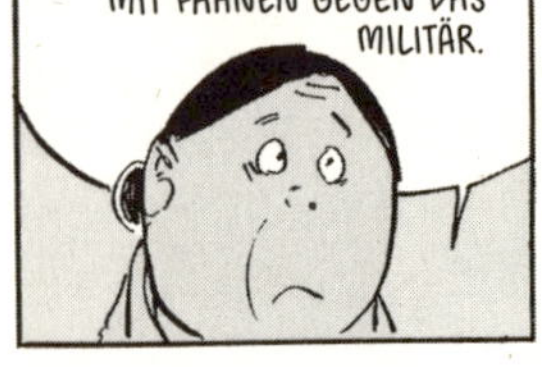
SIE KAUFTEN DIE GRUNDSTÜCKE ZUM SCHLEUDERPREIS UND ERRICHTETEN EINEN LUFTSTÜTZPUNKT. DIE VERARMTEN BAUERN PROTESTIERTEN MIT FAHNEN GEGEN DAS MILITÄR.

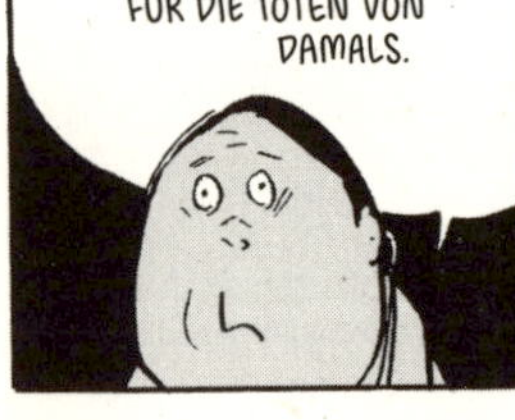
DIE STEINHAUFEN, DIE IHR GESEHEN HABT, SIND BESCHEIDENE GRABMÄLER FÜR DIE TOTEN VON DAMALS.

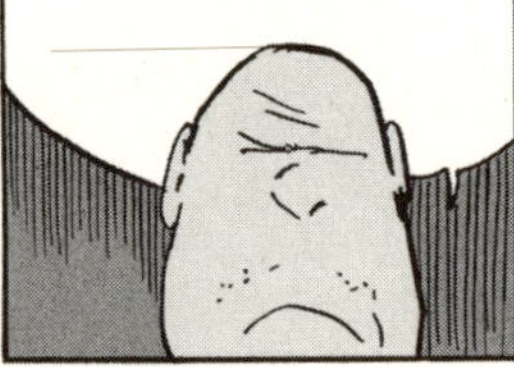
ALS DER KRIEG VORBEI WAR, GEDACHTEN DIE HINTERBLIEBENEN DER VERSTORBENEN BAUERN.

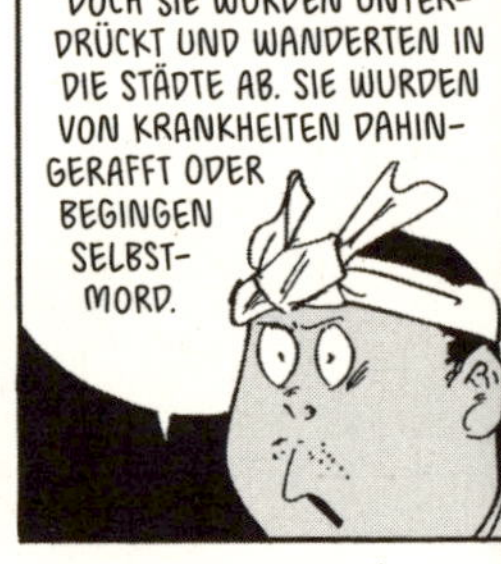
DOCH SIE WURDEN UNTERDRÜCKT UND WANDERTEN IN DIE STÄDTE AB. SIE WURDEN VON KRANKHEITEN DAHINGERAFFT ODER BEGINGEN SELBSTMORD.

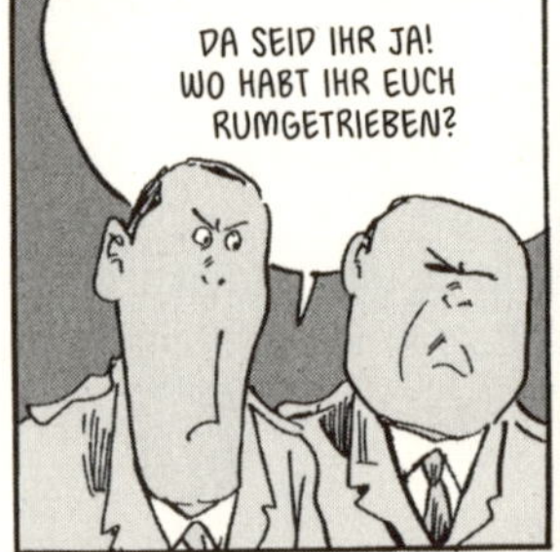
DA SEID IHR JA! WO HABT IHR EUCH RUMGETRIEBEN?

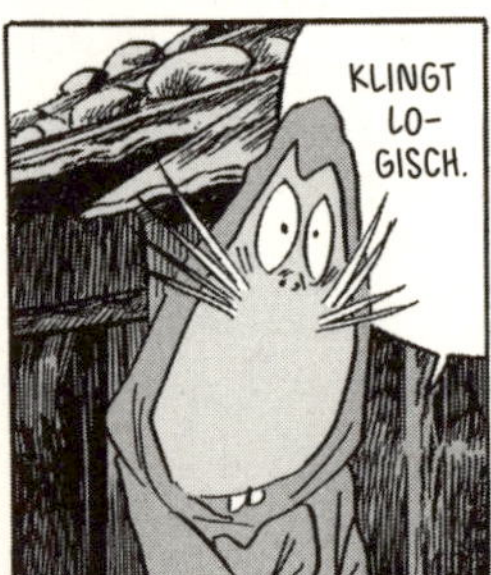
KLINGT LOGISCH.

ICH GLAUBE, DASS SICH IM SCHLAMMFELDMÖNCH DER GROLL DER VERSTORBENEN BAUERN GEGEN DIE ERRICHTUNG DES STÜTZPUNKTS MANIFESTIERT HAT.

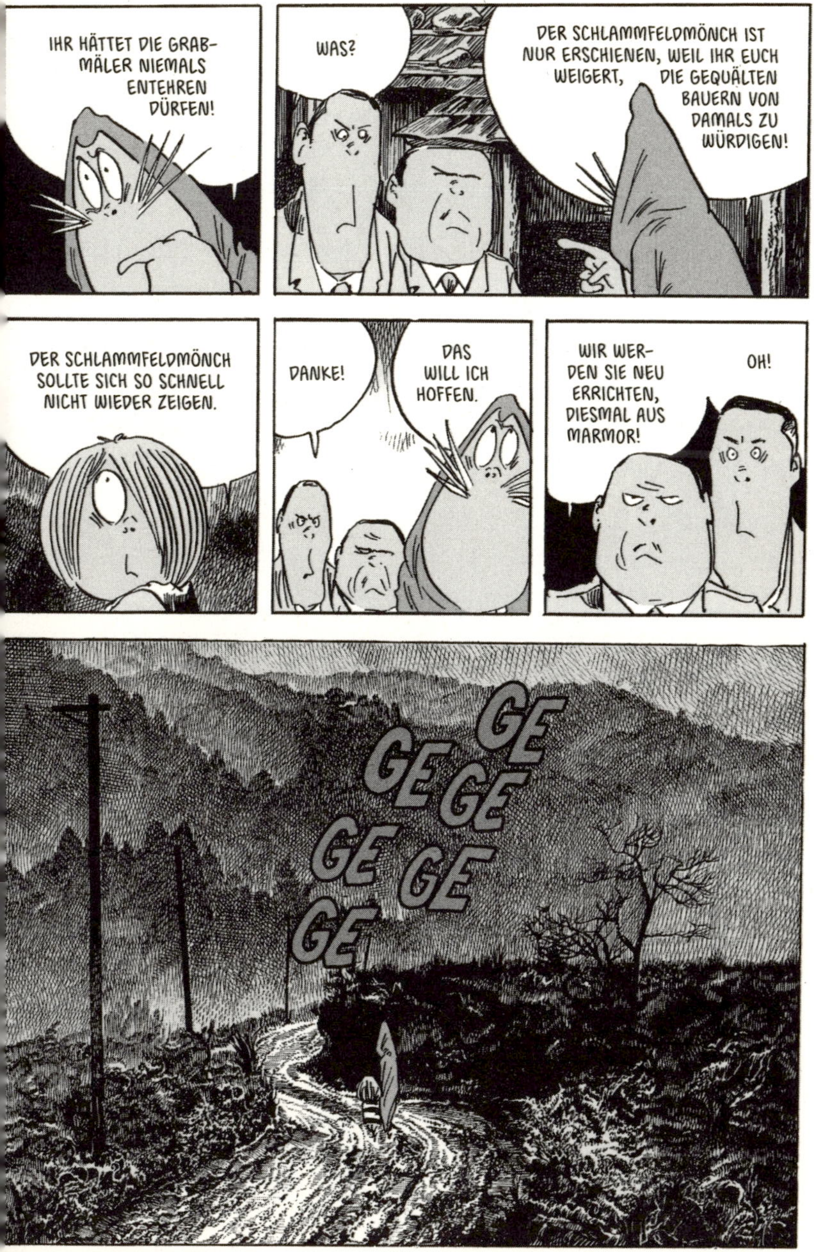

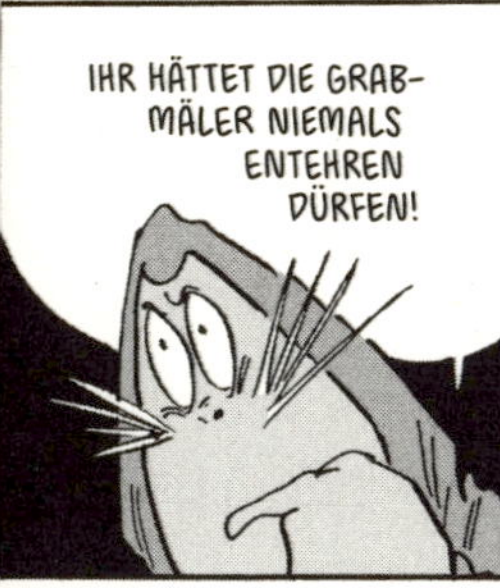
IHR HÄTTET DIE GRAB-MÄLER NIEMALS ENTEHREN DÜRFEN!

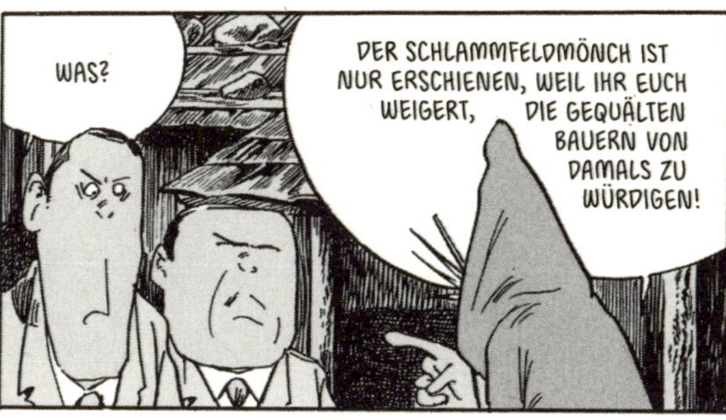
WAS?
DER SCHLAMMFELDMÖNCH IST NUR ERSCHIENEN, WEIL IHR EUCH WEIGERT, DIE GEQUÄLTEN BAUERN VON DAMALS ZU WÜRDIGEN!

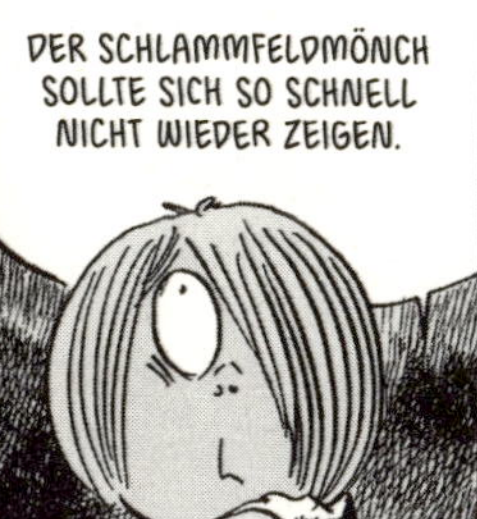
DER SCHLAMMFELDMÖNCH SOLLTE SICH SO SCHNELL NICHT WIEDER ZEIGEN.

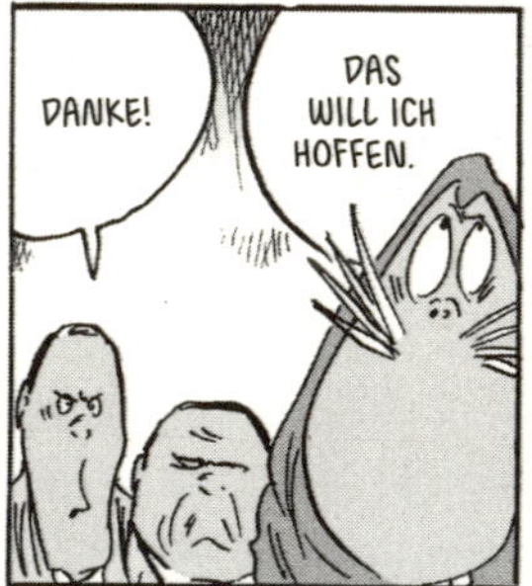
DANKE!
DAS WILL ICH HOFFEN.

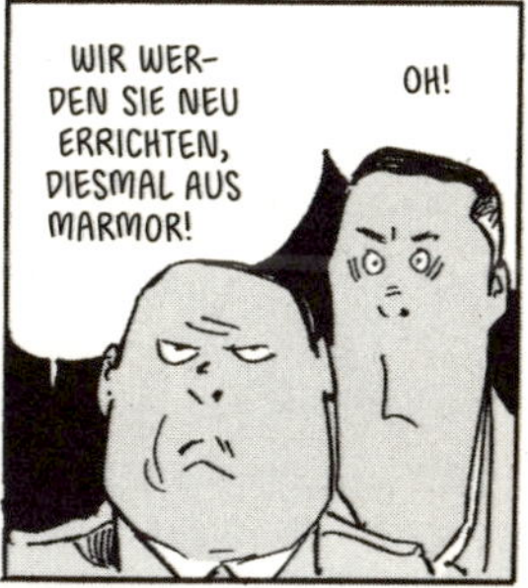
WIR WER-DEN SIE NEU ERRICHTEN, DIESMAL AUS MARMOR!
OH!

GE
GE GE
GE GE
GE GE

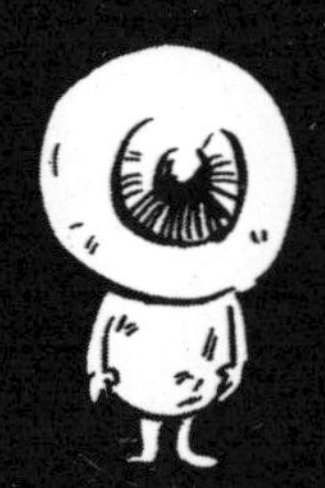

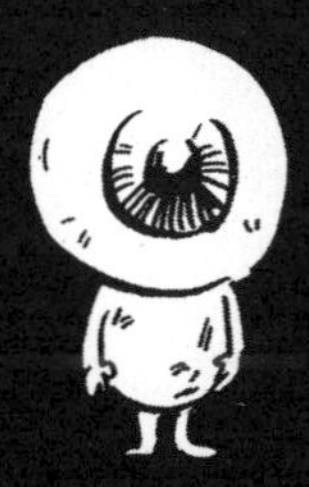

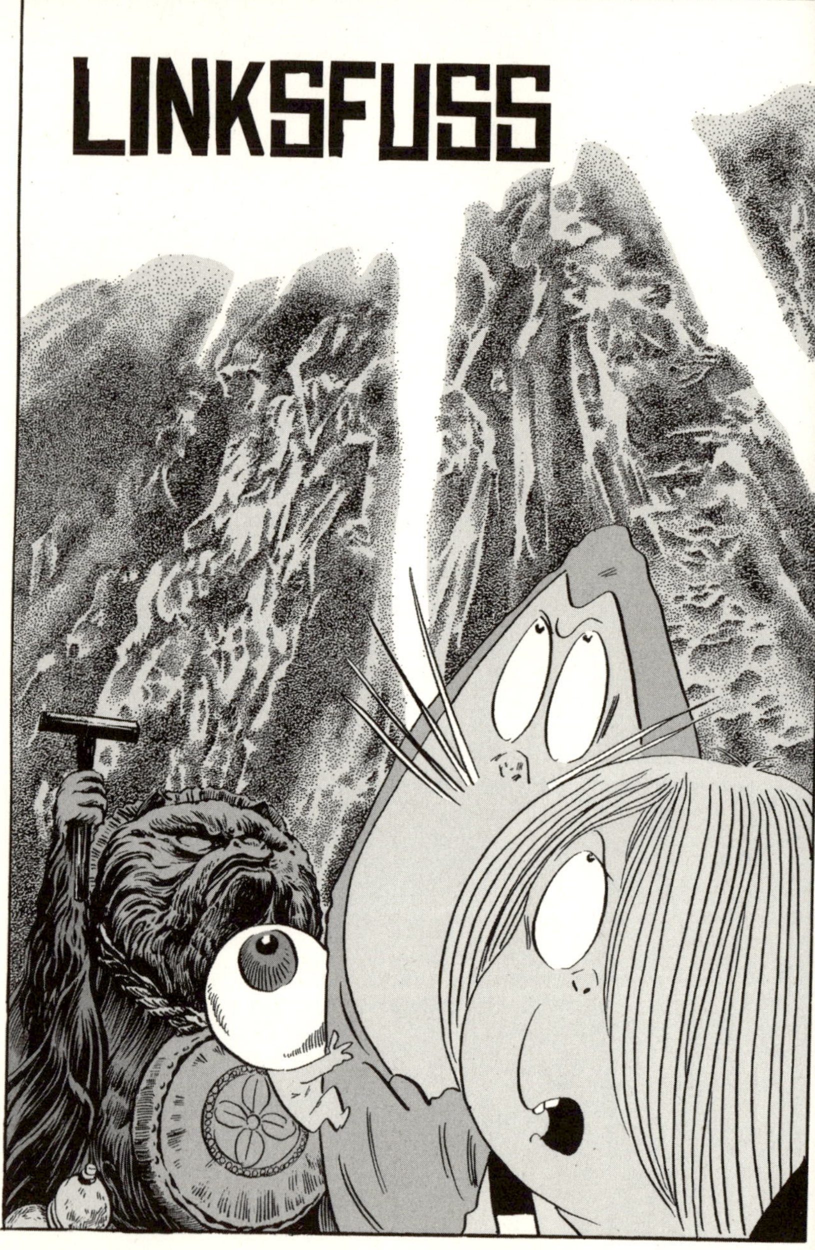
LINKSFUSS

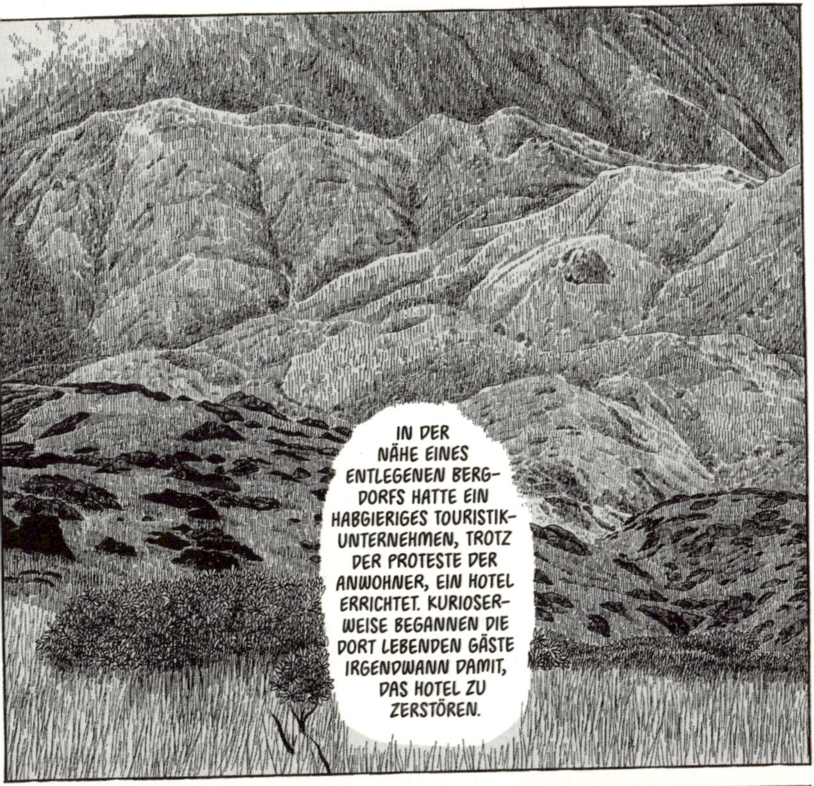

IN DER NÄHE EINES ENTLEGENEN BERGDORFS HATTE EIN HABGIERIGES TOURISTIKUNTERNEHMEN, TROTZ DER PROTESTE DER ANWOHNER, EIN HOTEL ERRICHTET. KURIOSERWEISE BEGANNEN DIE DORT LEBENDEN GÄSTE IRGENDWANN DAMIT, DAS HOTEL ZU ZERSTÖREN.

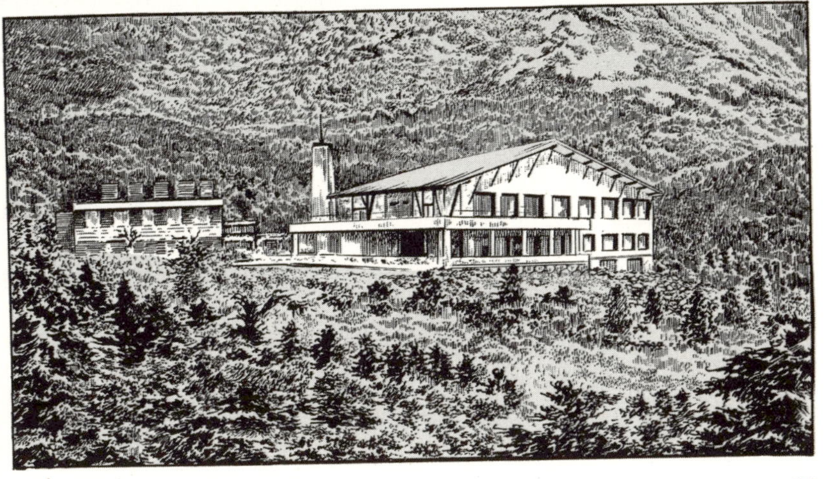

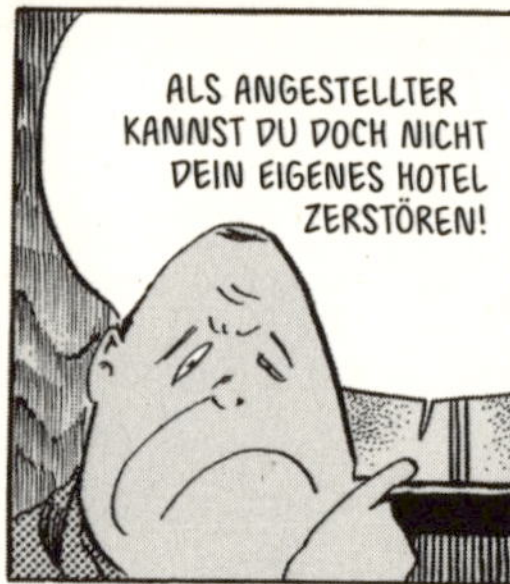

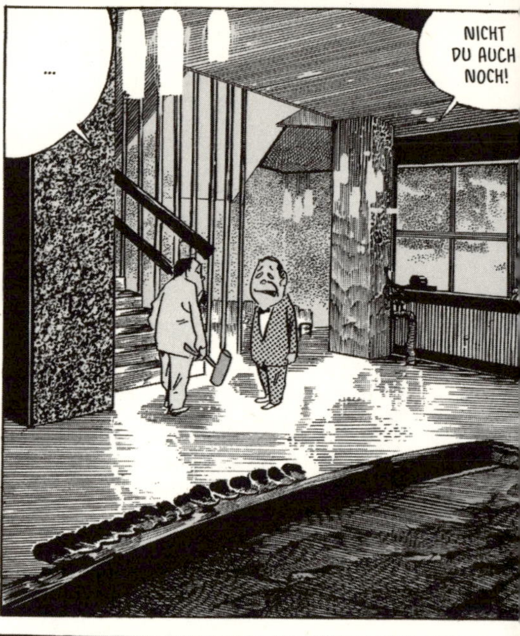

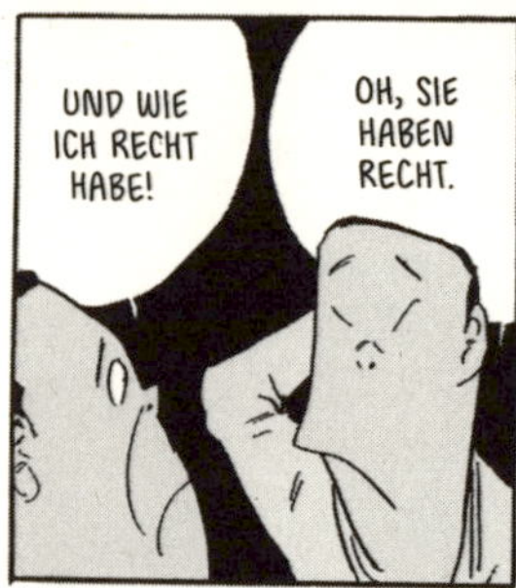

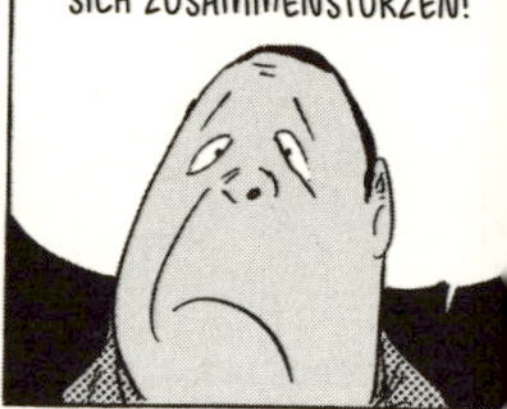

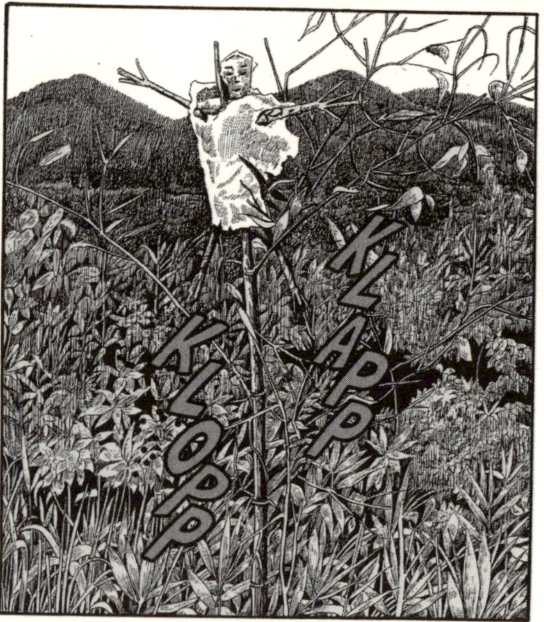

DER VERDUTZTE HOTELDIREKTOR SUCHTE BEI EXPERTEN IN TOKYO RAT, DOCH KONNTE SICH NIEMAND DAS PHÄNOMEN ERKLÄREN. DA WURDE AUF GEHEISS EINER GEWISSEN PERSON (DES RATTENMANNS) KITARO HINZUGERUFEN.

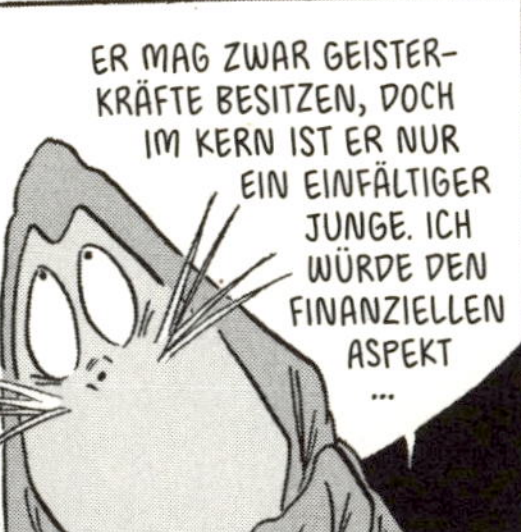
ER MAG ZWAR GEISTERKRÄFTE BESITZEN, DOCH IM KERN IST ER NUR EIN EINFÄLTIGER JUNGE. ICH WÜRDE DEN FINANZIELLEN ASPEKT ...
... LIEBER NERWÄHNT LASSEN, SONST EKOMMEN SIE NUR ZU ÖREN, DASS GELD STINKT. HIHIHI.

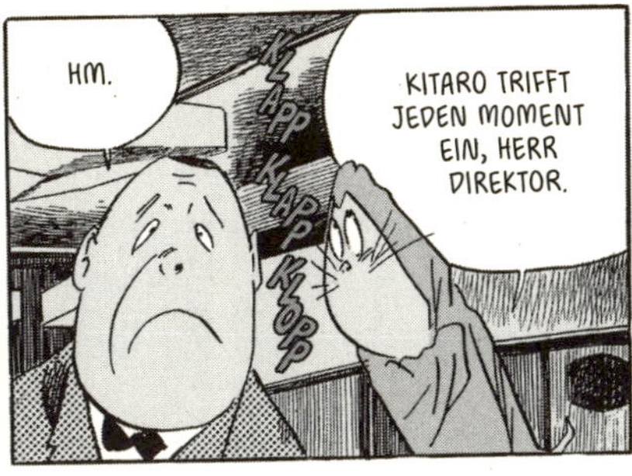
KITARO TRIFFT JEDEN MOMENT EIN, HERR DIREKTOR.
KLAPP KLAPP KLOPP
HM.

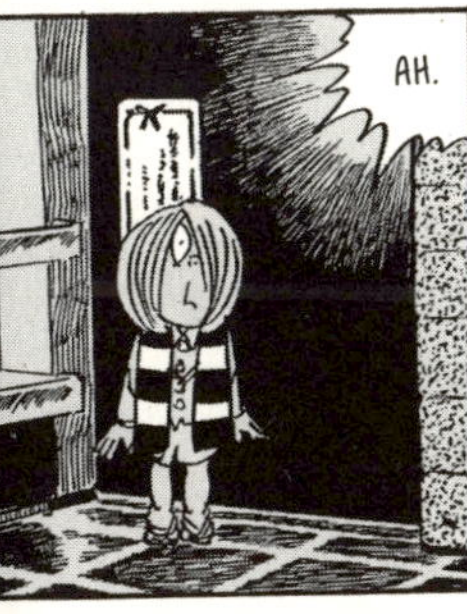
AH.

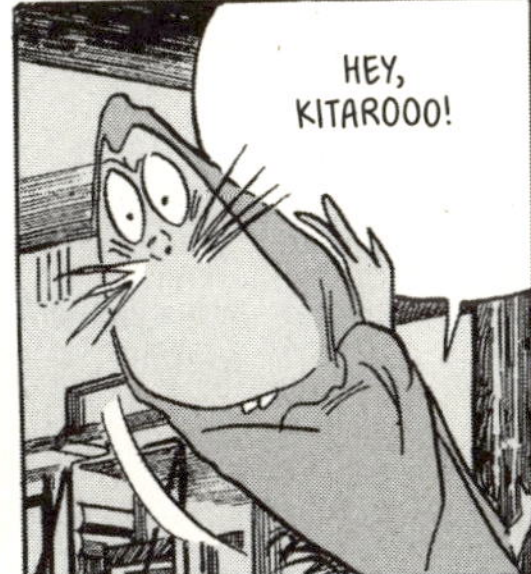
HEY, KITAROOO!

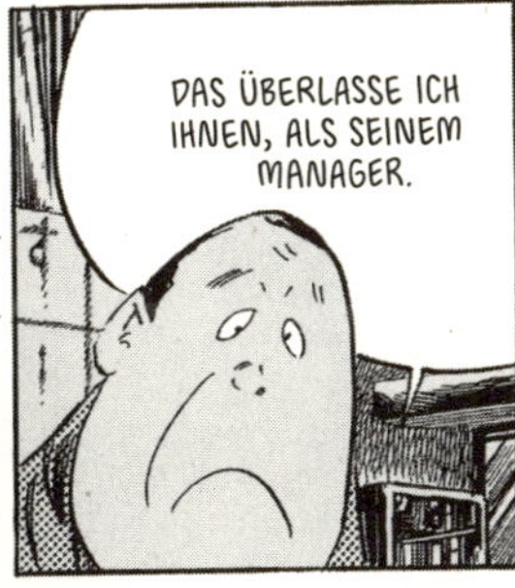
DAS ÜBERLASSE ICH IHNEN, ALS SEINEM MANAGER.

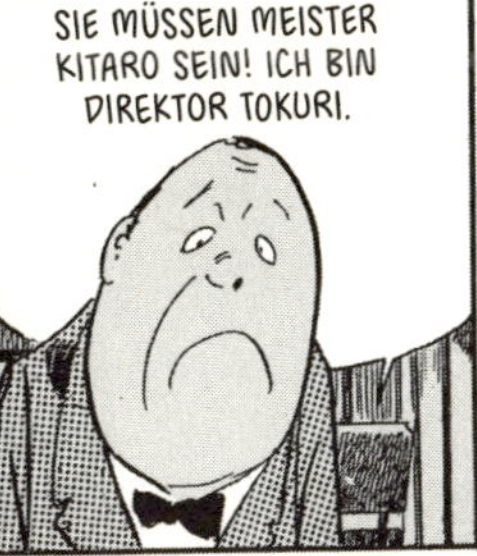
SIE MÜSSEN MEISTER KITARO SEIN! ICH BIN DIREKTOR TOKURI.

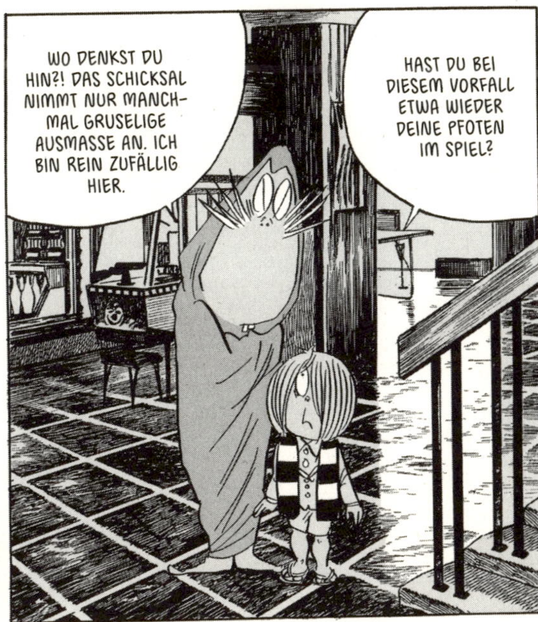
HAST DU BEI DIESEM VORFALL ETWA WIEDER DEINE PFOTEN IM SPIEL?
WO DENKST DU HIN?! DAS SCHICKSAL NIMMT NUR MANCHMAL GRUSELIGE AUSMASSE AN. ICH BIN REIN ZUFÄLLIG HIER.

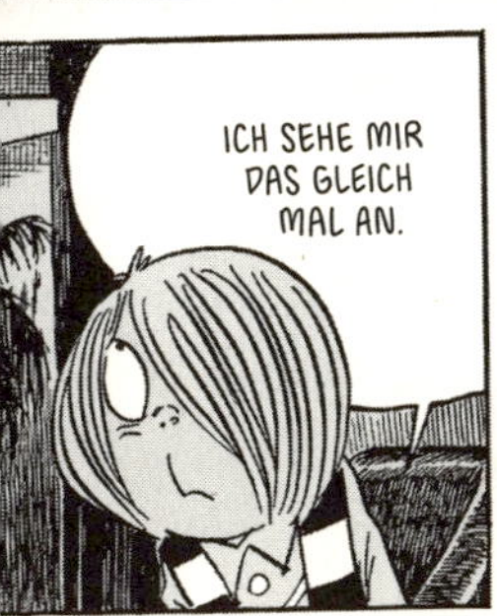
ICH SEHE MIR DAS GLEICH MAL AN.

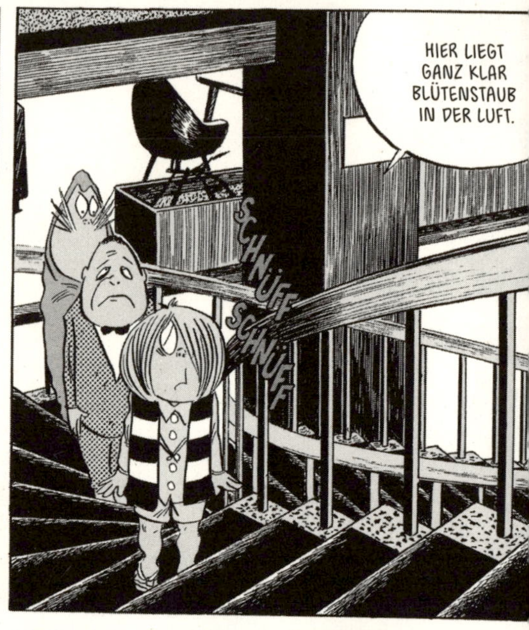
HIER LIEGT GANZ KLAR BLÜTENSTAUB IN DER LUFT.
SCHNÜFF SCHNÜFF

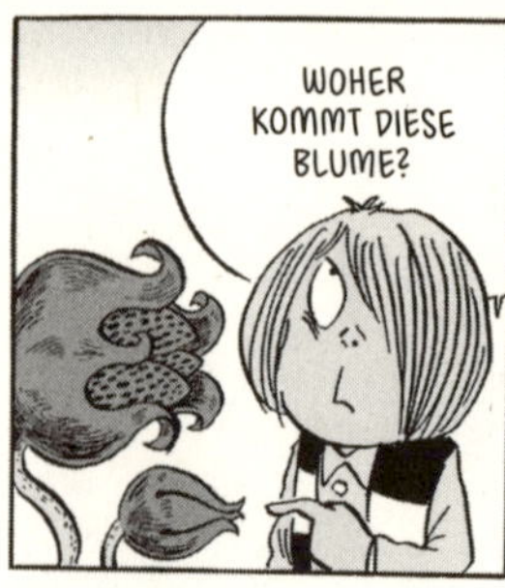
WOHER KOMMT DIESE BLUME?

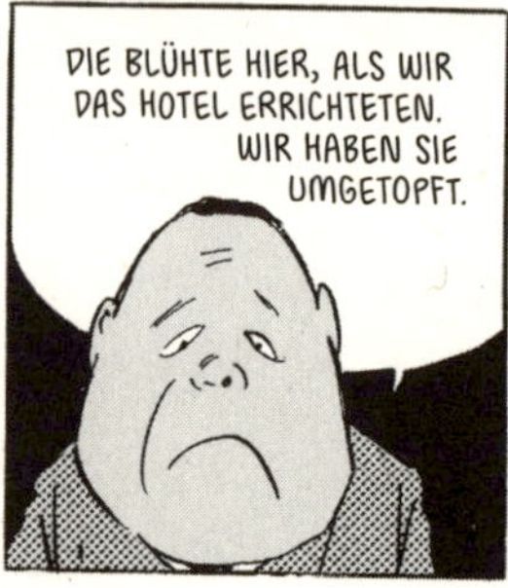
DIE BLÜHTE HIER, ALS WIR DAS HOTEL ERRICHTETEN. WIR HABEN SIE UMGETOPFT.

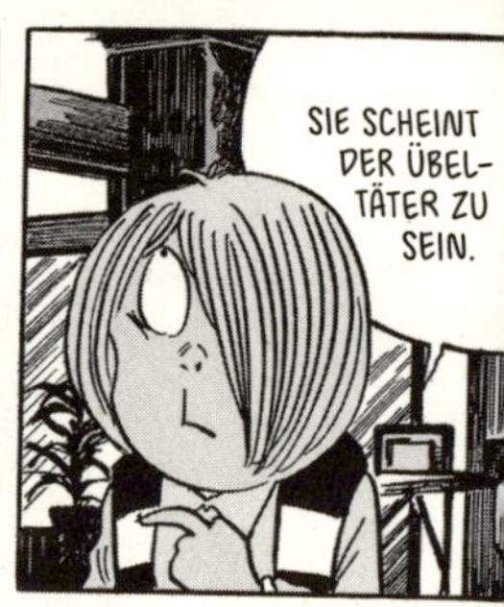
SIE SCHEINT DER ÜBELTÄTER ZU SEIN.

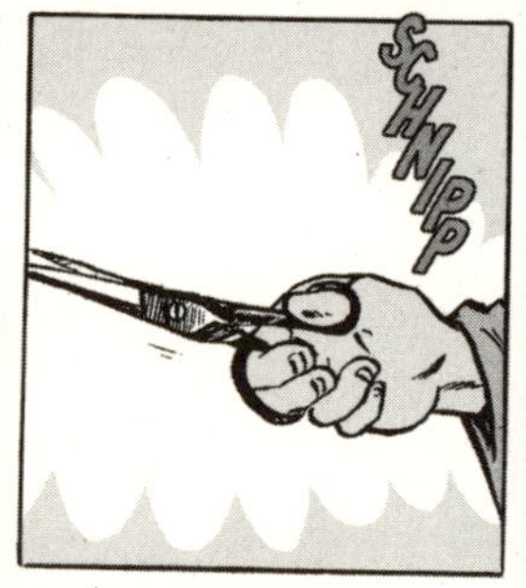
SCHNIPP

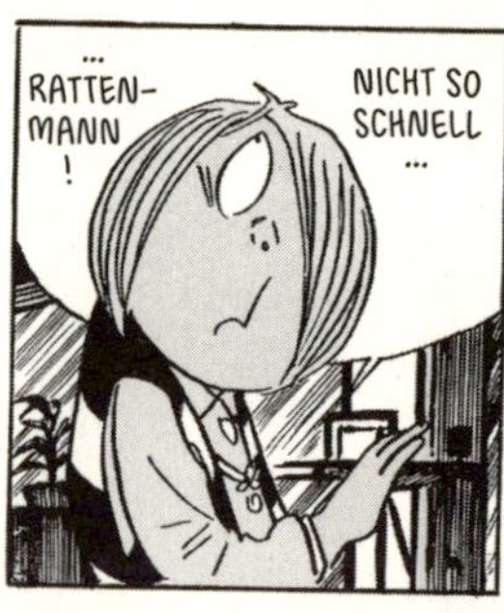
NICHT SO SCHNELL ...
... RATTENMANN !

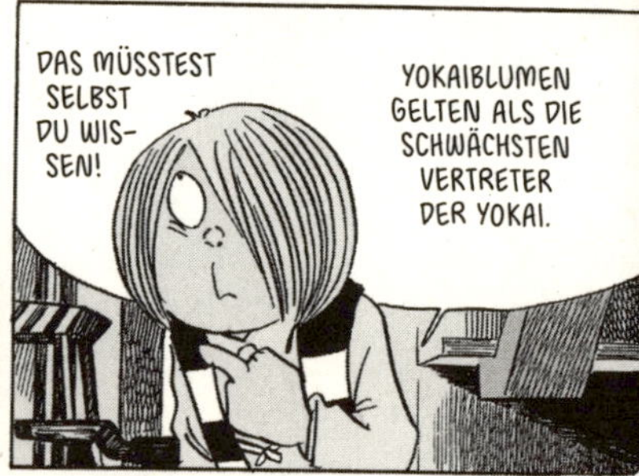
YOKAIBLUMEN GELTEN ALS DIE SCHWÄCHSTEN VERTRETER DER YOKAI.
DAS MÜSSTEST SELBST DU WISSEN!

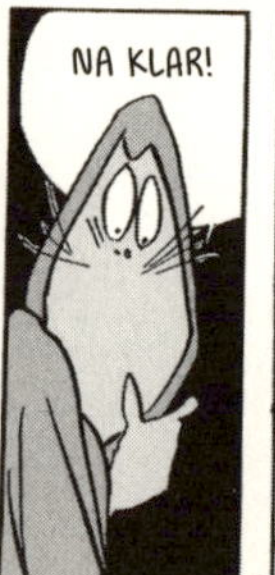
NA KLAR!

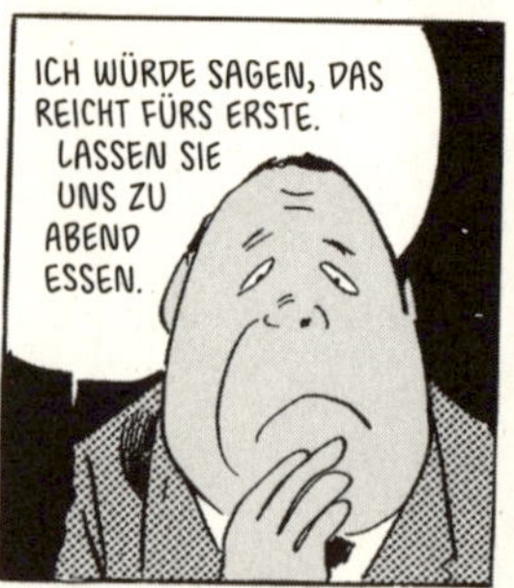
ICH WÜRDE SAGEN, DAS REICHT FÜRS ERSTE. LASSEN SIE UNS ZU ABEND ESSEN.

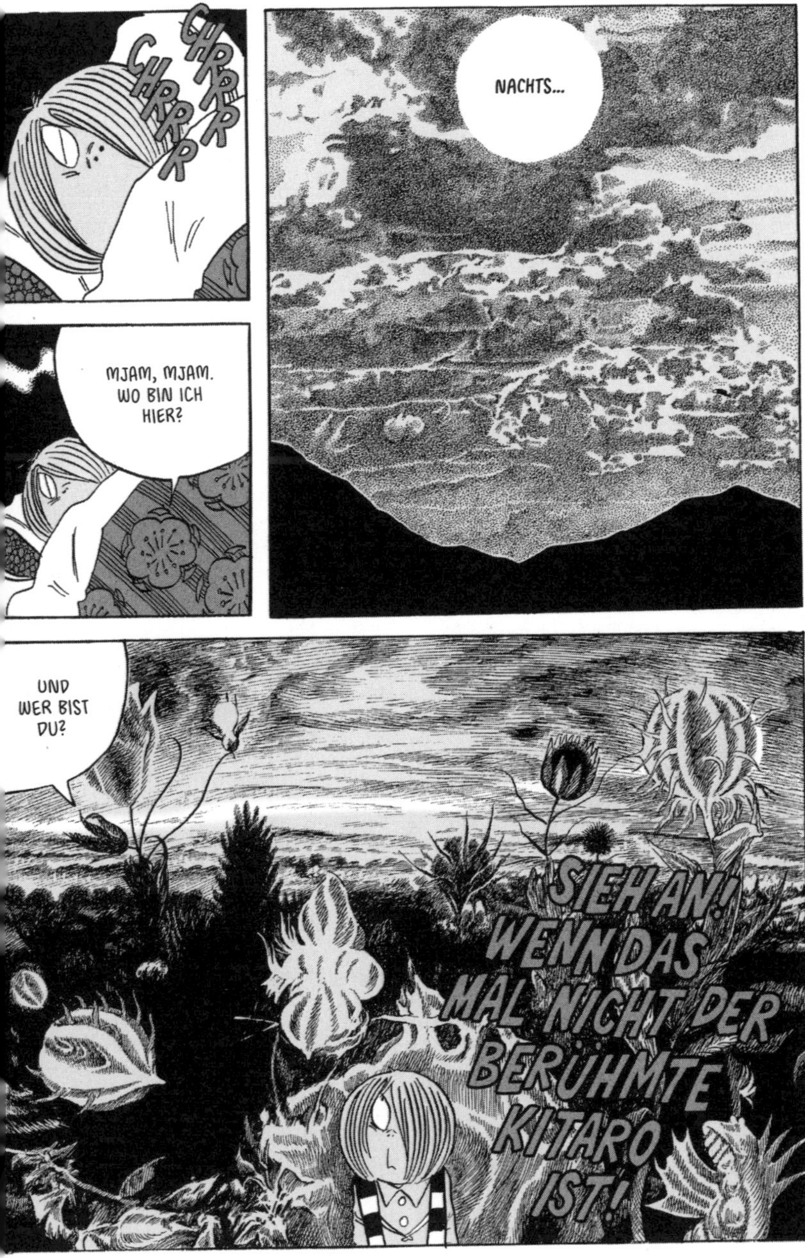

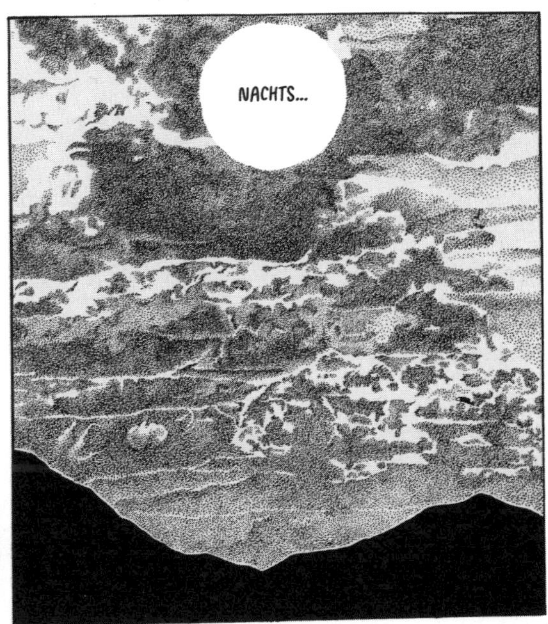

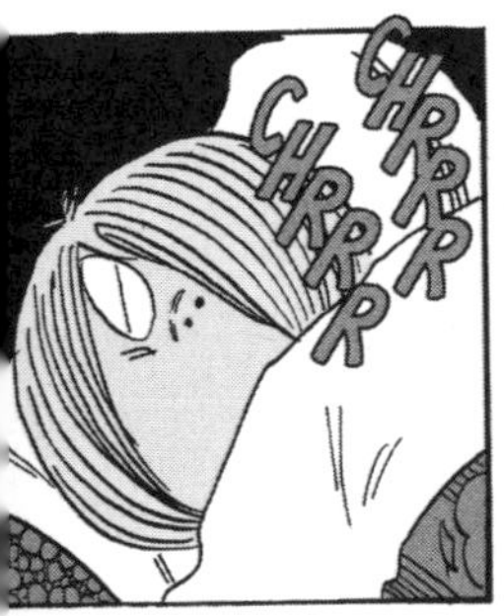

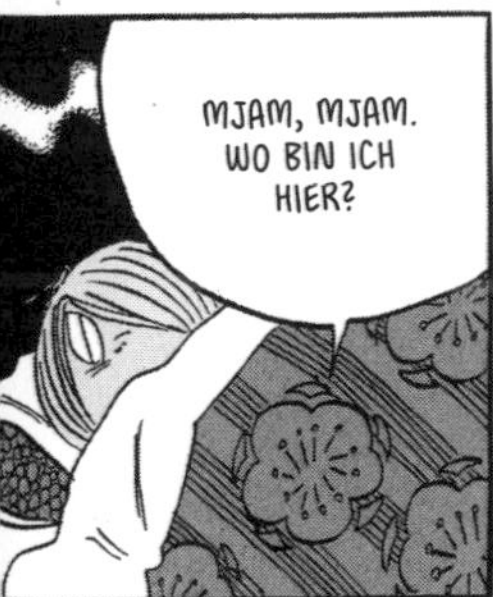

SIEH AN! WENN DAS MAL NICHT DER BERÜHMTE KITARO IST!

UND WER BIST DU?

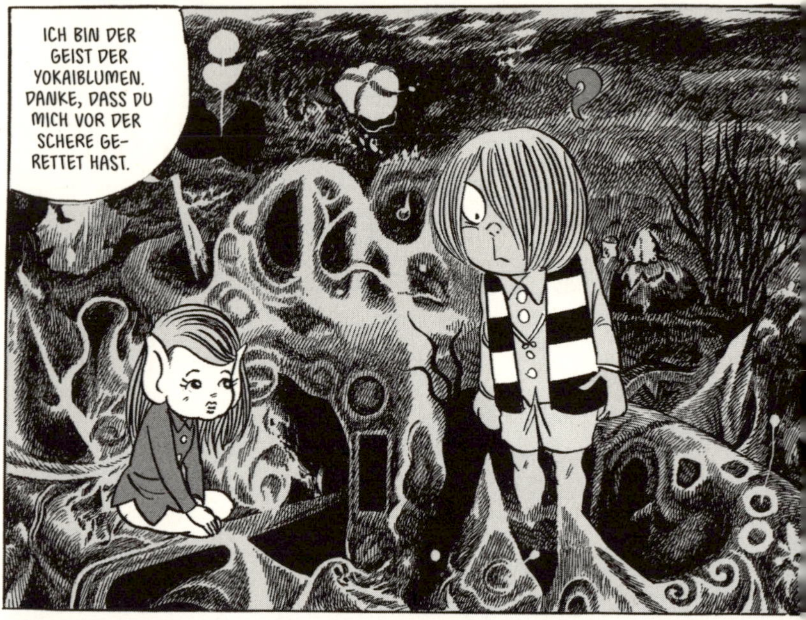

ICH BIN DER GEIST DER YOKAIBLUMEN. DANKE, DASS DU MICH VOR DER SCHERE GERETTET HAST.

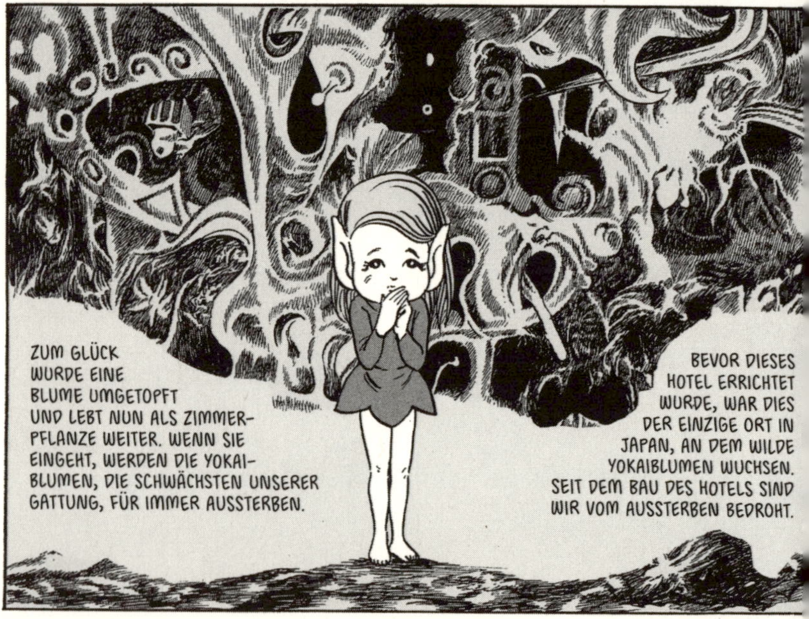

ZUM GLÜCK WURDE EINE BLUME UMGETOPFT UND LEBT NUN ALS ZIMMERPFLANZE WEITER. WENN SIE EINGEHT, WERDEN DIE YOKAIBLUMEN, DIE SCHWÄCHSTEN UNSERER GATTUNG, FÜR IMMER AUSSTERBEN.

BEVOR DIESES HOTEL ERRICHTET WURDE, WAR DIES DER EINZIGE ORT IN JAPAN, AN DEM WILDE YOKAIBLUMEN WUCHSEN. SEIT DEM BAU DES HOTELS SIND WIR VOM AUSSTERBEN BEDROHT.

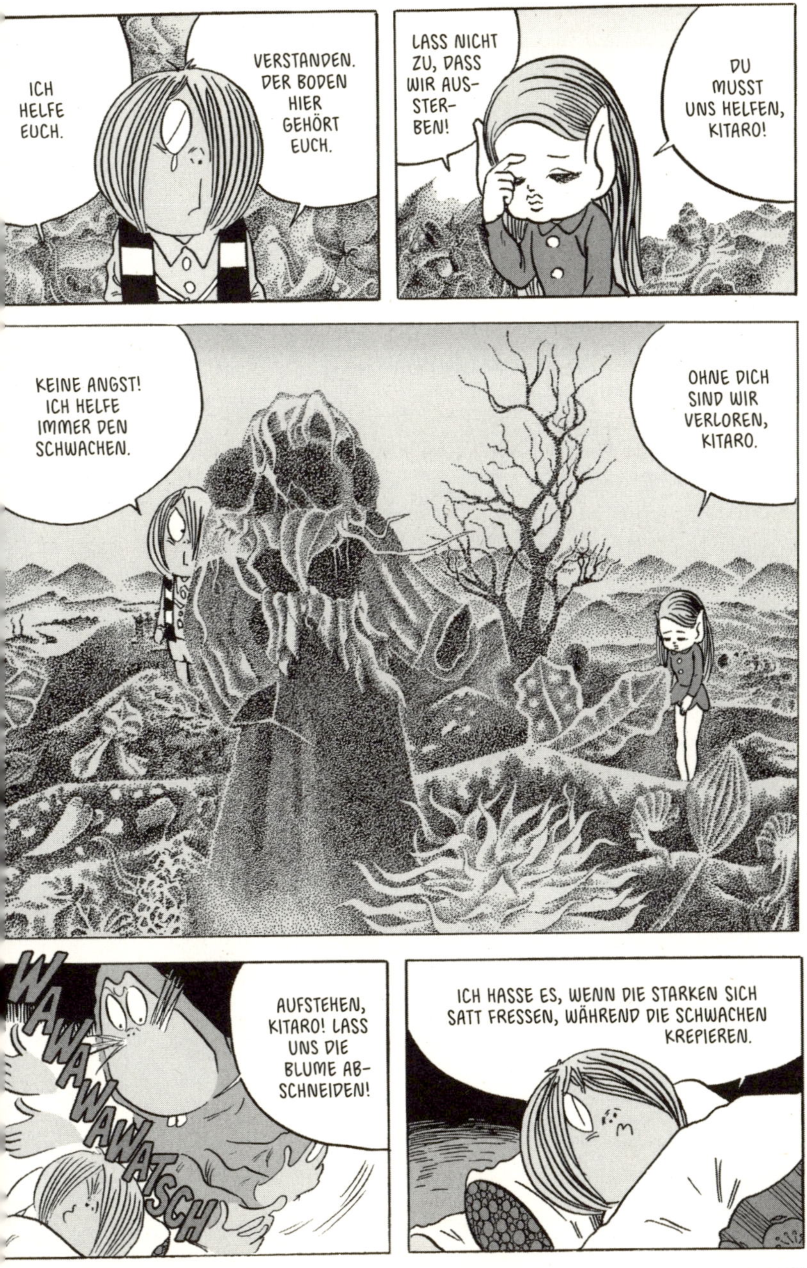

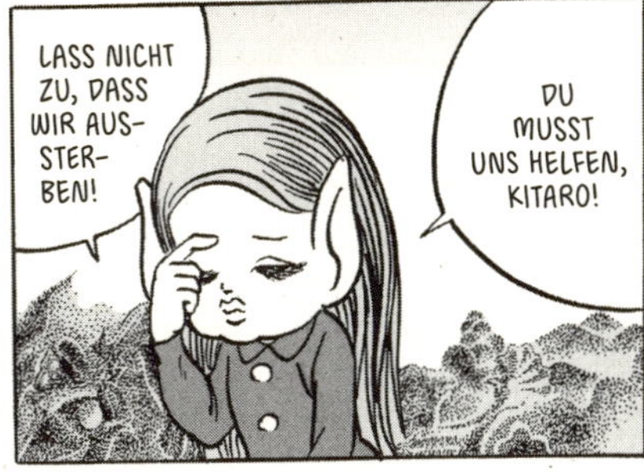
DU MUSST UNS HELFEN, KITARO!
LASS NICHT ZU, DASS WIR AUS-STER-BEN!

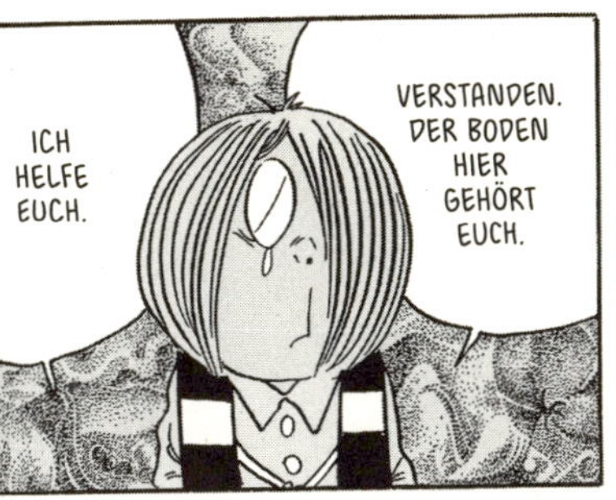
VERSTANDEN. DER BODEN HIER GEHÖRT EUCH.
ICH HELFE EUCH.

OHNE DICH SIND WIR VERLOREN, KITARO.
KEINE ANGST! ICH HELFE IMMER DEN SCHWACHEN.

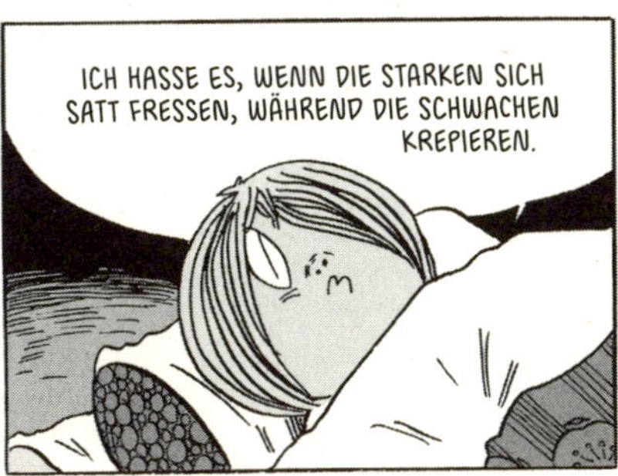
ICH HASSE ES, WENN DIE STARKEN SICH SATT FRESSEN, WÄHREND DIE SCHWACHEN KREPIEREN.

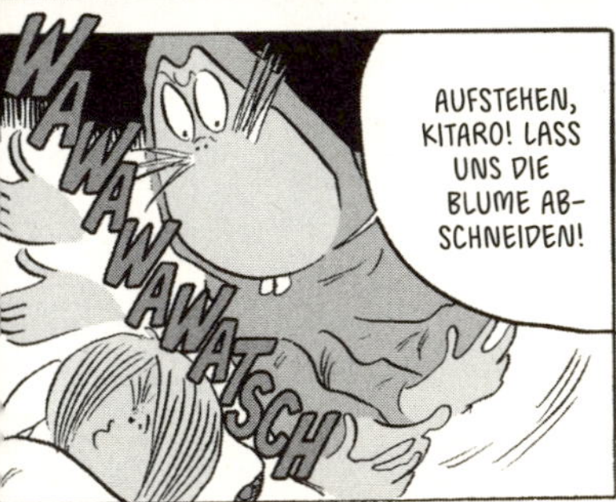
AUFSTEHEN, KITARO! LASS UNS DIE BLUME AB-SCHNEIDEN!
WAWAWAWAWATSCH

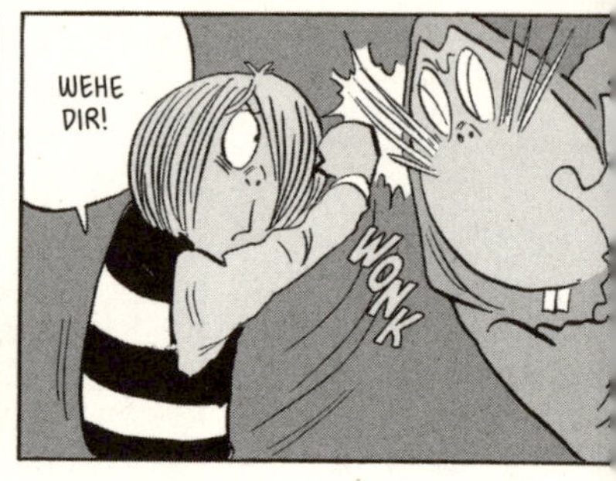

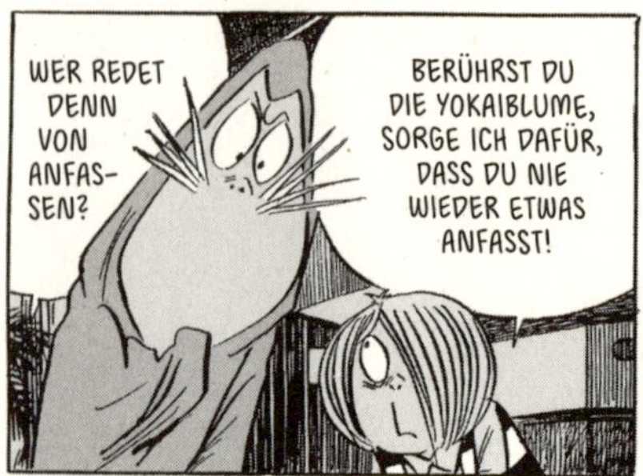

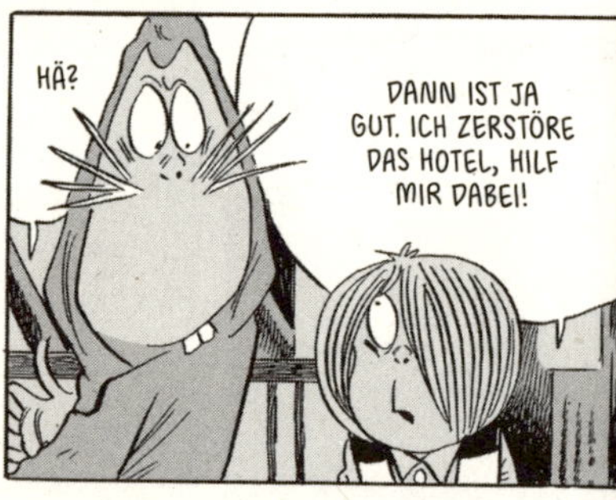

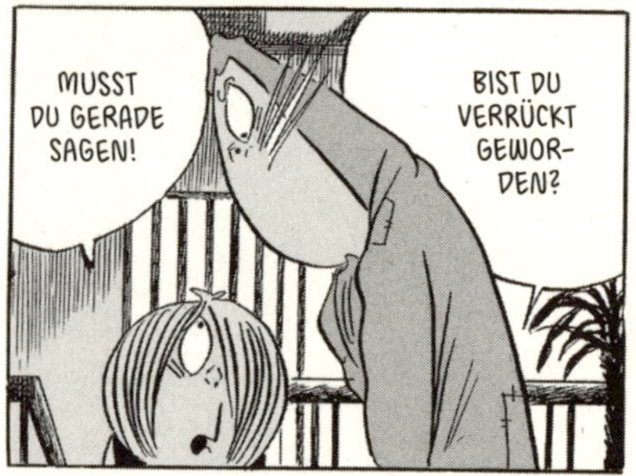

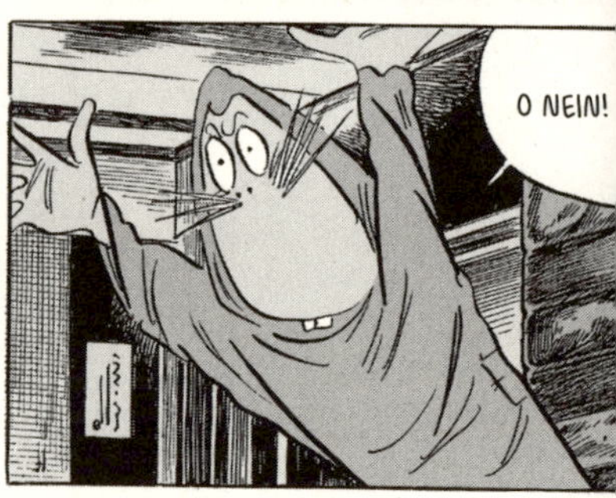

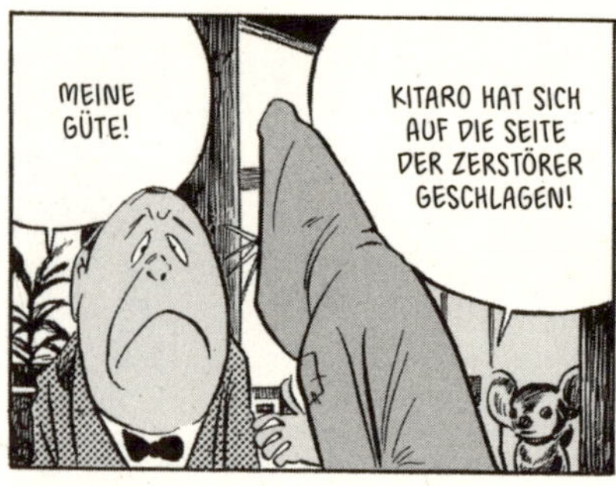

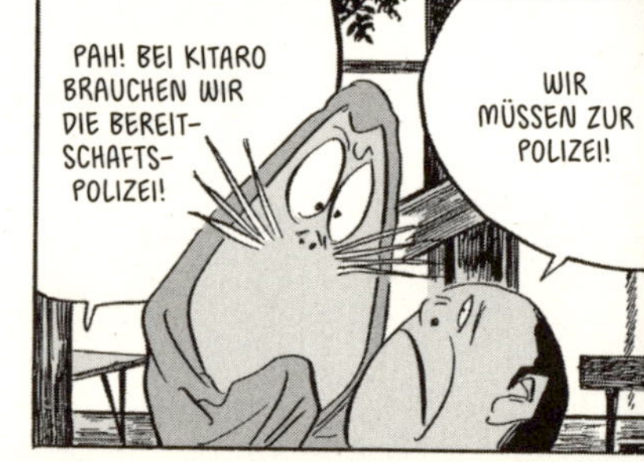

HASTIG RIEF DER HOTELDIREKTOR DIE BEREITSCHAFTSPOLIZEI, DOCH DIESE HATTE MIT DER STUDENTENBEWEGUNG BEREITS ALLE HÄNDE VOLL ZU TUN. AUF RAT DES RATTENMANNS WURDE DIE ERSCHEINUNG NAMENS LINKSFUSS MIT DEM SCHUTZ DES HOTELS BEAUFTRAGT. SCHLIESSLICH KAM ES ZUM KAMPF ZWISCHEN KITARO UND LINKSFUSS.

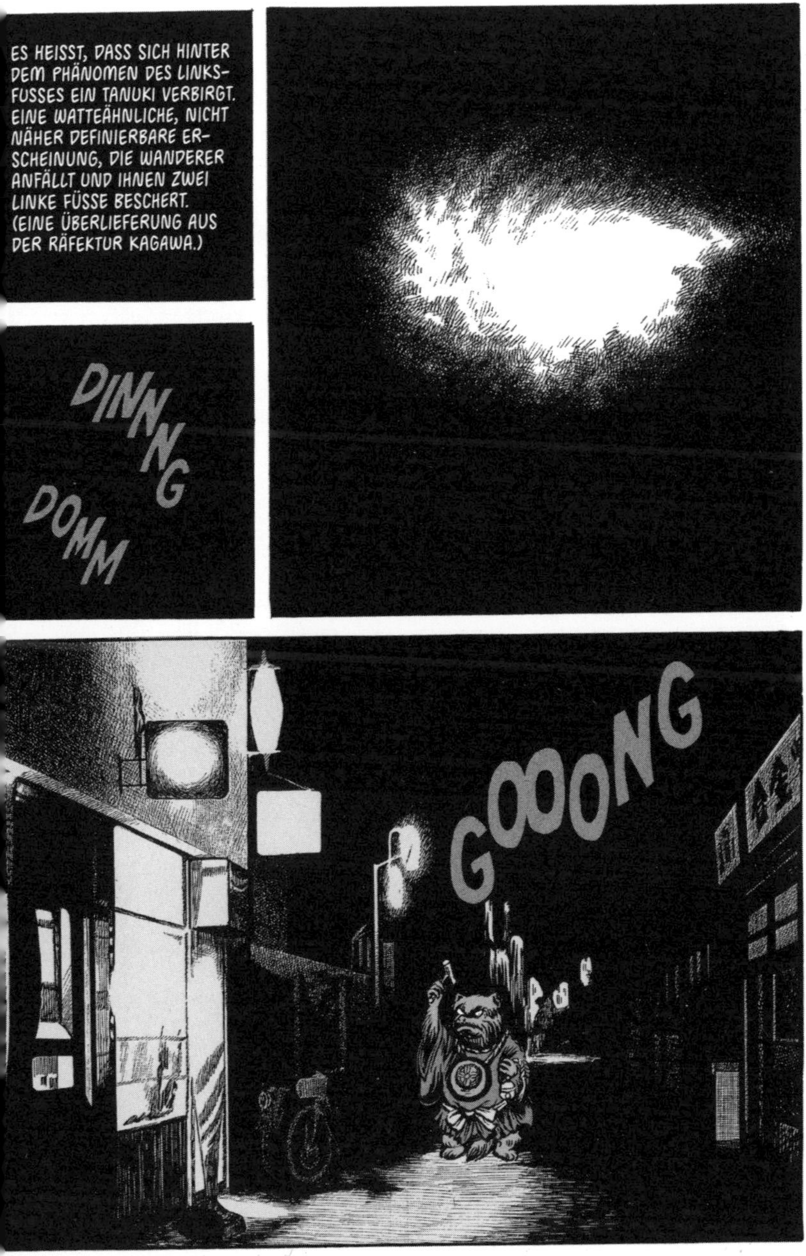

ES HEISST, DASS SICH HINTER DEM PHÄNOMEN DES LINKSFUSSES EIN TANUKI VERBIRGT. EINE WATTEÄHNLICHE, NICHT NÄHER DEFINIERBARE ERSCHEINUNG, DIE WANDERER ANFÄLLT UND IHNEN ZWEI LINKE FÜSSE BESCHERT. (EINE ÜBERLIEFERUNG AUS DER RÄFEKTUR KAGAWA.)

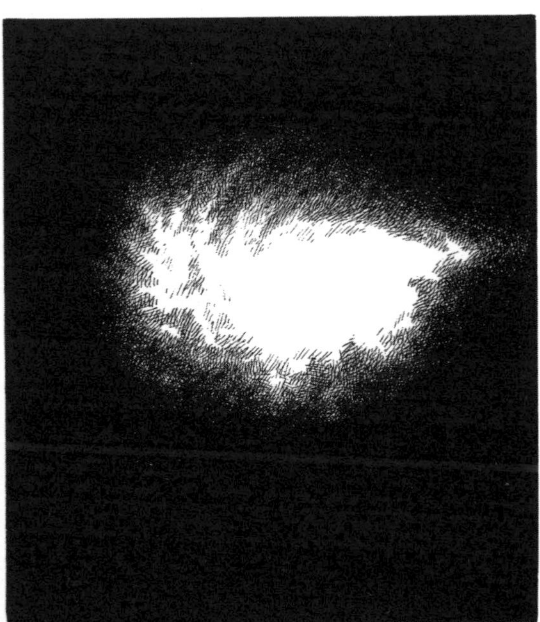

DINNNG
DOMM

GOOONG

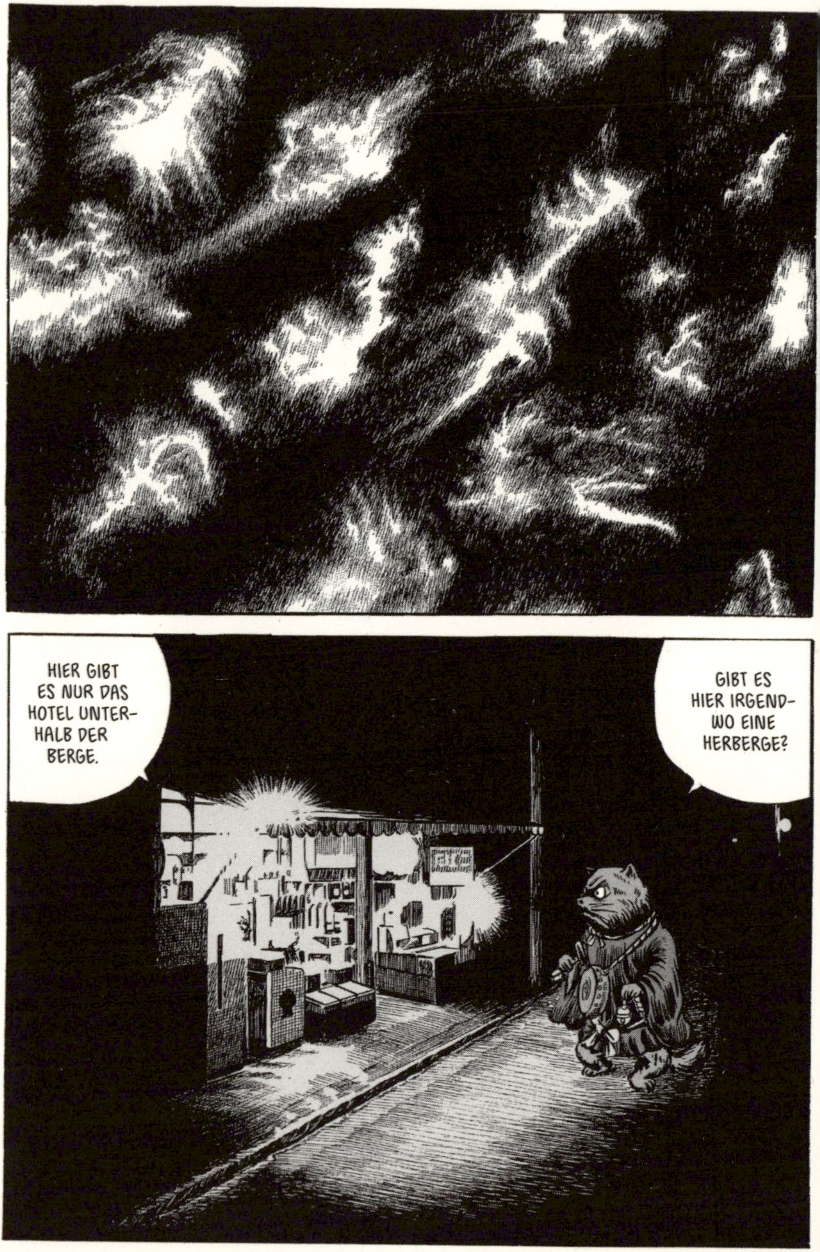

GIBT ES HIER IRGEND-WO EINE HERBERGE?
HIER GIBT ES NUR DAS HOTEL UNTER-HALB DER BERGE.

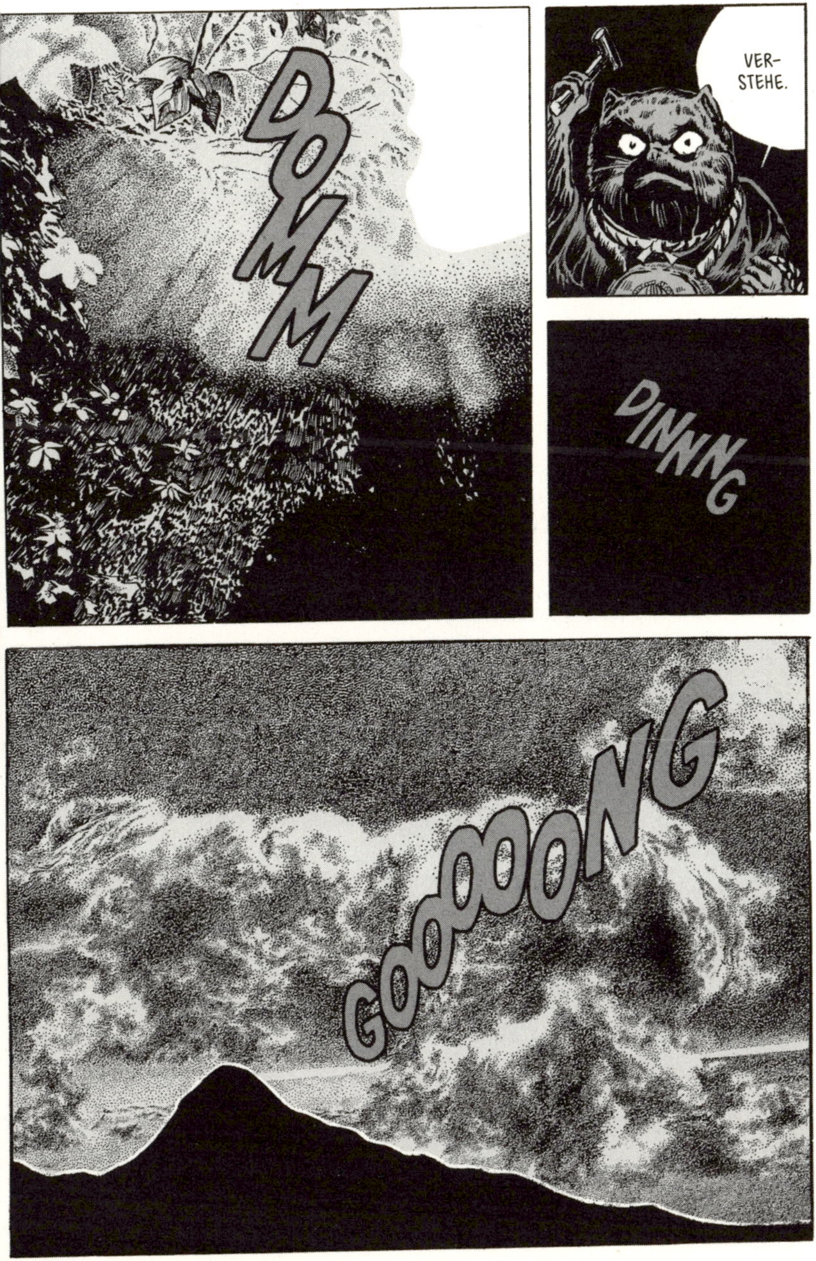

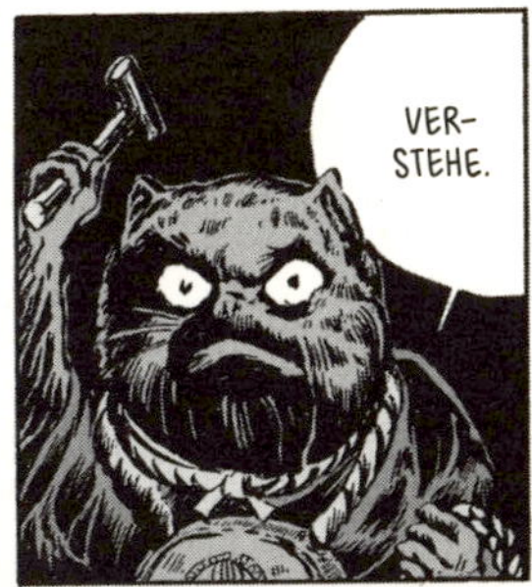
VER-
STEHE.

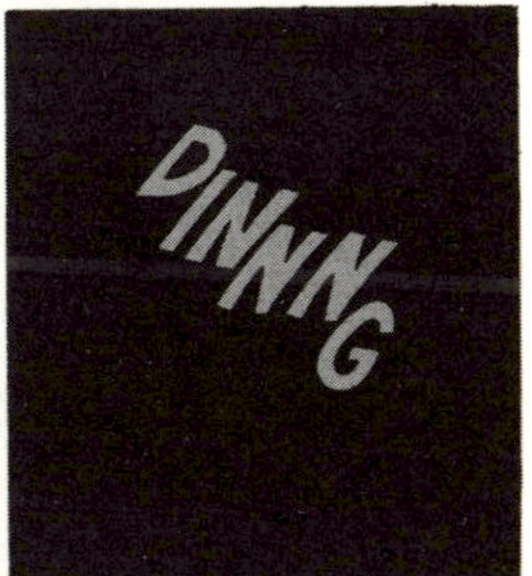
DINNNG

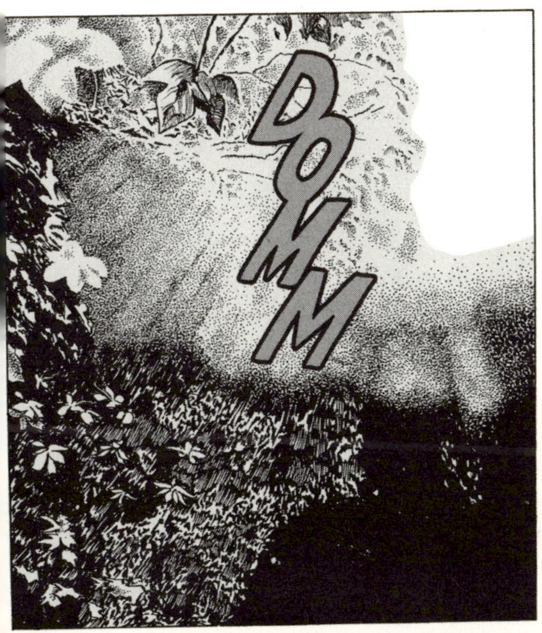
DOMM

GOOOOONG

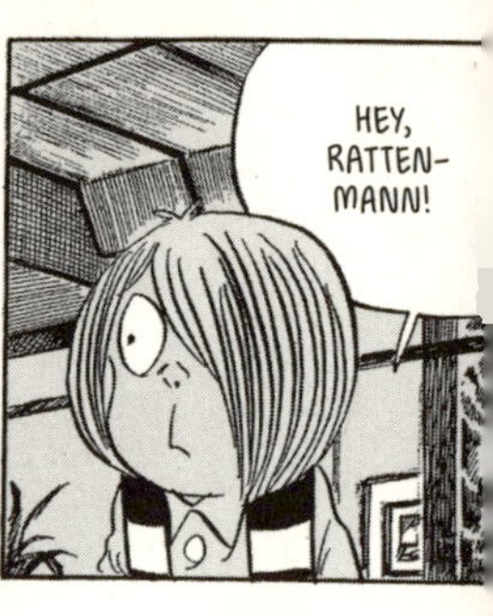
HEY, RATTEN-MANN!

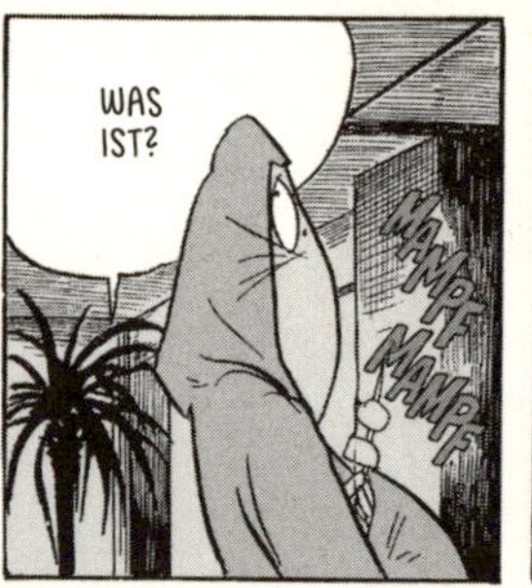
WAS IST?
MAMPF MAMPF

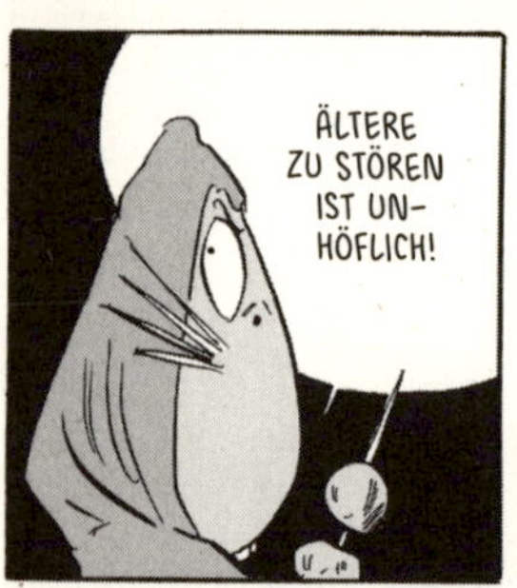
ÄLTERE ZU STÖREN IST UN-HÖFLICH!

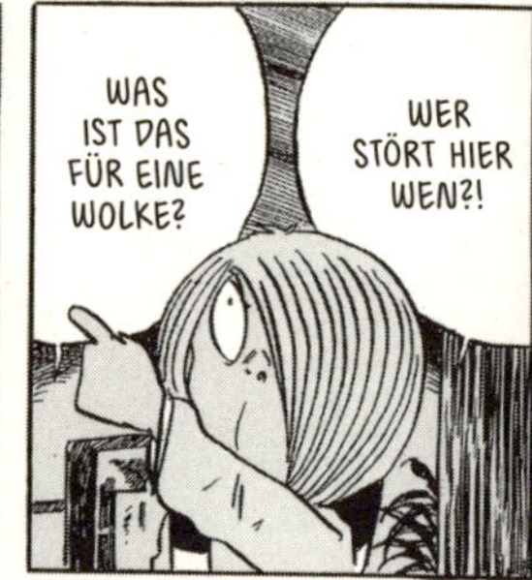
WER STÖRT HIER WEN?!
WAS IST DAS FÜR EINE WOLKE?

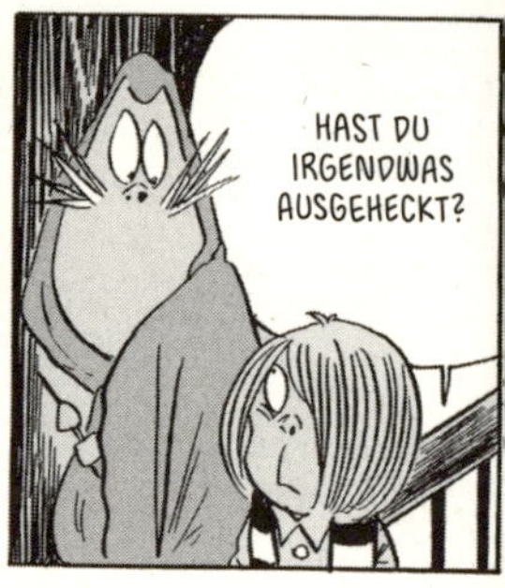
HAST DU IRGENDWAS AUSGEHECKT?

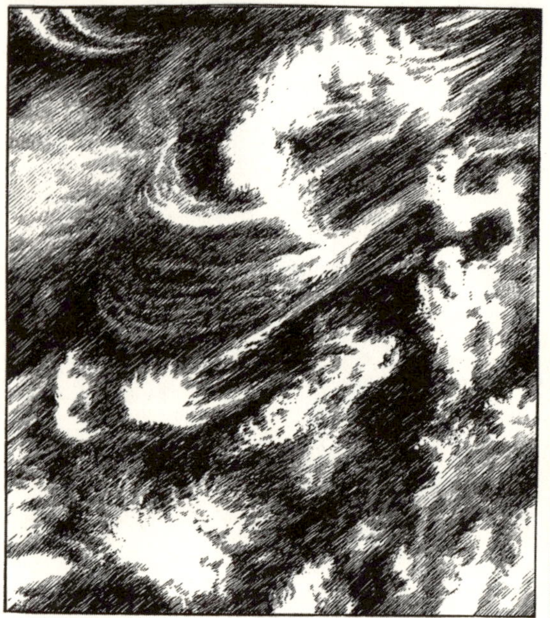

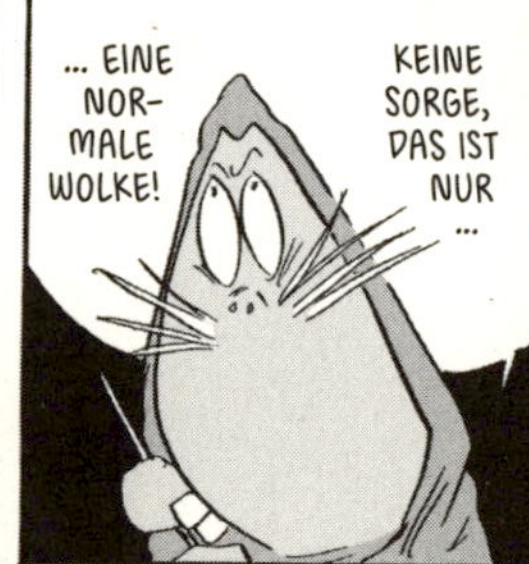
KEINE SORGE, DAS IST NUR ...
... EINE NOR-MALE WOLKE!

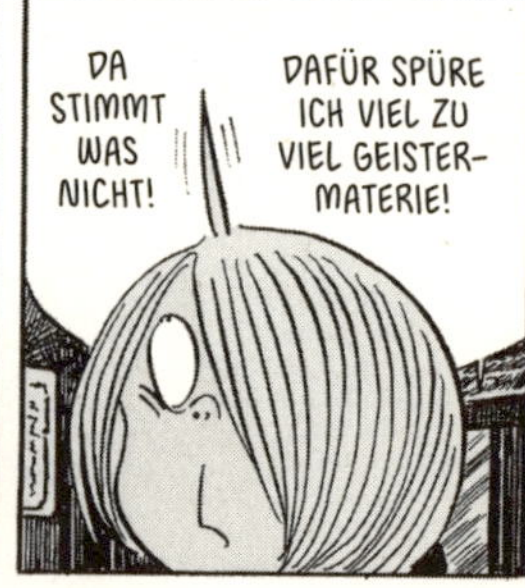
DAFÜR SPÜRE ICH VIEL ZU VIEL GEISTER-MATERIE!
DA STIMMT WAS NICHT!

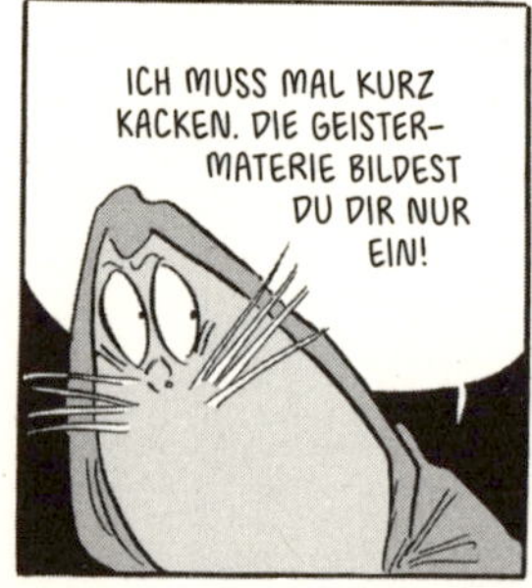
ICH MUSS MAL KURZ KACKEN. DIE GEISTER-MATERIE BILDEST DU DIR NUR EIN!

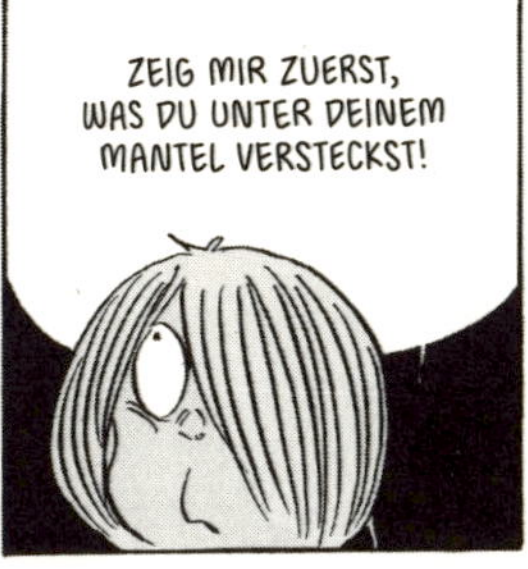
ZEIG MIR ZUERST, WAS DU UNTER DEINEM MANTEL VERSTECKST!

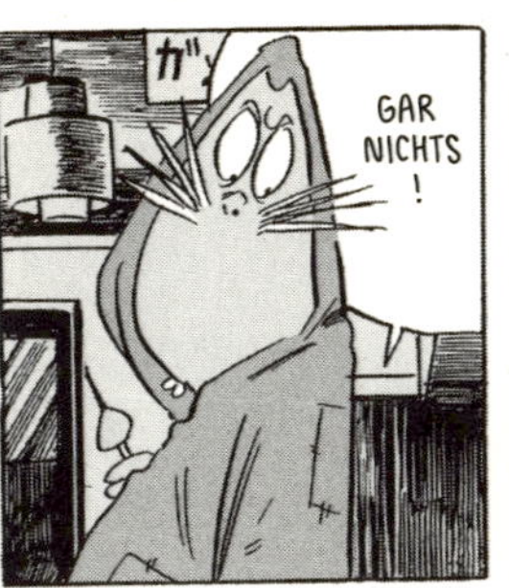
ガ"
GAR NICHTS !

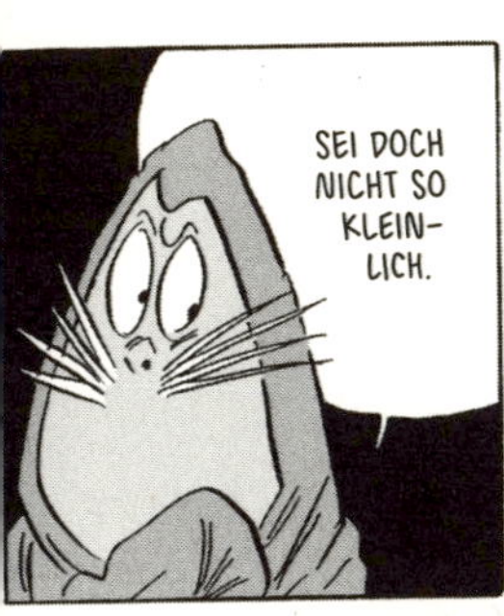
SEI DOCH NICHT SO KLEIN-LICH.

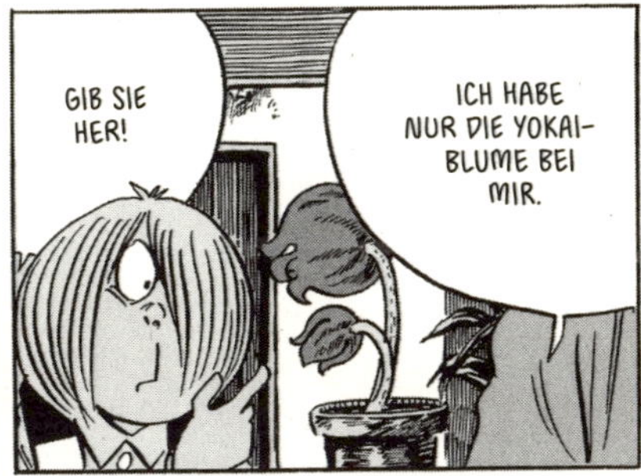
ICH HABE NUR DIE YOKAI-BLUME BEI MIR.
GIB SIE HER!

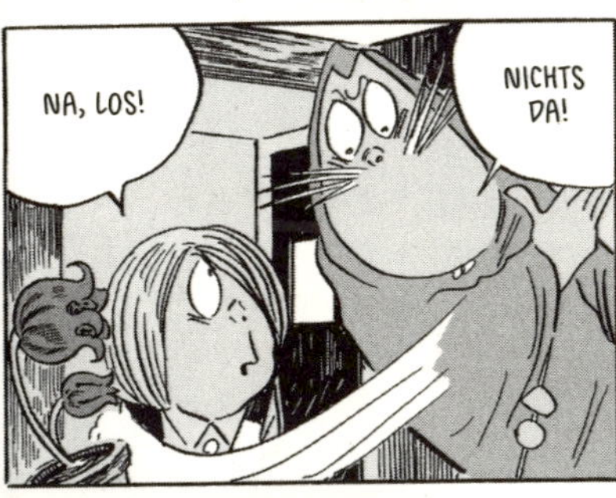
NICHTS DA!
NA, LOS!

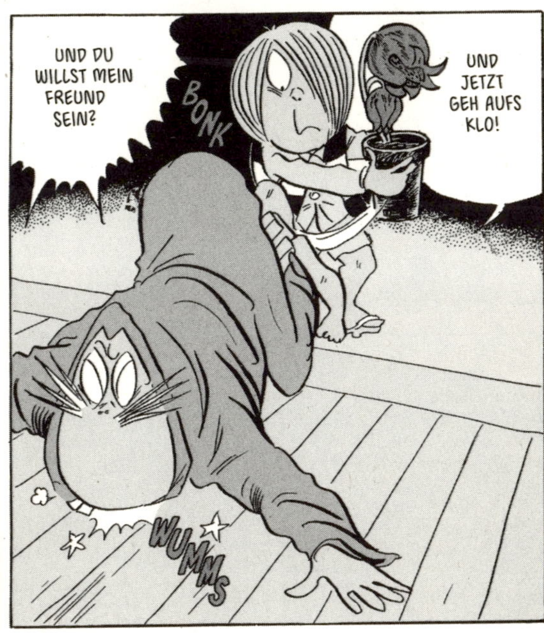
UND JETZT GEH AUFS KLO!
UND DU WILLST MEIN FREUND SEIN?
BONK
WUMMS

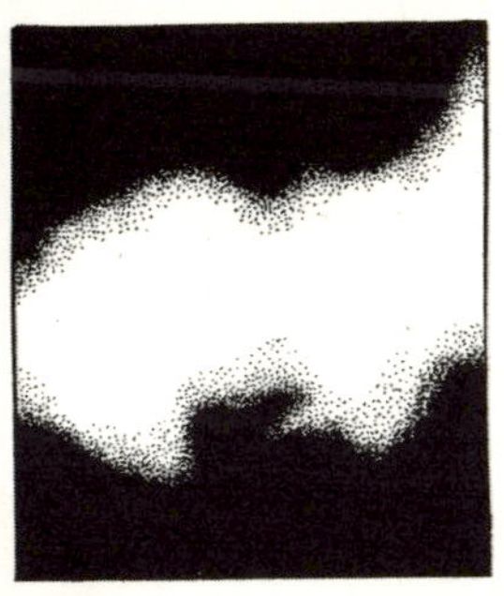

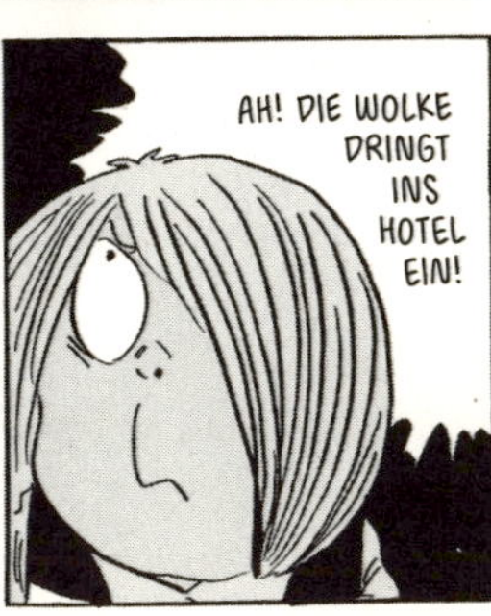
AH! DIE WOLKE DRINGT INS HOTEL EIN!

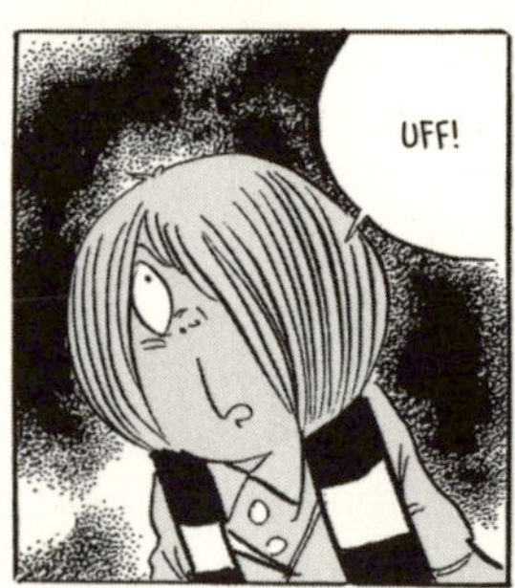
UFF!

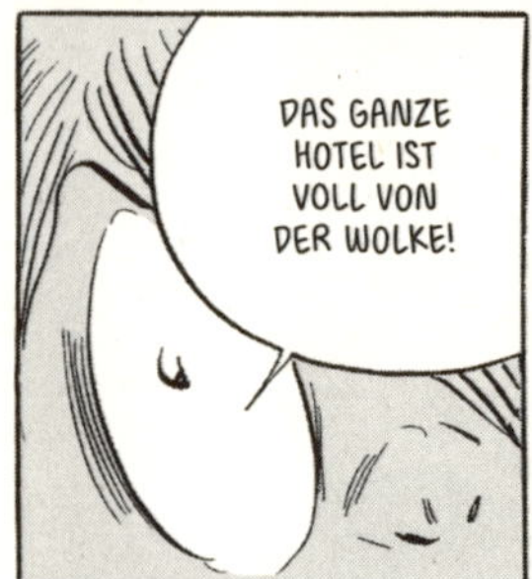
DAS GANZE HOTEL IST VOLL VON DER WOLKE!

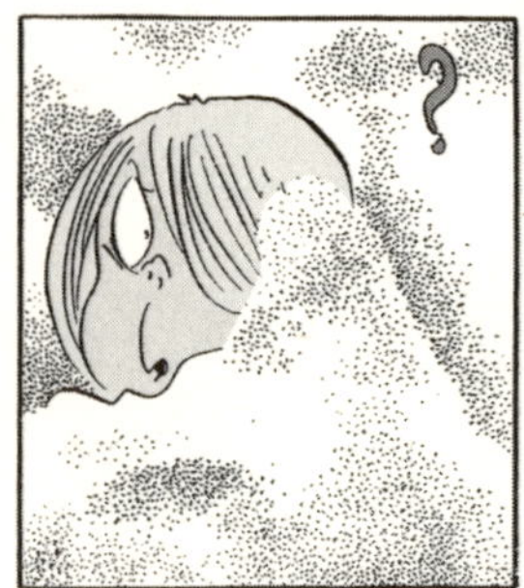
?

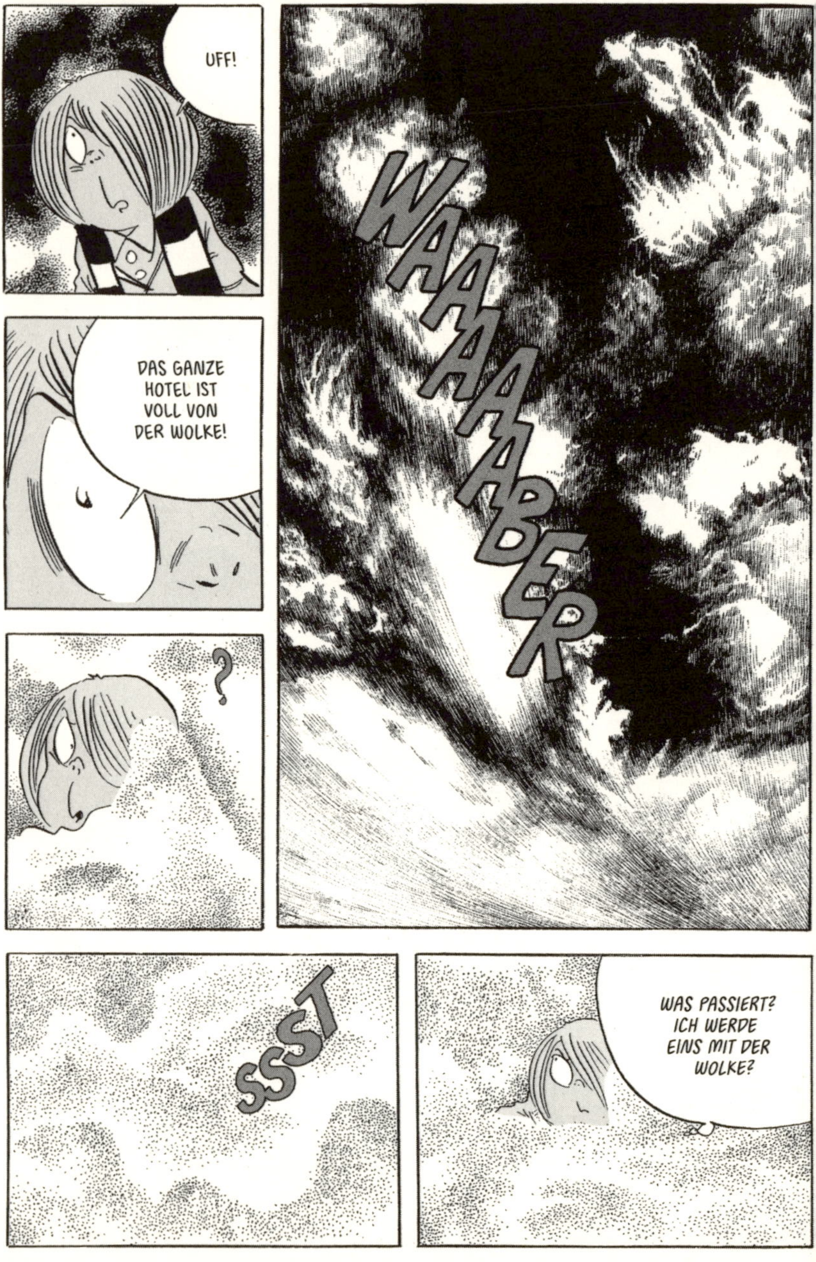

WAAAAABER

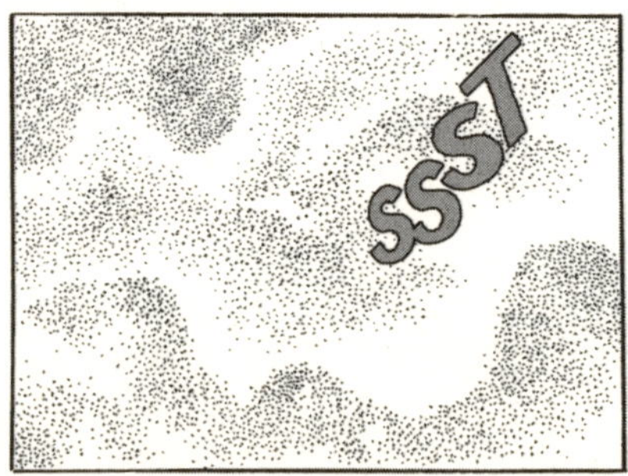
SSST

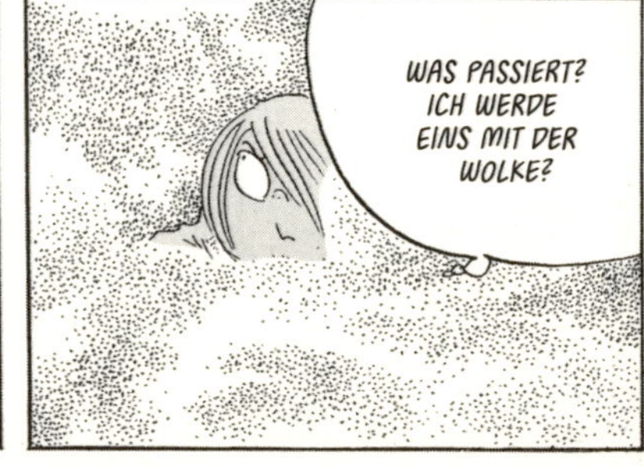
WAS PASSIERT? ICH WERDE EINS MIT DER WOLKE?

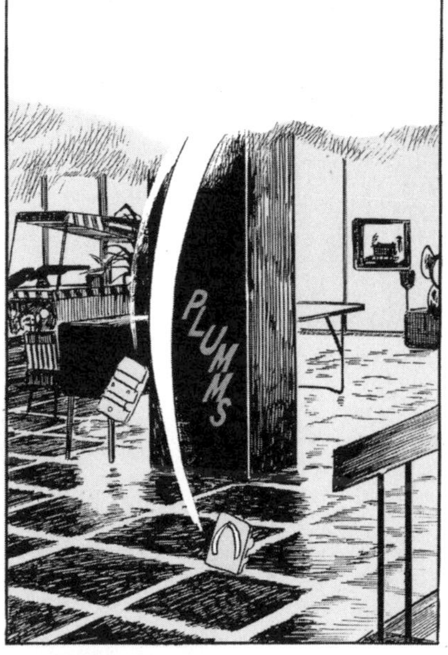
PLUMMS

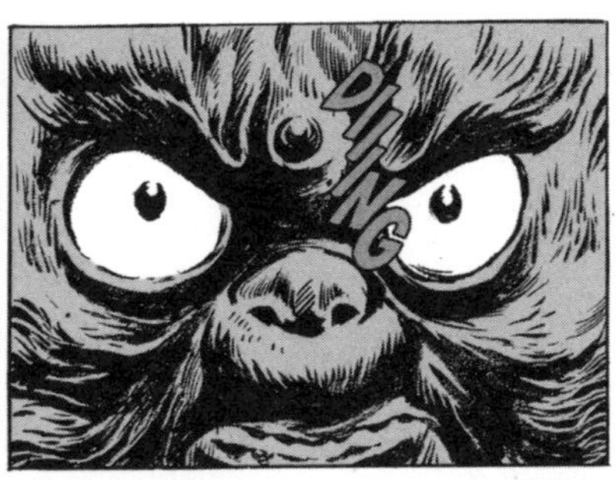
DIIING

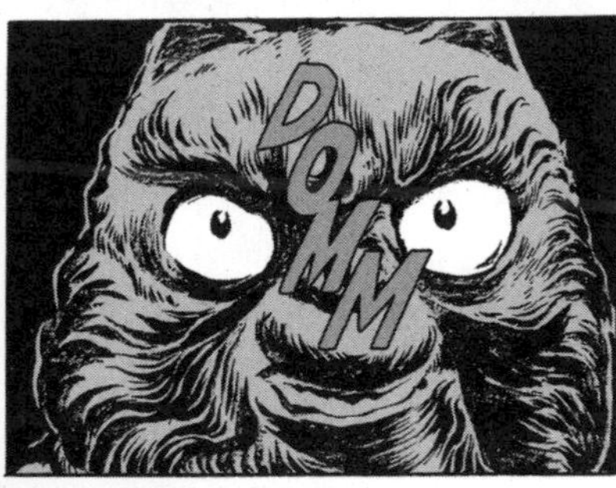
DOMM

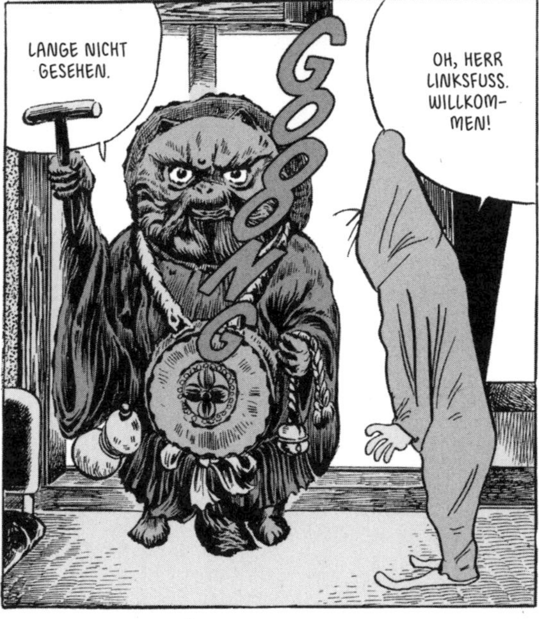
OH, HERR LINKSFUSS. WILLKOM-MEN!
GOOOONG
LANGE NICHT GESEHEN.

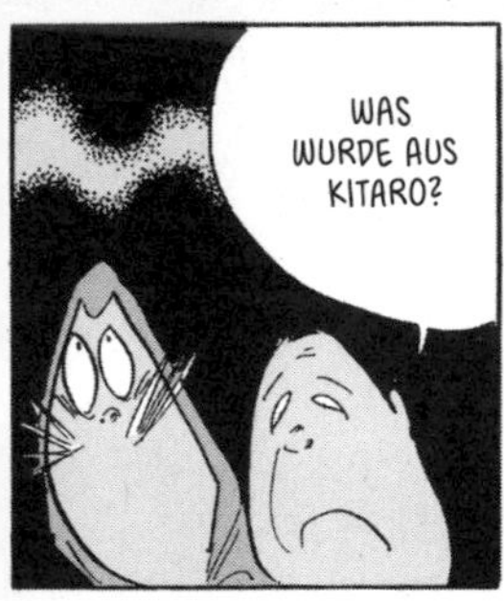
WAS WURDE AUS KITARO?

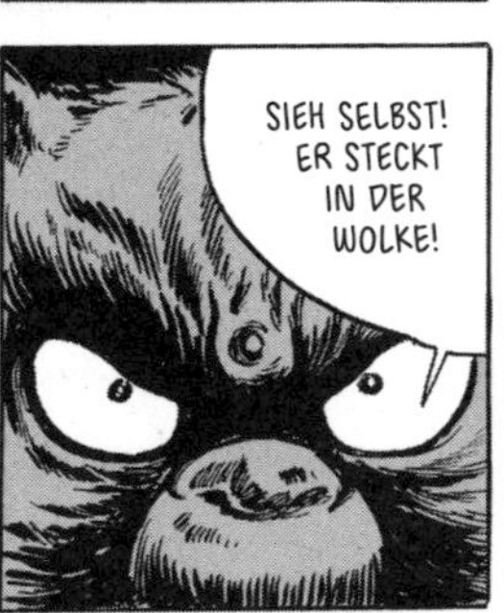
SIEH SELBST! ER STECKT IN DER WOLKE!

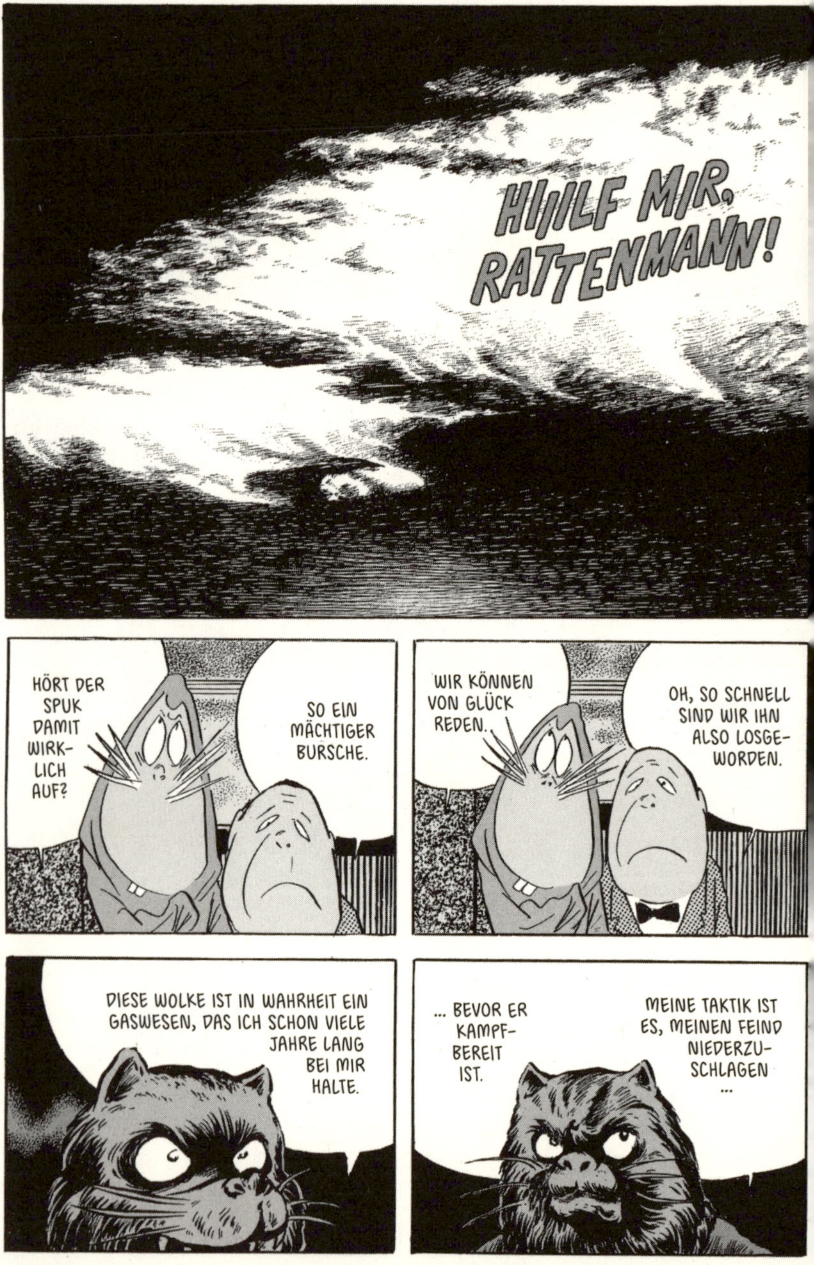

HIIILF MIR, RATTENMANN!

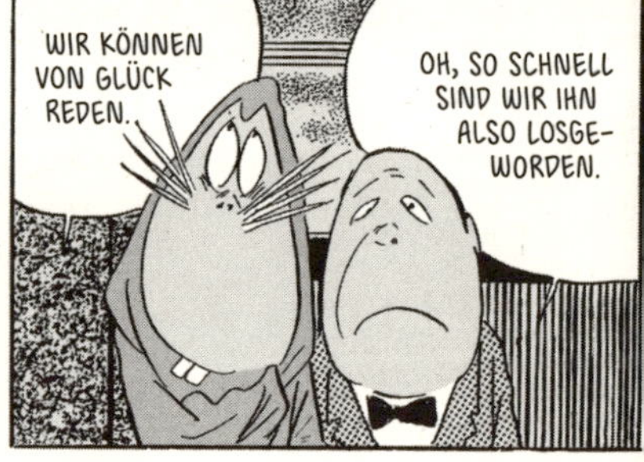
OH, SO SCHNELL SIND WIR IHN ALSO LOSGEWORDEN.
WIR KÖNNEN VON GLÜCK REDEN.

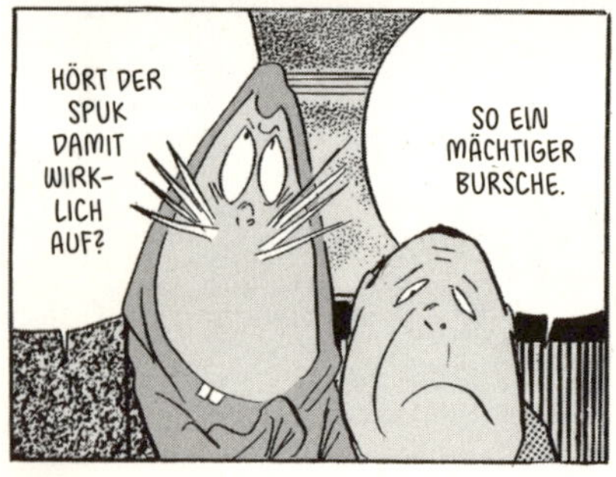
SO EIN MÄCHTIGER BURSCHE.
HÖRT DER SPUK DAMIT WIRKLICH AUF?

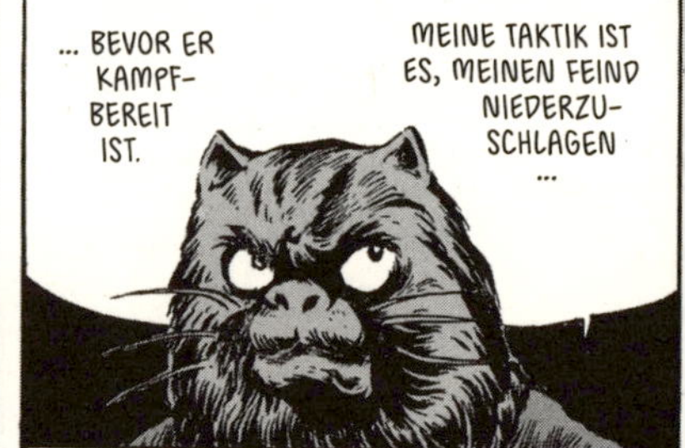
MEINE TAKTIK IST ES, MEINEN FEIND NIEDERZUSCHLAGEN ...
... BEVOR ER KAMPFBEREIT IST.

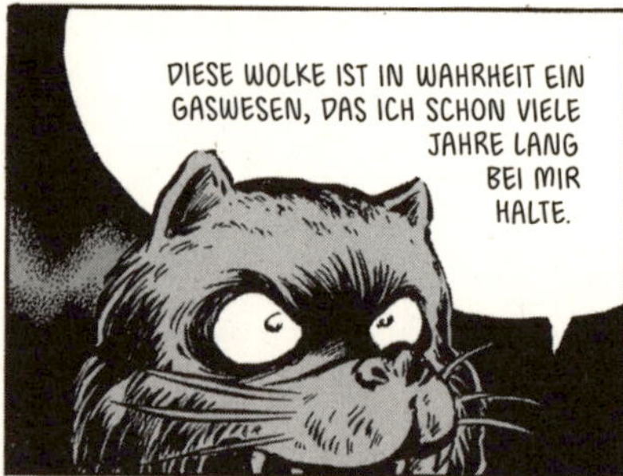
DIESE WOLKE IST IN WAHRHEIT EIN GASWESEN, DAS ICH SCHON VIELE JAHRE LANG BEI MIR HALTE.

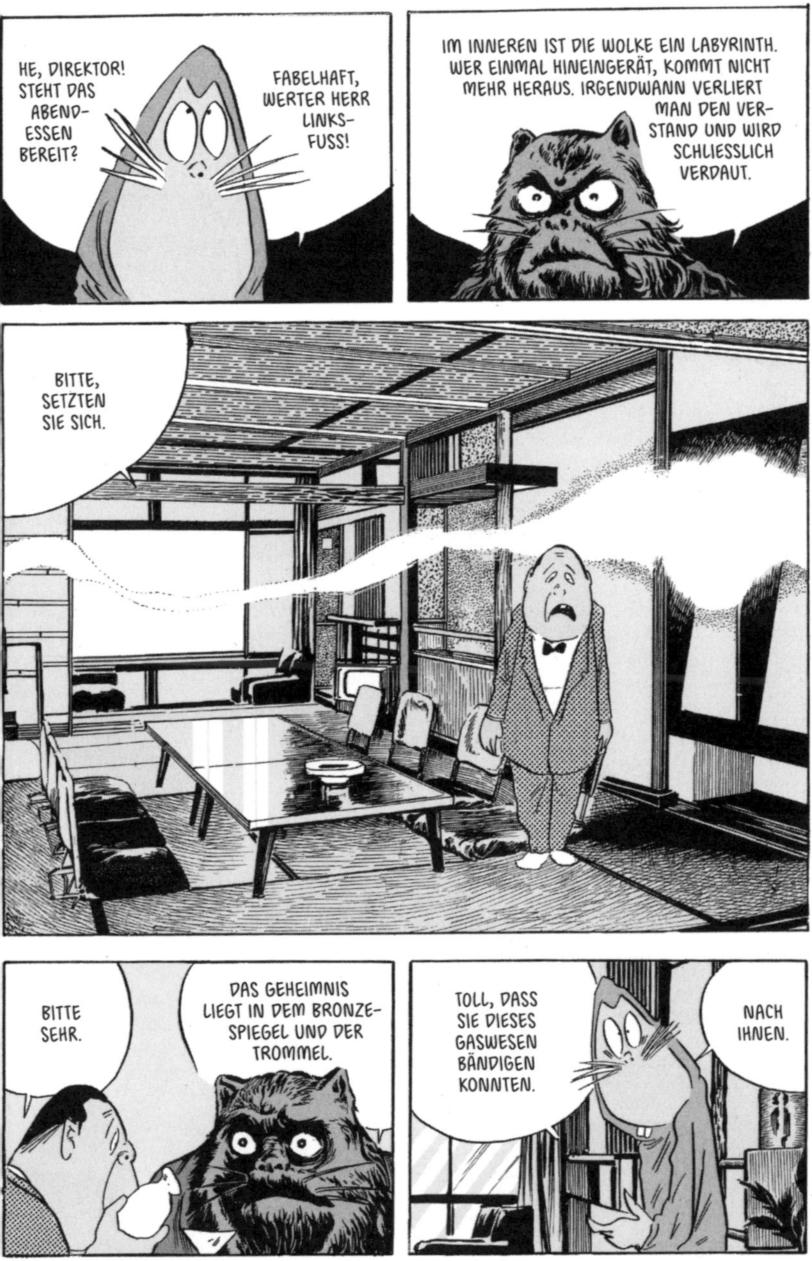

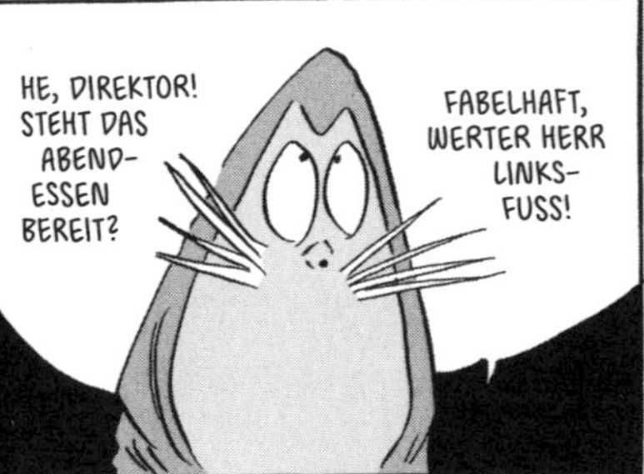

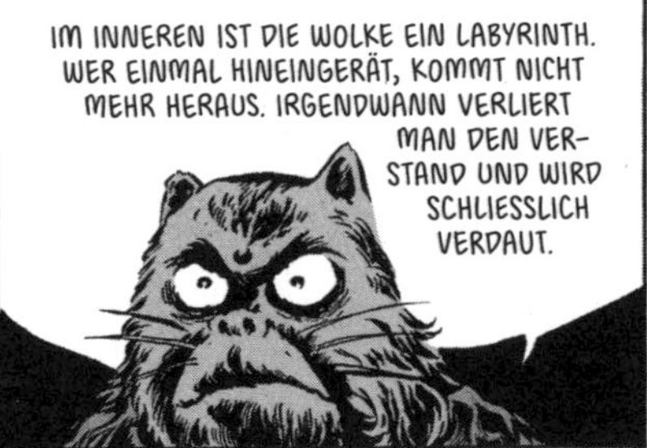

BITTE, SETZTEN SIE SICH.

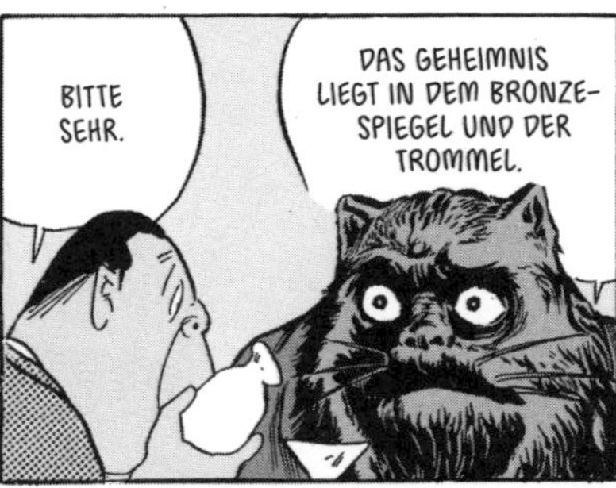

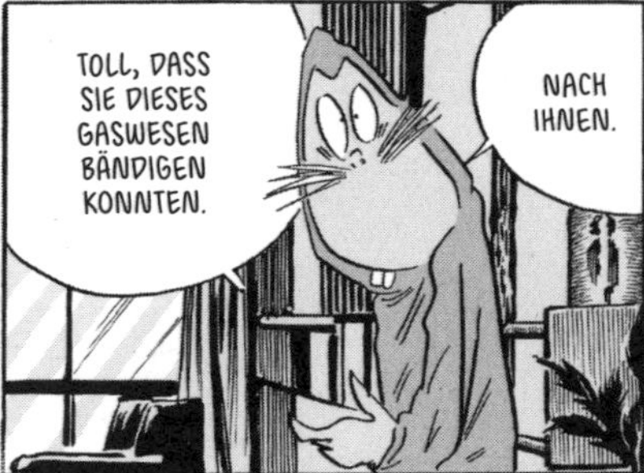

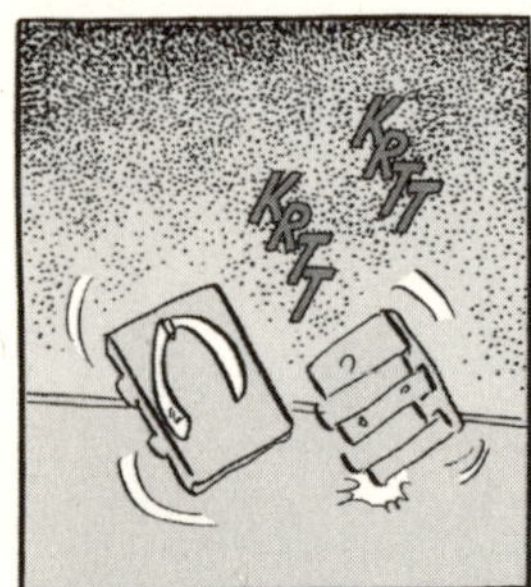

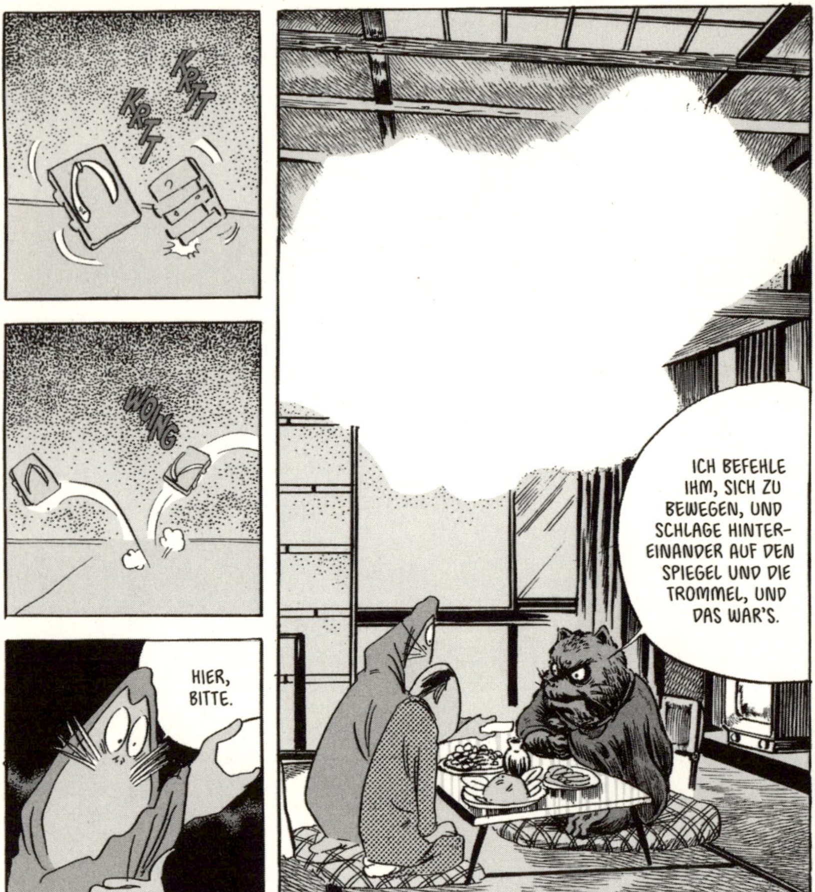

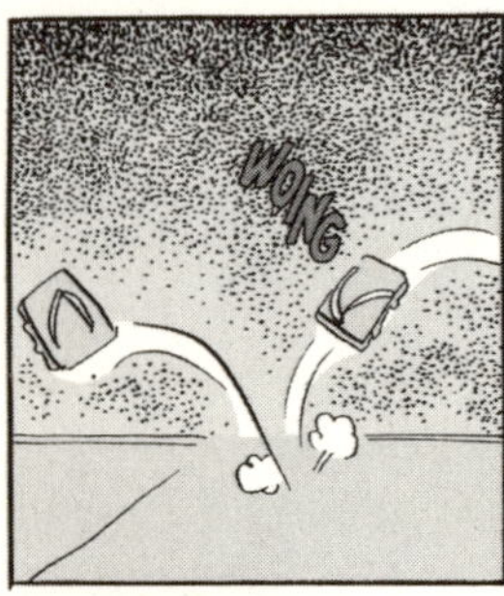

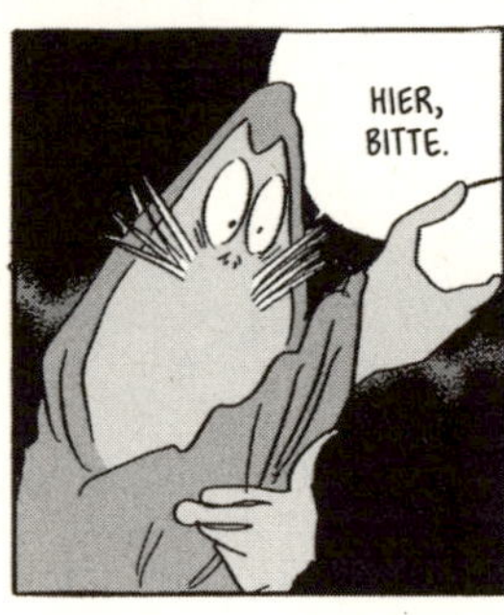

ICH BEFEHLE IHM, SICH ZU BEWEGEN, UND SCHLAGE HINTER-EINANDER AUF DEN SPIEGEL UND DIE TROMMEL, UND DAS WAR'S.

WÄHRENDDESSEN IRRTE KITARO DURCH DAS LABYRINTH IM INNEREN DER WOLKE. DA ER DEN AUSGANG NIRGENDS FAND, SPITZTE ER STATTDESSEN SEINE OHREN. DA VERNAHM ER DAS GESPRÄCH DER DREI, DIE SICH SIEGESSICHER WÄHNTEN, UND BEFAHL SEINEN FERNGESTEUERTEN SANDALEN, SICH IN BEWEGUNG ZU SETZEN.

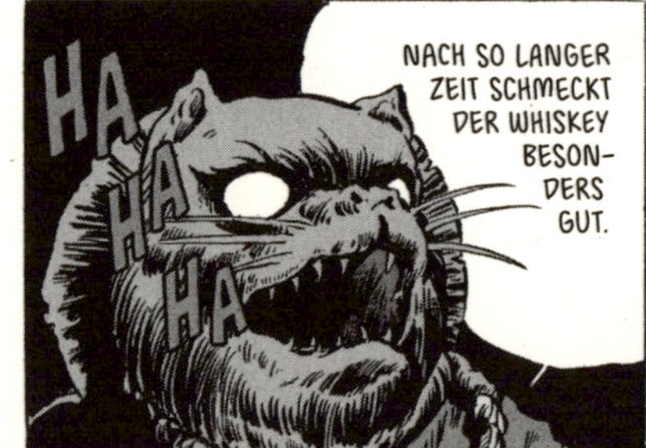

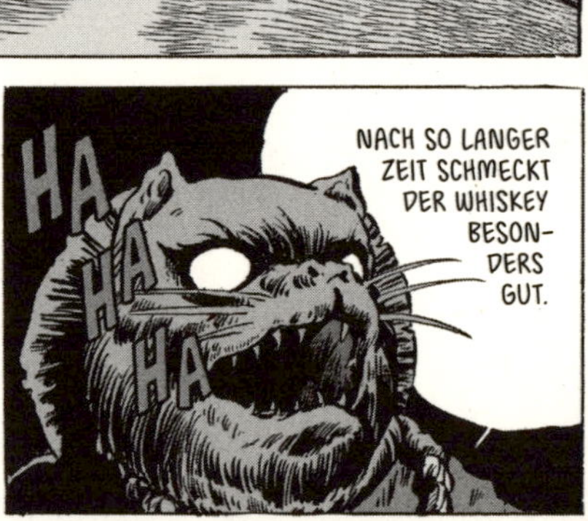

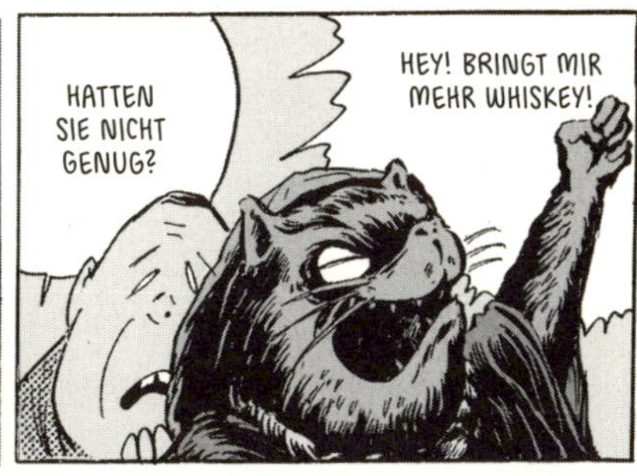
HEY! BRINGT MIR MEHR WHISKEY!
HATTEN SIE NICHT GENUG?

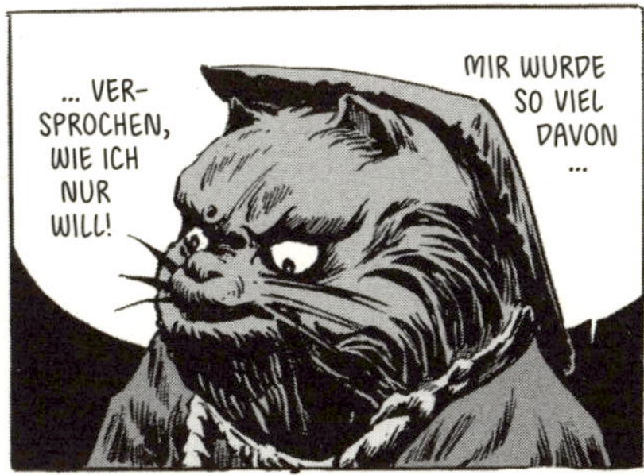
MIR WURDE SO VIEL DAVON ...
... VER-SPROCHEN, WIE ICH NUR WILL!

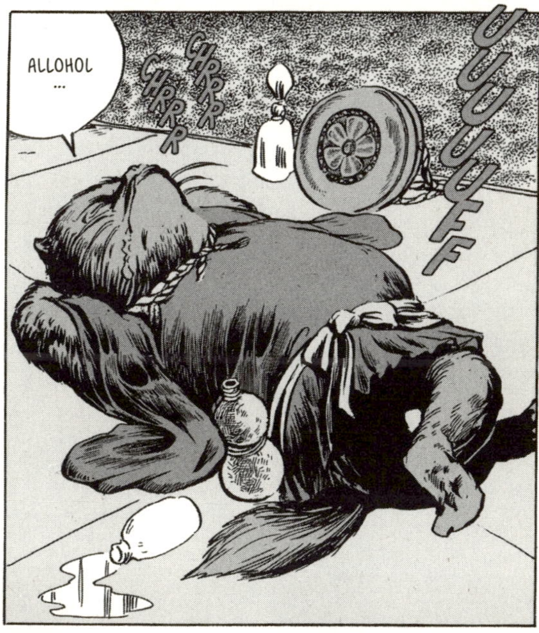
UUUUUFF
CHRRR CHRRR
ALLOHOL ...

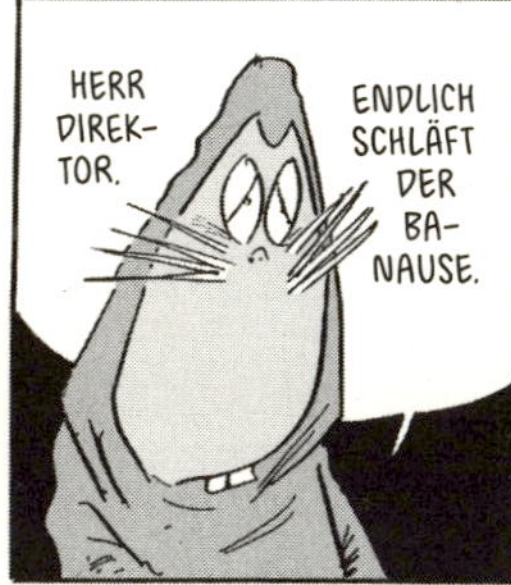
ENDLICH SCHLÄFT DER BA-NAUSE.
HERR DIREK-TOR.

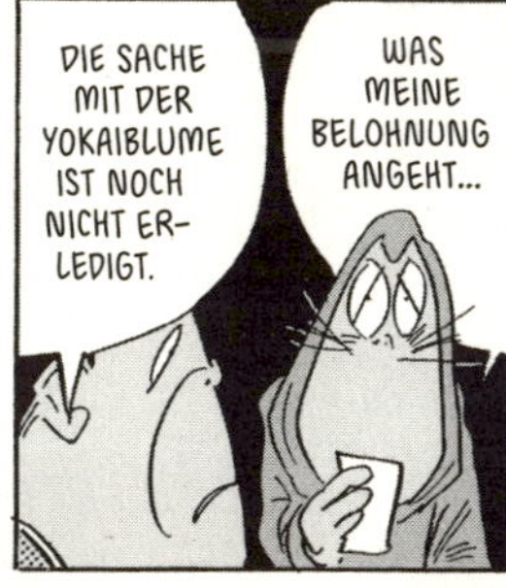
WAS MEINE BELOHNUNG ANGEHT...
DIE SACHE MIT DER YOKAIBLUME IST NOCH NICHT ER-LEDIGT.

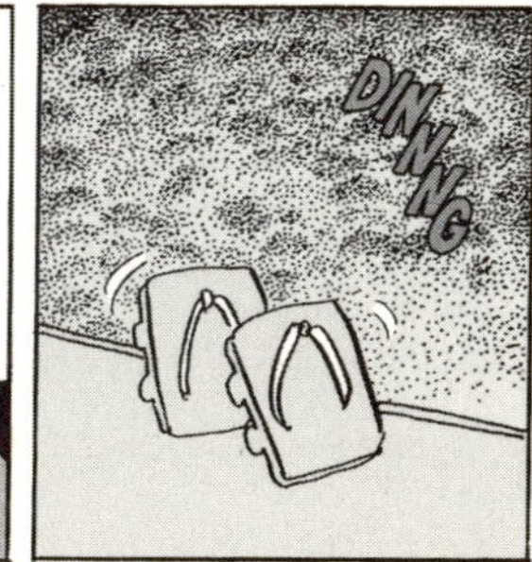
DINNNG

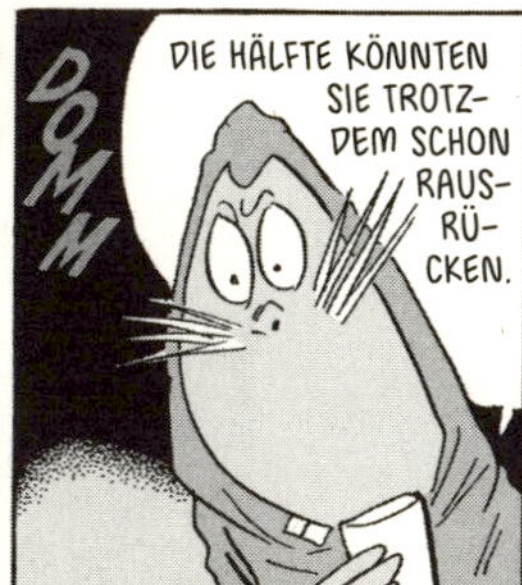
DOMM
DIE HÄLFTE KÖNNTEN SIE TROTZ-DEM SCHON RAUS-RÜ-CKEN.

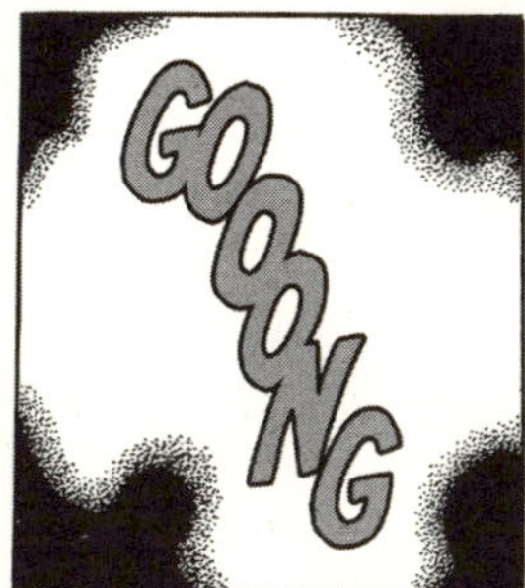
GOOOONG

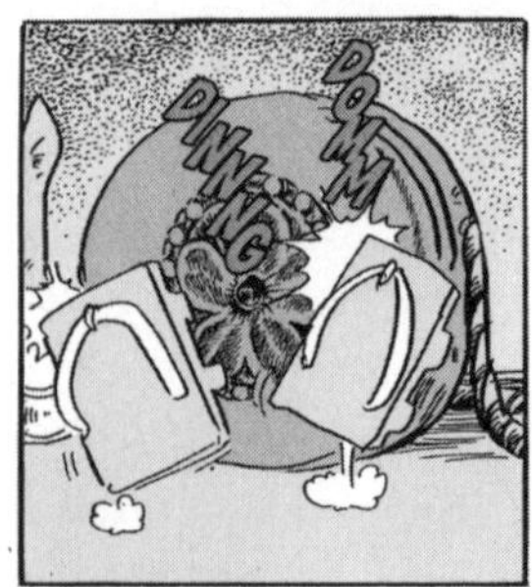
DINNNG
DOMM

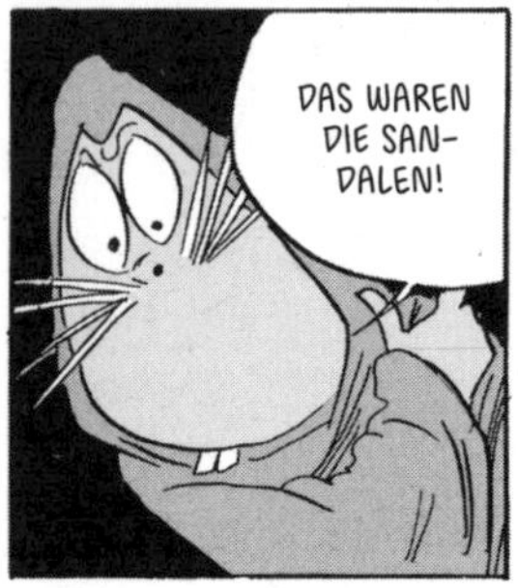
DAS WAREN DIE SAN-DALEN!

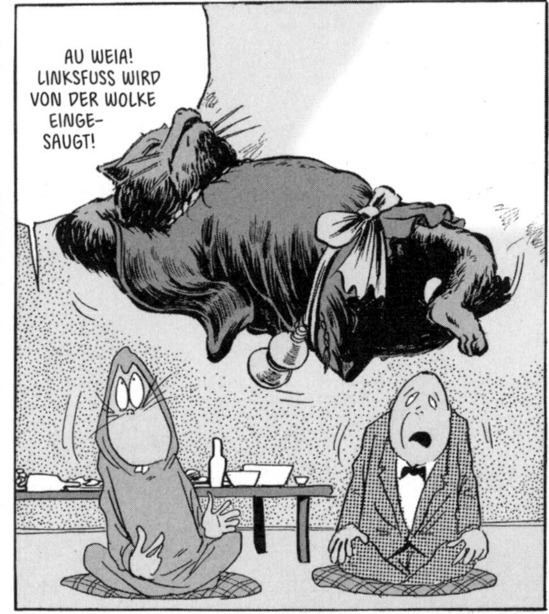
AU WEIA! LINKSFUSS WIRD VON DER WOLKE EINGE-SAUGT!

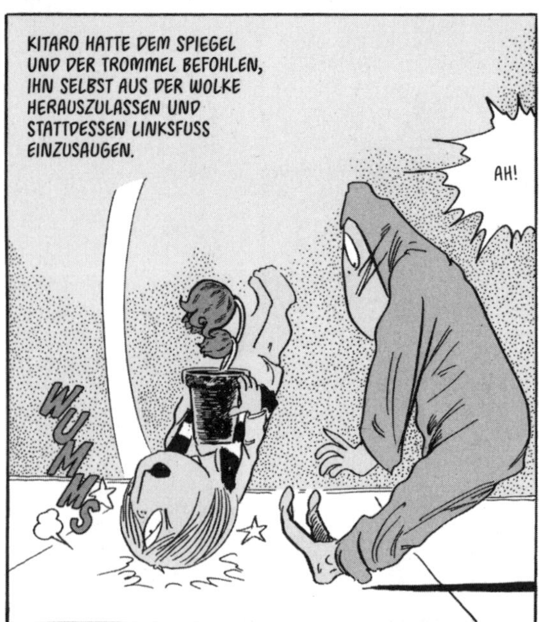
KITARO HATTE DEM SPIEGEL UND DER TROMMEL BEFOHLEN, IHN SELBST AUS DER WOLKE HERAUSZULASSEN UND STATTDESSEN LINKSFUSS EINZUSAUGEN.
AH!
WUMMS

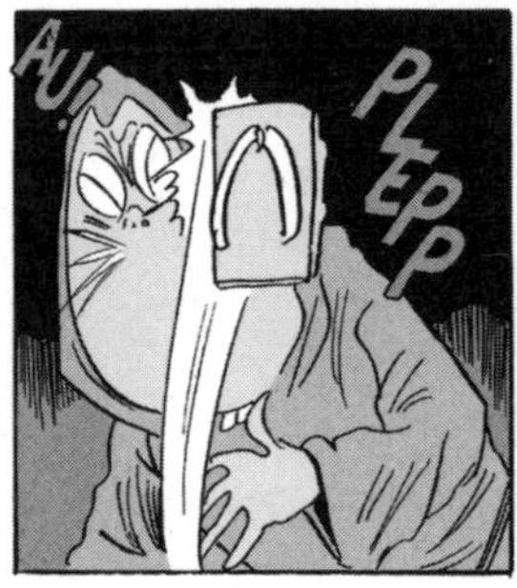
AU!
PLEPP

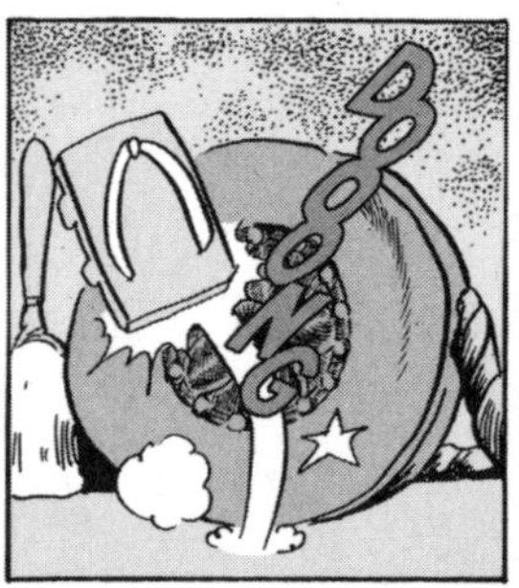
BOOONG

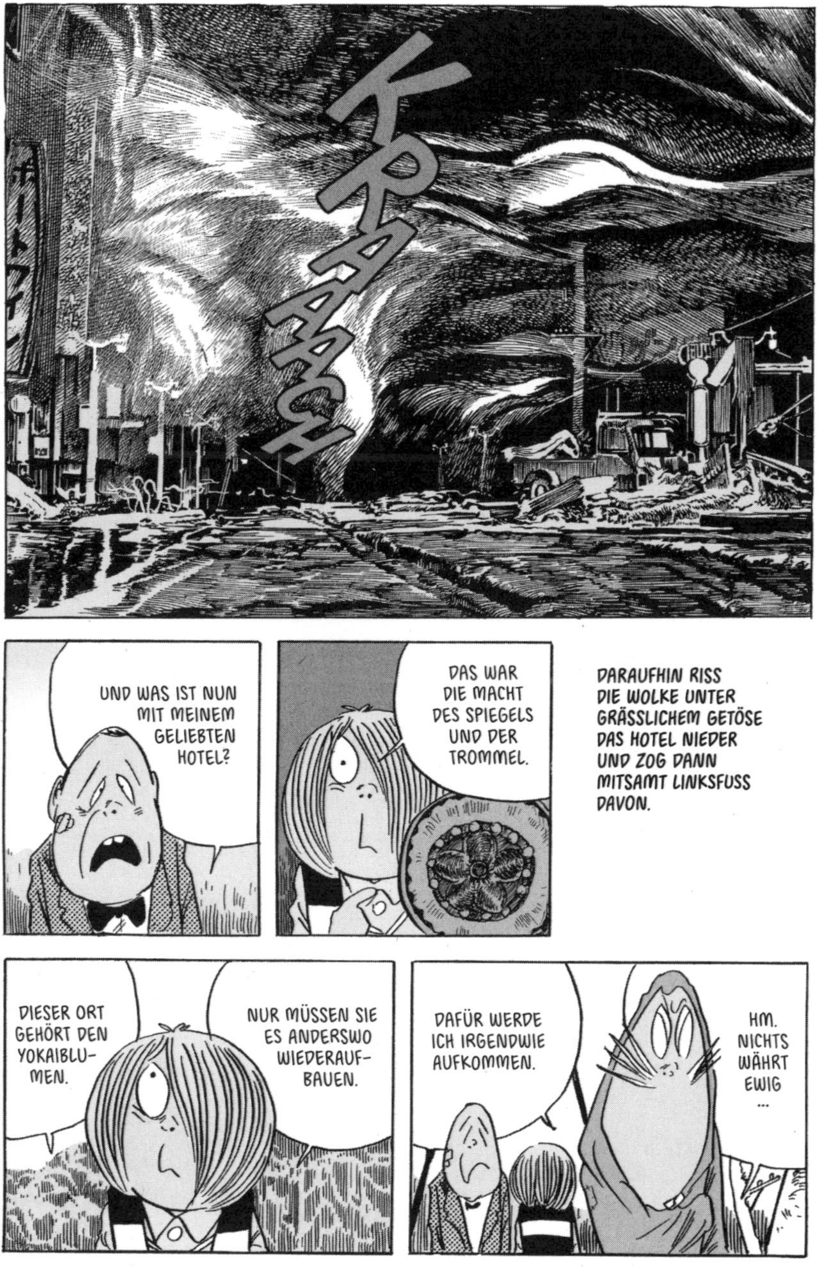

KRAAACH

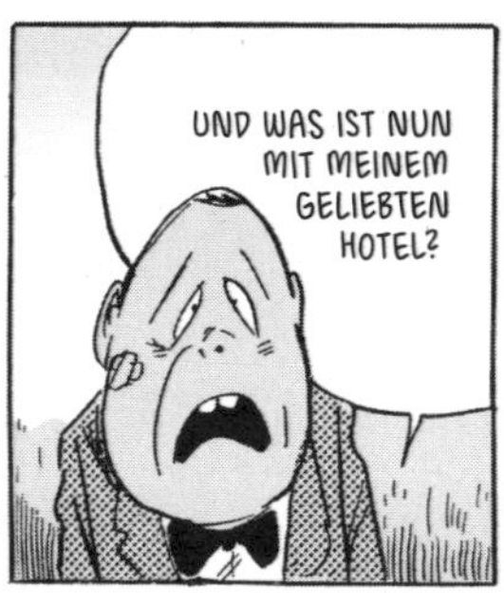

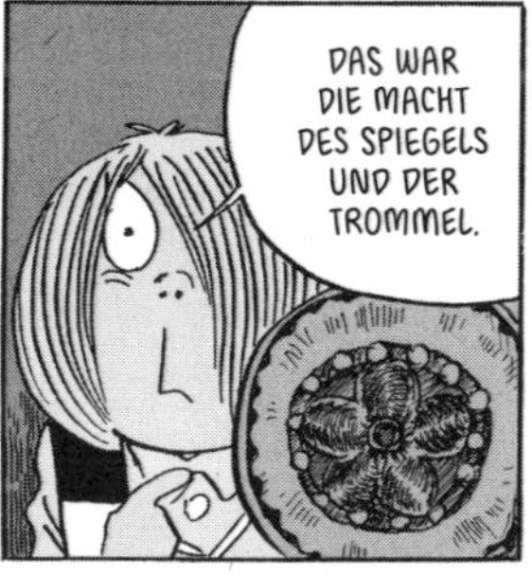

DARAUFHIN RISS DIE WOLKE UNTER GRÄSSLICHEM GETÖSE DAS HOTEL NIEDER UND ZOG DANN MITSAMT LINKSFUSS DAVON.

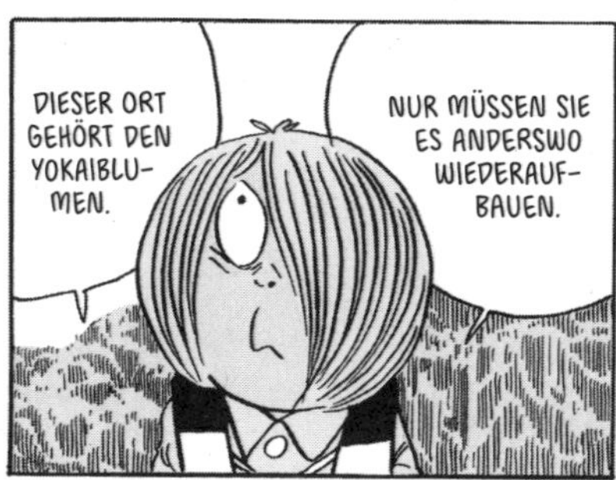

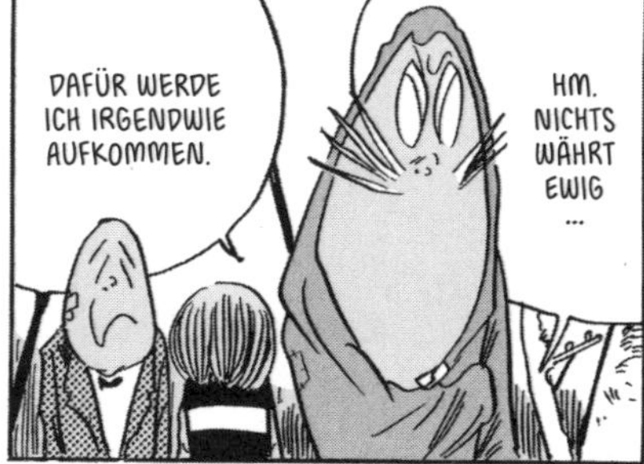

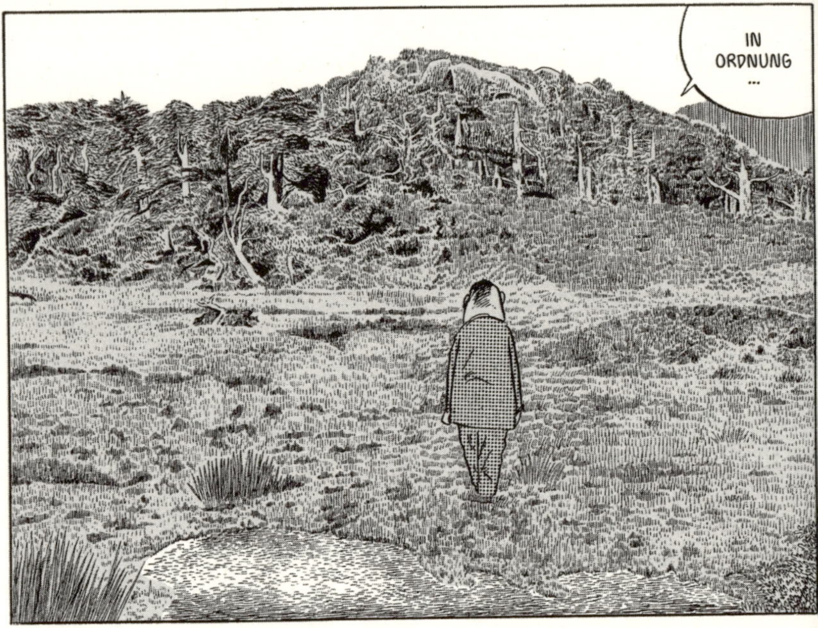

IN ORDNUNG ...

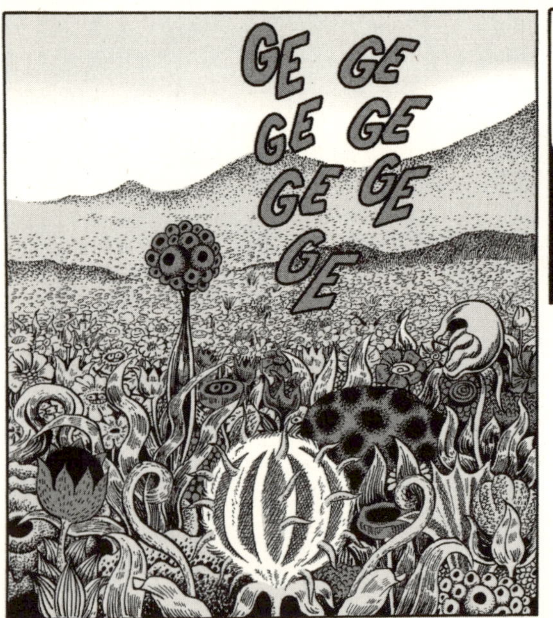

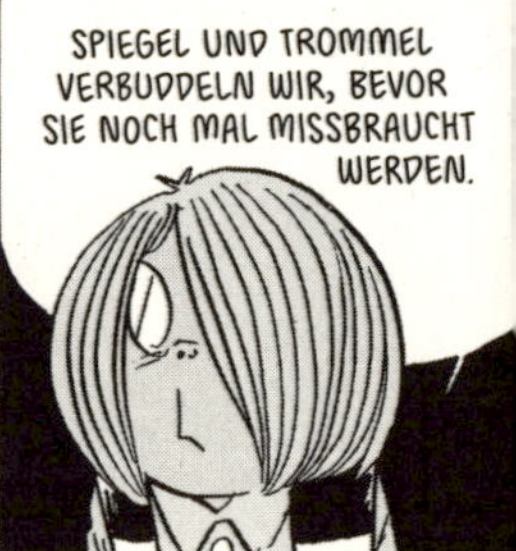

UND SO KEHRTEN KITARO UND DER RATTENMANN DEN BERGEN DEN RÜCKEN. BEREITS WENIG SPÄTER WAR DER ORT KOMPLETT MIT YOKAIBLUMEN ZUGEWACHSEN, DIE FRÖHLICH VOR SICH HIN BLÜHTEN.

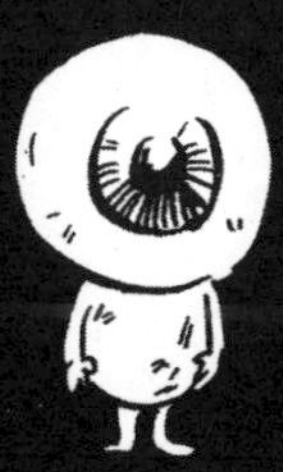

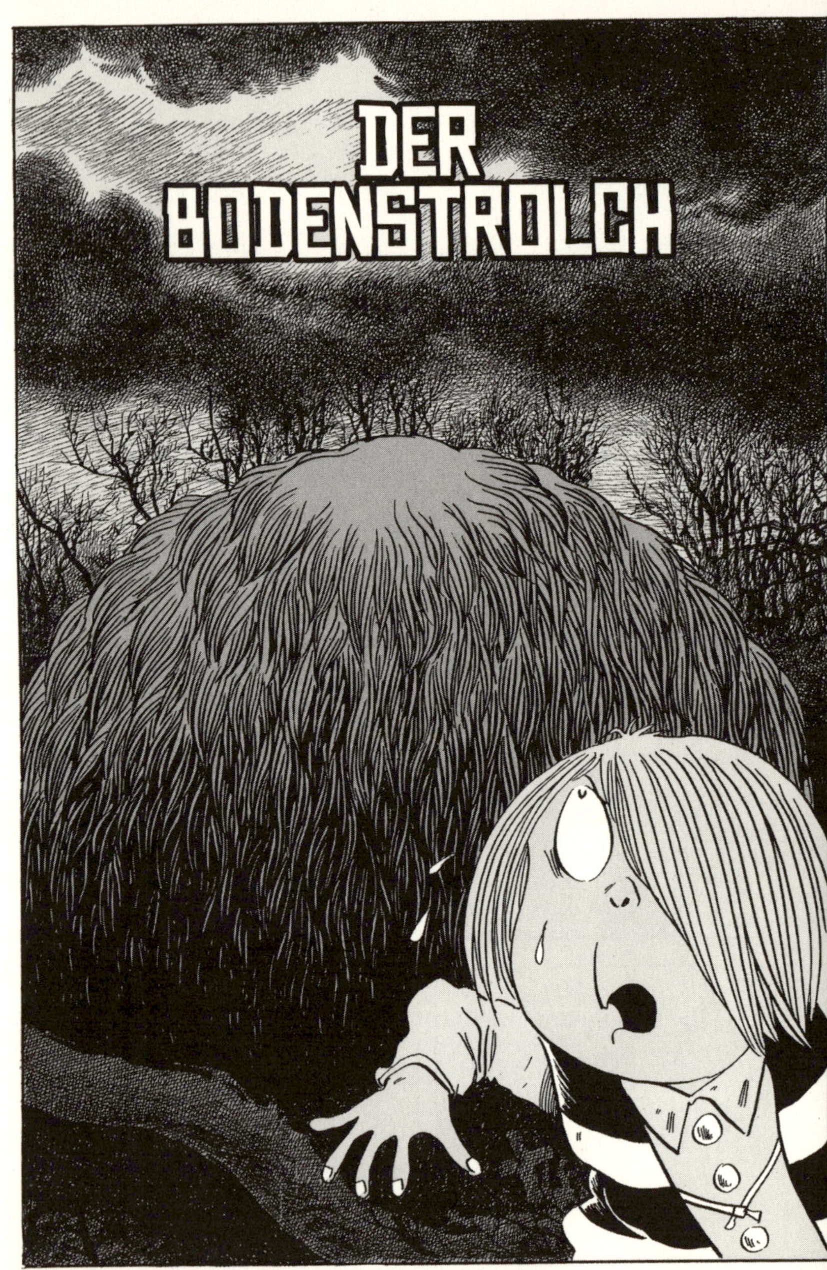
DER BODENSTROLCH

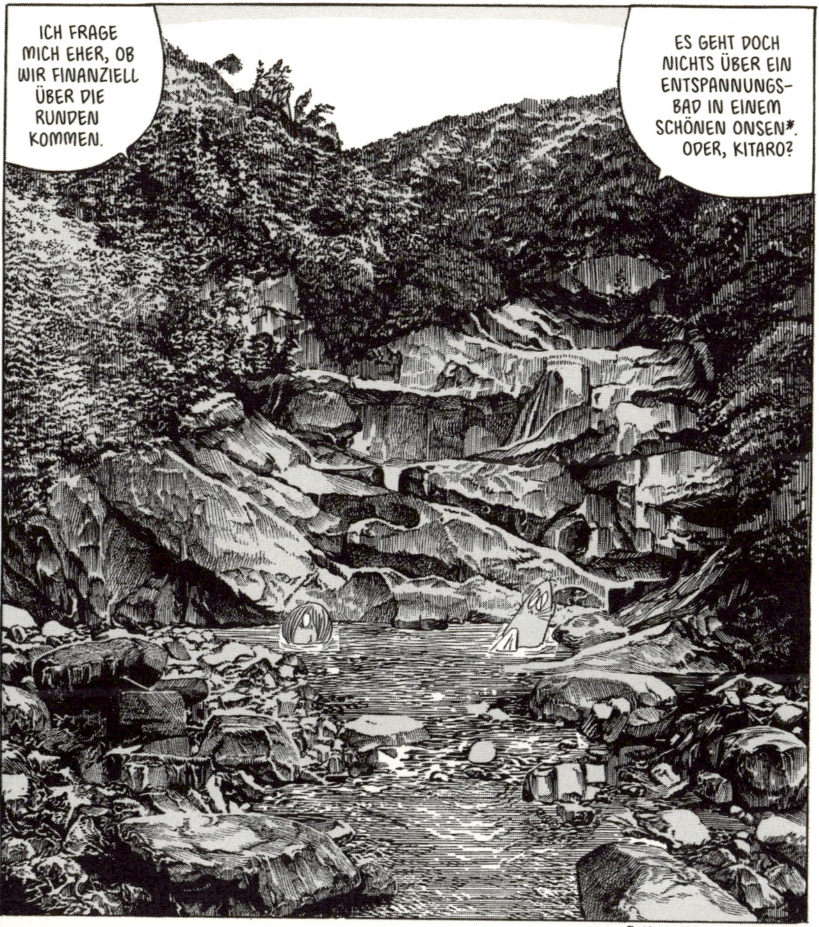

Es geht doch nichts über ein Entspannungsbad in einem schönen Onsen*. Oder, Kitaro?

Ich frage mich eher, ob wir finanziell über die Runden kommen.

* Japanisches Thermalbad

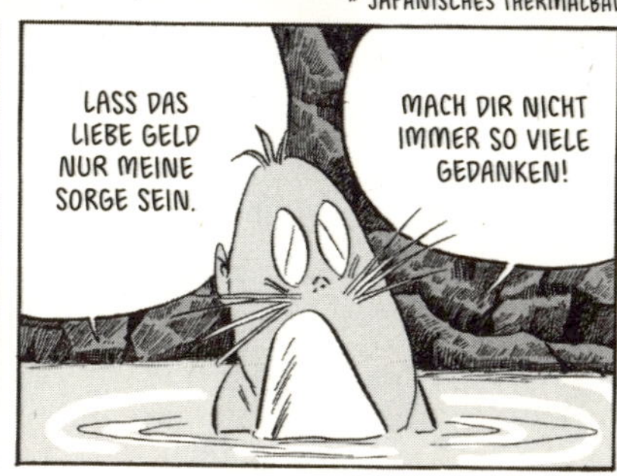

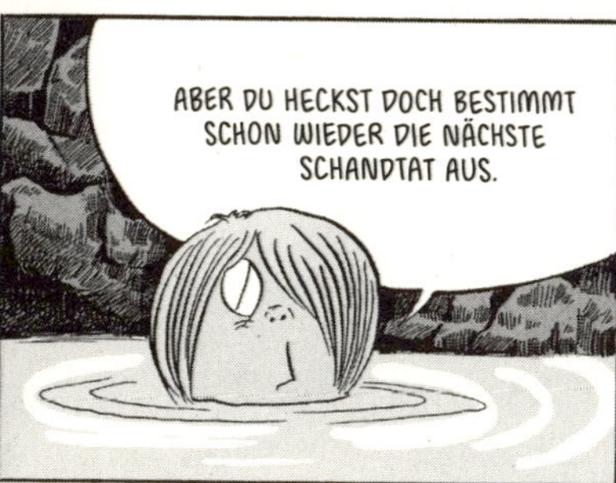

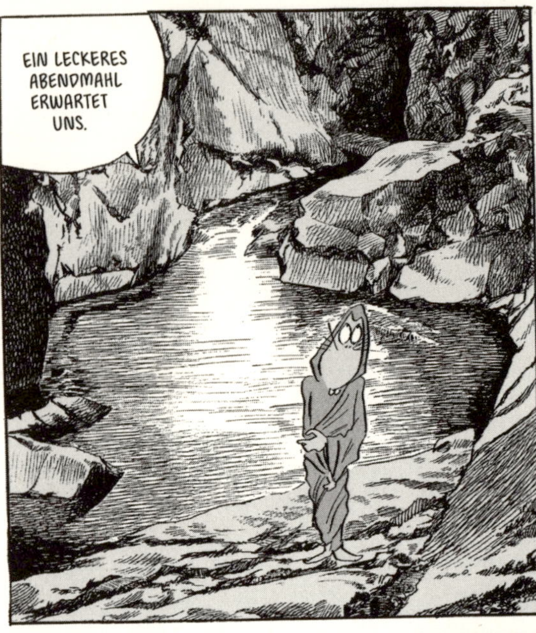
EIN LECKERES ABENDMAHL ERWARTET UNS.

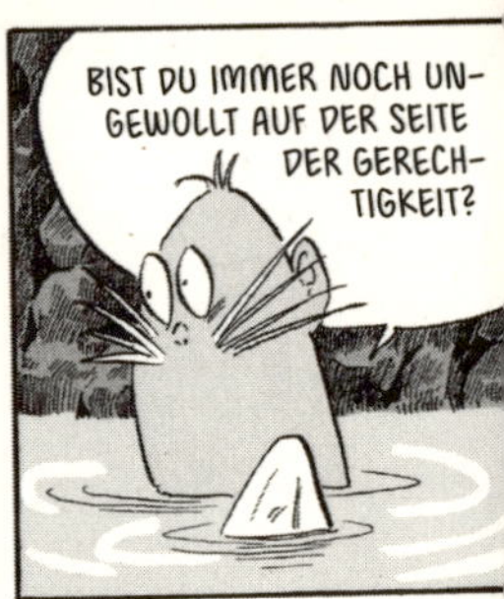
BIST DU IMMER NOCH UN-GEWOLLT AUF DER SEITE DER GERECH-TIGKEIT?

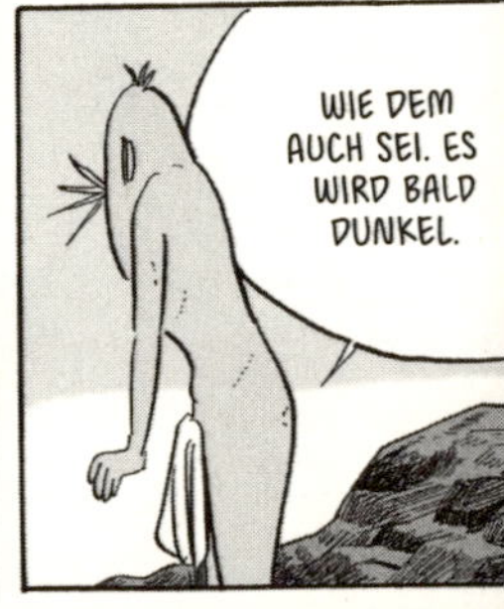
WIE DEM AUCH SEI. ES WIRD BALD DUNKEL.

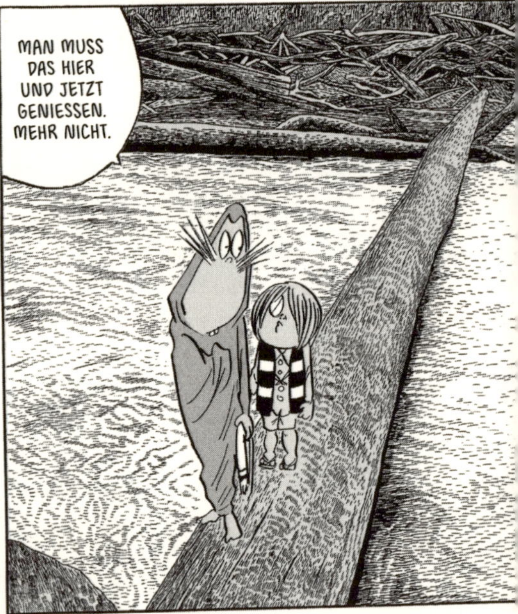
MAN MUSS DAS HIER UND JETZT GENIESSEN. MEHR NICHT.

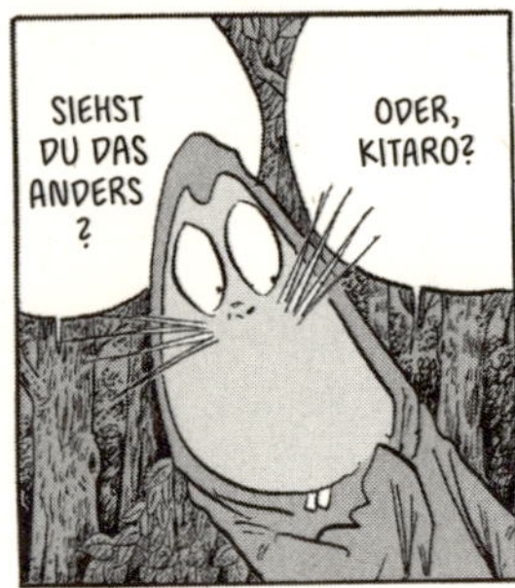
ODER, KITARO?
SIEHST DU DAS ANDERS ?

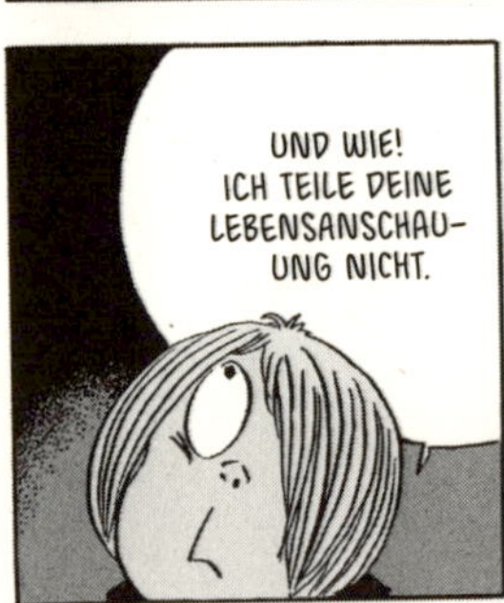
UND WIE! ICH TEILE DEINE LEBENSANSCHAU-UNG NICHT.

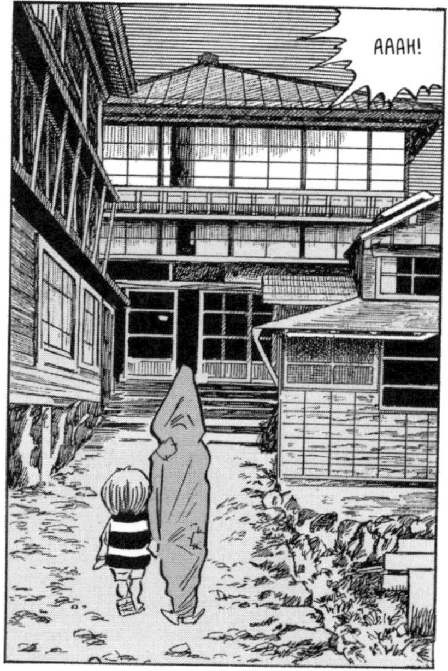
AAAH!

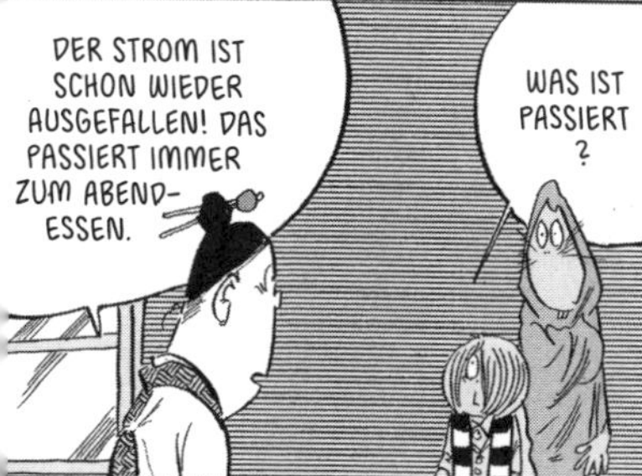
WAS IST PASSIERT?
DER STROM IST SCHON WIEDER AUSGEFALLEN! DAS PASSIERT IMMER ZUM ABENDESSEN.

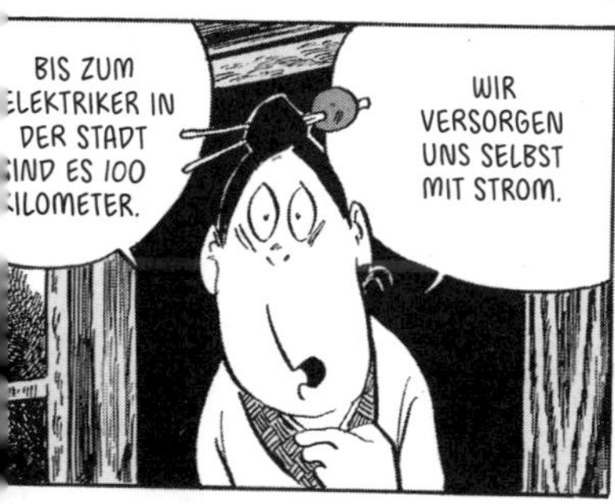
WIR VERSORGEN UNS SELBST MIT STROM.
BIS ZUM ELEKTRIKER IN DER STADT SIND ES 100 KILOMETER.

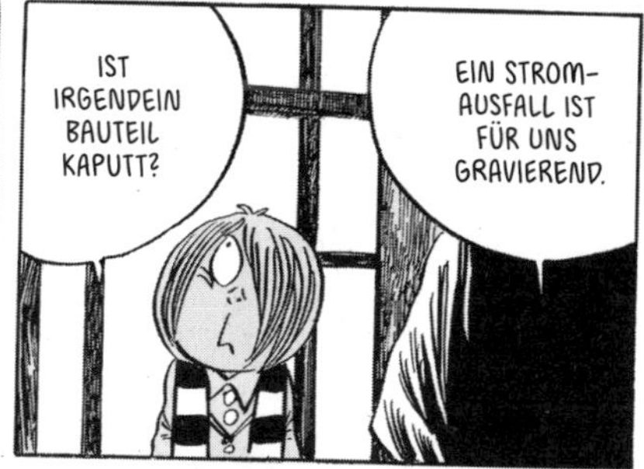
EIN STROMAUSFALL IST FÜR UNS GRAVIEREND.
IST IRGENDEIN BAUTEIL KAPUTT?

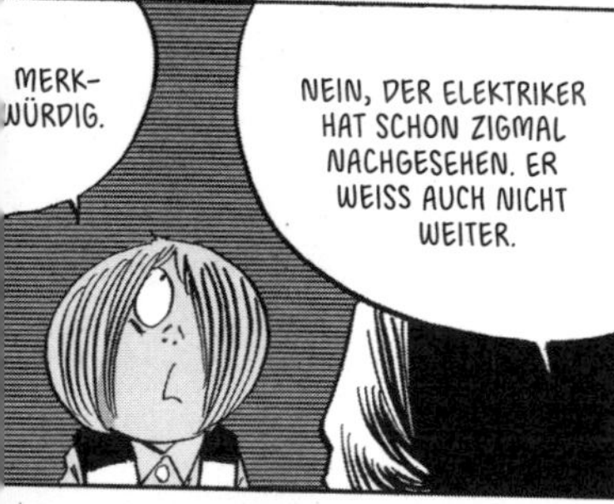
NEIN, DER ELEKTRIKER HAT SCHON ZIGMAL NACHGESEHEN. ER WEISS AUCH NICHT WEITER.
MERKWÜRDIG.

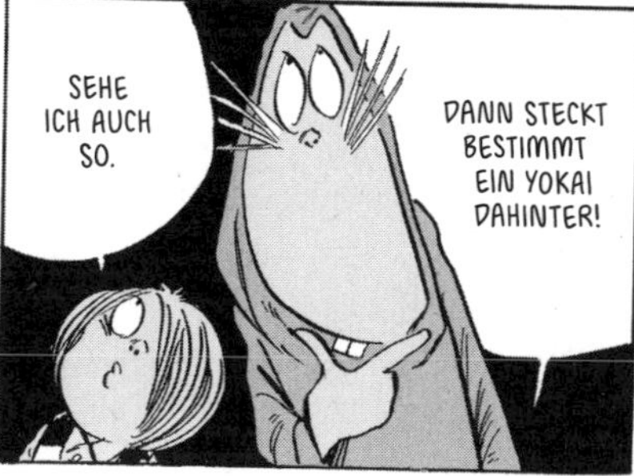
DANN STECKT BESTIMMT EIN YOKAI DAHINTER!
SEHE ICH AUCH SO.

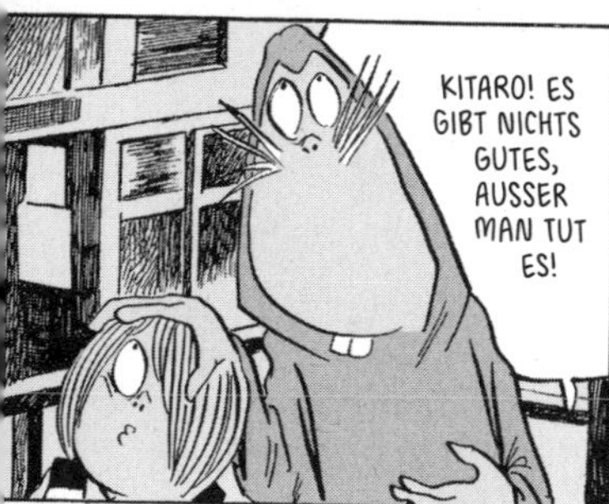
KITARO! ES GIBT NICHTS GUTES, AUSSER MAN TUT ES!

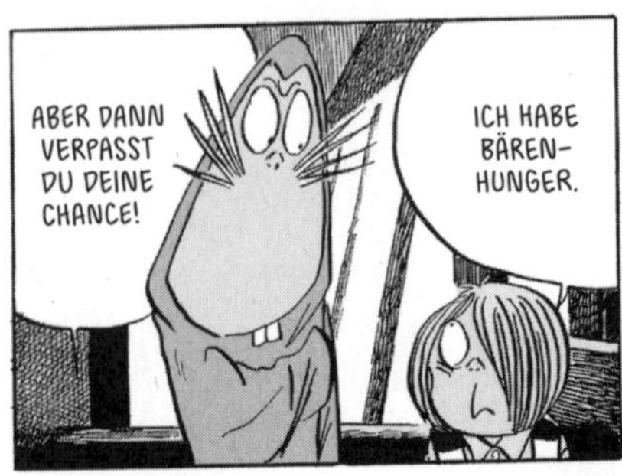
ABER DANN VERPASST DU DEINE CHANCE!
ICH HABE BÄREN-HUNGER.

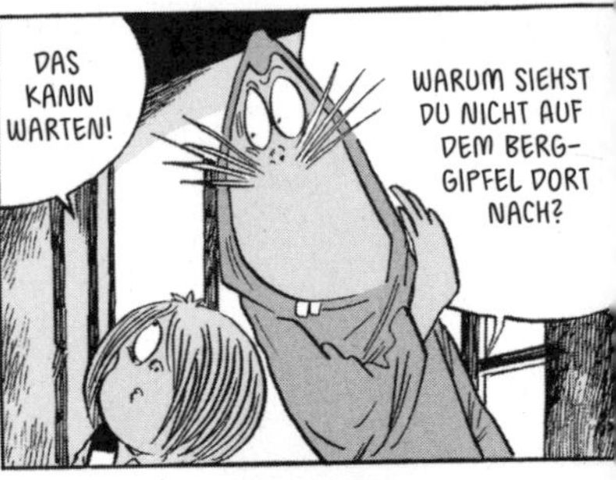
DAS KANN WARTEN!
WARUM SIEHST DU NICHT AUF DEM BERG-GIPFEL DORT NACH?

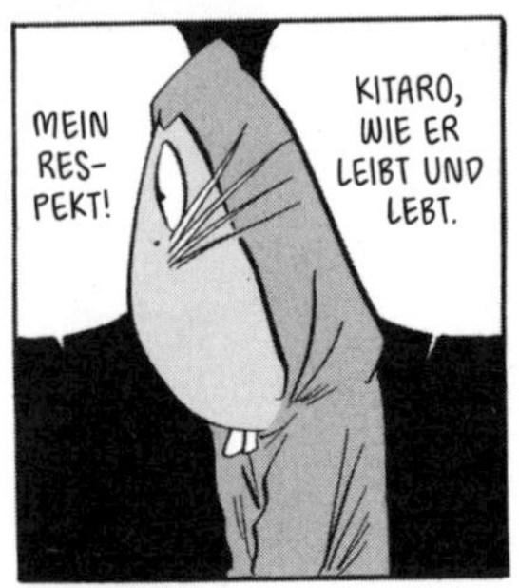
MEIN RES-PEKT!
KITARO, WIE ER LEIBT UND LEBT.

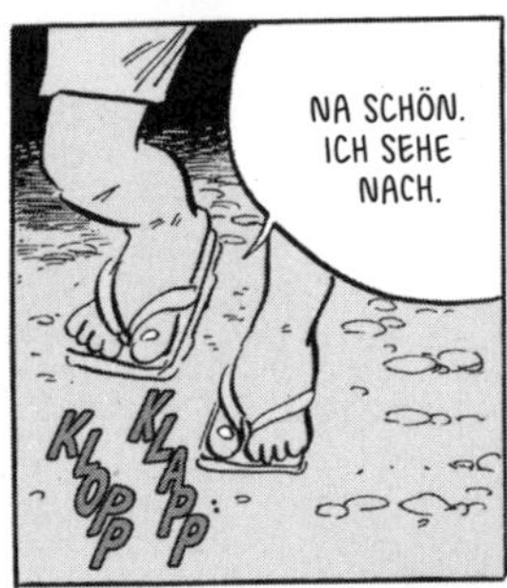
NA SCHÖN. ICH SEHE NACH.
KLOPP
KLAPP

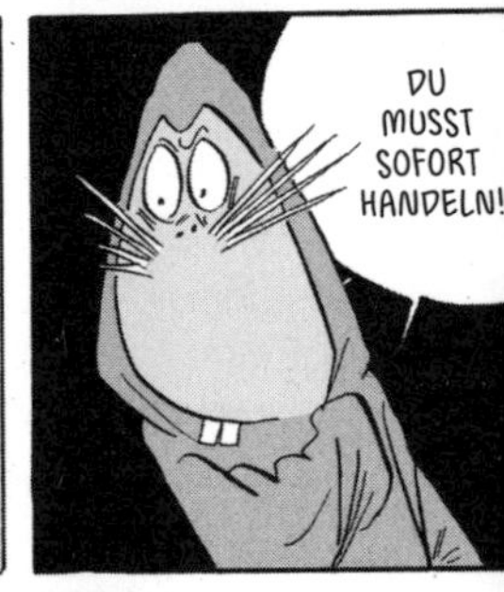
DU MUSST SOFORT HANDELN!

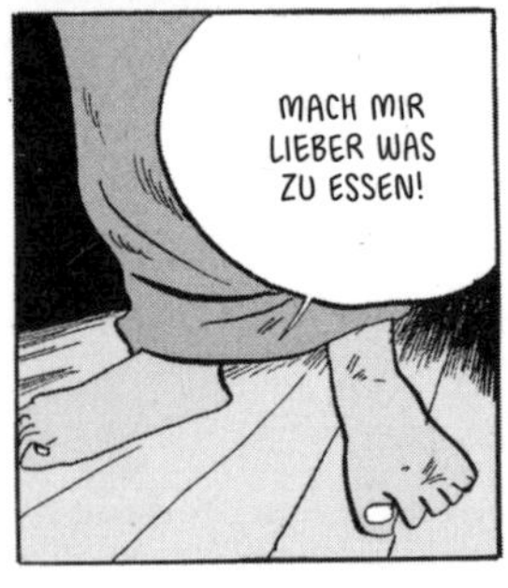
MACH MIR LIEBER WAS ZU ESSEN!

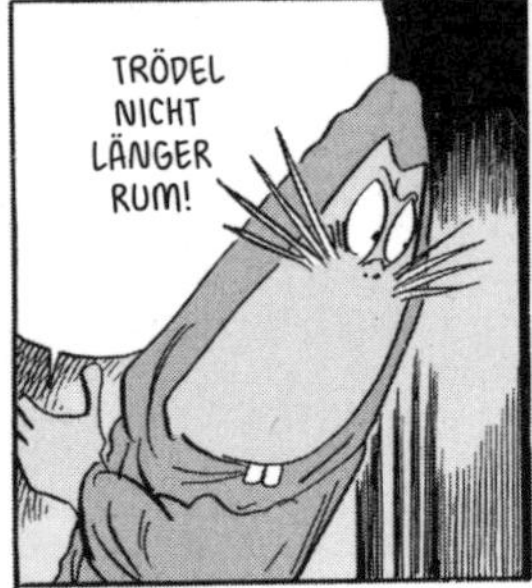
TRÖDEL NICHT LÄNGER RUM!

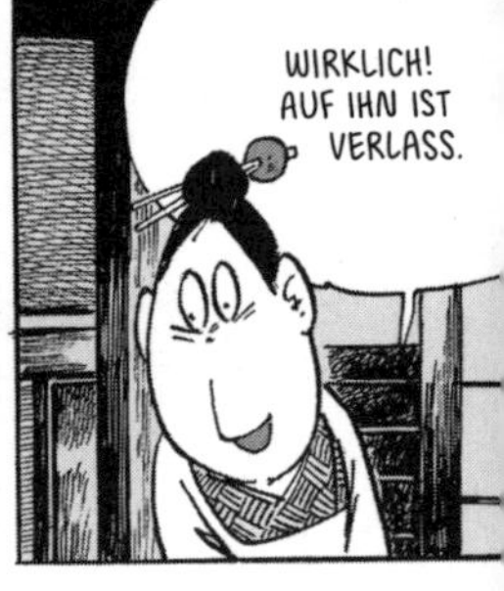
WIRKLICH! AUF IHN IST VERLASS.

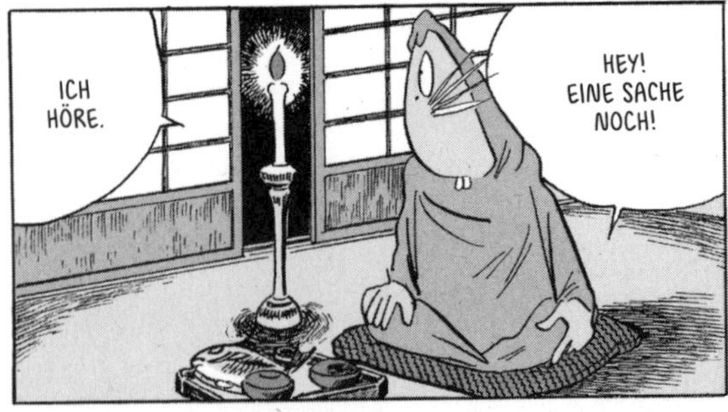
ICH HÖRE.
HEY! EINE SACHE NOCH!

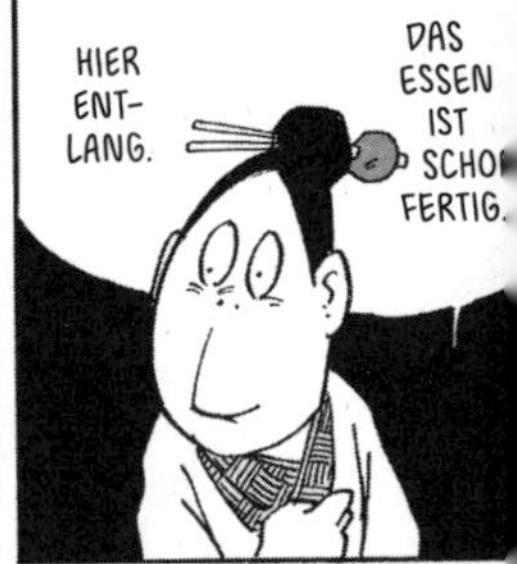
HIER ENT-LANG.
DAS ESSEN IST SCHO FERTIG.

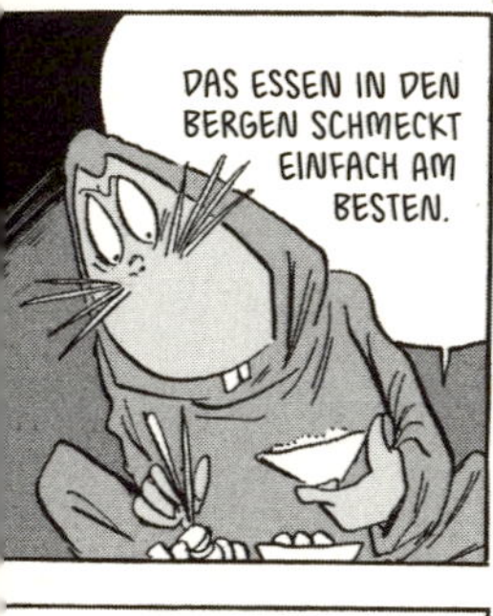
DAS ESSEN IN DEN BERGEN SCHMECKT EINFACH AM BESTEN.

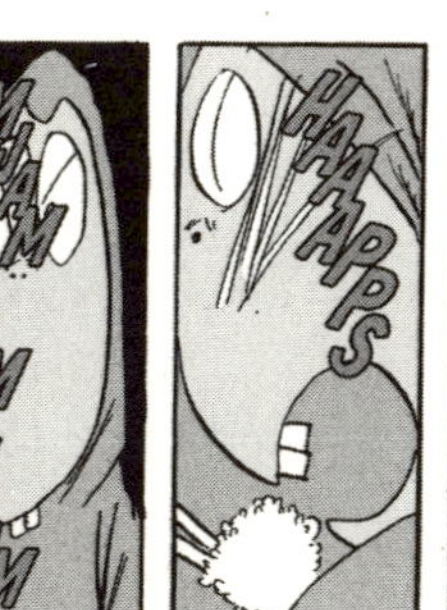
MJAM MJAM MJAM MJAM
HAAAPPS

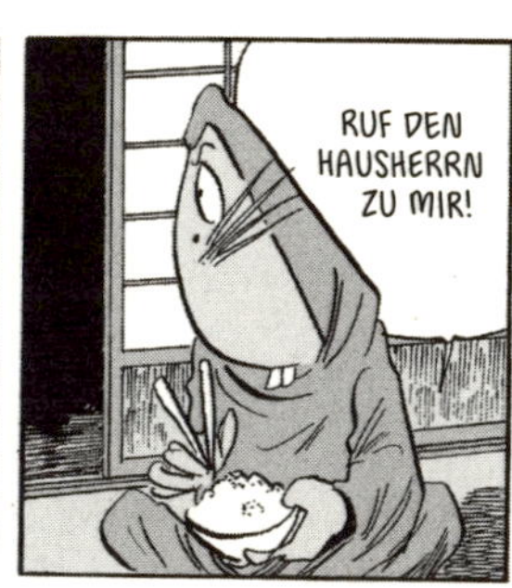
RUF DEN HAUSHERRN ZU MIR!

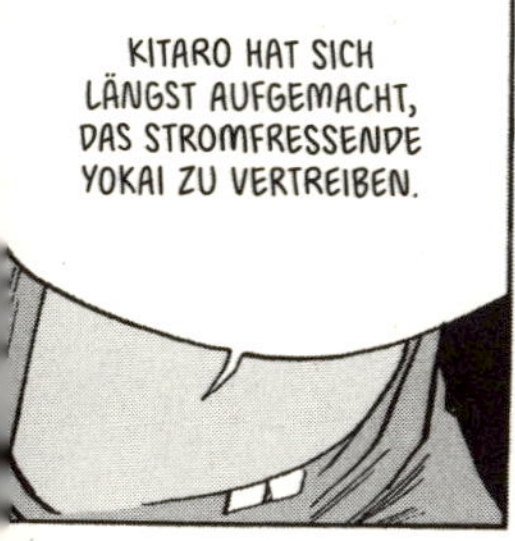
KITARO HAT SICH LÄNGST AUFGEMACHT, DAS STROMFRESSENDE YOKAI ZU VERTREIBEN.

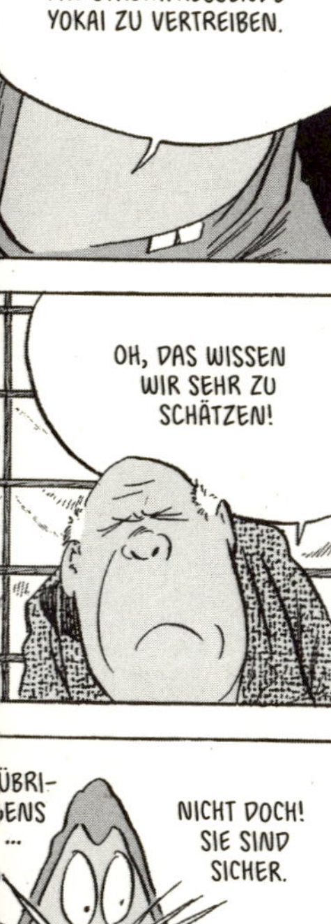
DANKE, DASS SIE SICH UM UNSER PROBLEM KÜMMERN.
SCHON GUT.

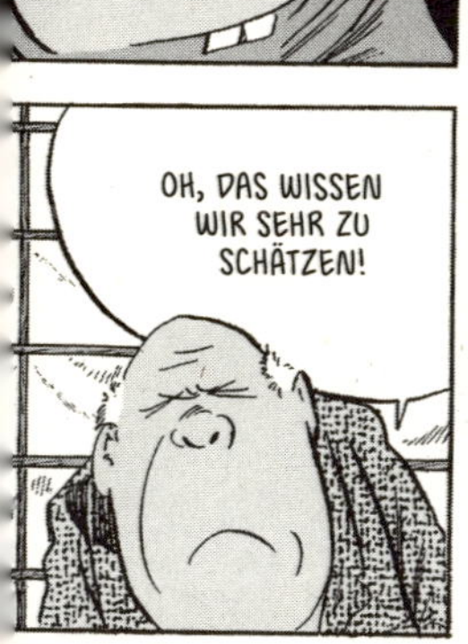
OH, DAS WISSEN WIR SEHR ZU SCHÄTZEN!
ÜBRIGENS ...
NICHT DOCH! SIE SIND SICHER.

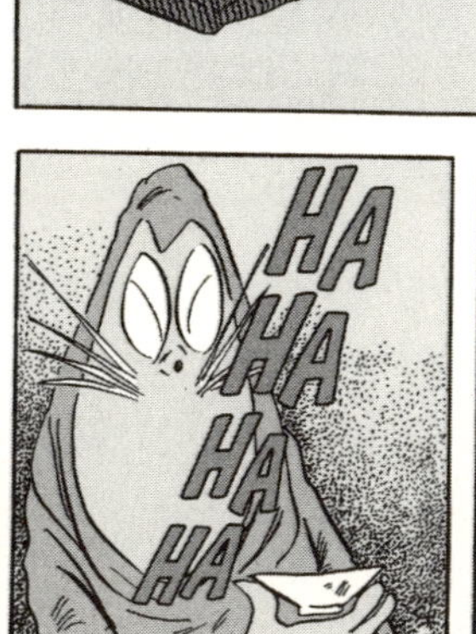
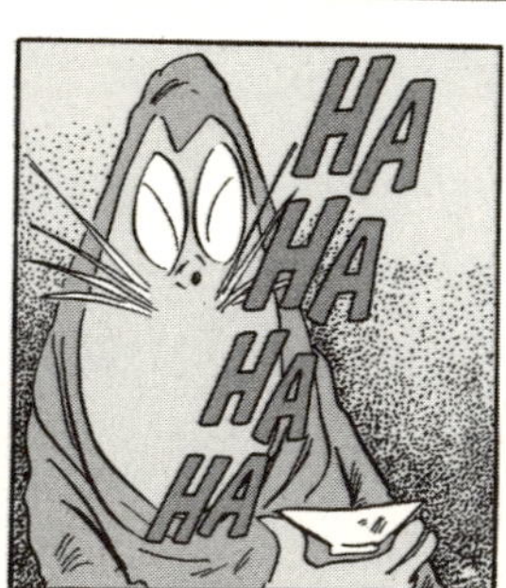
HA HA HA HA HA

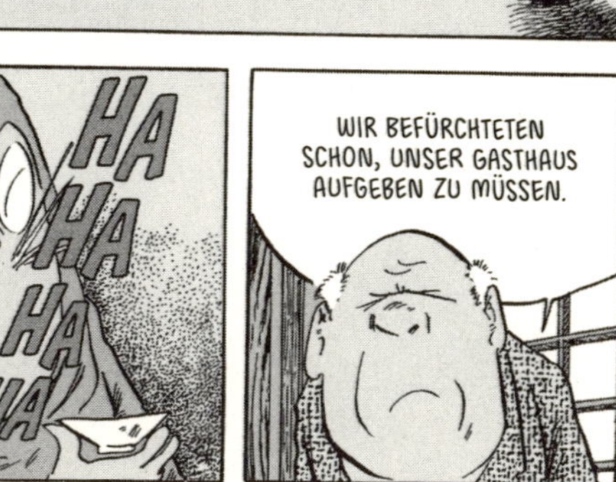
WIR BEFÜRCHTETEN SCHON, UNSER GASTHAUS AUFGEBEN ZU MÜSSEN.

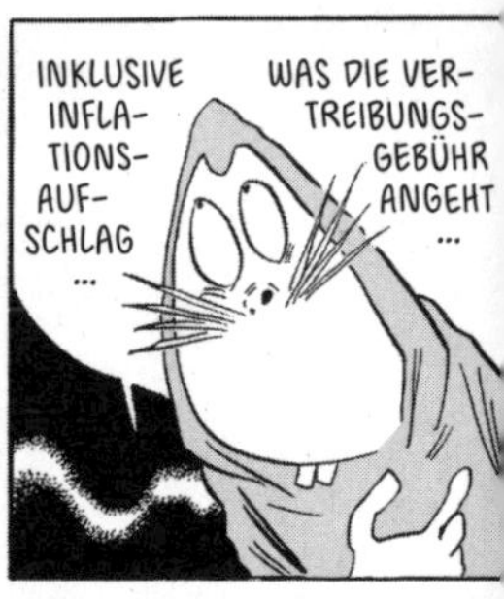
WAS DIE VERTREIBUNGSGEBÜHR ANGEHT ...
INKLUSIVE INFLATIONSAUFSCHLAG ...

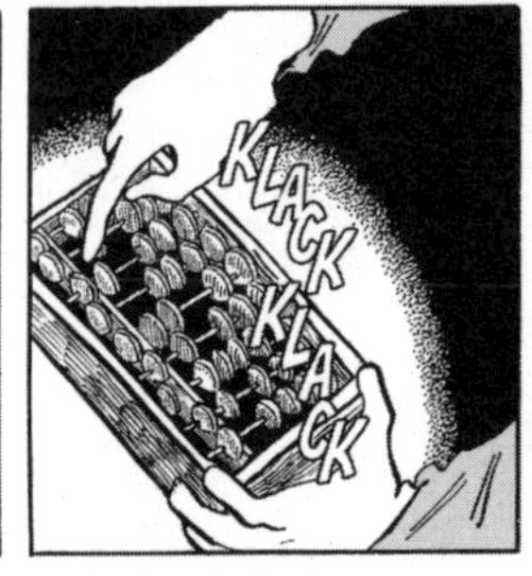
KLACK
KLACK

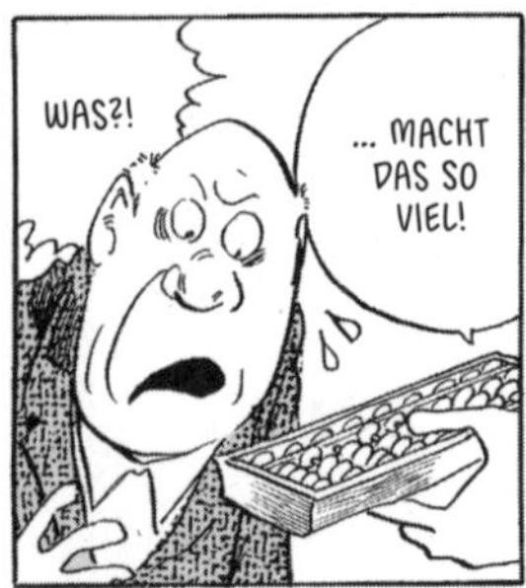
... MACHT DAS SO VIEL!
WAS?!

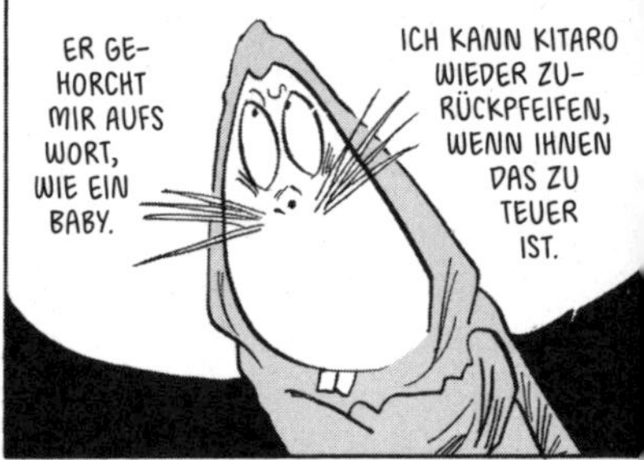
ICH KANN KITARO WIEDER ZURÜCKPFEIFEN, WENN IHNEN DAS ZU TEUER IST.
ER GEHORCHT MIR AUFS WORT, WIE EIN BABY.

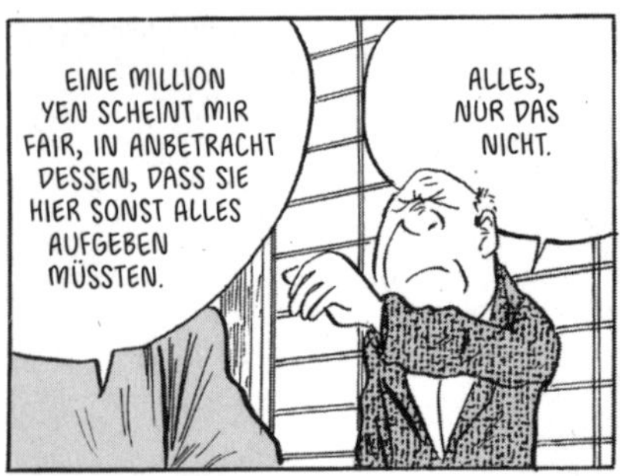
ALLES, NUR DAS NICHT.
EINE MILLION YEN SCHEINT MIR FAIR, IN ANBETRACHT DESSEN, DASS SIE HIER SONST ALLES AUFGEBEN MÜSSTEN.

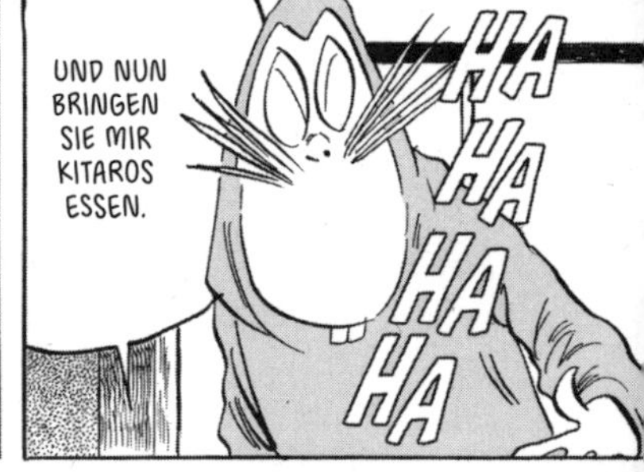
UND NUN BRINGEN SIE MIR KITAROS ESSEN.
HA HA HA HA HA HA

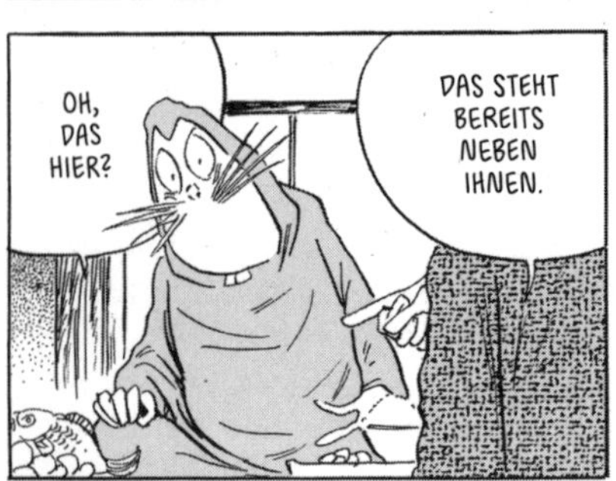
DAS STEHT BEREITS NEBEN IHNEN.
OH, DAS HIER?

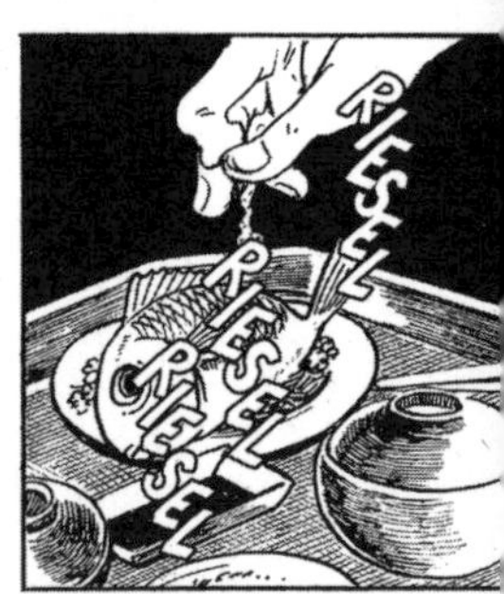
RIESEL
RIESEL
RIESEL

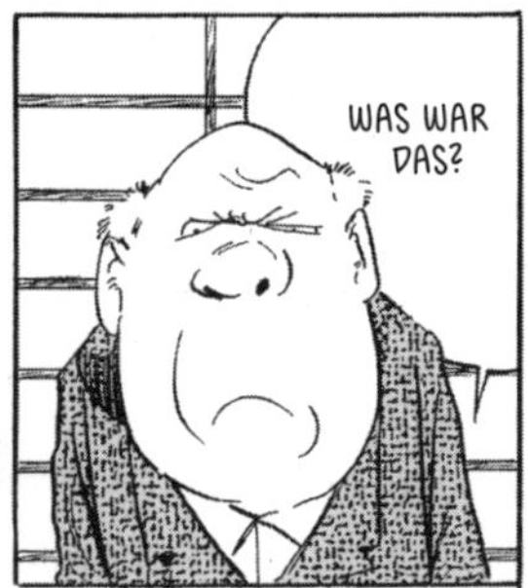
WAS WAR DAS?

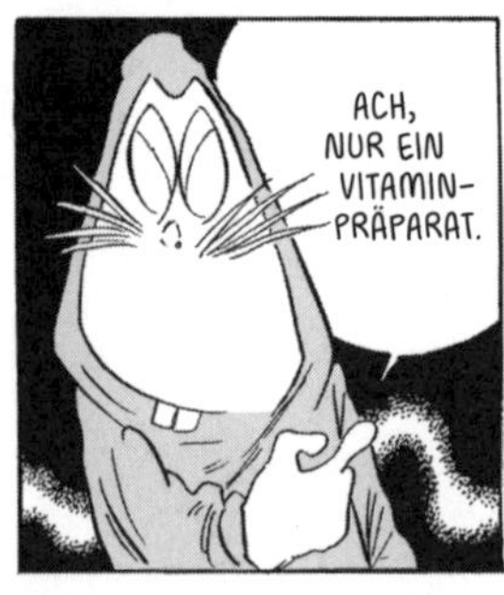
ACH, NUR EIN VITAMINPRÄPARAT.

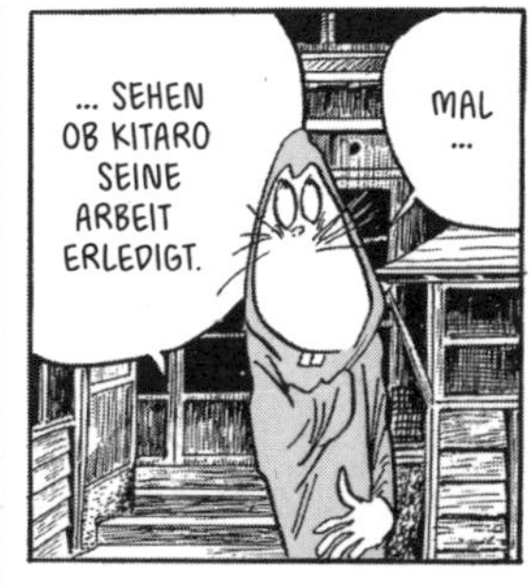
MAL ...
... SEHEN OB KITARO SEINE ARBEIT ERLEDIGT.

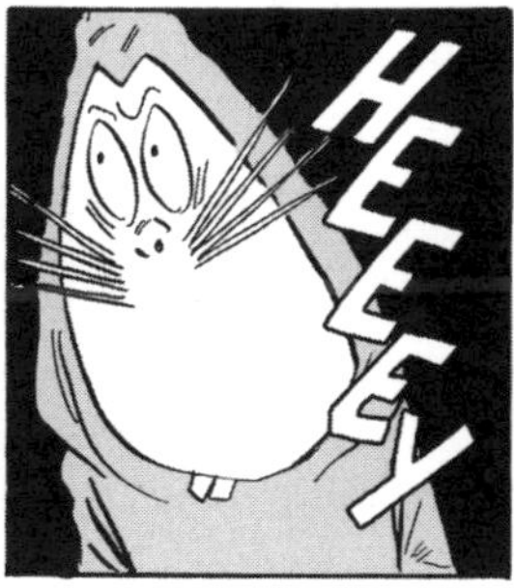
HEEEY

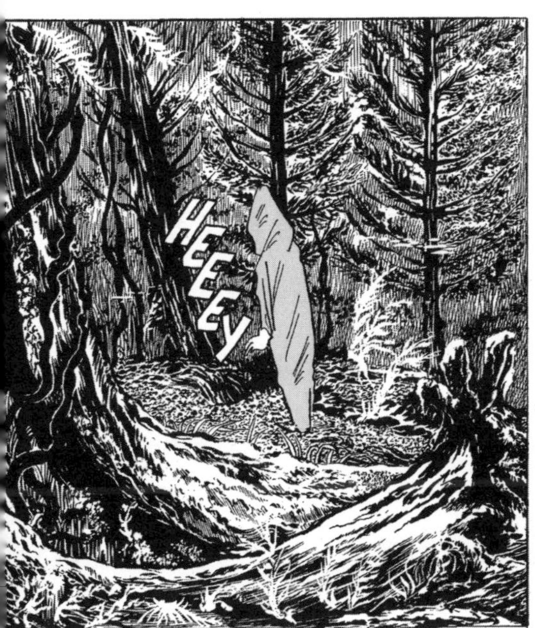
HEEEY

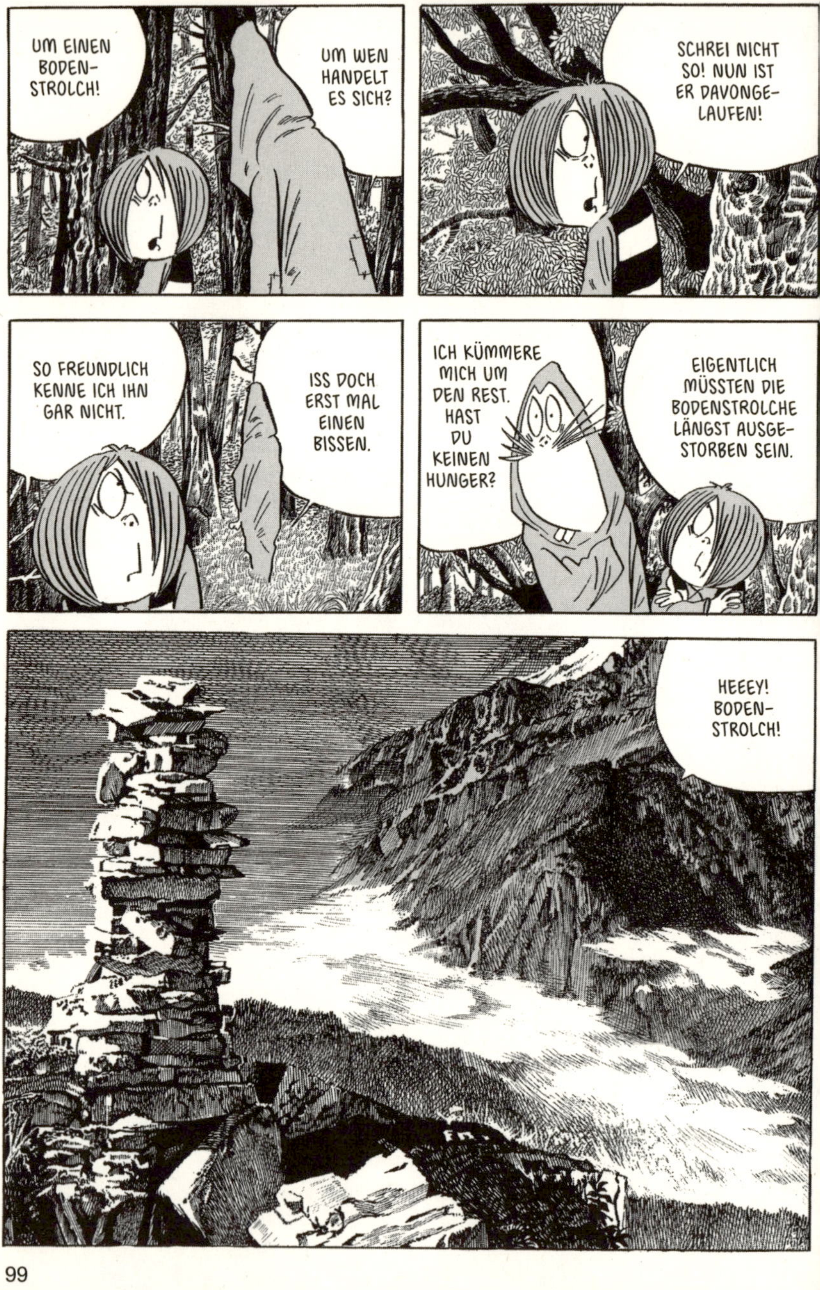

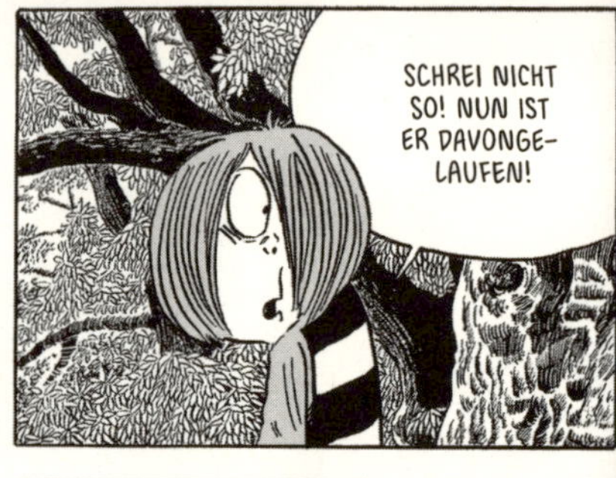

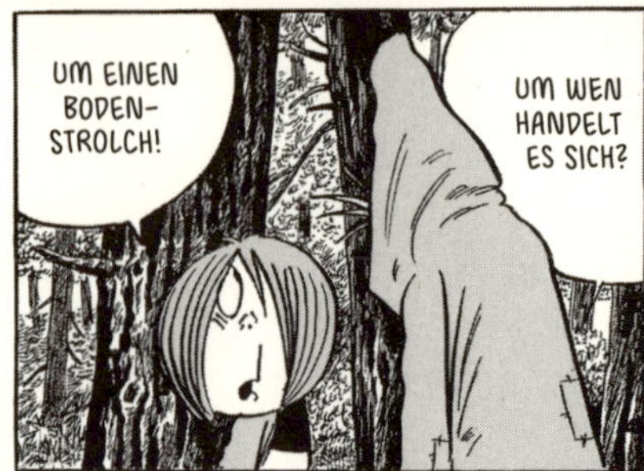

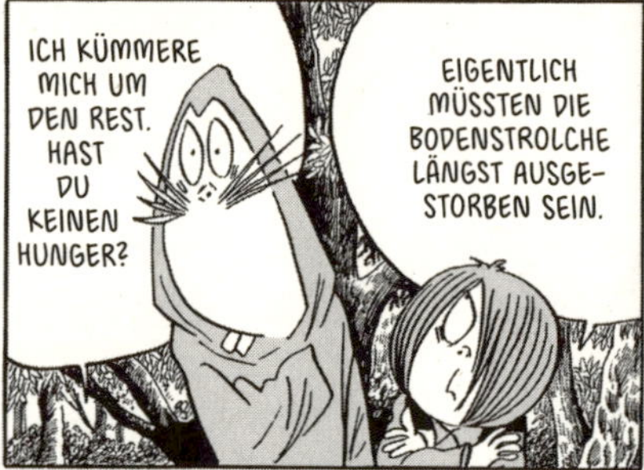

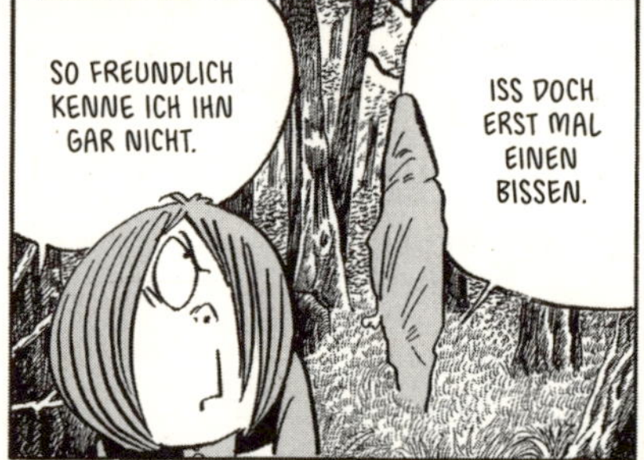

HEEEY! BODEN-STROLCH!

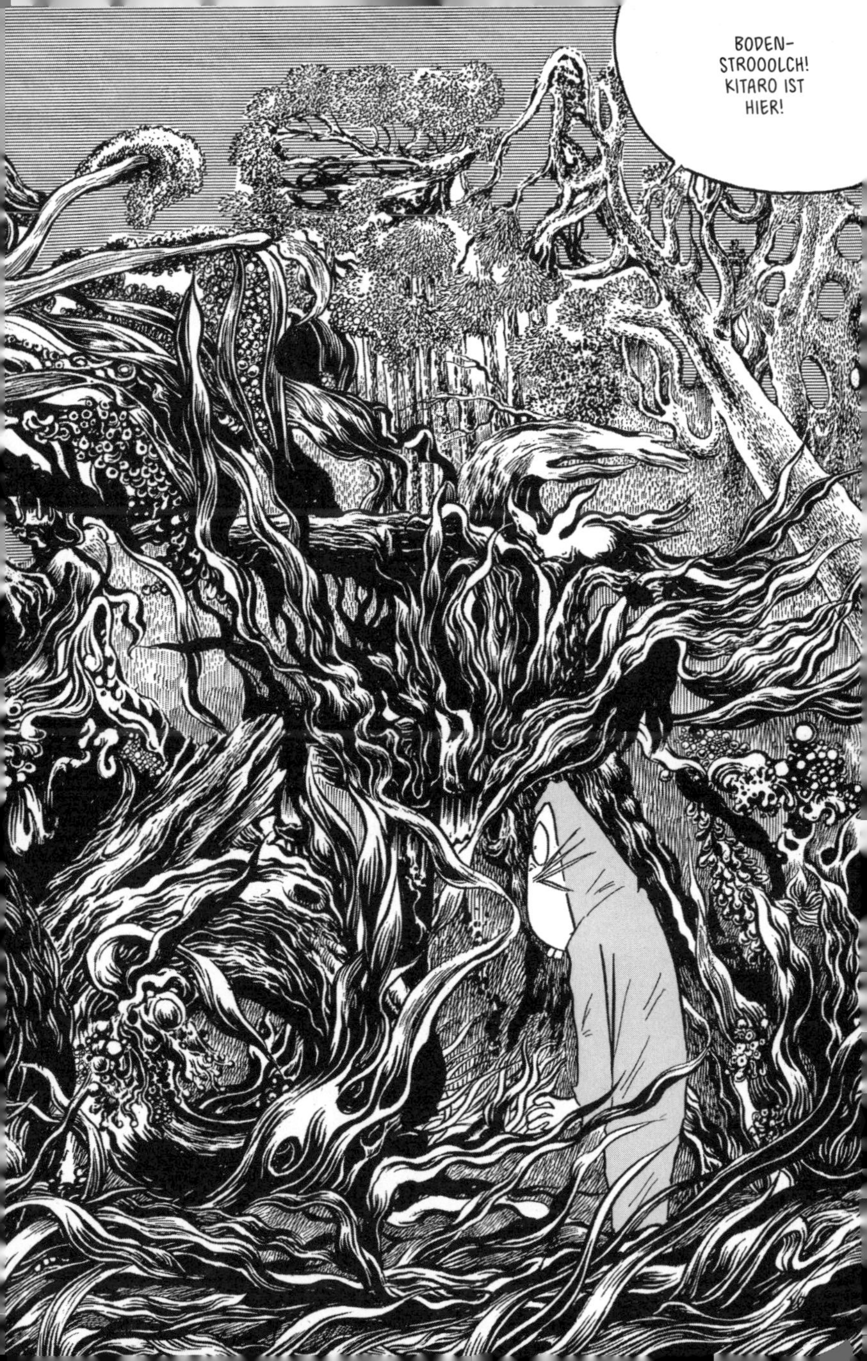
BODEN-
STROOOLCH!
KITARO IST
HIER!

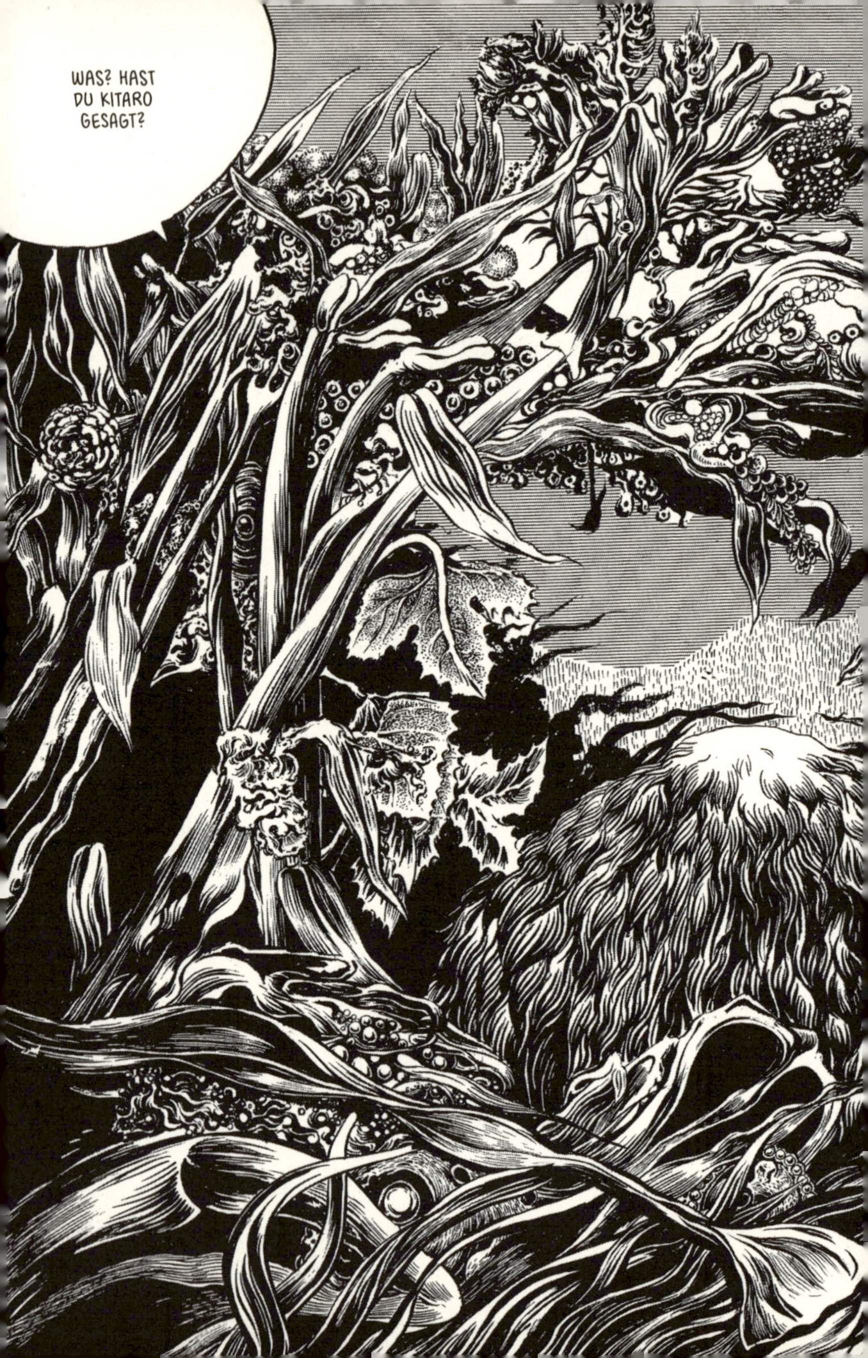
WAS? HAST DU KITARO GESAGT?

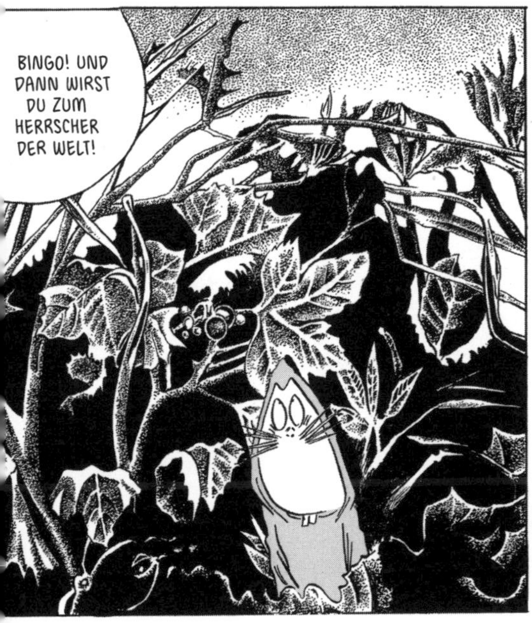
BINGO! UND DANN WIRST DU ZUM HERRSCHER DER WELT!

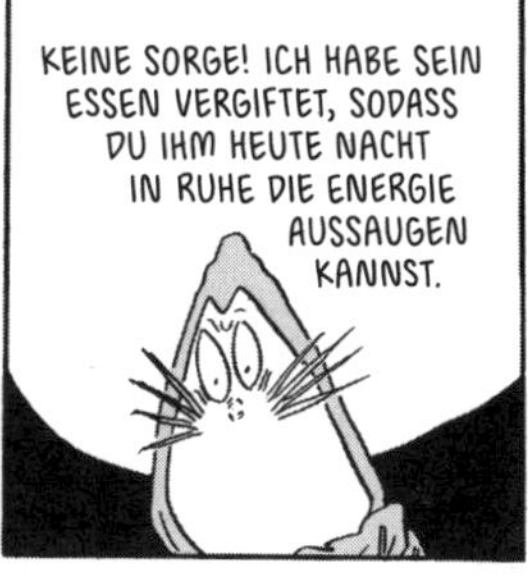
KEINE SORGE! ICH HABE SEIN ESSEN VERGIFTET, SODASS DU IHM HEUTE NACHT IN RUHE DIE ENERGIE AUSSAUGEN KANNST.

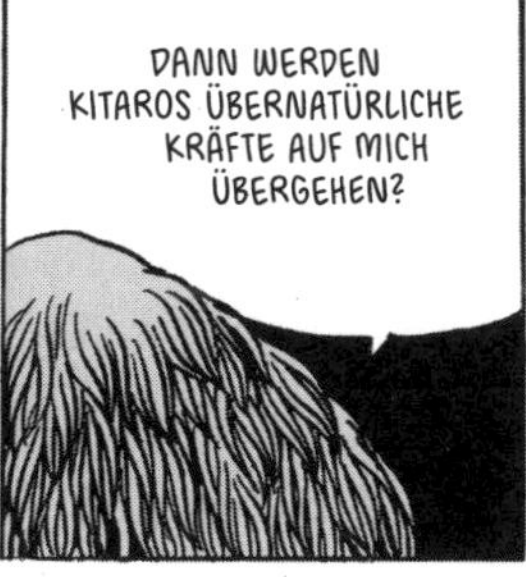
DANN WERDEN KITAROS ÜBERNATÜRLICHE KRÄFTE AUF MICH ÜBERGEHEN?

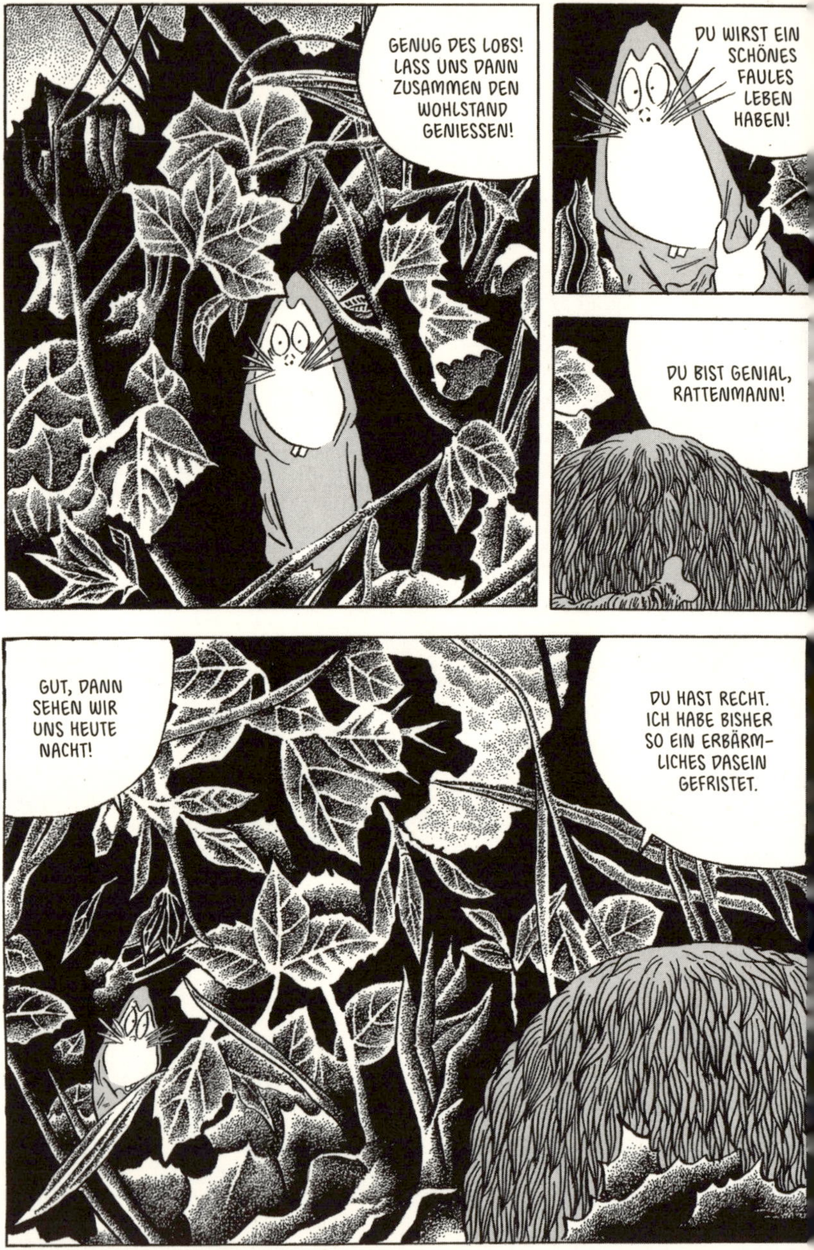

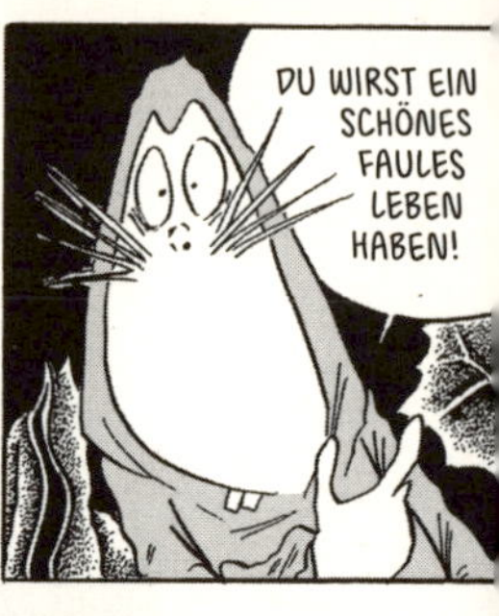

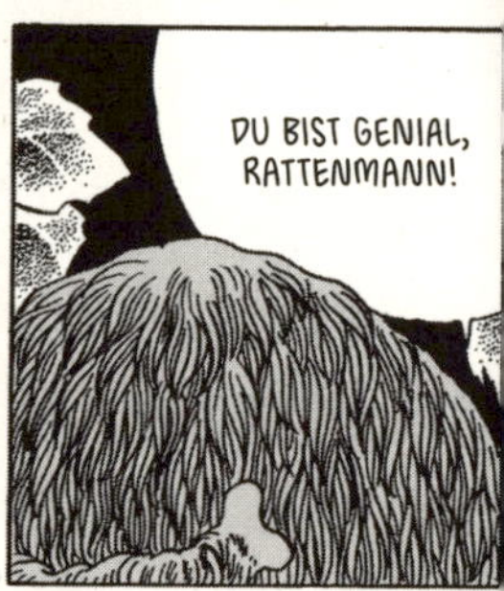

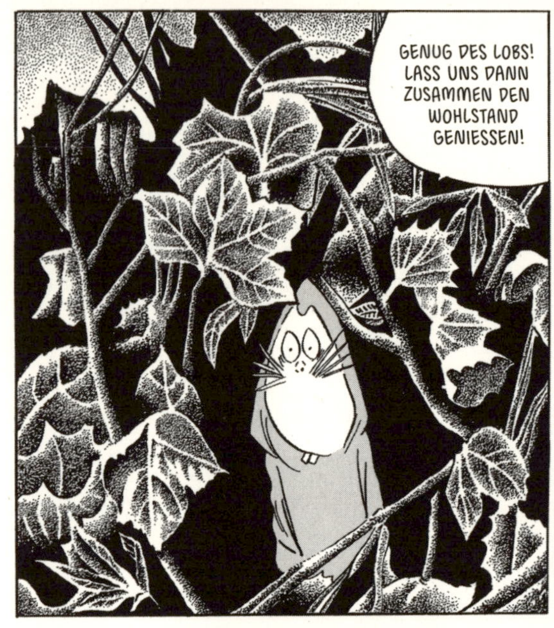

DU HAST RECHT. ICH HABE BISHER SO EIN ERBÄRM-LICHES DASEIN GEFRISTET.

GUT, DANN SEHEN WIR UNS HEUTE NACHT!

WER GENAU IST DER „BODENSTROLCH" EIGENTLICH? ER WAR FRÜHER EINMAL EIN GEWÖHNLICHER BAUER, DER MITTEN IM NIRGENDWO LEBTE. DA ER TÄGLICH MIT DEM FLUSSWASSER AUCH DIE INDUSTRIE-ABWÄSSER EINES UNTERNEHMENS NAMENS TENPO DENKO TRANK, DAS FLUSSAUFWÄRTS VON IHM SEINEN SITZ HATTE, VERWANDELTE ER SICH IRGENDWANN IN EINEN FLEISCHKLUMPEN. ALS SICH DER BAUER VOR VERWIRRUNG DAS LEBEN NEHMEN WOLLTE, KAM IHM DER RATTENMANN ZUR HILFE. DER MUTIERTE BAUER WAR ZU EINEM MONSTER GEWORDEN, DAS ENERGIE IN FORM VON ELEKTRIZITÄT, GEISTERKRAFT ODER ERDÖL KONSUMIERTE. DA ER NICHT ABSCHÄTZEN KONNTE, WAS DIE LEUTE IHM IN DER STADT ANTUN WÜRDEN, LEBTE ER IN DEN ENTLEGENEN BERGEN, WO ER SICH VON ENERGIE ERNÄHRTE. DOCH VON EINEM KLEINEM HAUSSTROMGENERATOR WURDE ER NICHT SATT. ALSO BESCHLOSS ER, SICH MIT DER GEISTERKRAFT DES MÄCHTIGEN KITARO DEN WANST VOLLZUSCHLAGEN. NATÜRLICH HATTE DER RATTENMANN BEREITS ALLES IN DIE WEGE GELEITET.

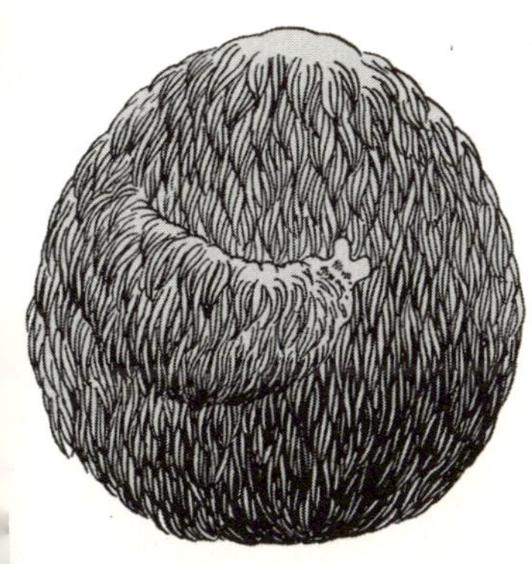

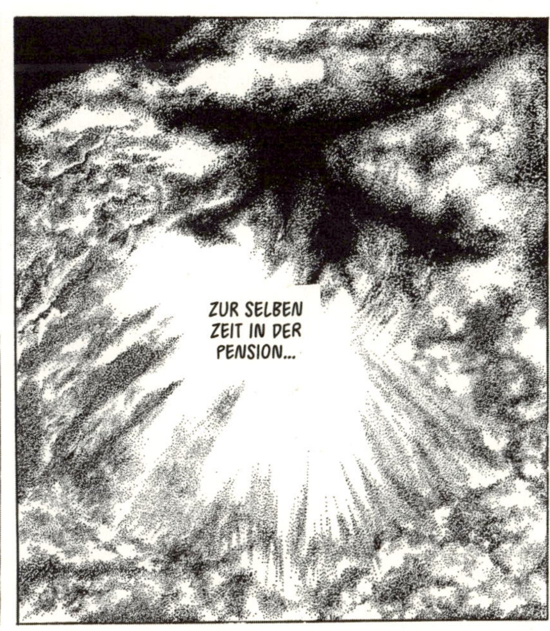

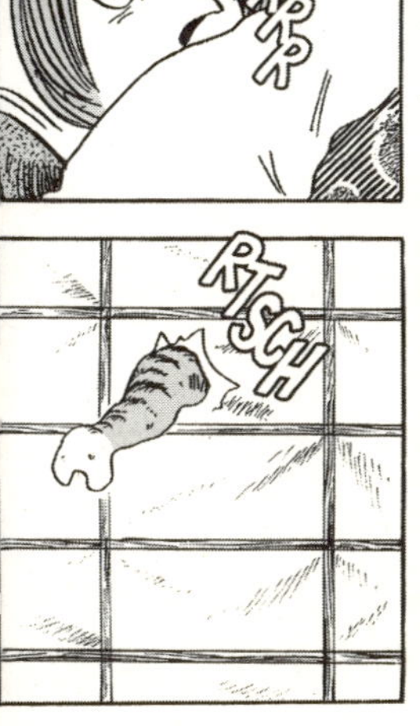

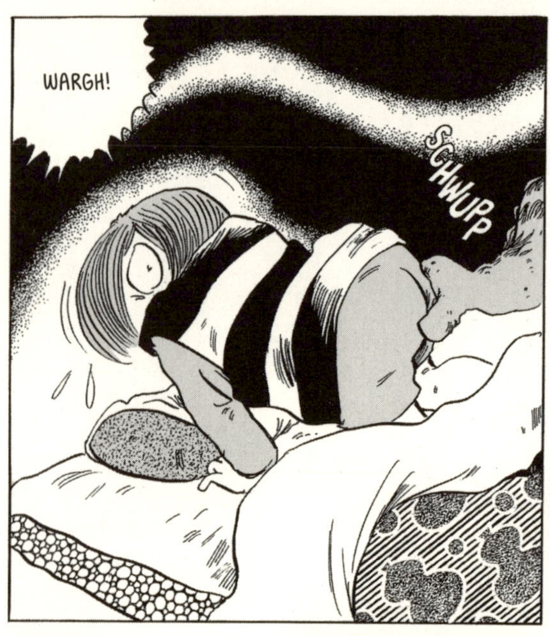
WARGH!
SCHWUPP

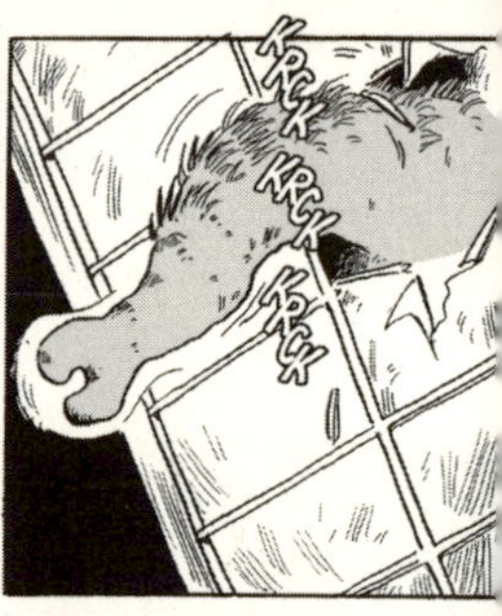
KRCK KRCK KRCK

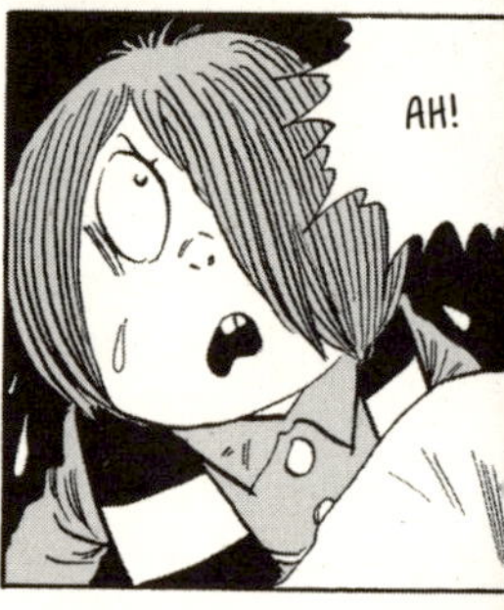
AH!

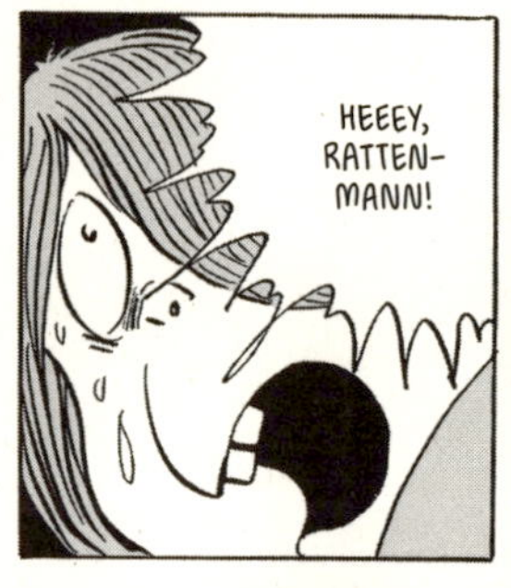
HEEEY, RATTEN-MANN!

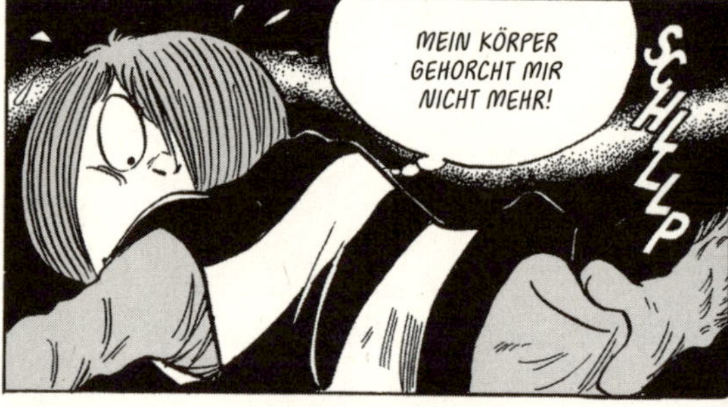
MEIN KÖRPER GEHORCHT MIR NICHT MEHR!
SCHLLLP

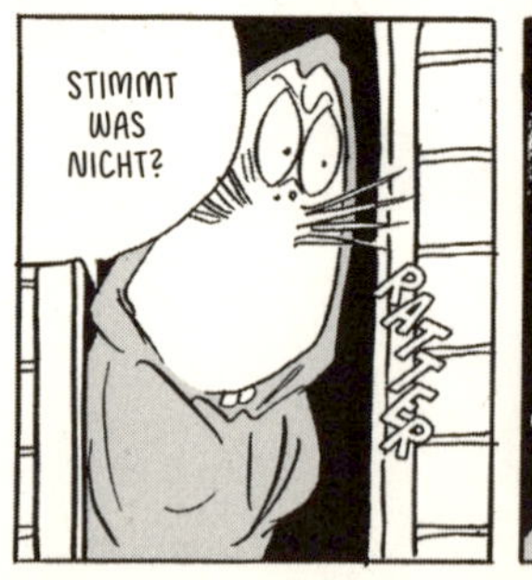
STIMMT WAS NICHT?
RATTER

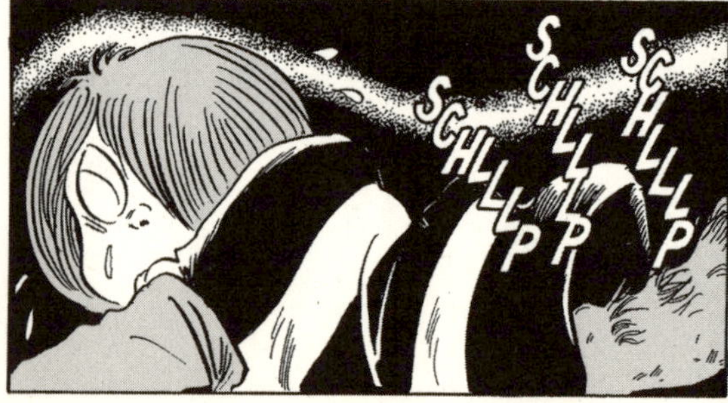
SCHLLLP
SCHLLLP
SCHLLLP

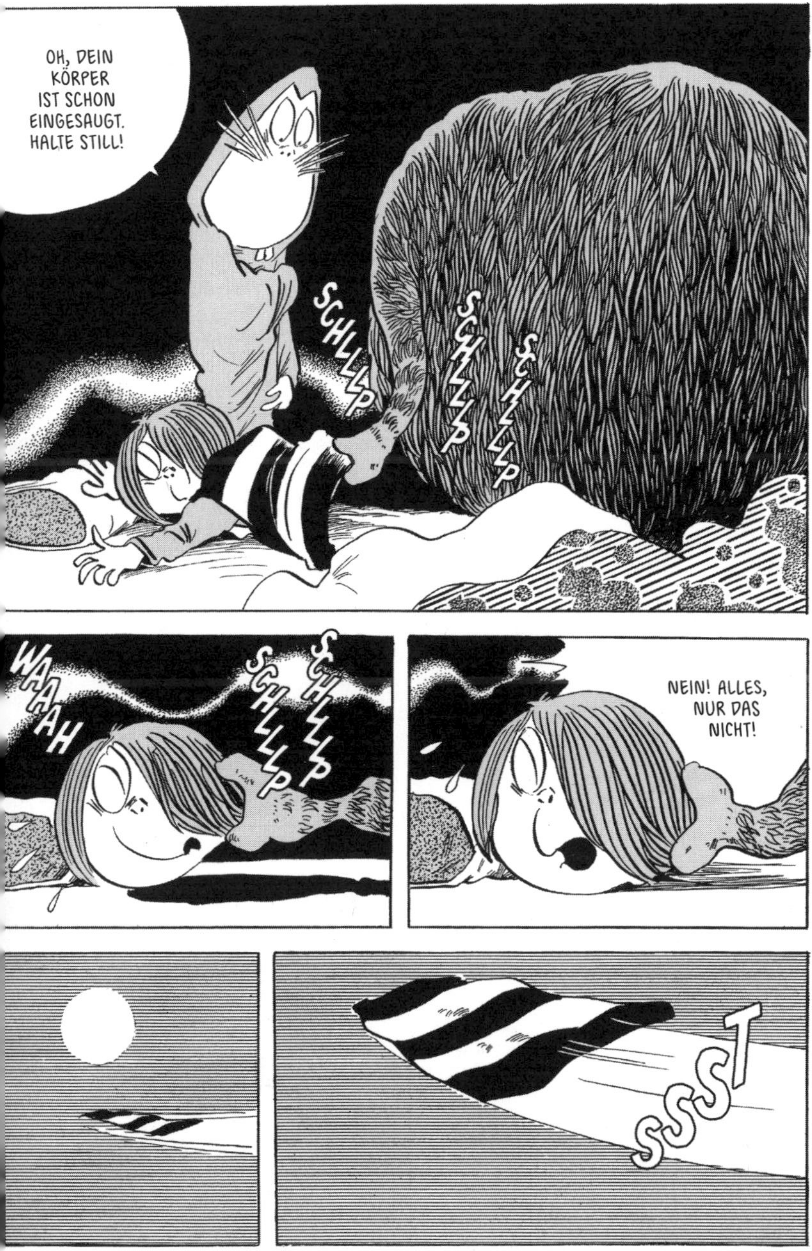

OH, DEIN KÖRPER IST SCHON EINGESAUGT. HALTE STILL!

SCHLLLP

SCHLLLP

SCHLLLP

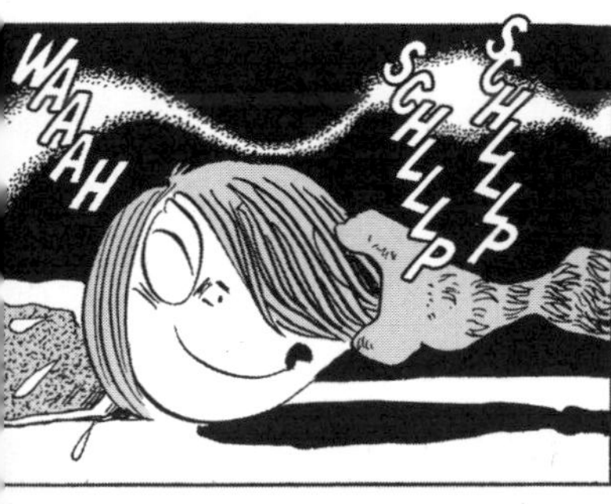

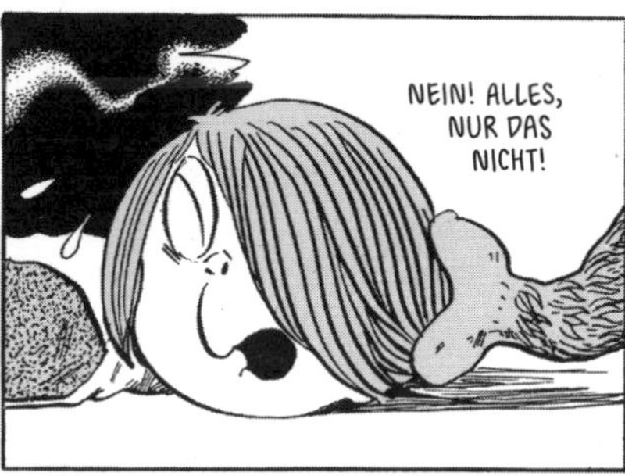

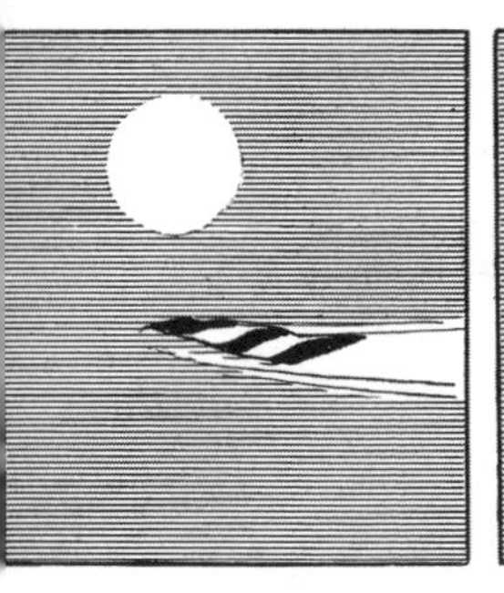

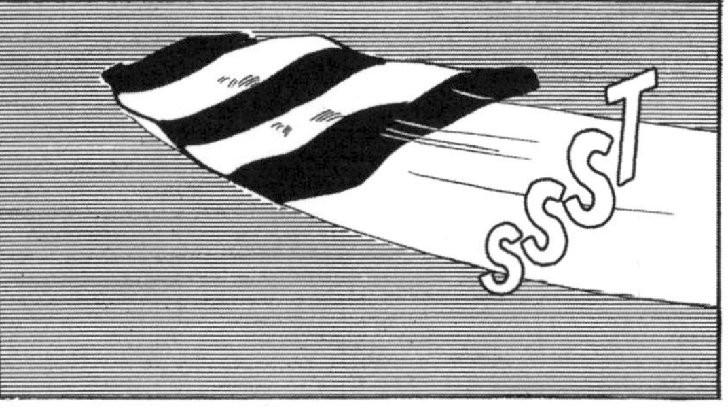

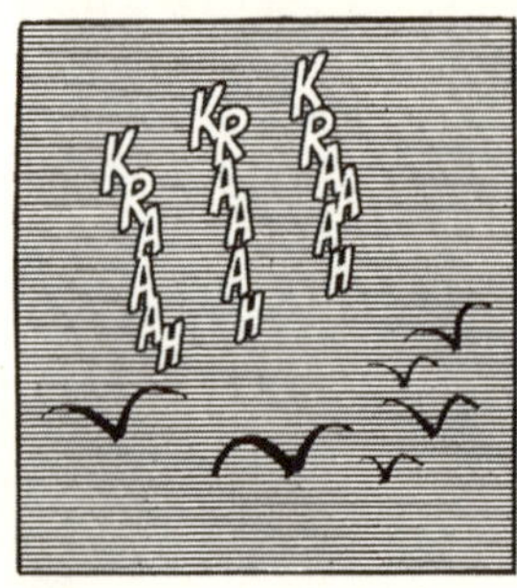
KRAAAAH
KRAAAAH
KRAAAAH

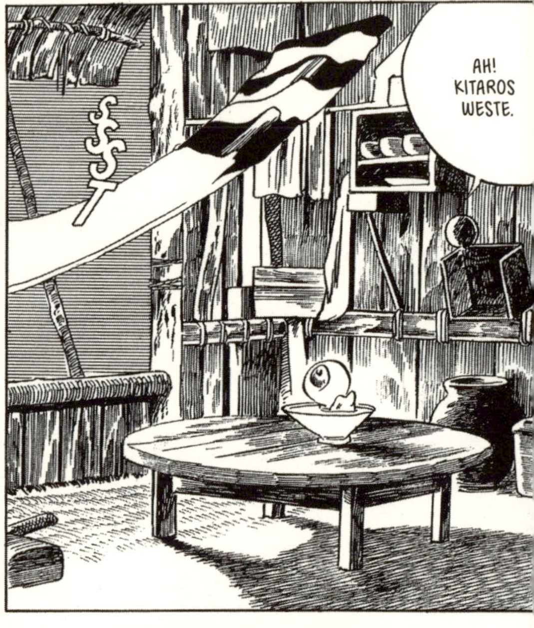
AH! KITAROS WESTE.
SSST

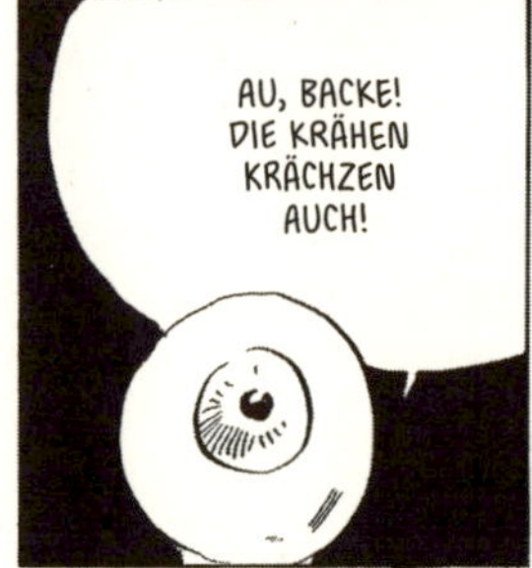
AU, BACKE! DIE KRÄHEN KRÄCHZEN AUCH!

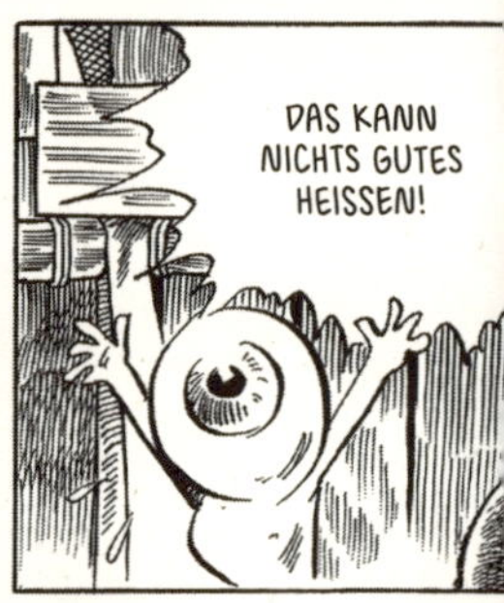
DAS KANN NICHTS GUTES HEISSEN!

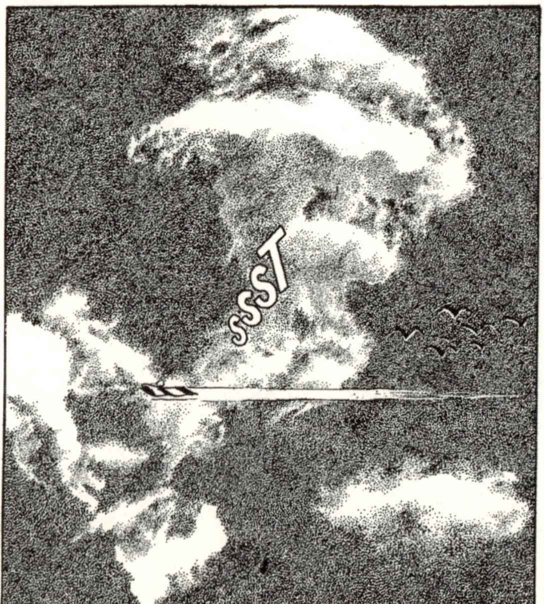
SSST

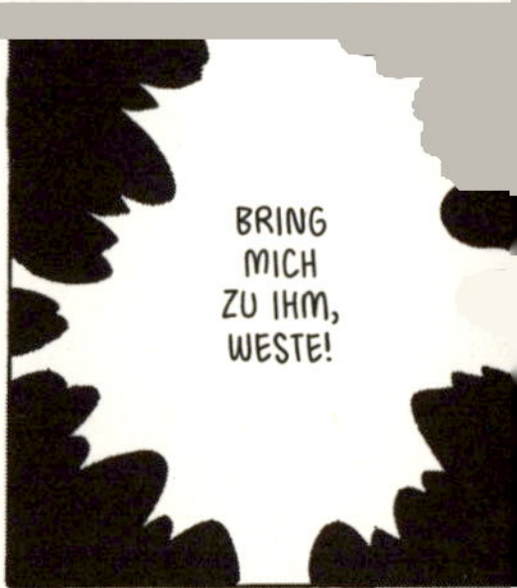
BRING MICH ZU IHM, WESTE!

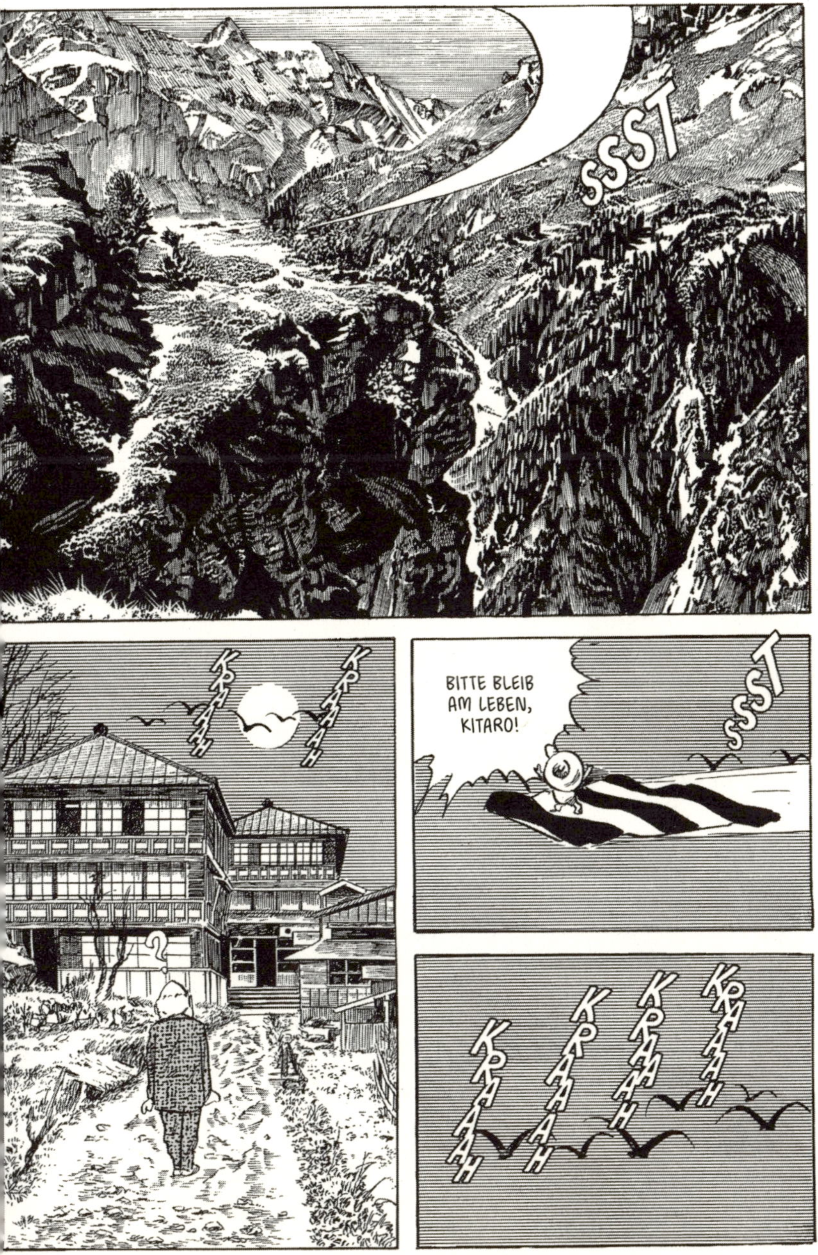

SSST

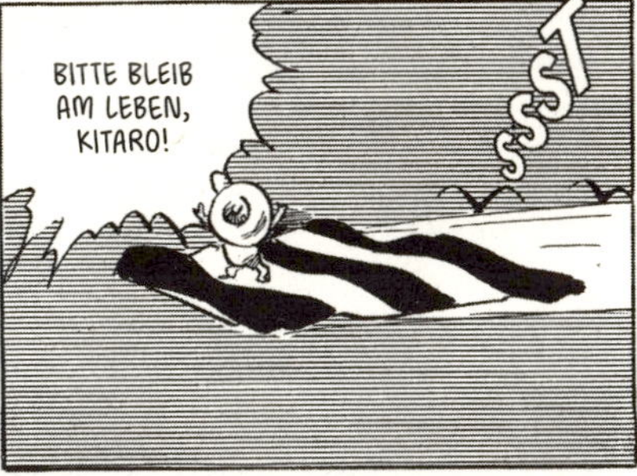
BITTE BLEIB AM LEBEN, KITARO!
SSST

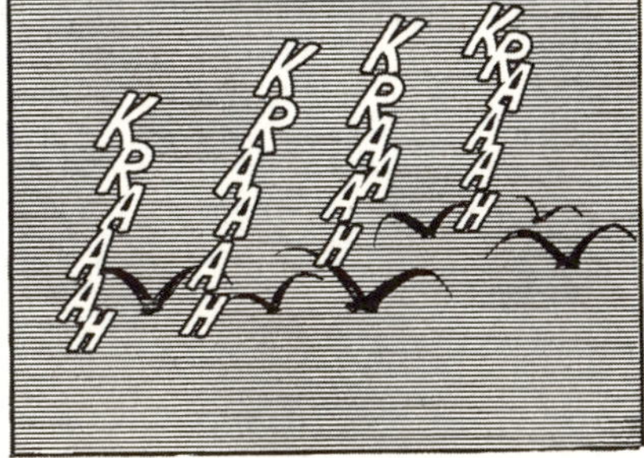
KRAAAH
KRAAAH
KRAAAAH
KRAAAAH

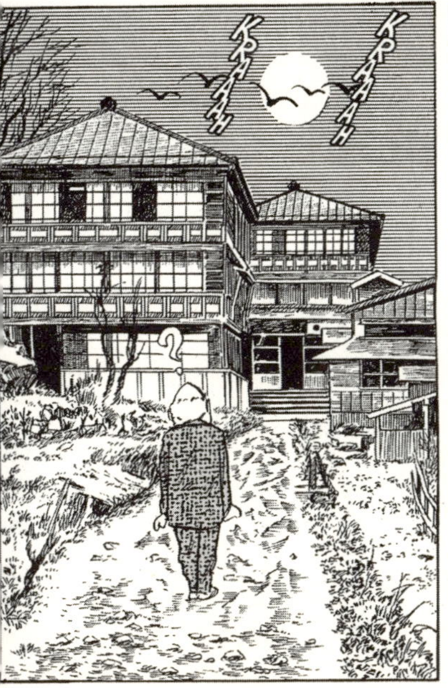
KRAAAAH
KRAAAAH
?

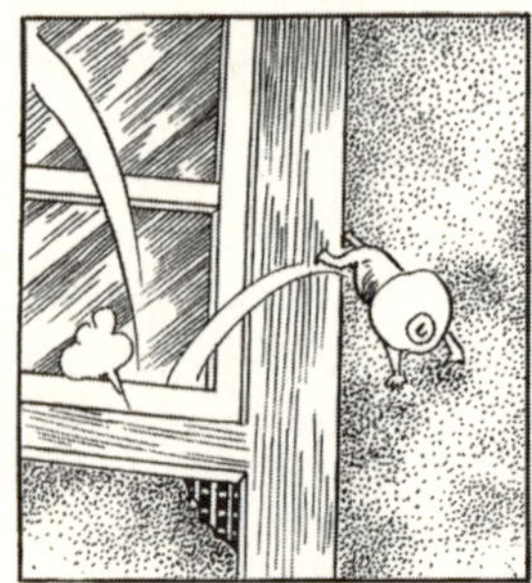

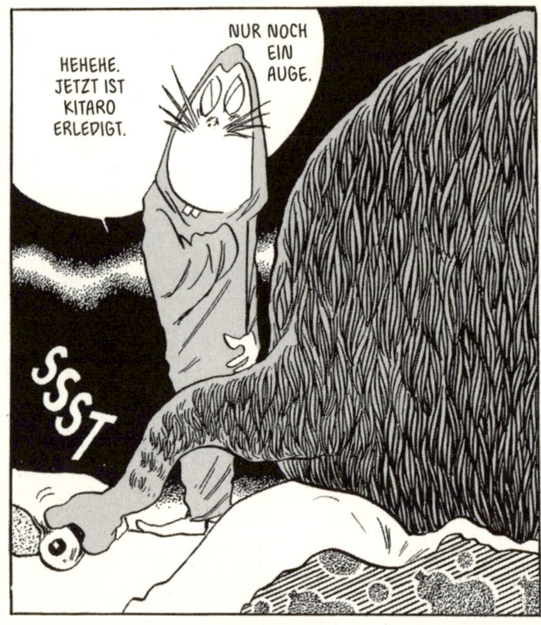
NUR NOCH EIN AUGE.
HEHEHE. JETZT IST KITARO ERLEDIGT.
SSST

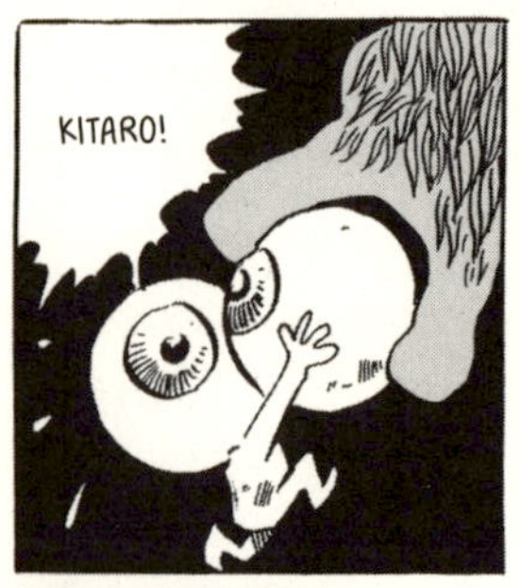
KITARO!

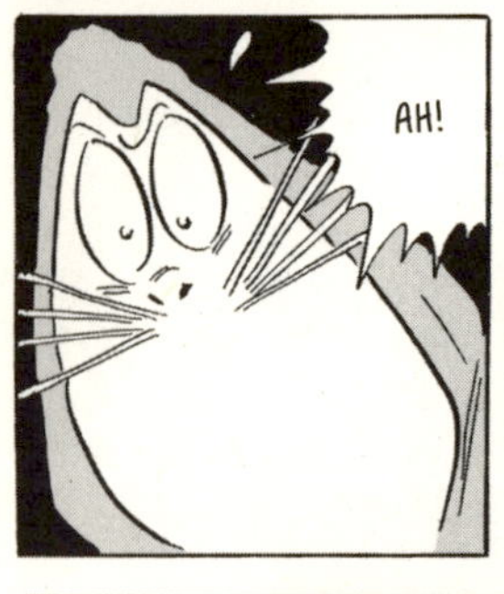
AH!

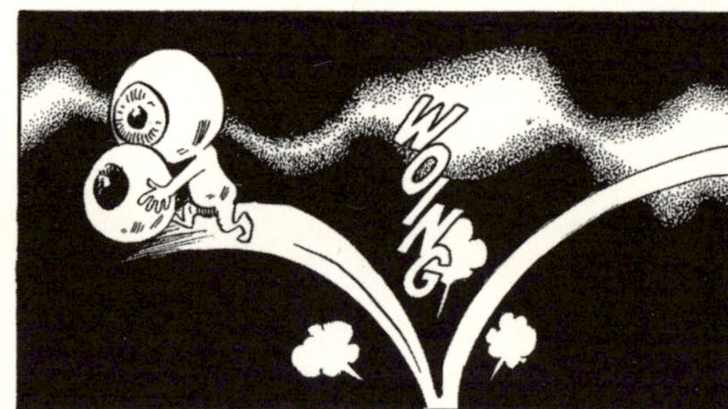
WOING

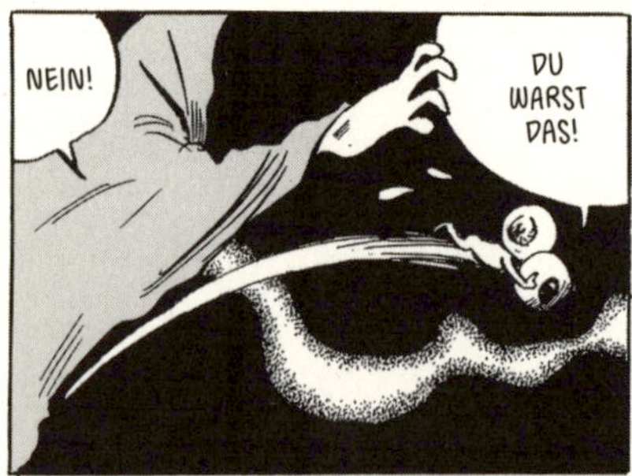
NEIN!
DU WARST DAS!

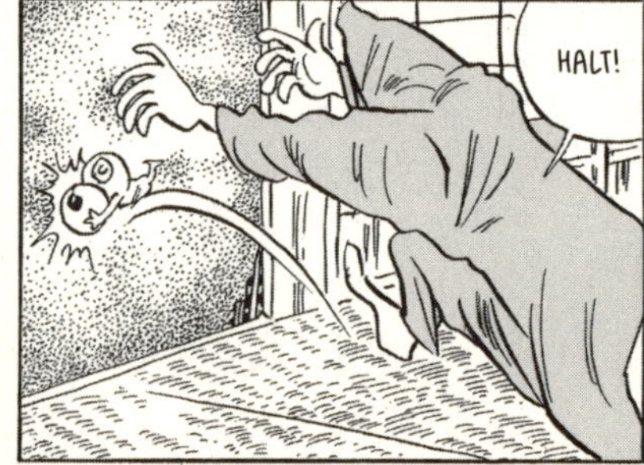
HALT!

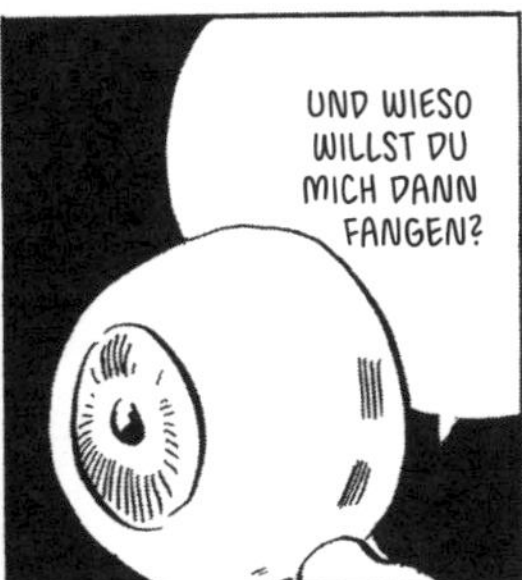

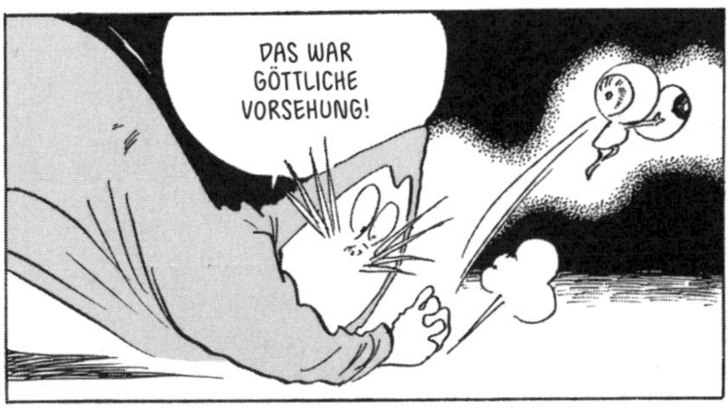

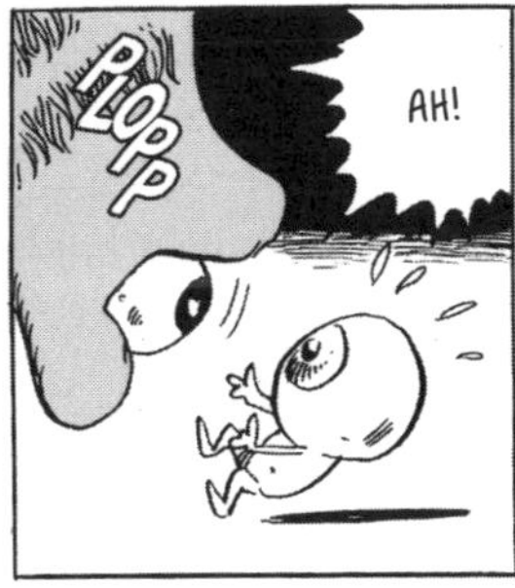

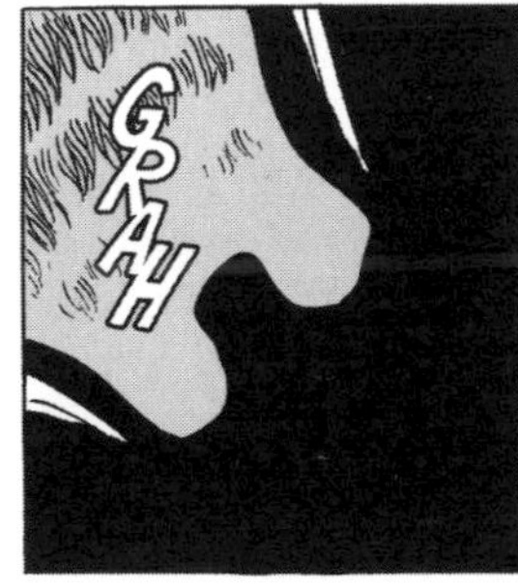

KITAROS BEINE, KÖRPER, HALS UND KOPF WAREN VERSCHWUNDEN. NUR NOCH SEIN AUGAPFEL WAR VON IHM ÜBRIG, UND DIESER BARG SEIN LETZTES FÜNKCHEN GEISTERKRAFT. DER BODENSTROLCH VERSUCHTE, DEN AUGAPFEL UND SOMIT KITAROS GEISTERKRAFT AUFZUSAUGEN.

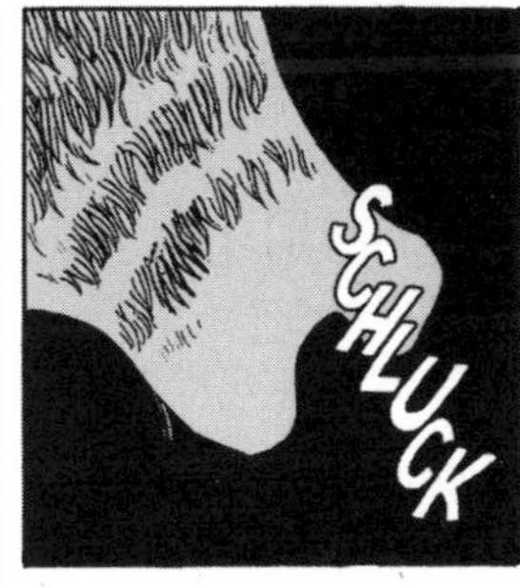

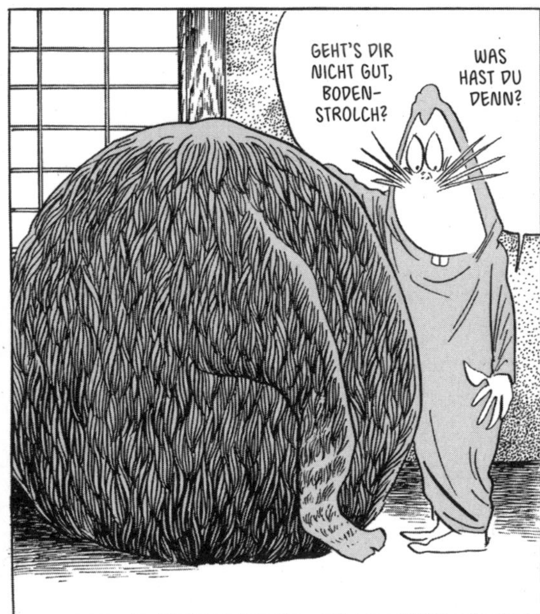

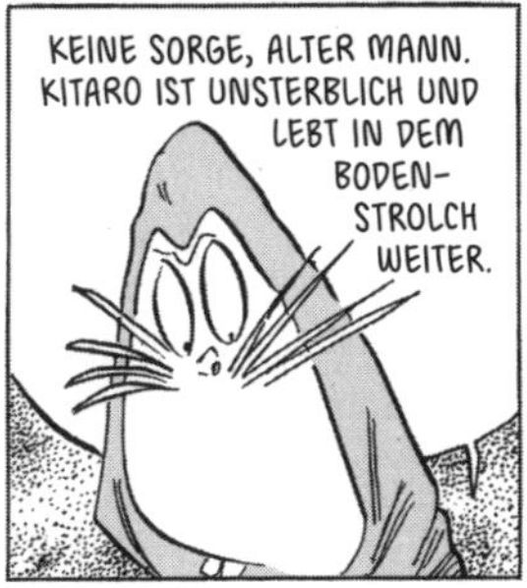

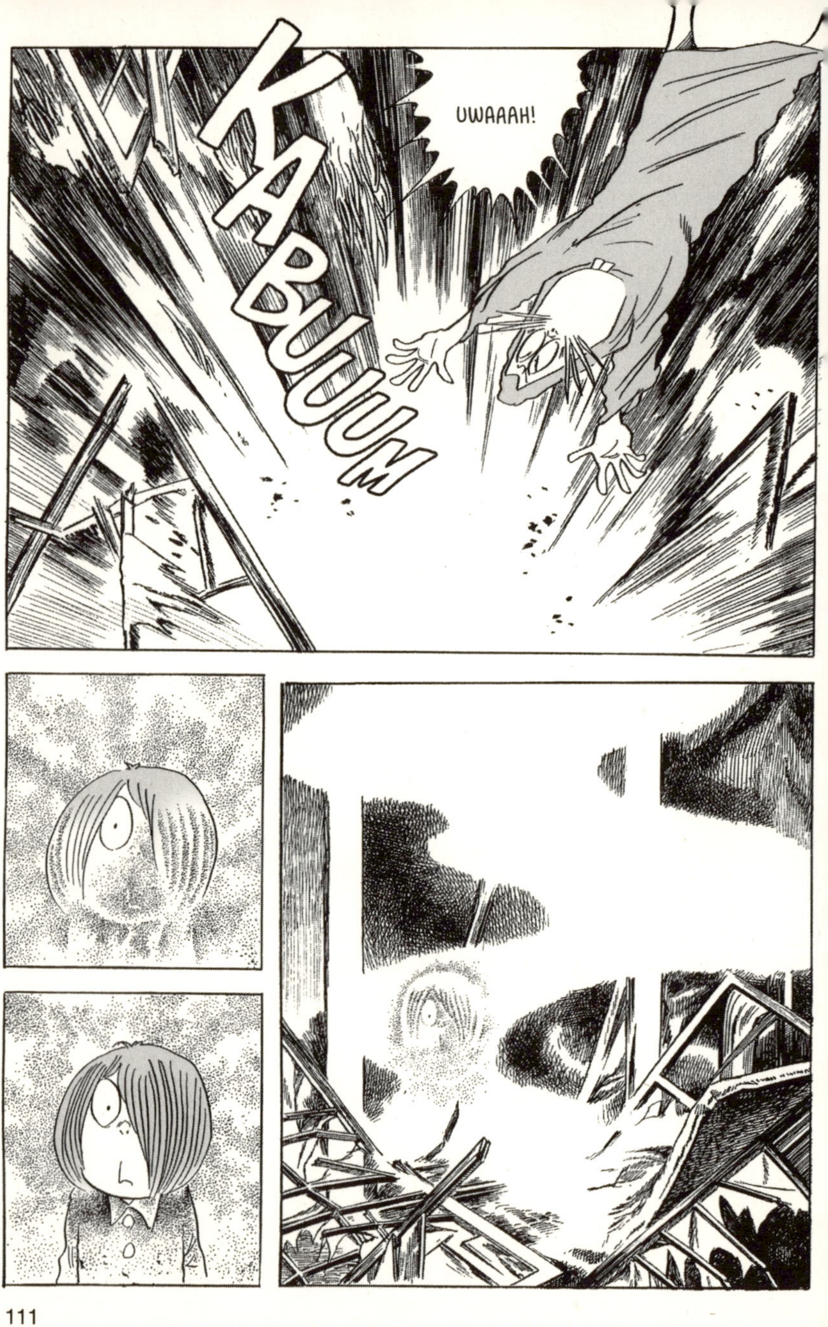

KABUUUM

UWAAAH!

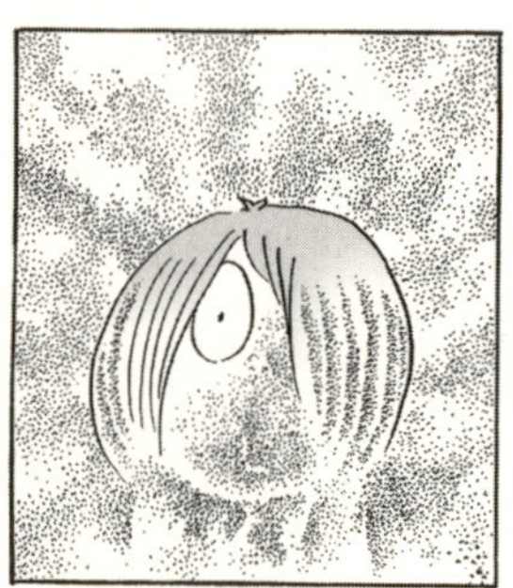

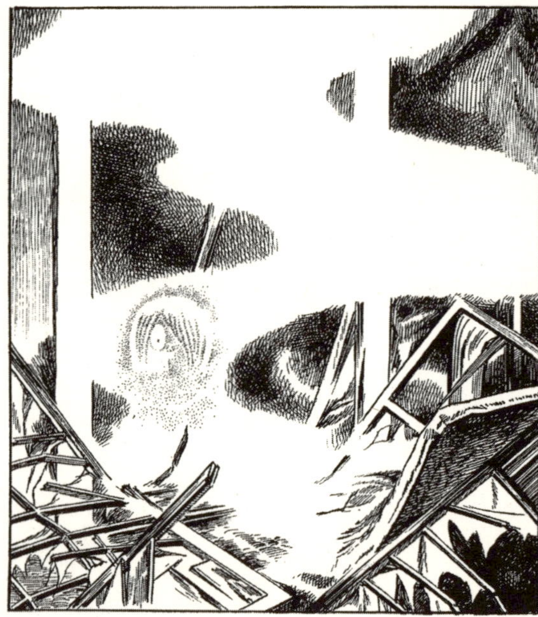

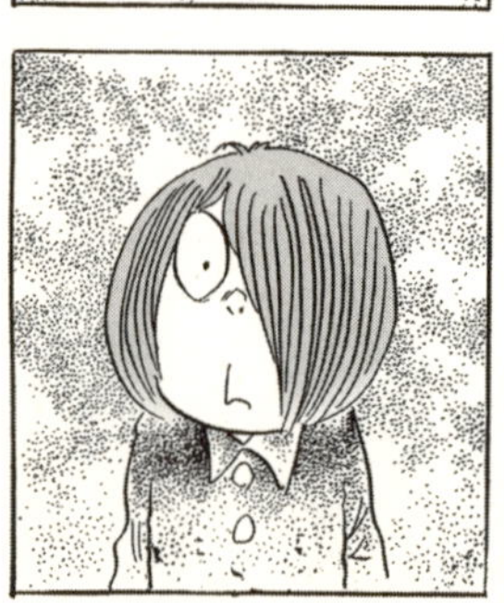

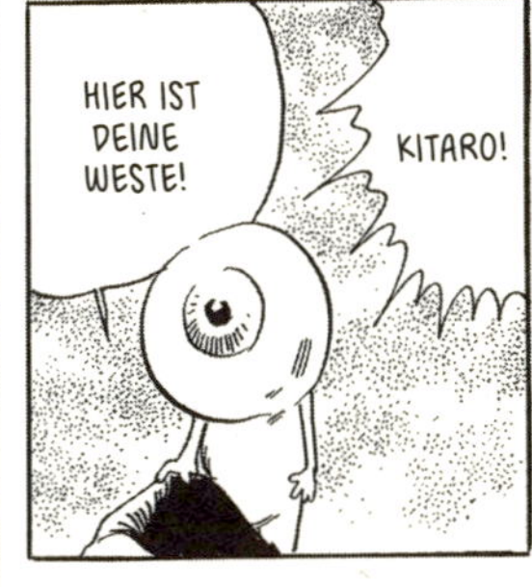
KITARO!
HIER IST DEINE WESTE!
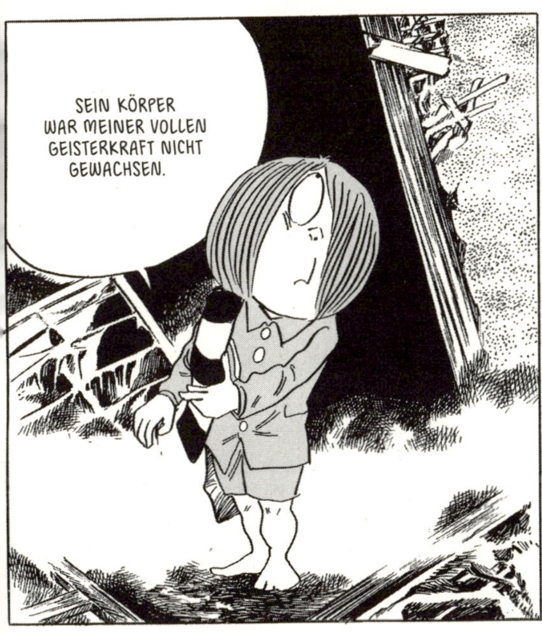
SEIN KÖRPER WAR MEINER VOLLEN GEISTERKRAFT NICHT GEWACHSEN.
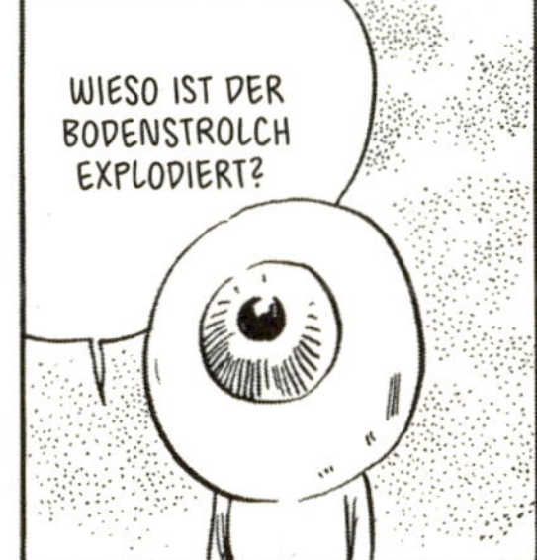
WIESO IST DER BODENSTROLCH EXPLODIERT?
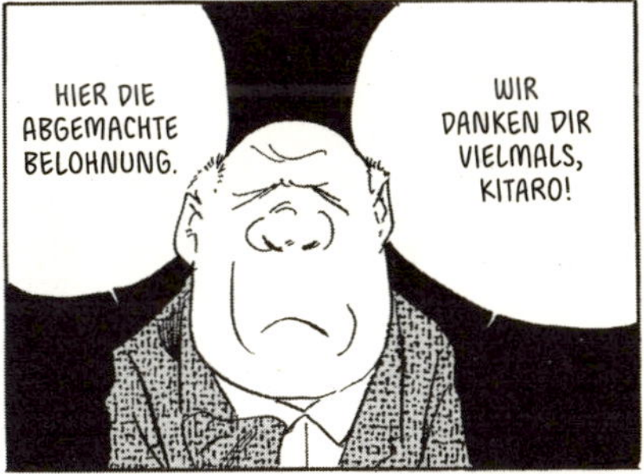
WIR DANKEN DIR VIELMALS, KITARO!
HIER DIE ABGEMACHTE BELOHNUNG.
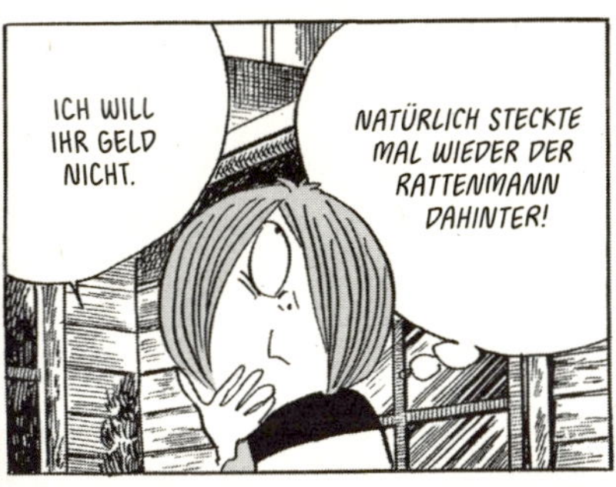
NATÜRLICH STECKTE MAL WIEDER DER RATTENMANN DAHINTER!
ICH WILL IHR GELD NICHT.
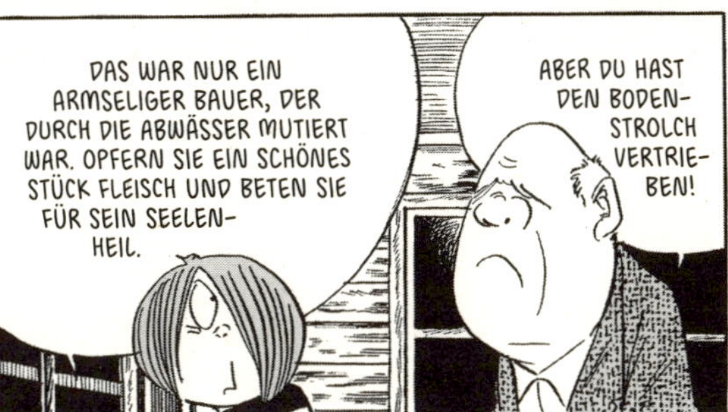
ABER DU HAST DEN BODEN-STROLCH VERTRIE-BEN!
DAS WAR NUR EIN ARMSELIGER BAUER, DER DURCH DIE ABWÄSSER MUTIERT WAR. OPFERN SIE EIN SCHÖNES STÜCK FLEISCH UND BETEN SIE FÜR SEIN SEELEN-HEIL.
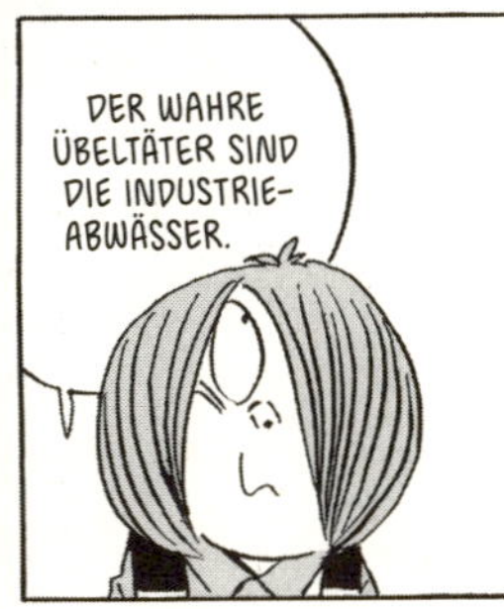
DER WAHRE ÜBELTÄTER SIND DIE INDUSTRIE-ABWÄSSER.

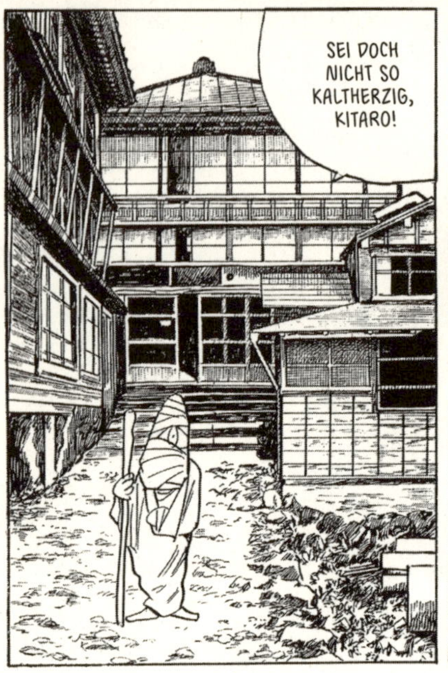

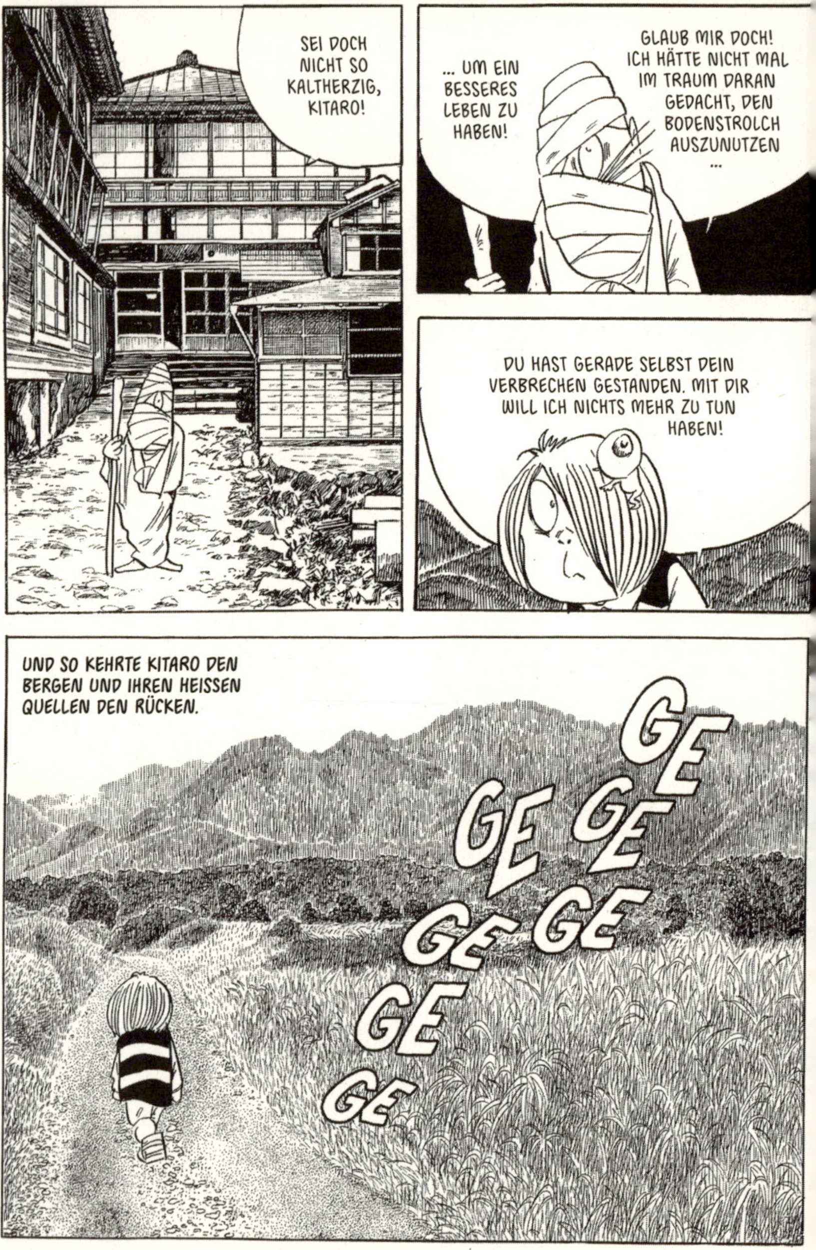

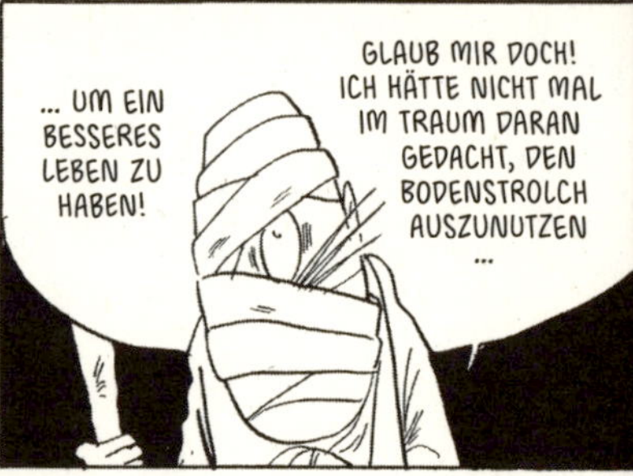

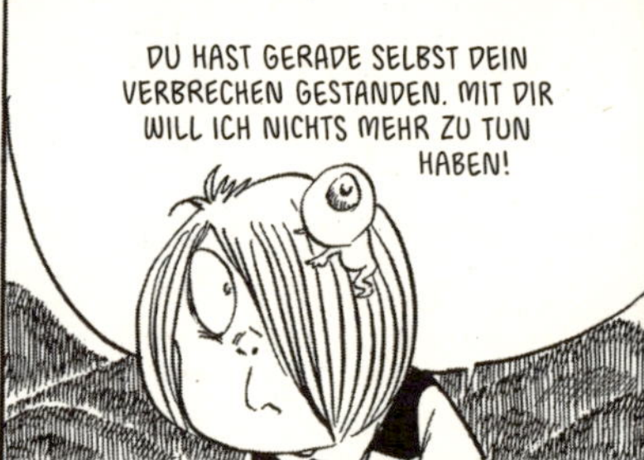

UND SO KEHRTE KITARO DEN BERGEN UND IHREN HEISSEN QUELLEN DEN RÜCKEN.

GE GE GE GE GE GE GE

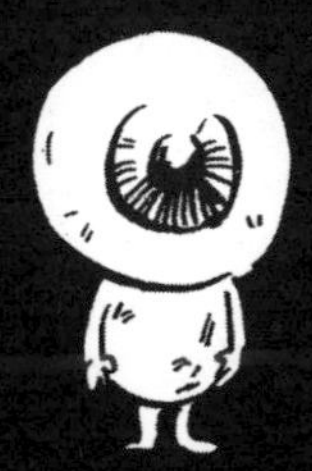

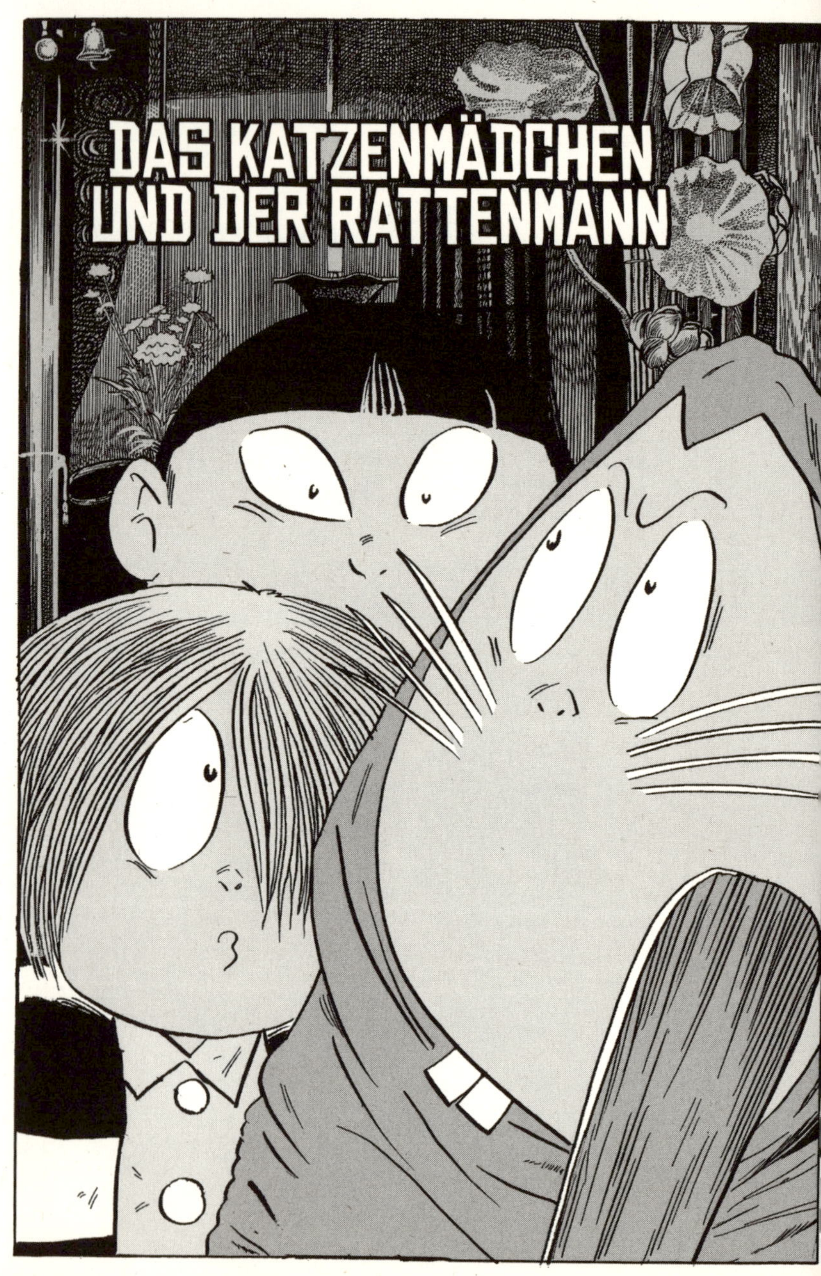
DAS KATZENMÄDCHEN
UND DER RATTENMANN

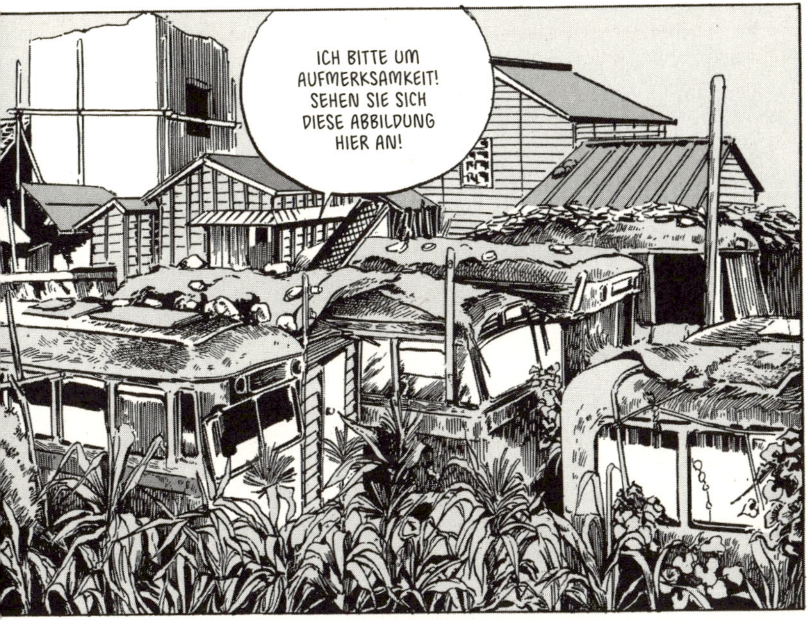

ICH BITTE UM AUFMERKSAMKEIT! SEHEN SIE SICH DIESE ABBILDUNG HIER AN!

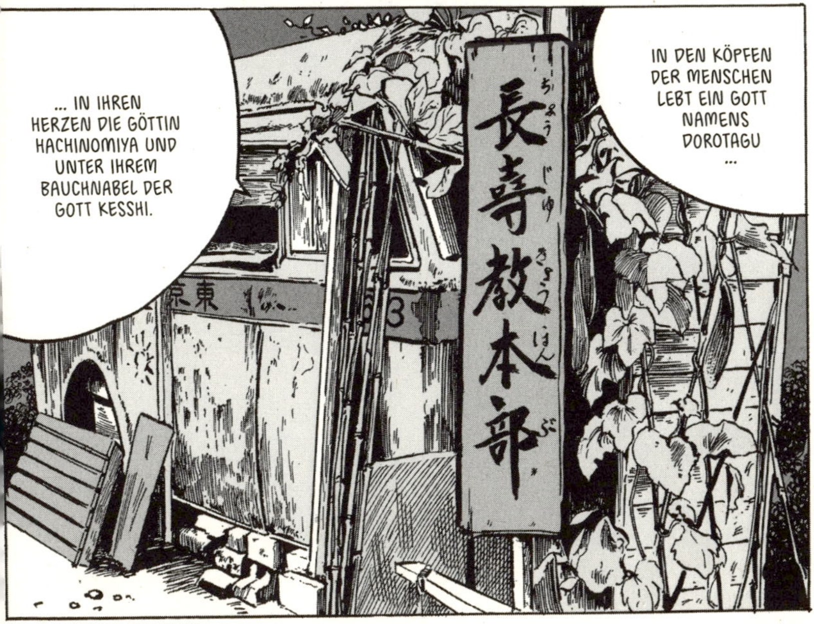

IN DEN KÖPFEN DER MENSCHEN LEBT EIN GOTT NAMENS DOROTAGU ...

... IN IHREN HERZEN DIE GÖTTIN HACHINOMIYA UND UNTER IHREM BAUCHNABEL DER GOTT KESSHI.

長寿教本部*

* SCHULE DES LANGEN LEBENS

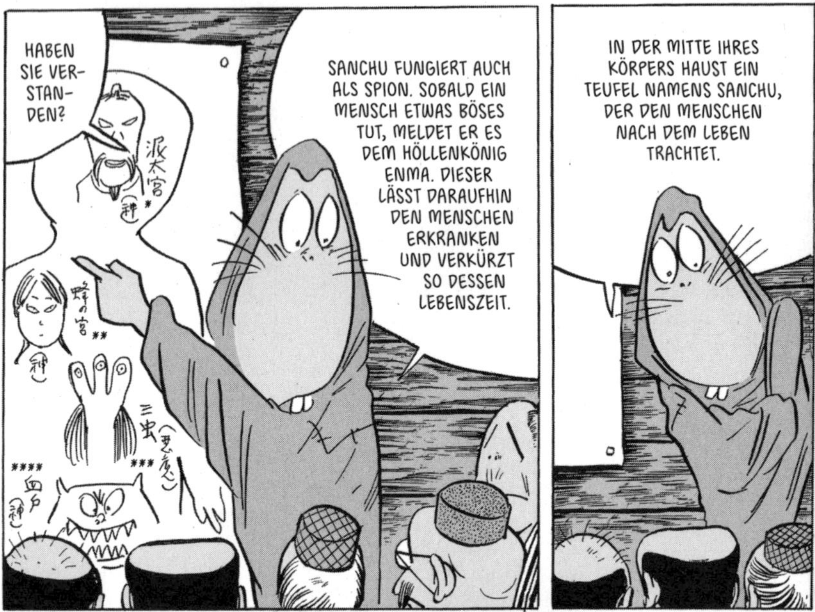

IN DER MITTE IHRES KÖRPERS HAUST EIN TEUFEL NAMENS SANCHU, DER DEN MENSCHEN NACH DEM LEBEN TRACHTET.

SANCHU FUNGIERT AUCH ALS SPION. SOBALD EIN MENSCH ETWAS BÖSES TUT, MELDET ER ES DEM HÖLLENKÖNIG ENMA. DIESER LÄSST DARAUFHIN DEN MENSCHEN ERKRANKEN UND VERKÜRZT SO DESSEN LEBENSZEIT.

HABEN SIE VERSTANDEN?

泥太宮 (神) *

蜂の宮 (神) **

三虫 ***

**** 血戸 (神)

* DOROTAGU (GOTT) ** HACHINOMIYA (GÖTTIN) *** SANCHU (TEUFEL) **** KESSHI (GOTT)

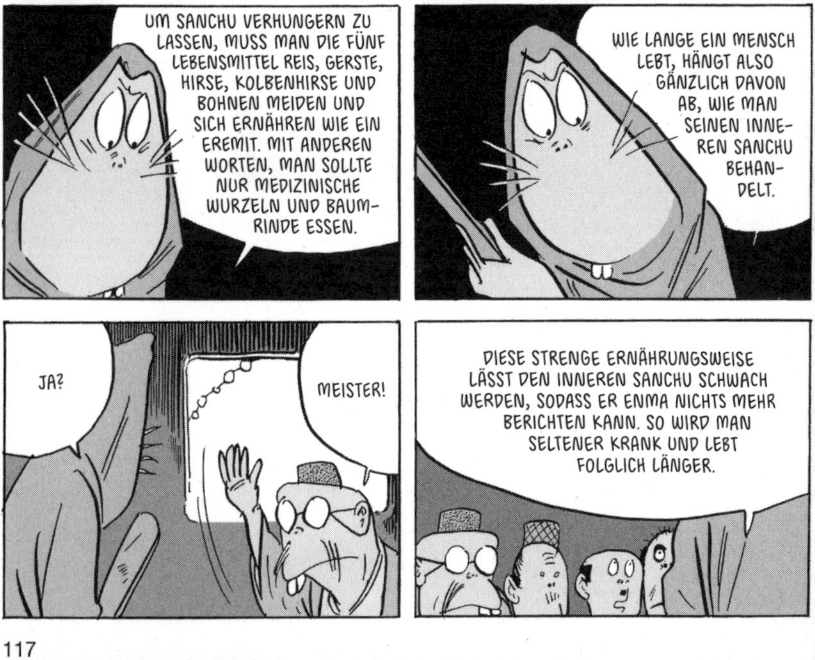

WIE LANGE EIN MENSCH LEBT, HÄNGT ALSO GÄNZLICH DAVON AB, WIE MAN SEINEN INNEREN SANCHU BEHANDELT.

UM SANCHU VERHUNGERN ZU LASSEN, MUSS MAN DIE FÜNF LEBENSMITTEL REIS, GERSTE, HIRSE, KOLBENHIRSE UND BOHNEN MEIDEN UND SICH ERNÄHREN WIE EIN EREMIT. MIT ANDEREN WORTEN, MAN SOLLTE NUR MEDIZINISCHE WURZELN UND BAUMRINDE ESSEN.

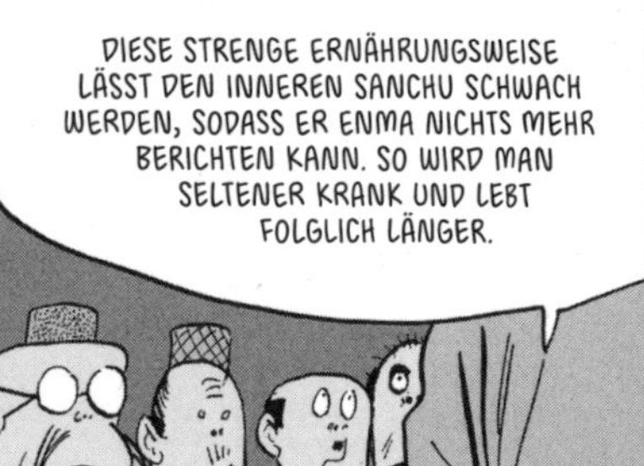

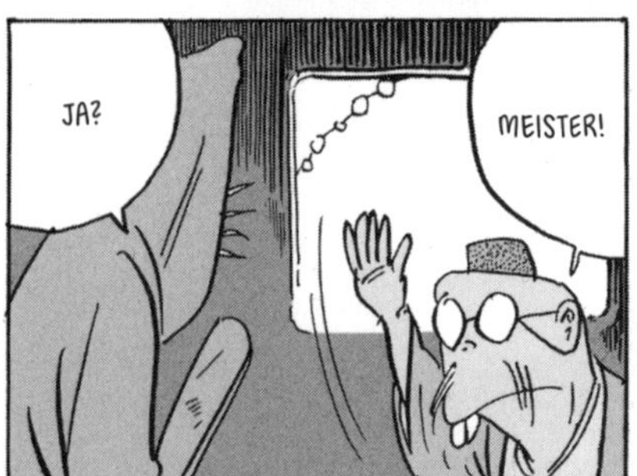

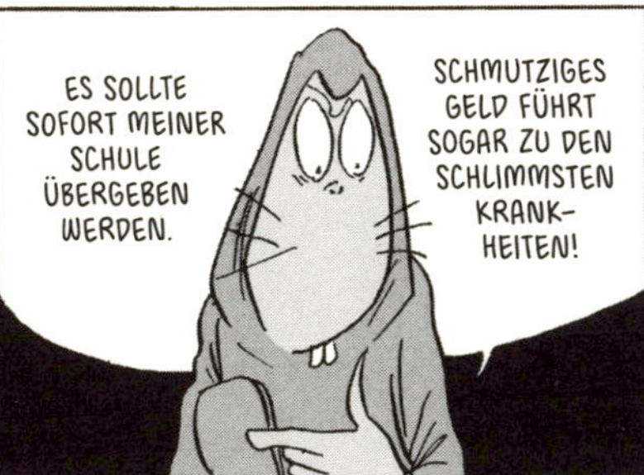

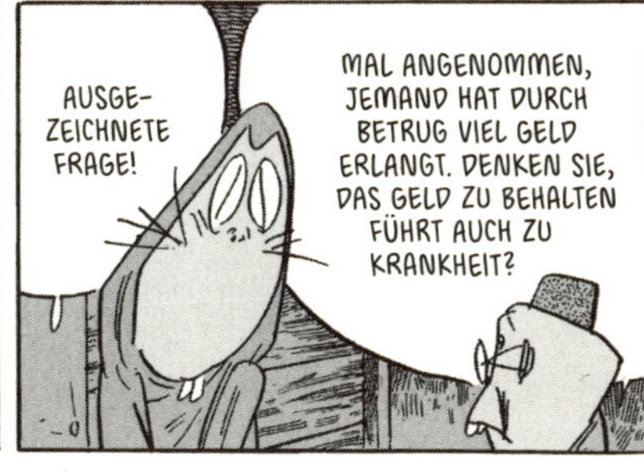

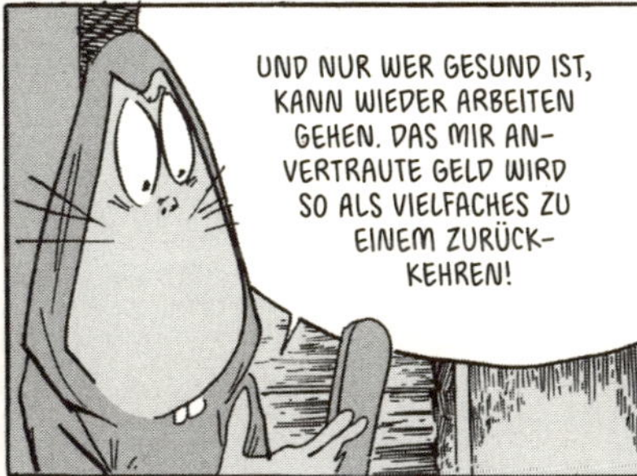

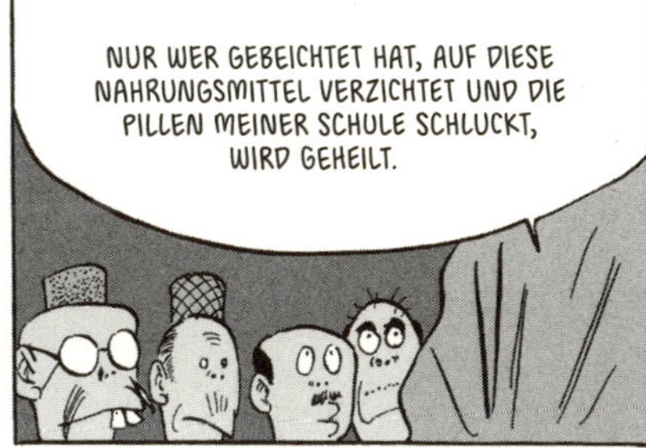

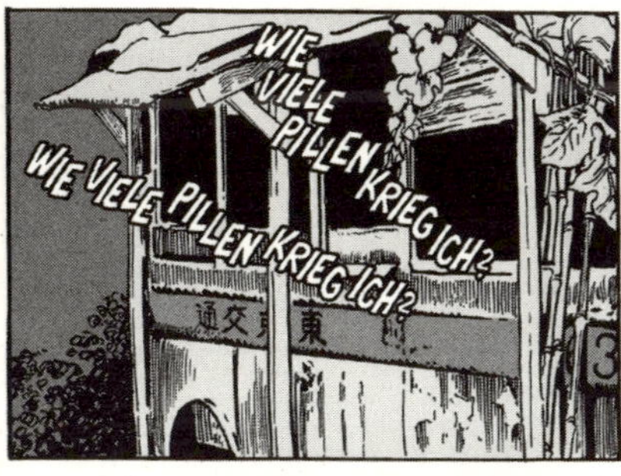

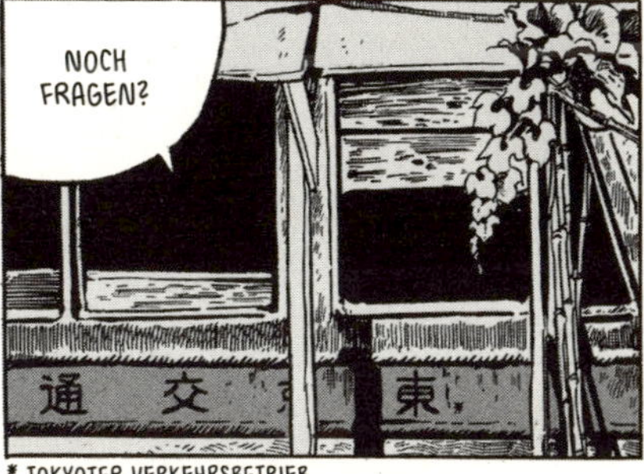

* TOKYOTER VERKEHRSBETRIEB

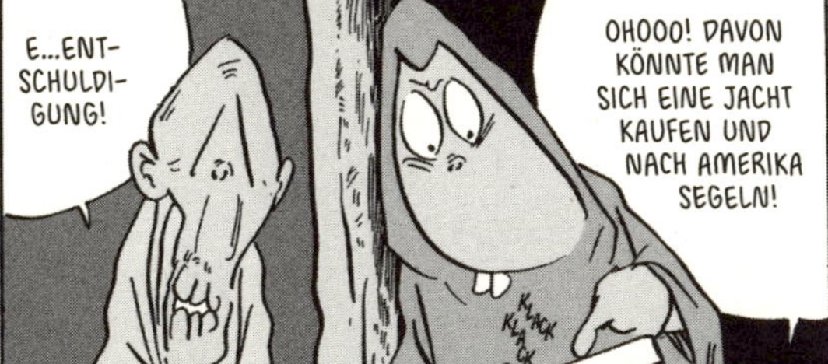

KRANKHEITEN ZEHREN AN DER WILLENSSTÄRKE DER MENSCHEN. DAS UNTER LEBENSBEDROHLICHEN BEDINGUNGEN ERWORBENE VERMÖGEN WURDE AUS DEM WUNSCH HERAUS, ENDLICH WIEDER GESUND ZU SEIN, ZUM RATTENMANN GETRAGEN. DIESER VERBUCHTE IM NU REKORDGEWINNE.

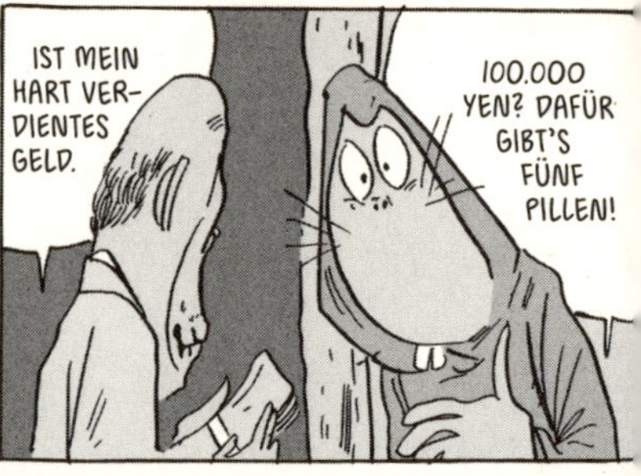

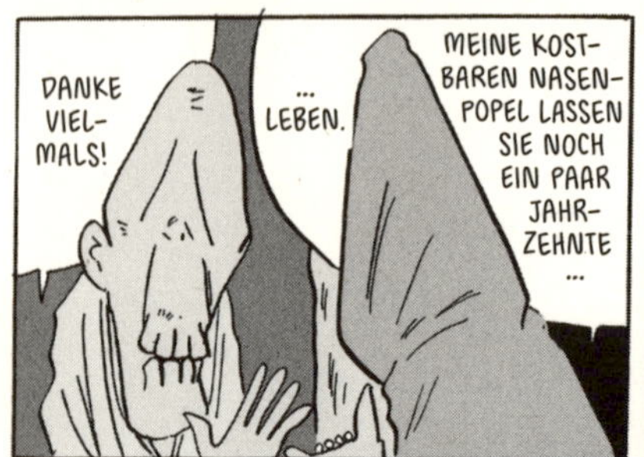

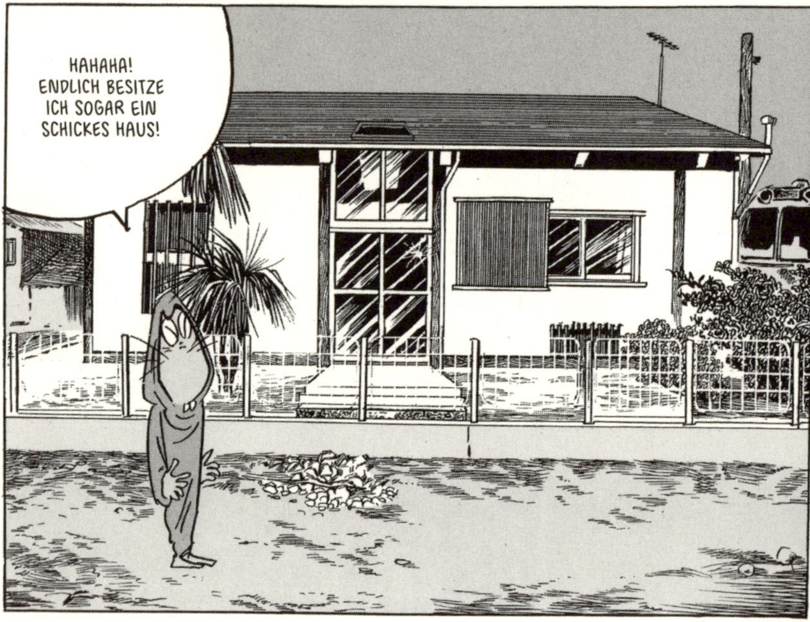

HAHAHA! ENDLICH BESITZE ICH SOGAR EIN SCHICKES HAUS!

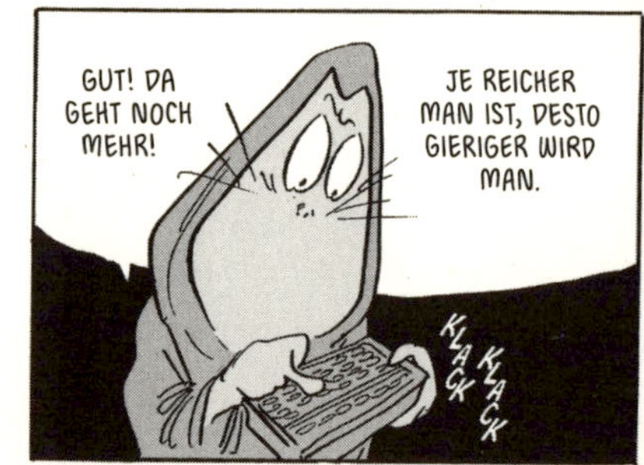

MAN SOLL NICHTS BÖSES TUN, DENN BÖSES WIRD IMMER BÖSE VERGELTUNG NACH SICH ZIEHEN. NATÜRLICH SAH AUCH DER SANCHU DES RATTENMANNS NICHT UNTÄTIG DESSEN TREIBEN ZU. ER BERICHTETE DEM HÖLLENKÖNIG ENMA AUSFÜHRLICH VON RATTENMANNS SCHANDTATEN.

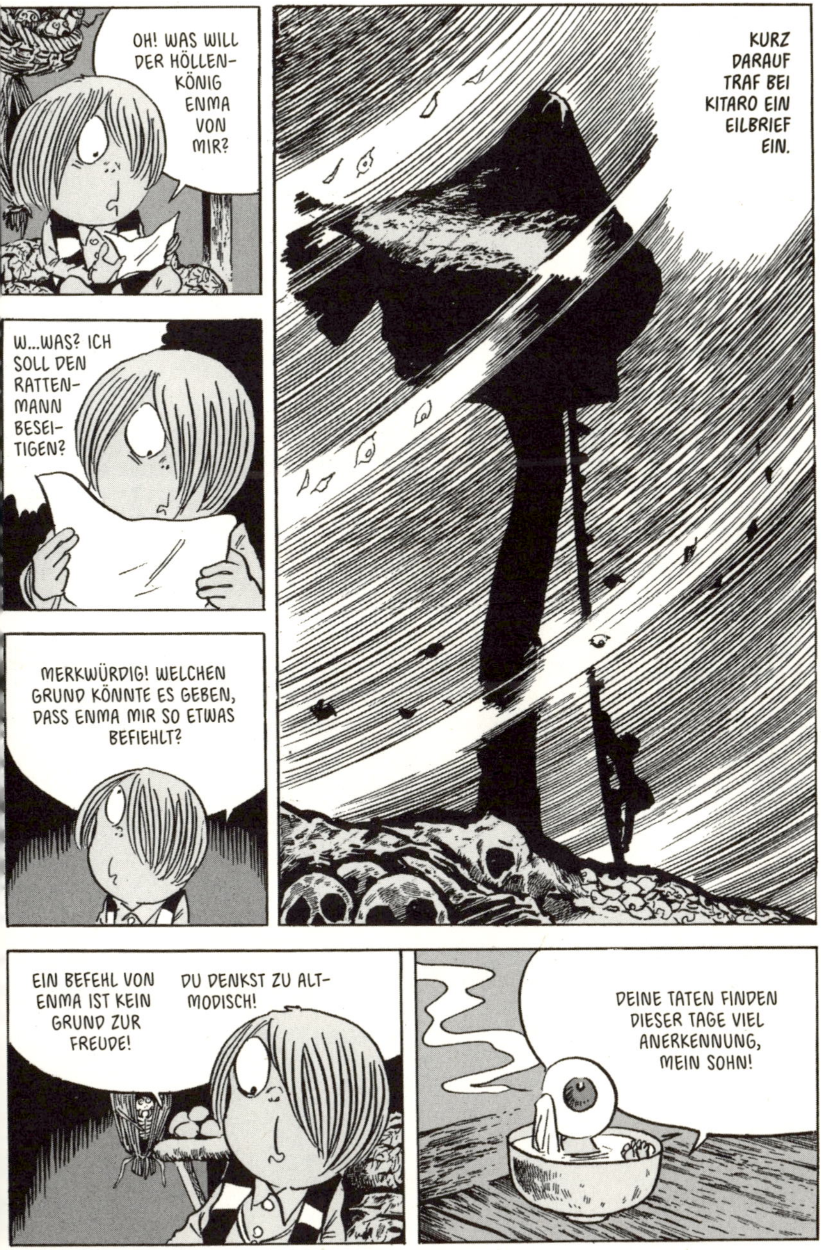

KURZ DARAUF TRAF BEI KITARO EIN EILBRIEF EIN.

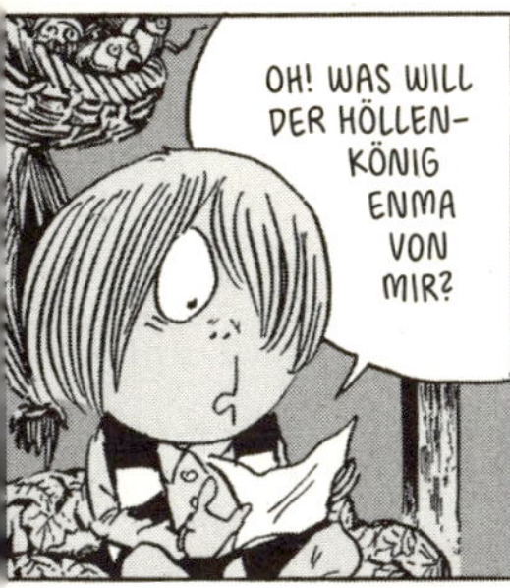

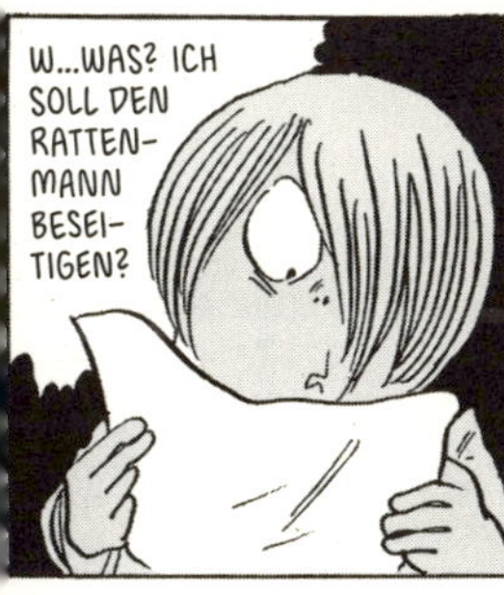

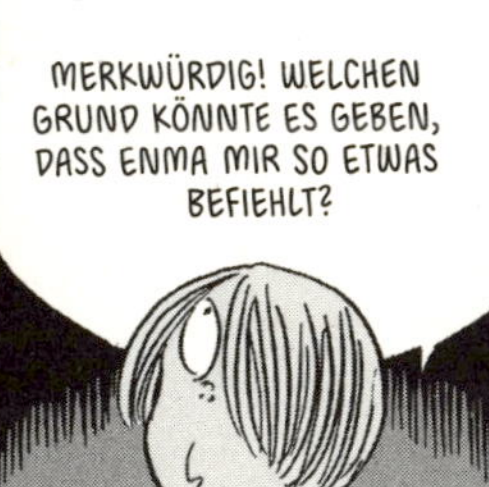

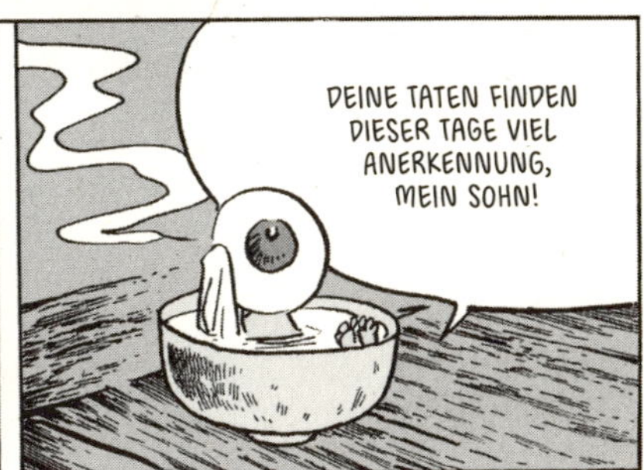

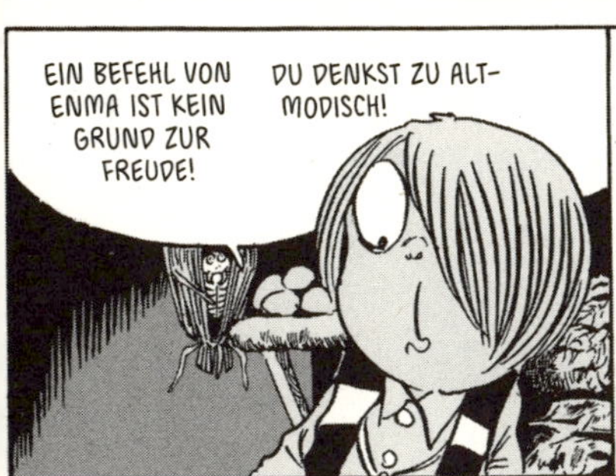

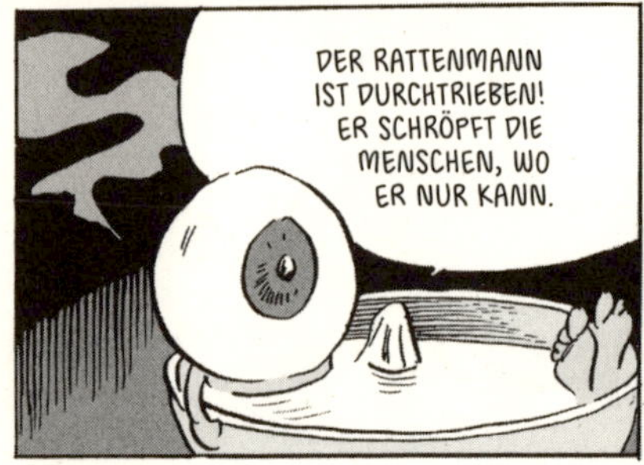

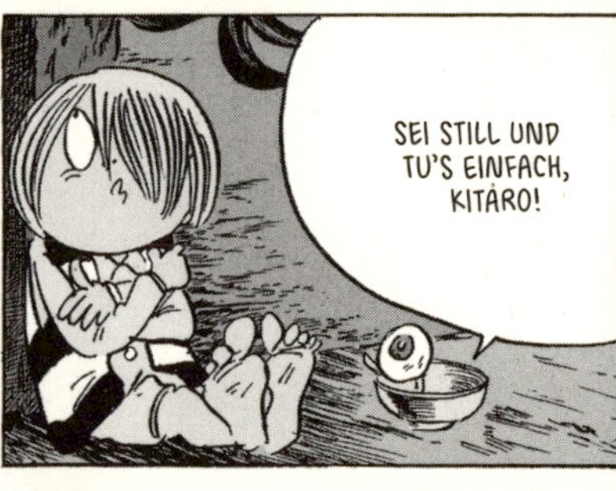

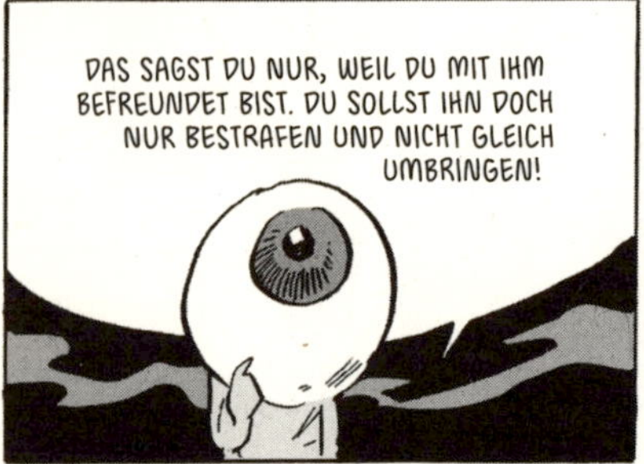

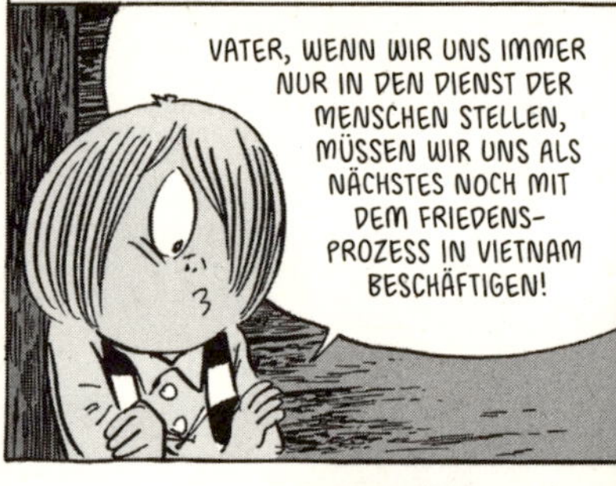

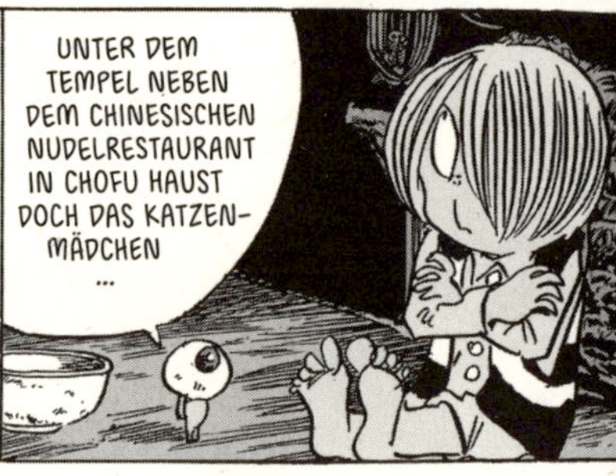

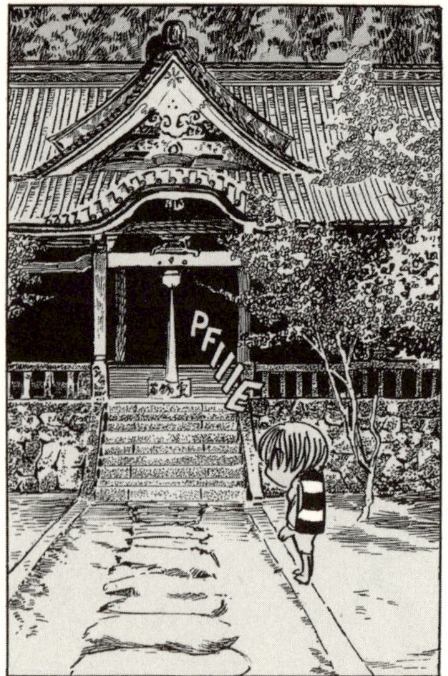

KITARO BEGAB SICH NACH CHOFU UND PFIFF DEN SIGNALPFIFF DER YOKAI.

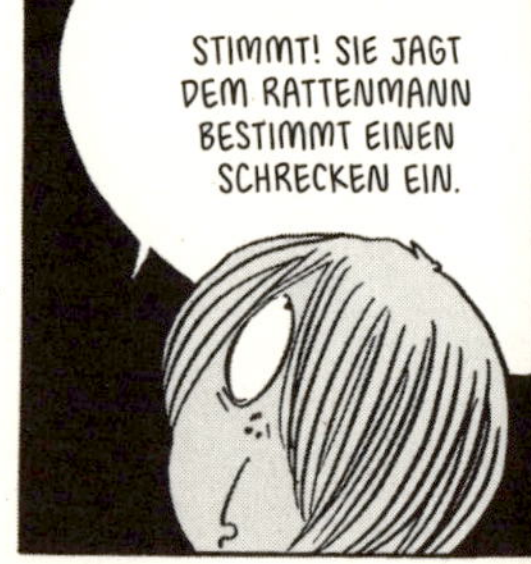

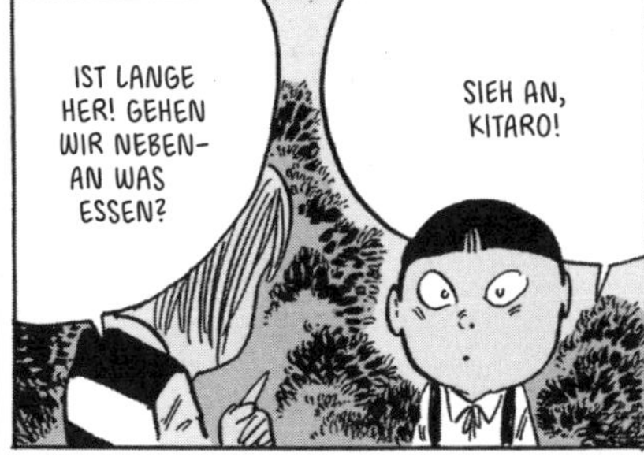
SIEH AN, KITARO!
IST LANGE HER! GEHEN WIR NEBEN-AN WAS ESSEN?

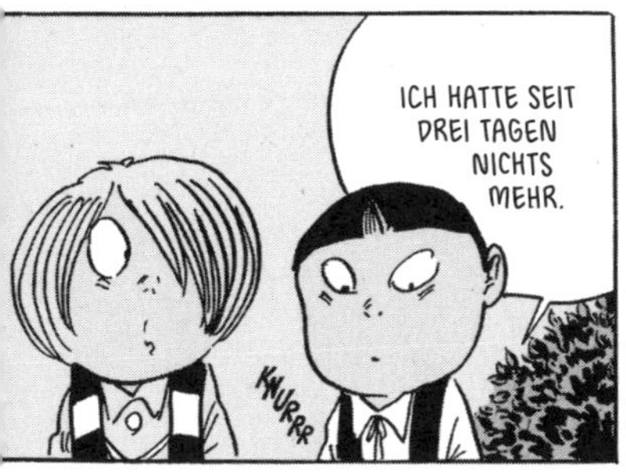
ICH HATTE SEIT DREI TAGEN NICHTS MEHR.
KNURRR

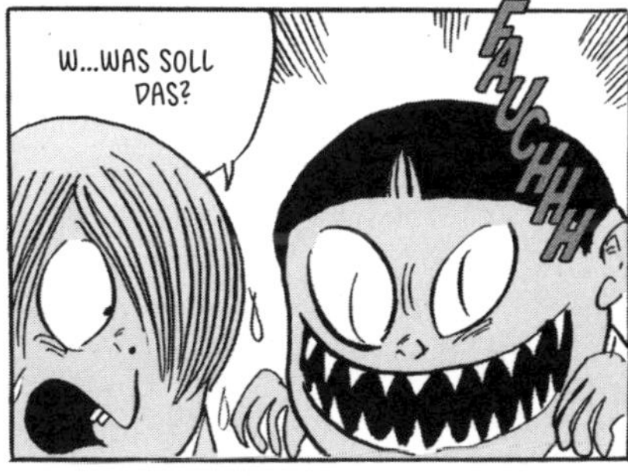
FAUCHHH
W...WAS SOLL DAS?

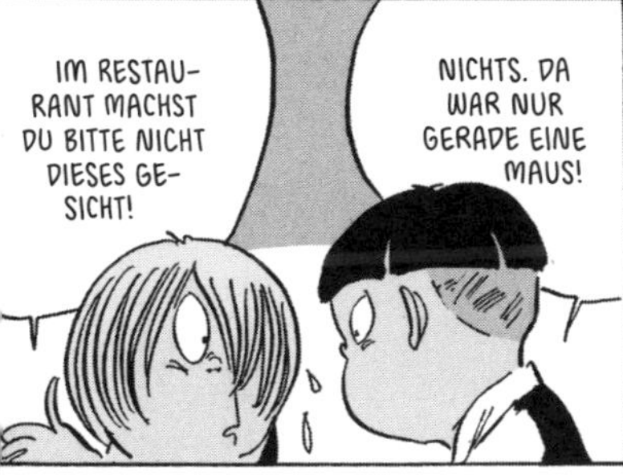
NICHTS. DA WAR NUR GERADE EINE MAUS!
IM RESTAU-RANT MACHST DU BITTE NICHT DIESES GE-SICHT!

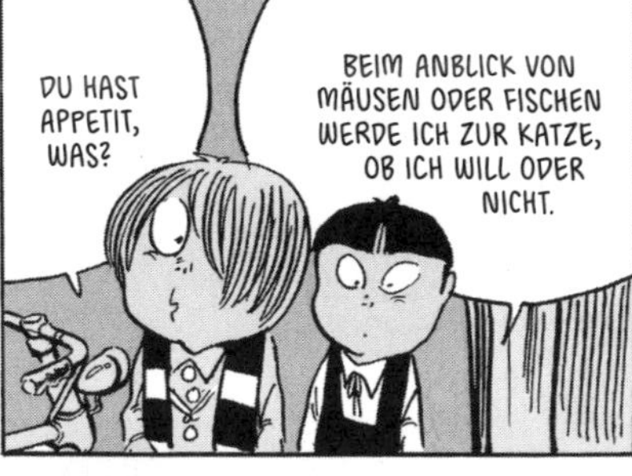
BEIM ANBLICK VON MÄUSEN ODER FISCHEN WERDE ICH ZUR KATZE, OB ICH WILL ODER NICHT.
DU HAST APPETIT, WAS?

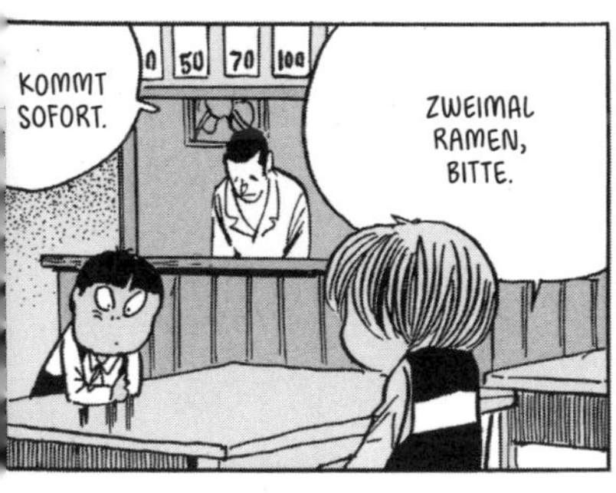
ZWEIMAL RAMEN, BITTE.
KOMMT SOFORT.

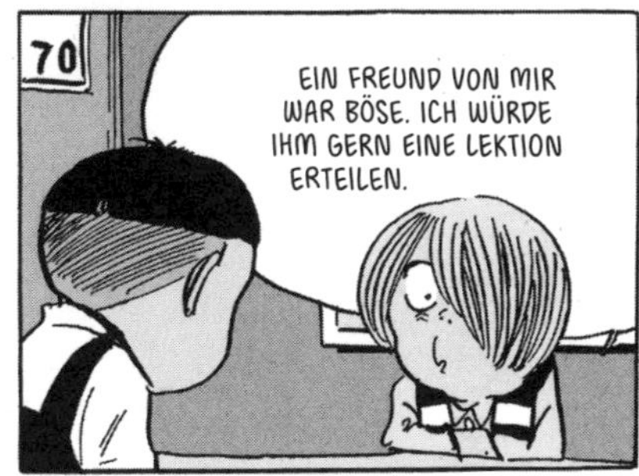
EIN FREUND VON MIR WAR BÖSE. ICH WÜRDE IHM GERN EINE LEKTION ERTEILEN.

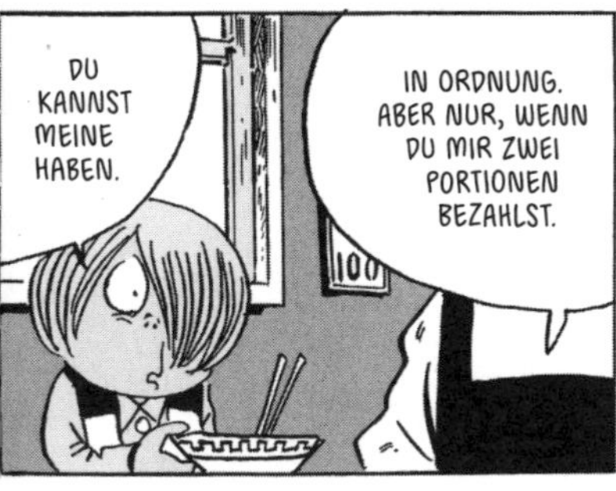
IN ORDNUNG. ABER NUR, WENN DU MIR ZWEI PORTIONEN BEZAHLST.
DU KANNST MEINE HABEN.

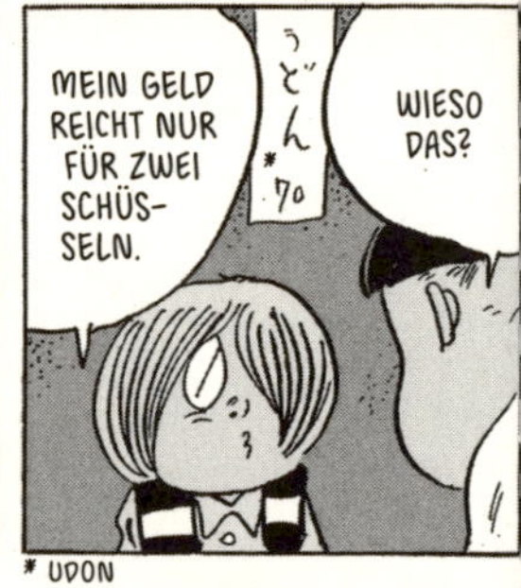

* UDON

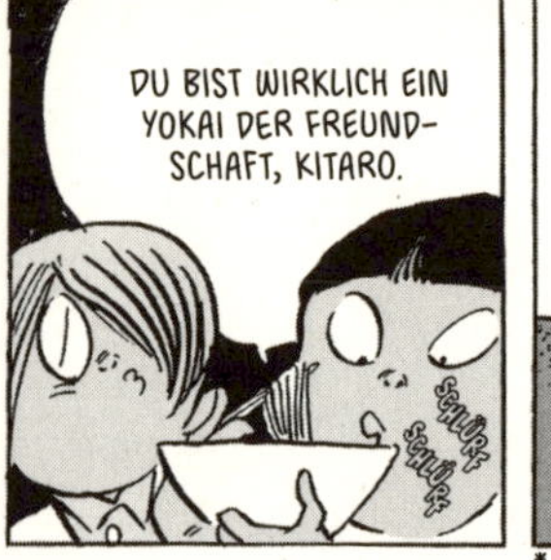

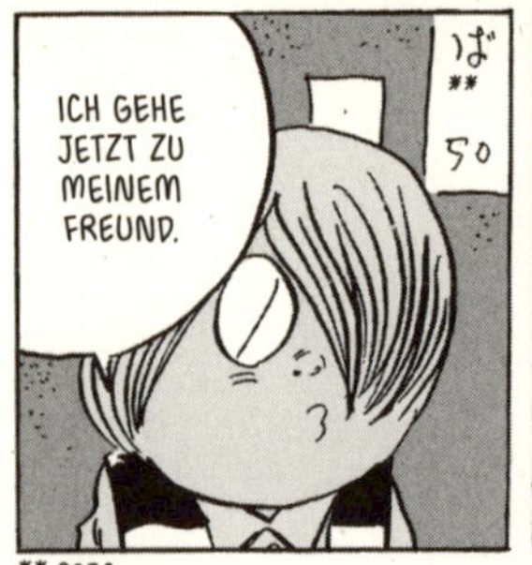

** SOBA

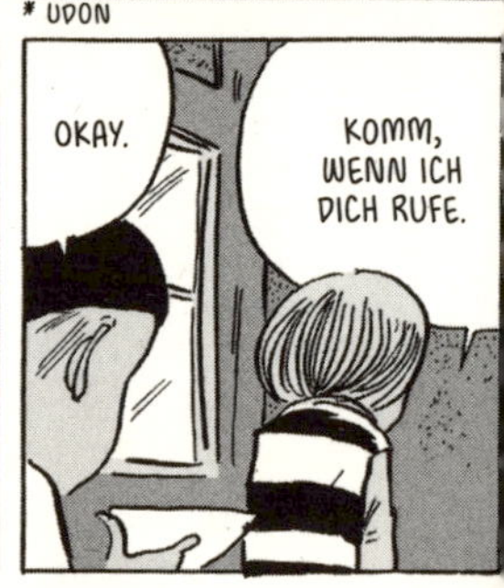

KITARO MACHTE SICH GLEICH AUF DEN WEG ZUM RATTENMANN.

UNTERWEGS BEGEGNETE ER VIELEN MENSCHEN, DIE GROSSE QUALEN LITTEN ODER BEREITS GESTORBEN WAREN.

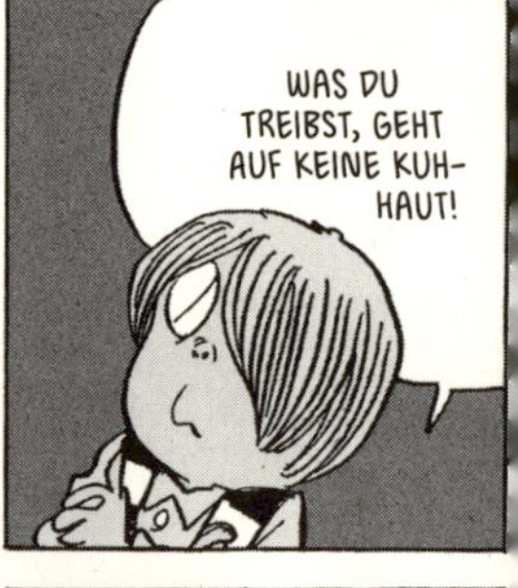

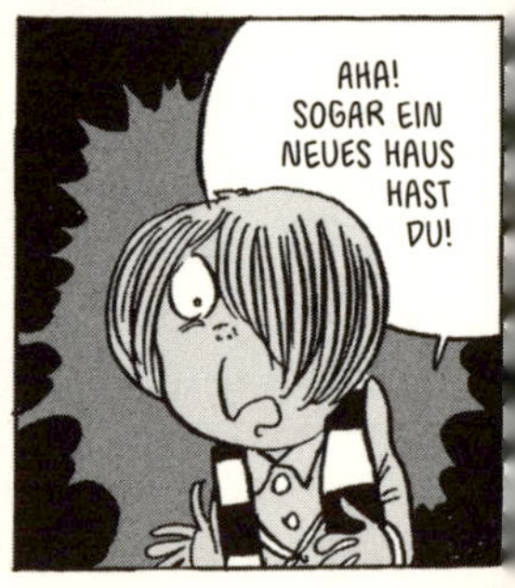

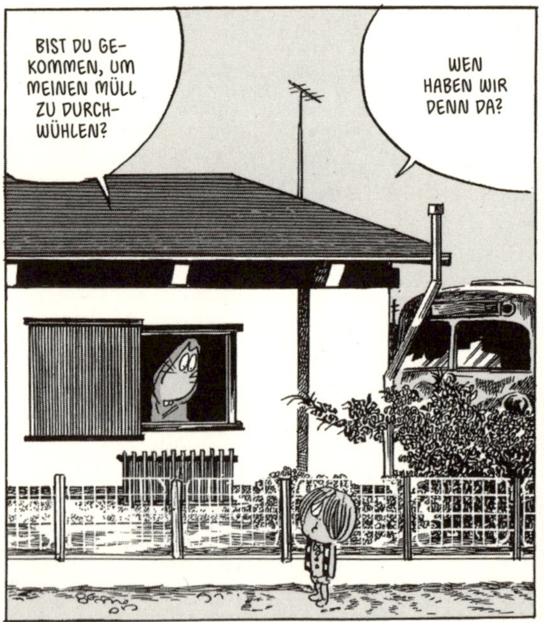

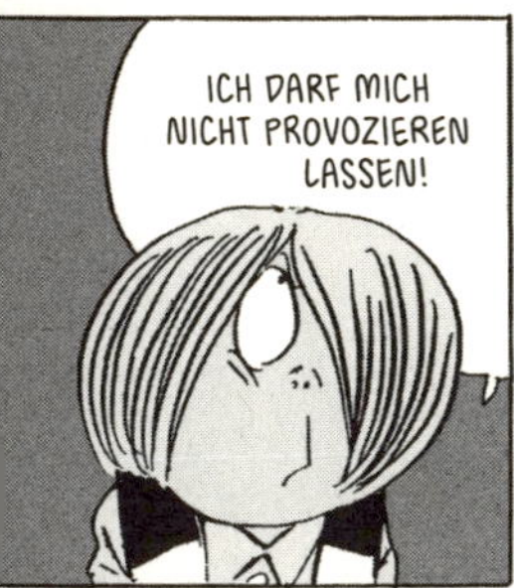
ICH DARF MICH NICHT PROVOZIEREN LASSEN!

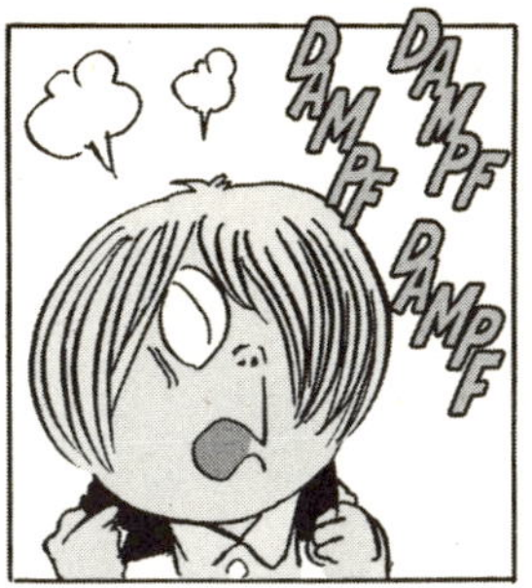
DAMPF
DAMPF
DAMPF

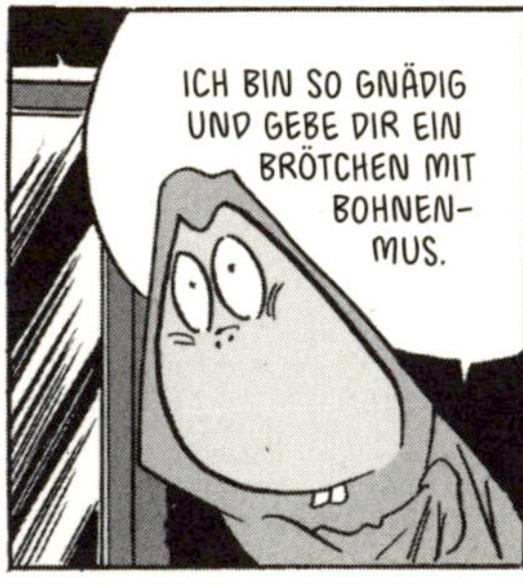
ICH BIN SO GNÄDIG UND GEBE DIR EIN BRÖTCHEN MIT BOHNEN-MUS.

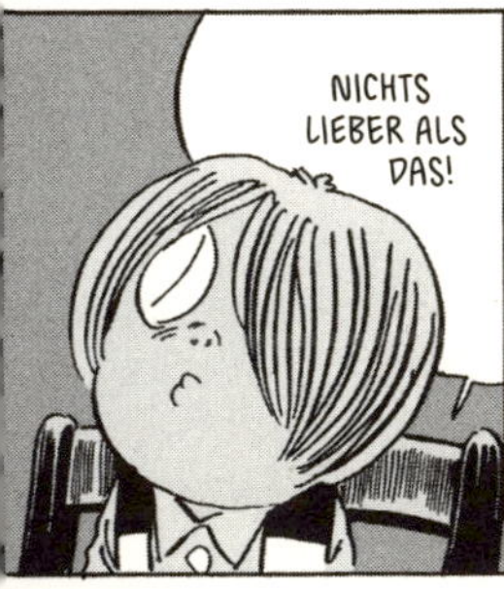
NICHTS LIEBER ALS DAS!

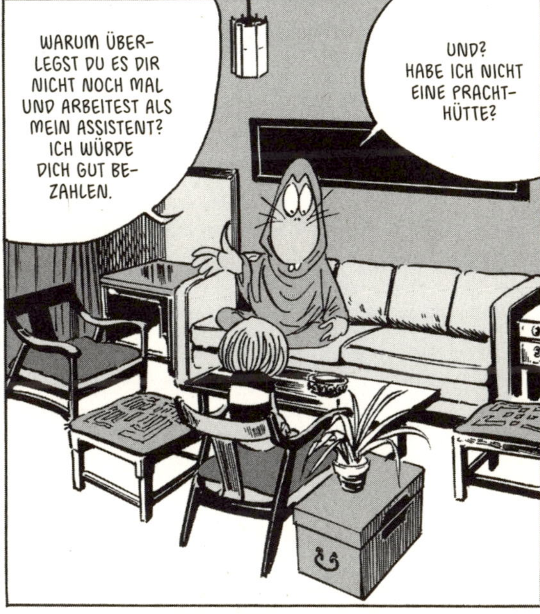
UND? HABE ICH NICHT EINE PRACHT-HÜTTE?
WARUM ÜBER-LEGST DU ES DIR NICHT NOCH MAL UND ARBEITEST ALS MEIN ASSISTENT? ICH WÜRDE DICH GUT BE-ZAHLEN.

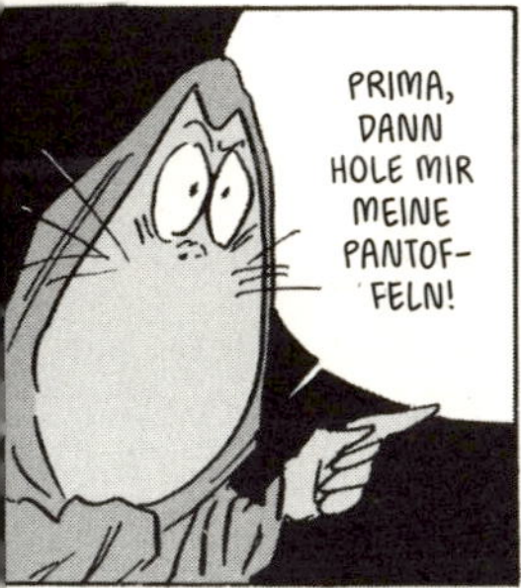
PRIMA, DANN HOLE MIR MEINE PANTOF-FELN!

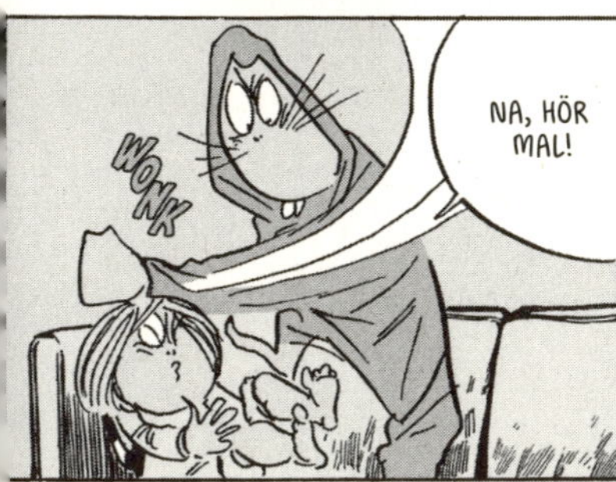
NA, HÖR MAL!
WONK

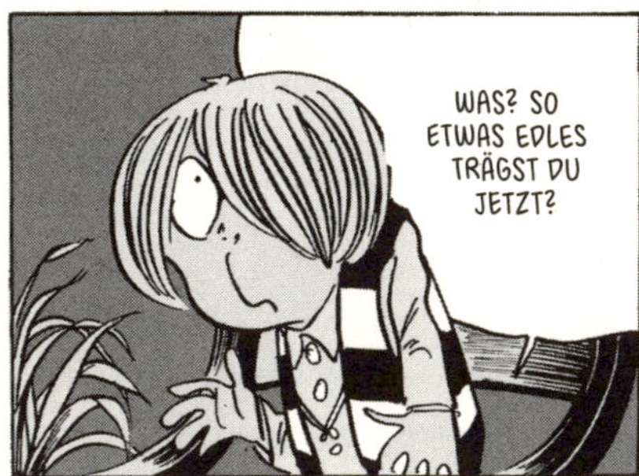
WAS? SO ETWAS EDLES TRÄGST DU JETZT?

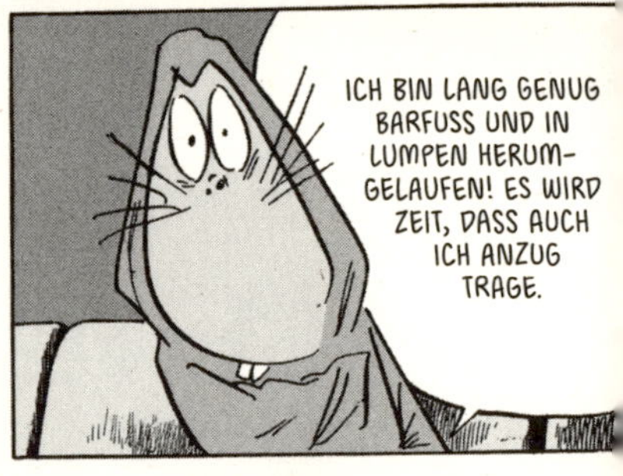

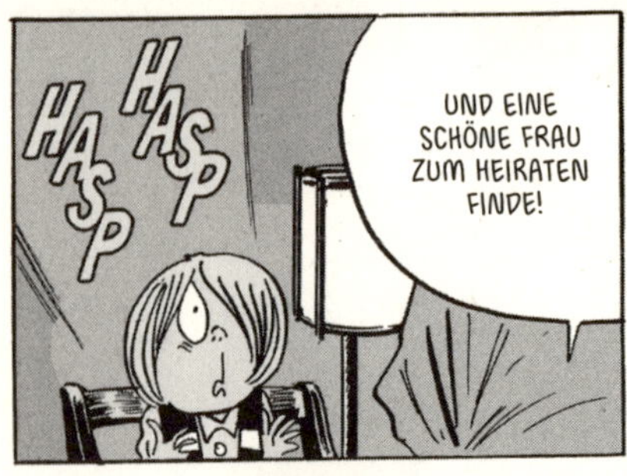

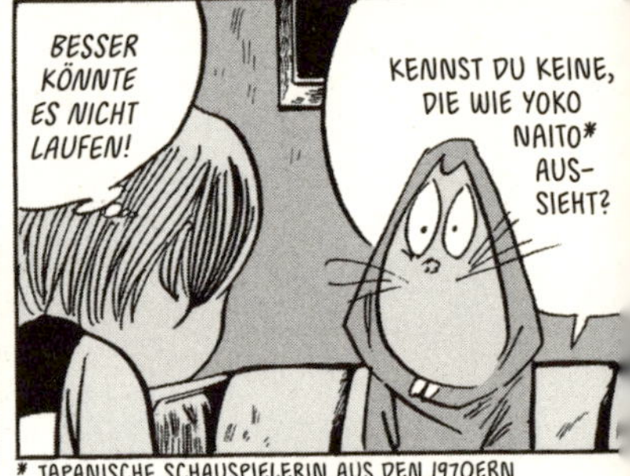

* JAPANISCHE SCHAUSPIELERIN AUS DEN 1970ERN

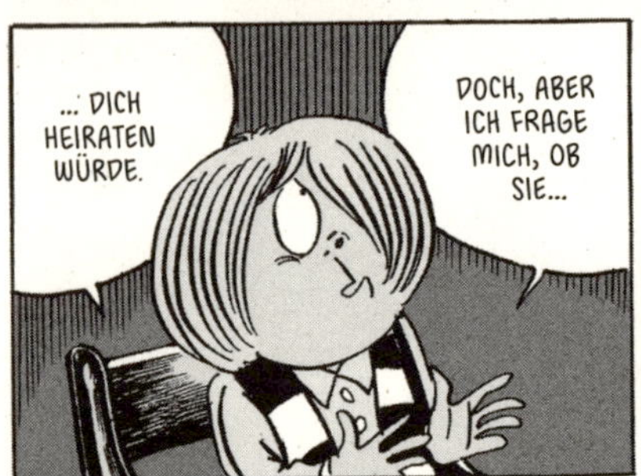

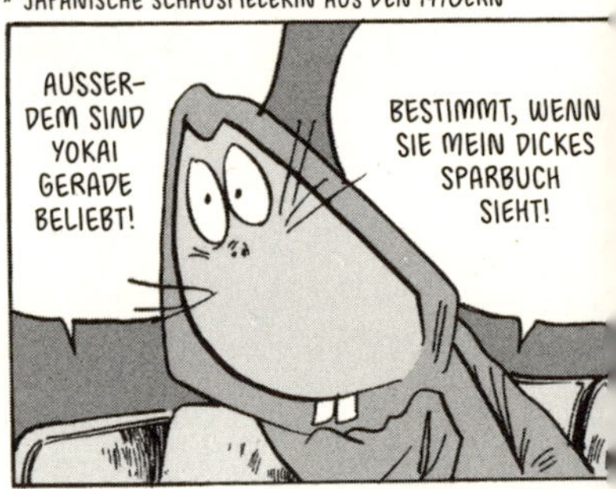

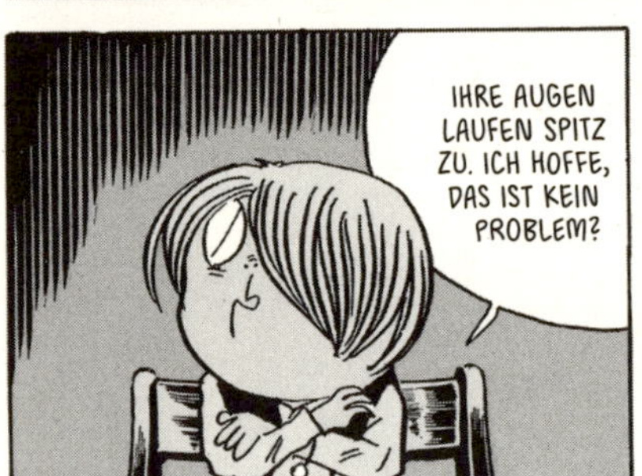

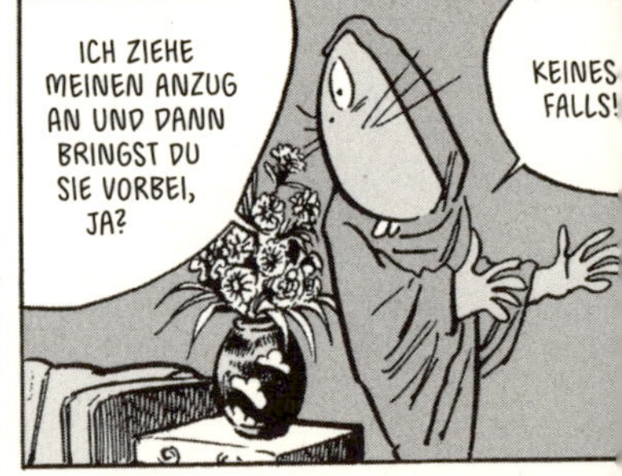

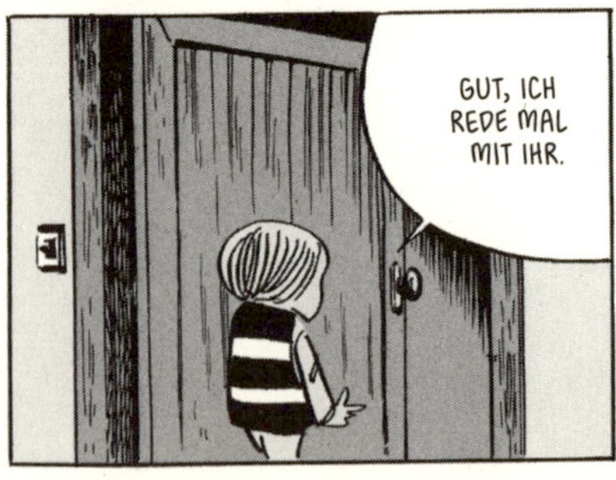

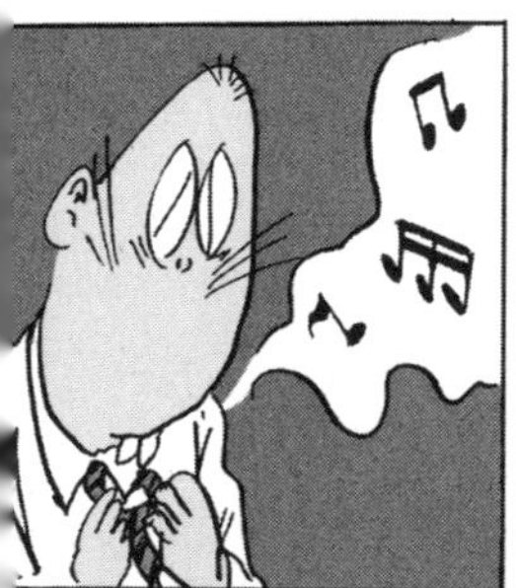
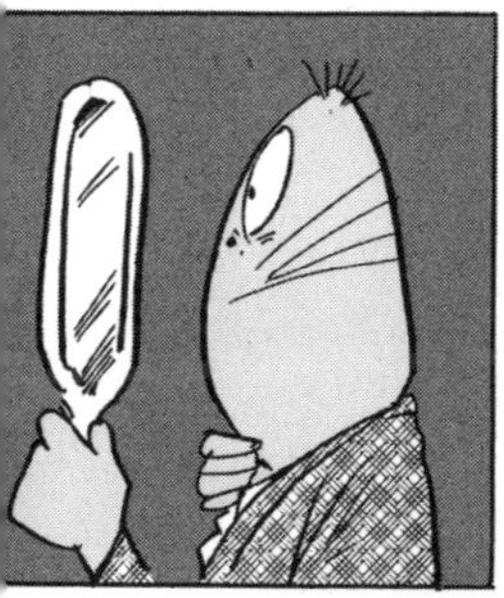
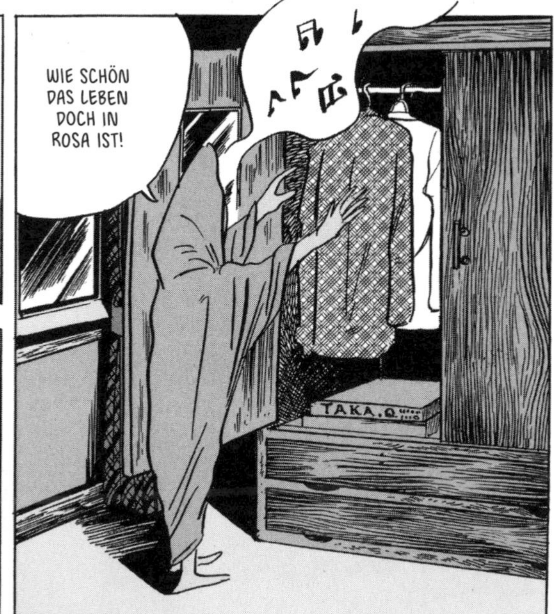
WIE SCHÖN DAS LEBEN DOCH IN ROSA IST!
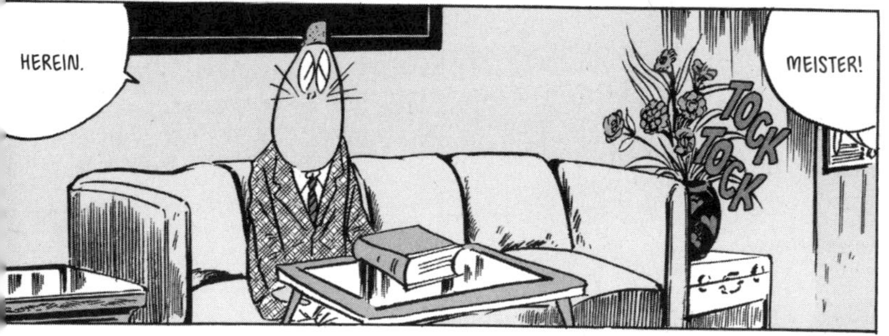
MEISTER!
TOCK TOCK
HEREIN.
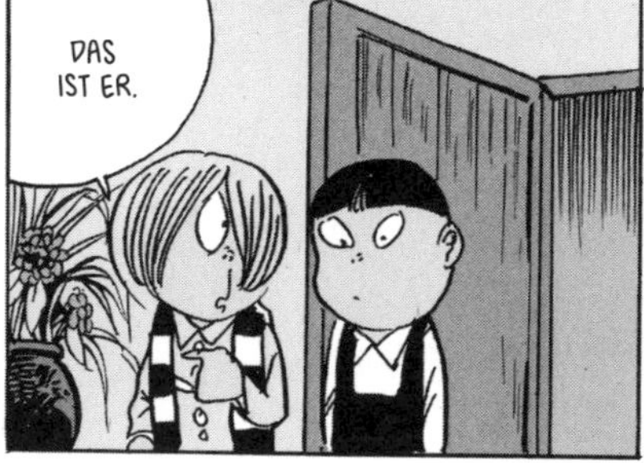
DAS IST ER.
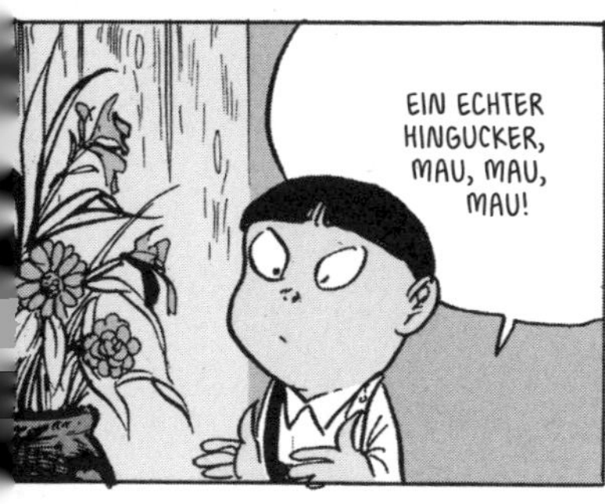
EIN ECHTER HINGUCKER, MAU, MAU, MAU!

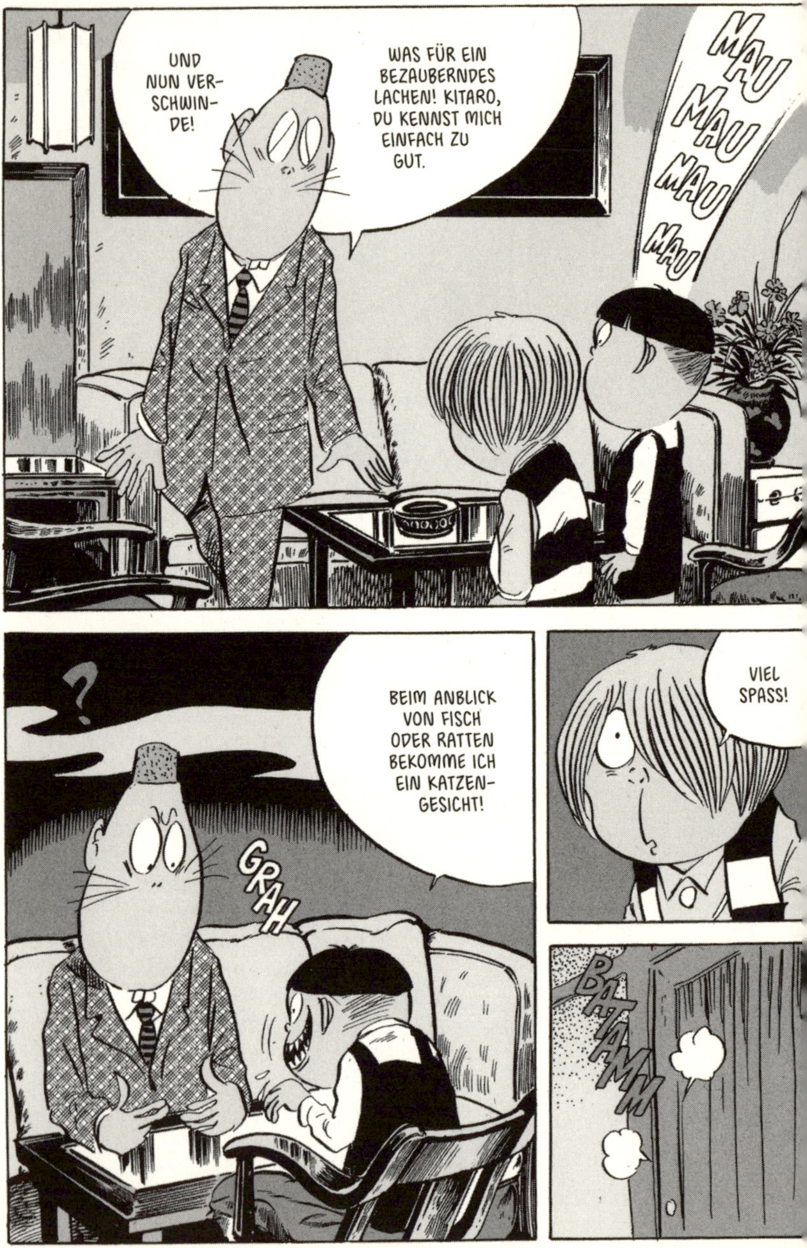

MAU MAU MAU MAU

WAS FÜR EIN BEZAUBERNDES LACHEN! KITARO, DU KENNST MICH EINFACH ZU GUT.

UND NUN VERSCHWINDE!

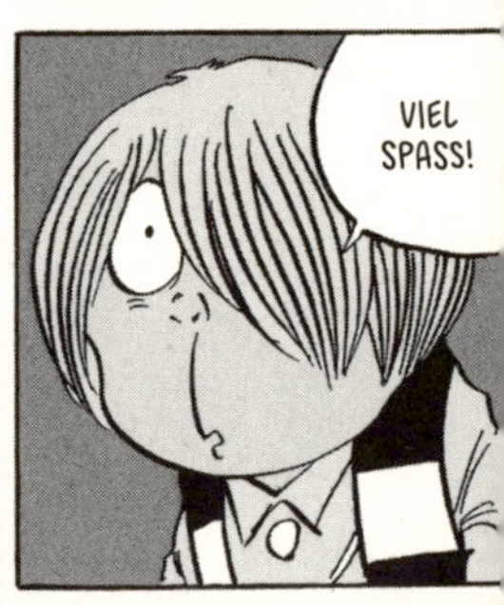

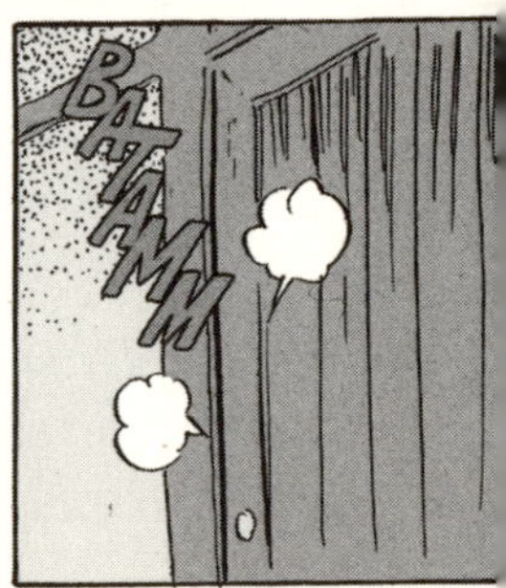

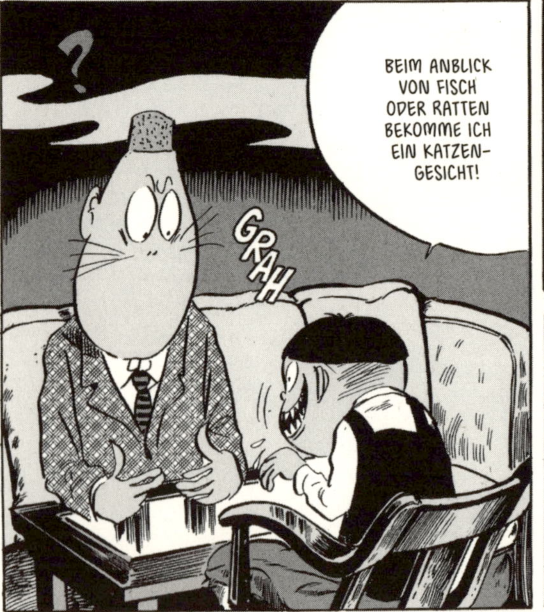

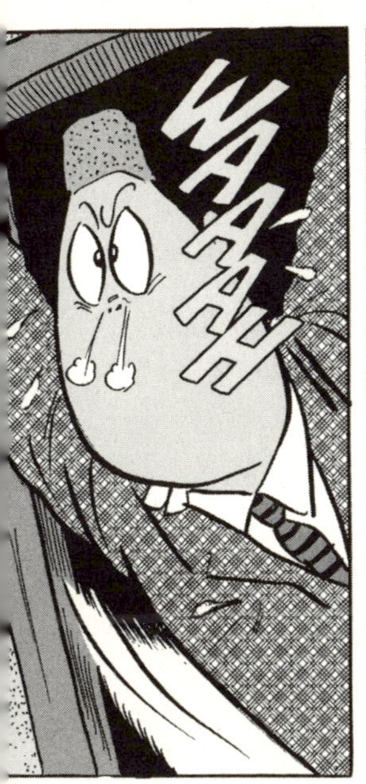
WAAAAH

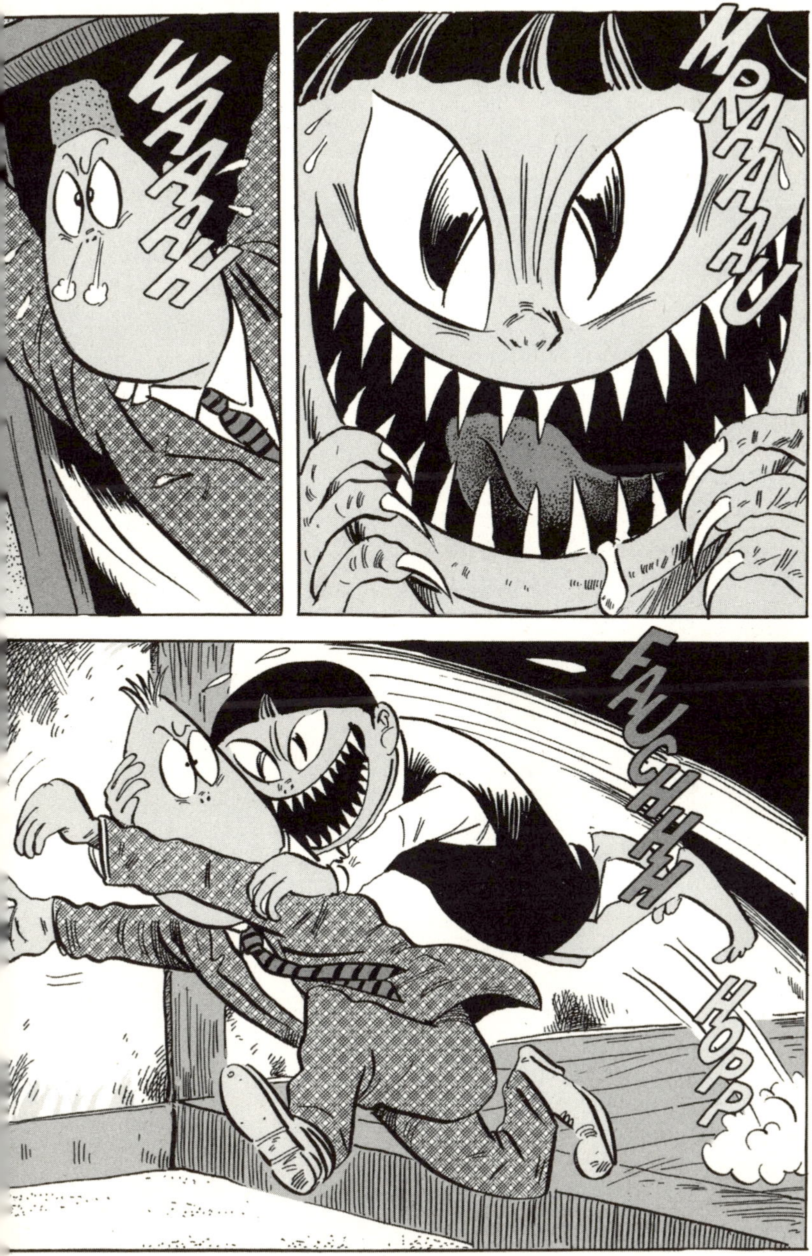

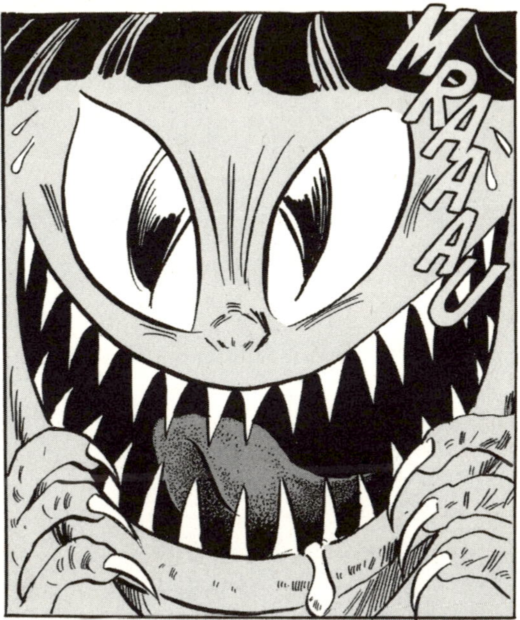
MRAAAAU

FAUCHHH
HOPP

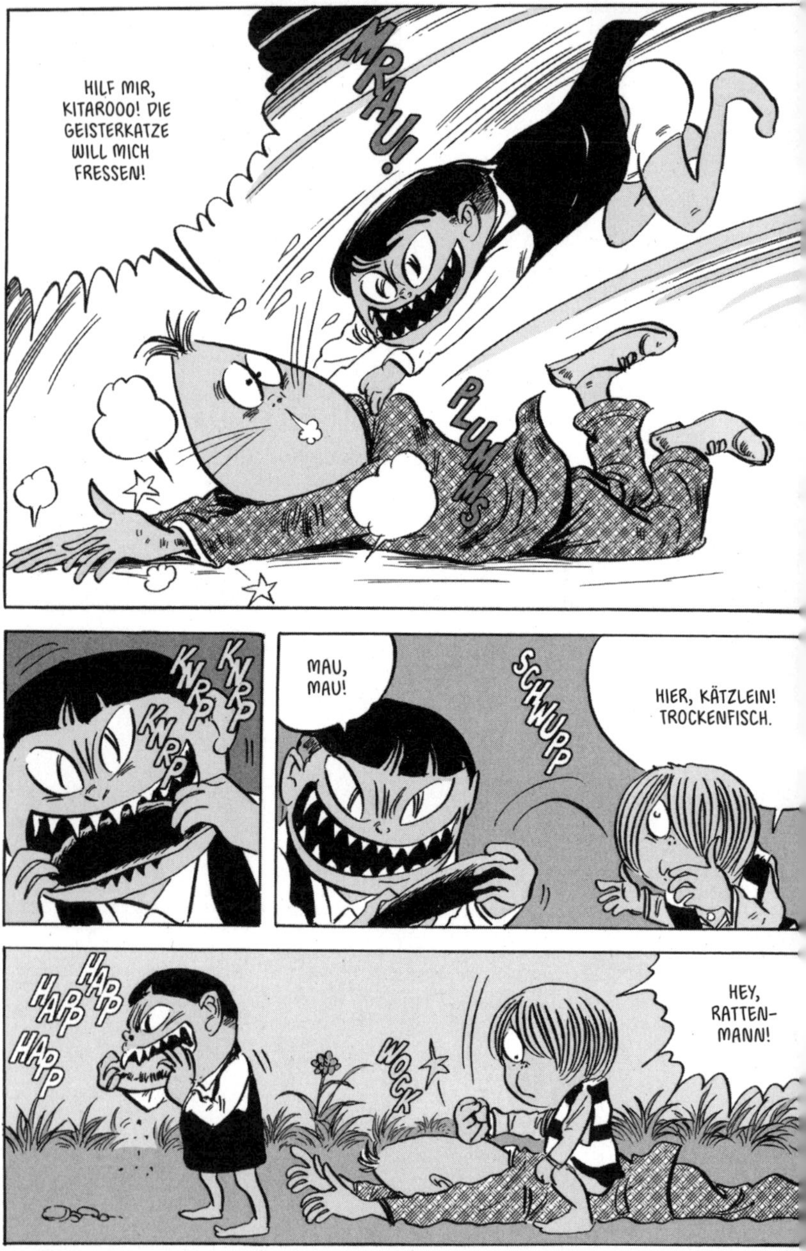

HILF MIR, KITAROOO! DIE GEISTERKATZE WILL MICH FRESSEN!
MRAU!
PLUMMS

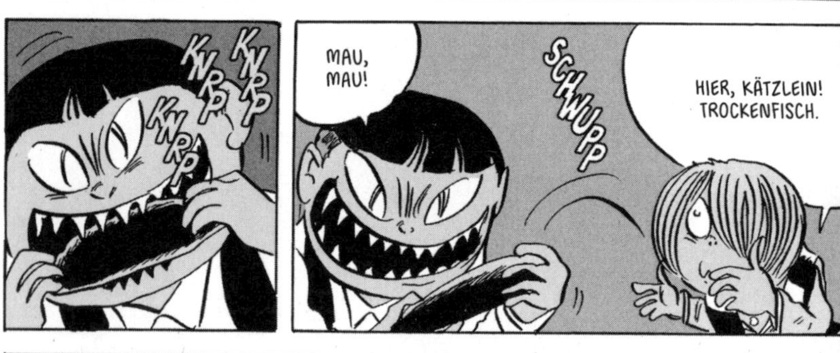

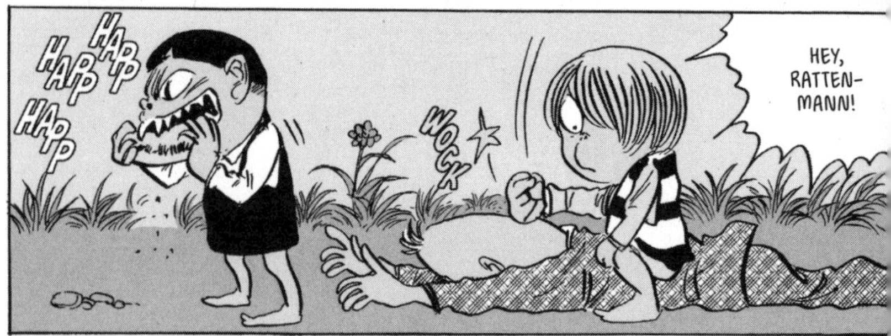

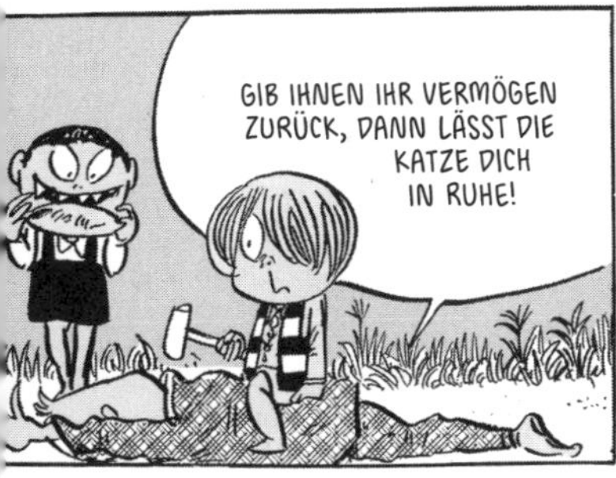

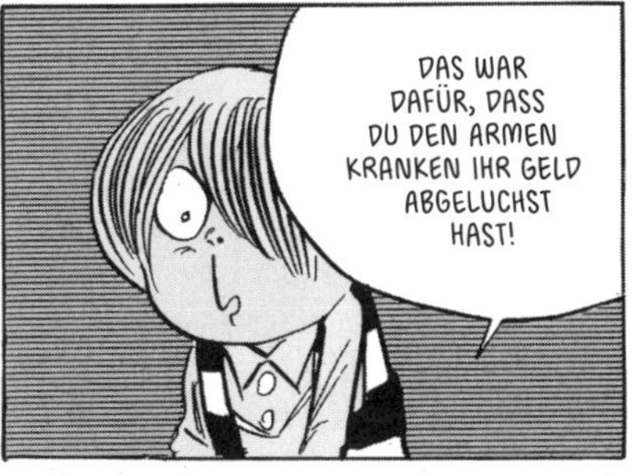

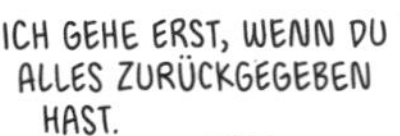

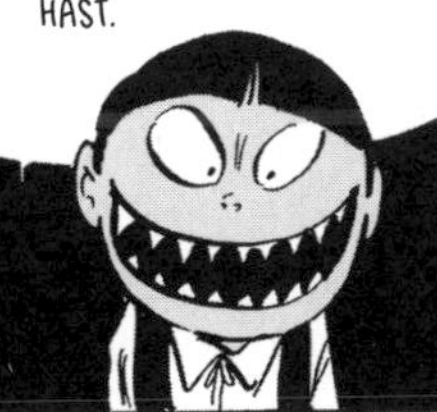

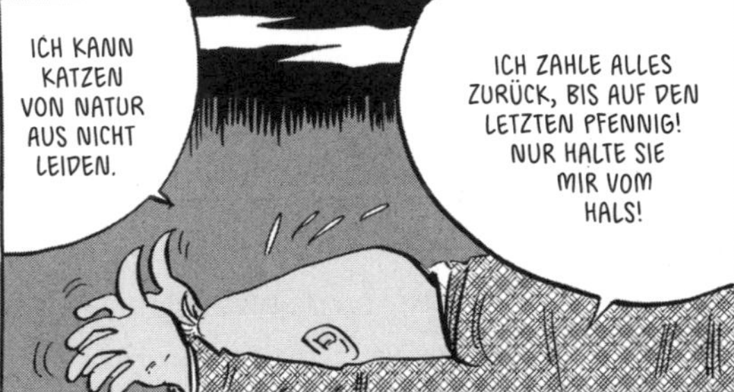

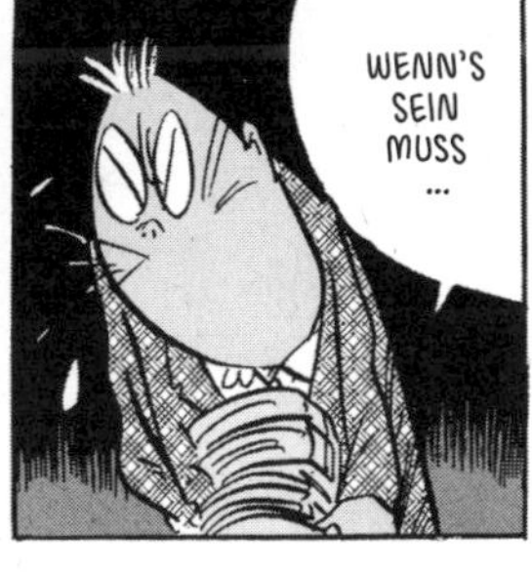

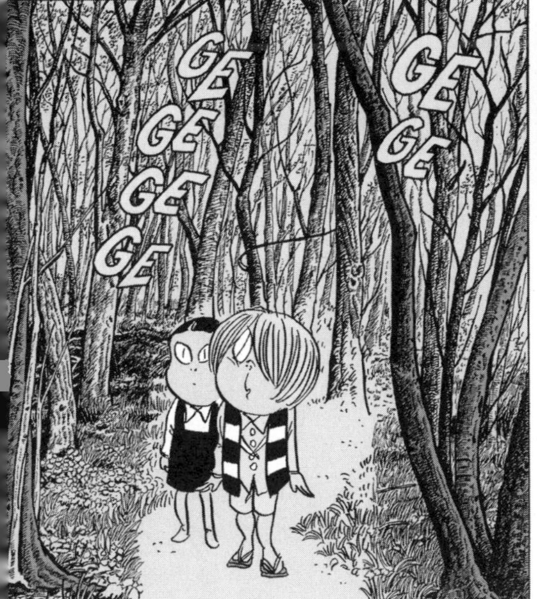

SOBALD ALLE BETROGENEN IHR GELD ZURÜCKHATTEN, VERSCHWAND KITARO MIT DEM KATZENMÄDCHEN. ZUM ERSTEN MAL SEIT LANGEM WAR DAS FRIEDHOFLIED ZU HÖREN.

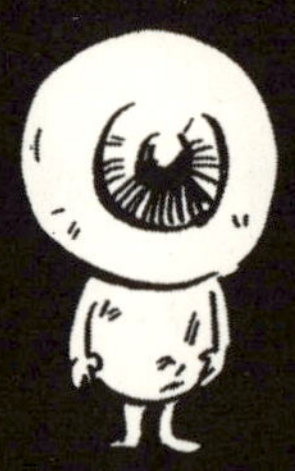

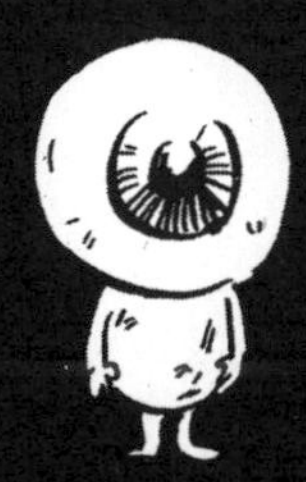

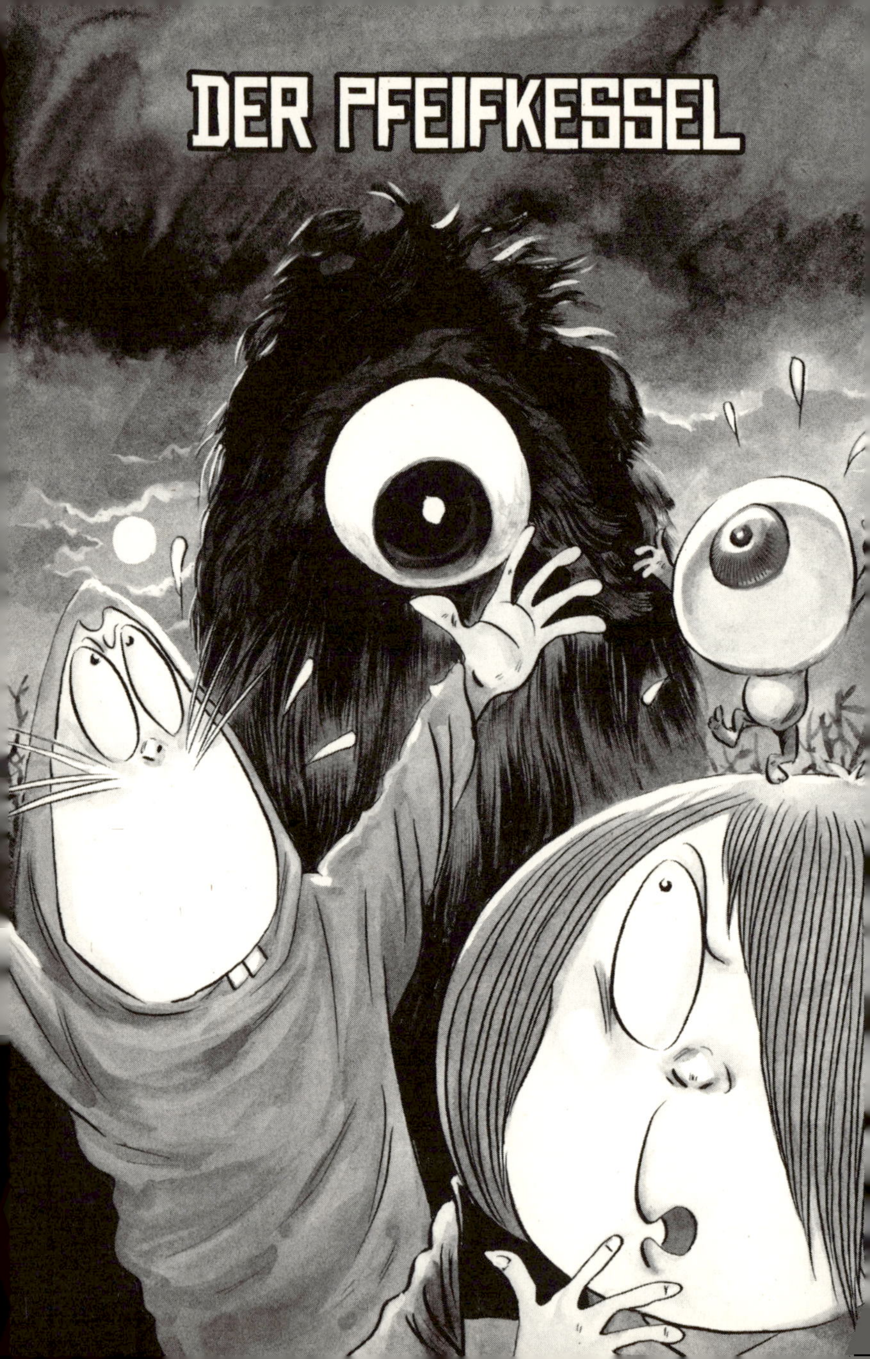
DER PFEIFKESSEL

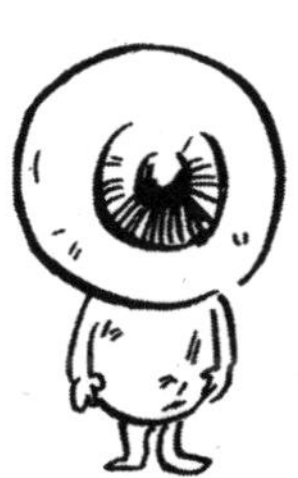

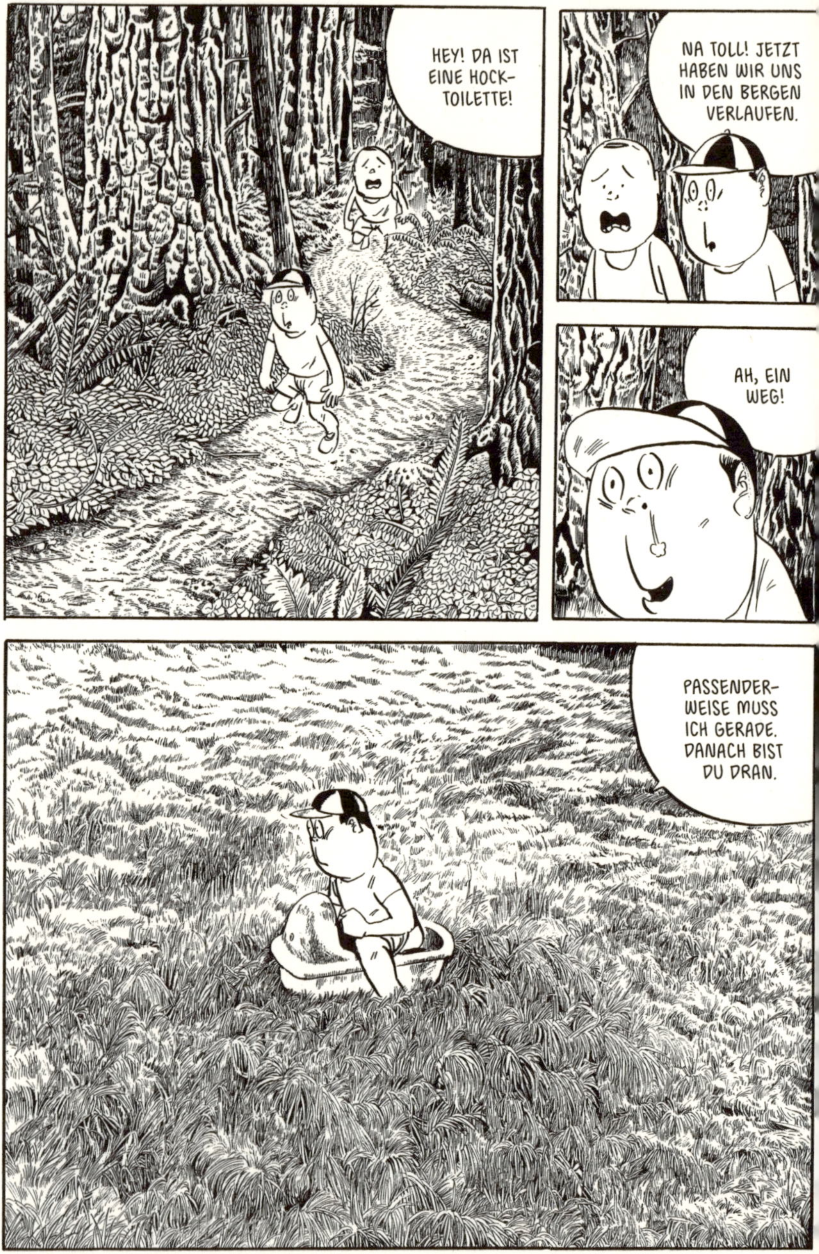

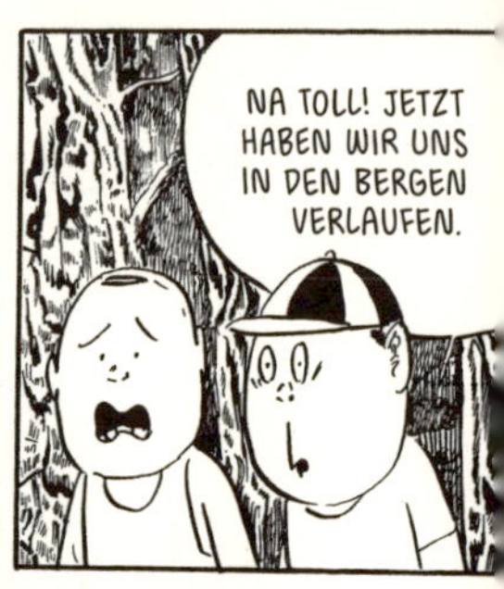

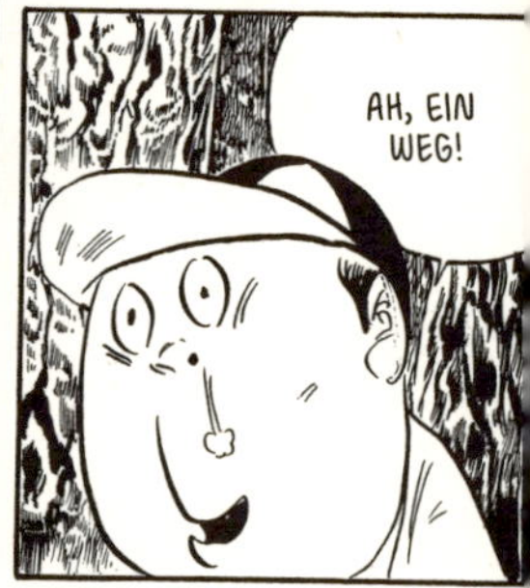

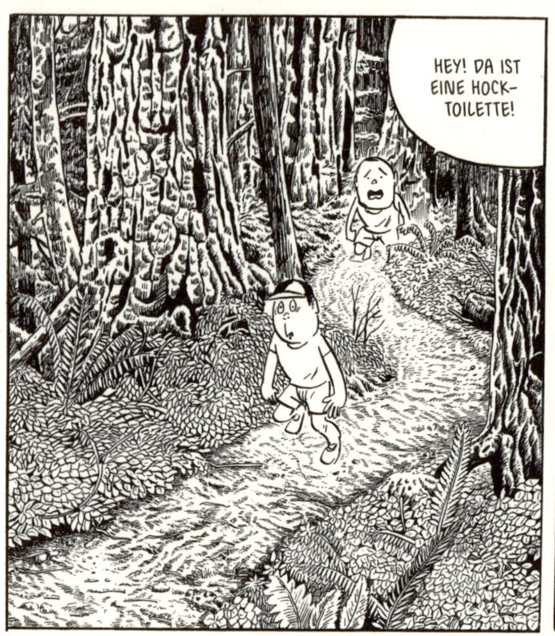

PASSENDER-WEISE MUSS ICH GERADE. DANACH BIST DU DRAN.

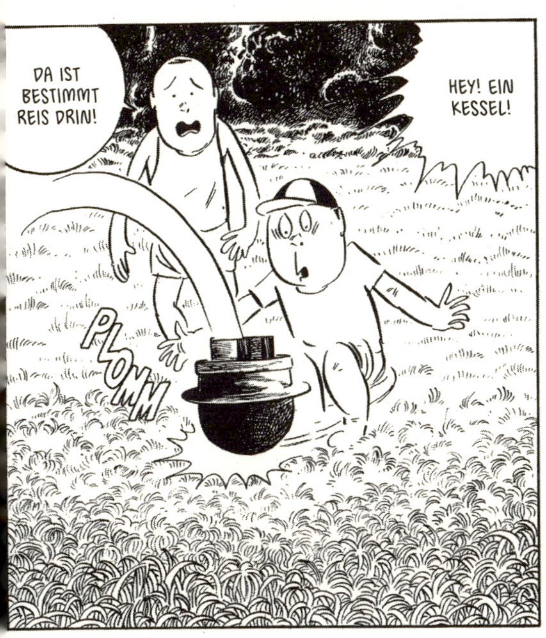
HEY! EIN KESSEL!
DA IST BESTIMMT REIS DRIN!
PLOMM
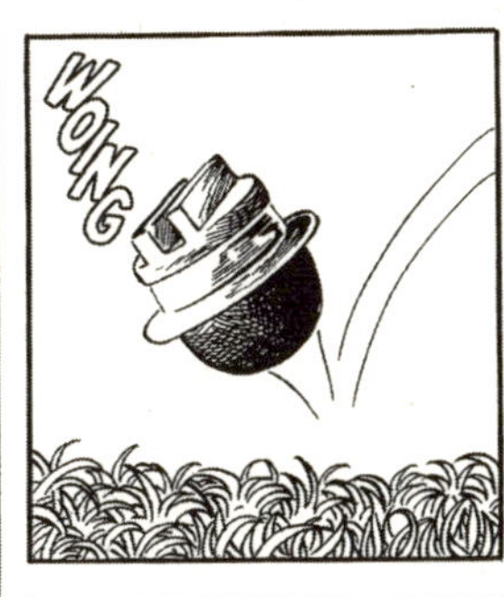
WOING
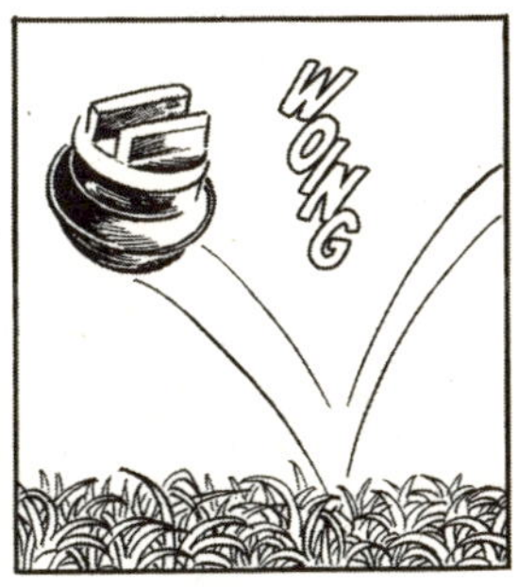
WOING
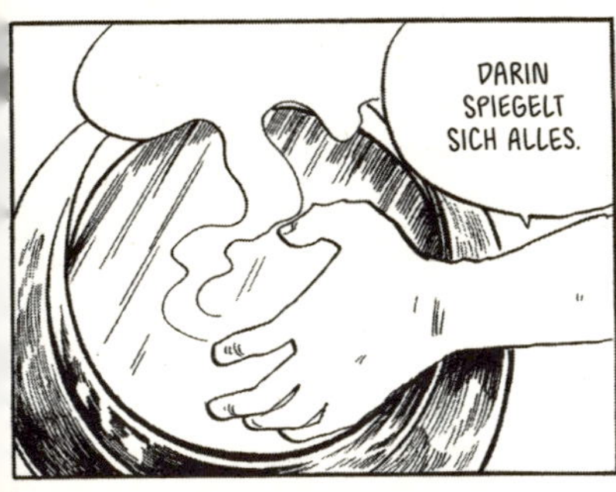
DARIN SPIEGELT SICH ALLES.
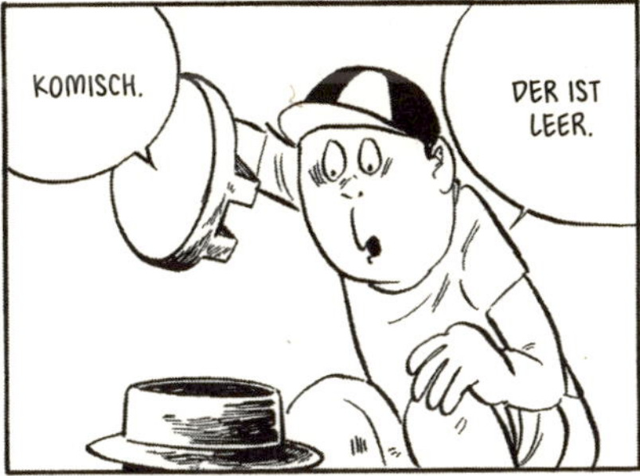
DER IST LEER.
KOMISCH.
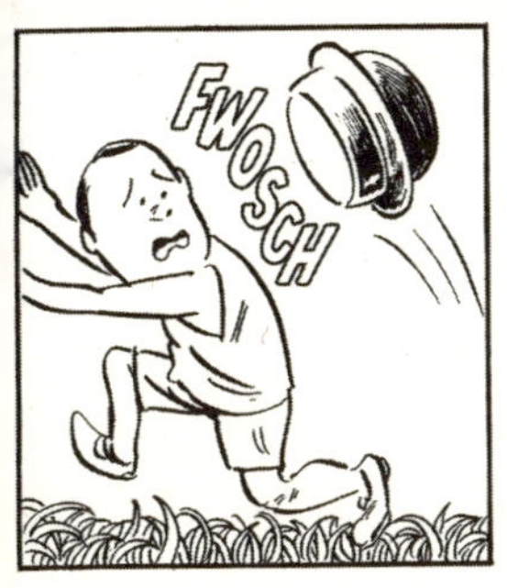
FWOSCH
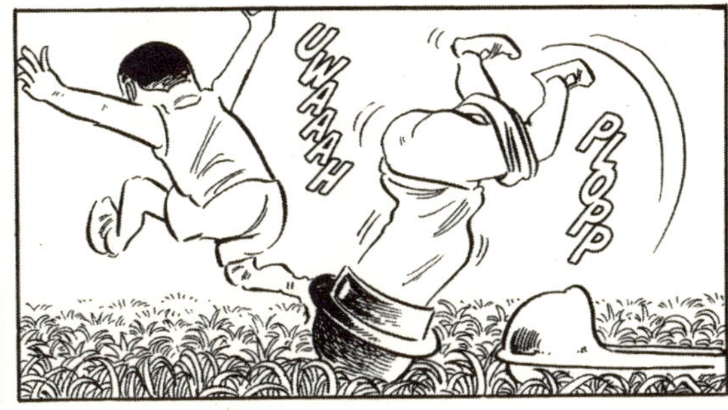
PLOPP
UWAAAH

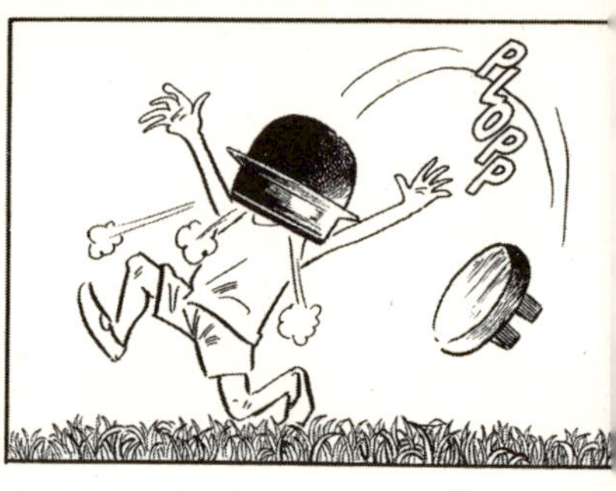
PLOPP

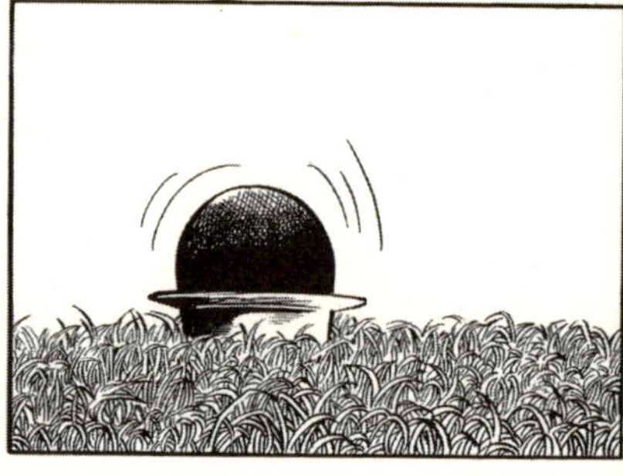

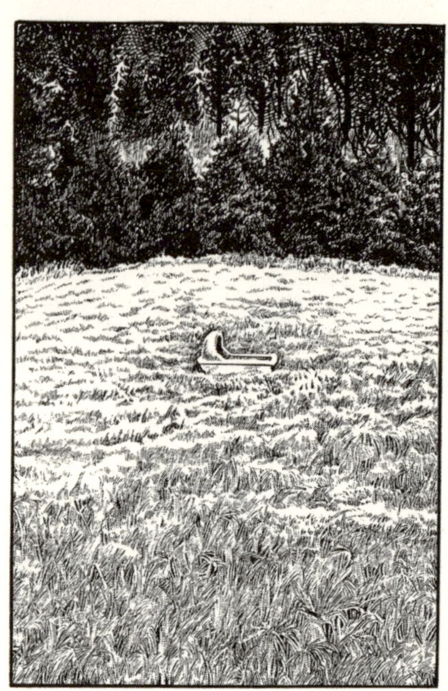

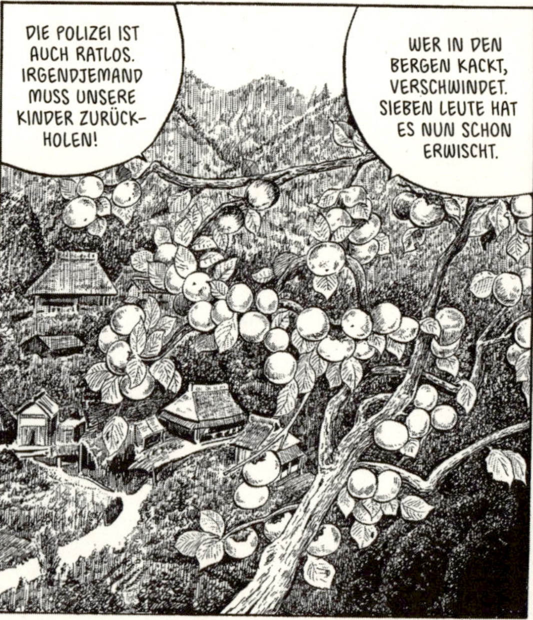
WER IN DEN BERGEN KACKT, VERSCHWINDET. SIEBEN LEUTE HAT ES NUN SCHON ERWISCHT.
DIE POLIZEI IST AUCH RATLOS. IRGENDJEMAND MUSS UNSERE KINDER ZURÜCKHOLEN!

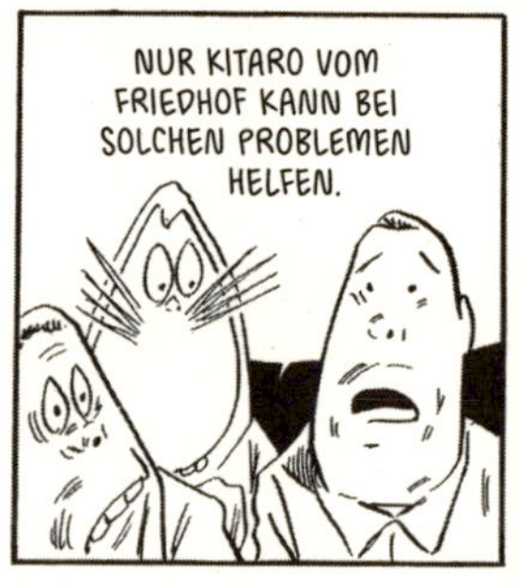
NUR KITARO VOM FRIEDHOF KANN BEI SOLCHEN PROBLEMEN HELFEN.

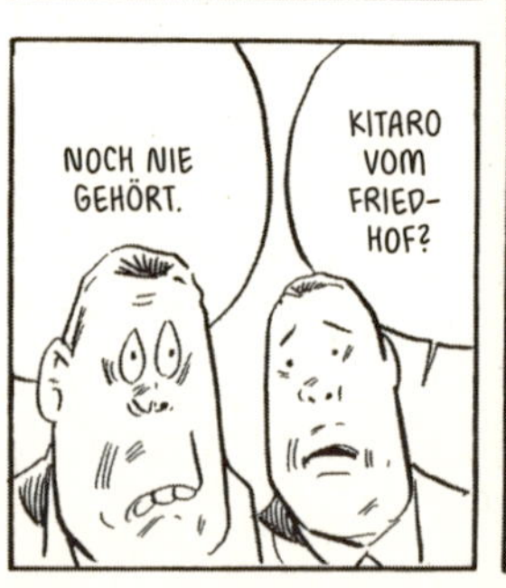
KITARO VOM FRIEDHOF?
NOCH NIE GEHÖRT.

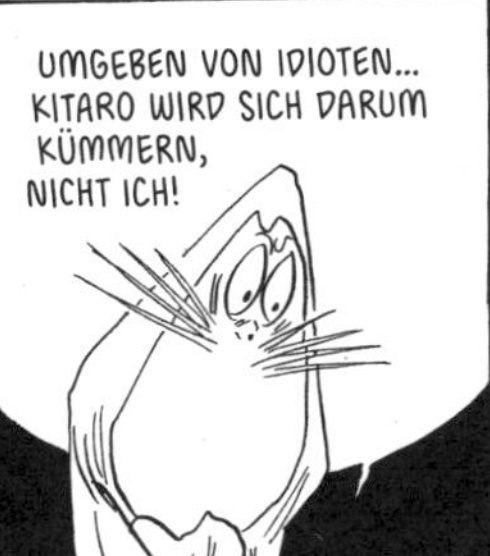
UMGEBEN VON IDIOTEN... KITARO WIRD SICH DARUM KÜMMERN, NICHT ICH!

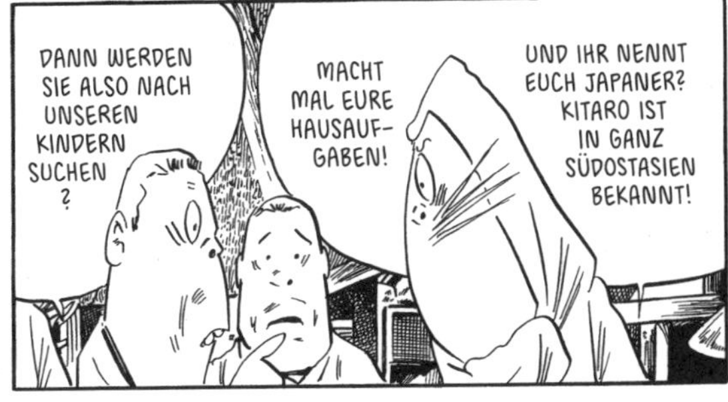
DANN WERDEN SIE ALSO NACH UNSEREN KINDERN SUCHEN?
MACHT MAL EURE HAUSAUFGABEN!
UND IHR NENNT EUCH JAPANER? KITARO IST IN GANZ SÜDOSTASIEN BEKANNT!

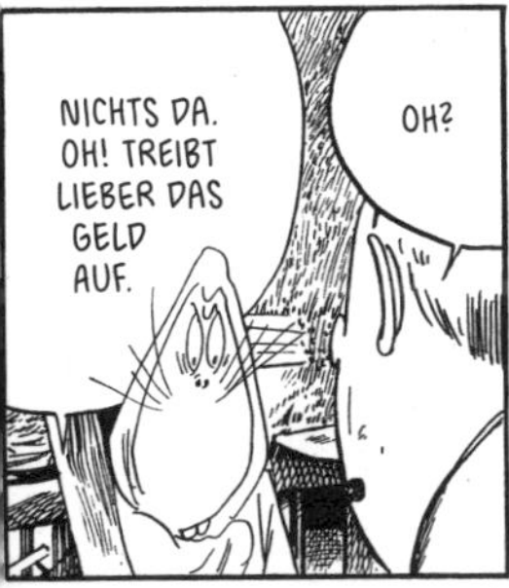
NICHTS DA. OH! TREIBT LIEBER DAS GELD AUF.
OH?

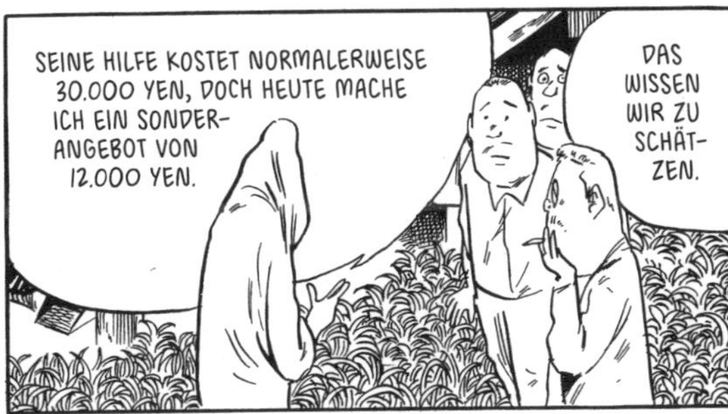
SEINE HILFE KOSTET NORMALERWEISE 30.000 YEN, DOCH HEUTE MACHE ICH EIN SONDERANGEBOT VON 12.000 YEN.
DAS WISSEN WIR ZU SCHÄTZEN.

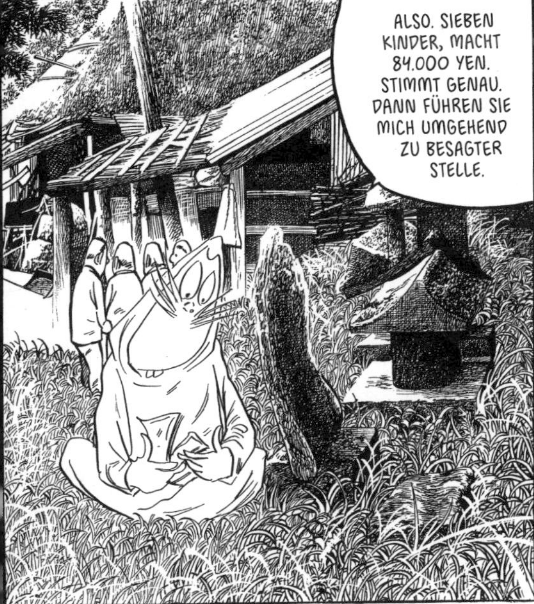
ALSO. SIEBEN KINDER, MACHT 84.000 YEN. STIMMT GENAU. DANN FÜHREN SIE MICH UMGEHEND ZU BESAGTER STELLE.

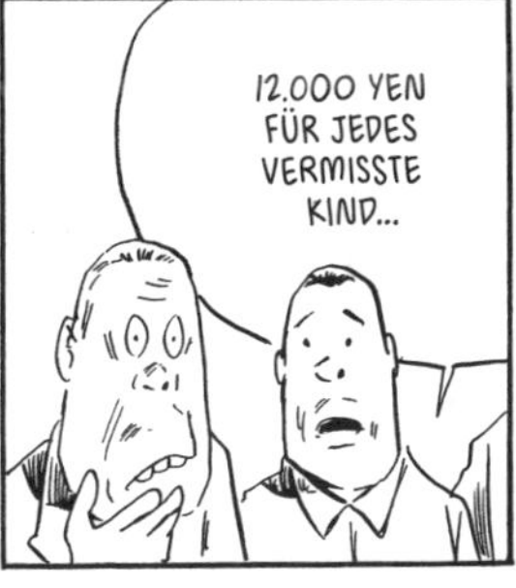
12.000 YEN FÜR JEDES VERMISSTE KIND...

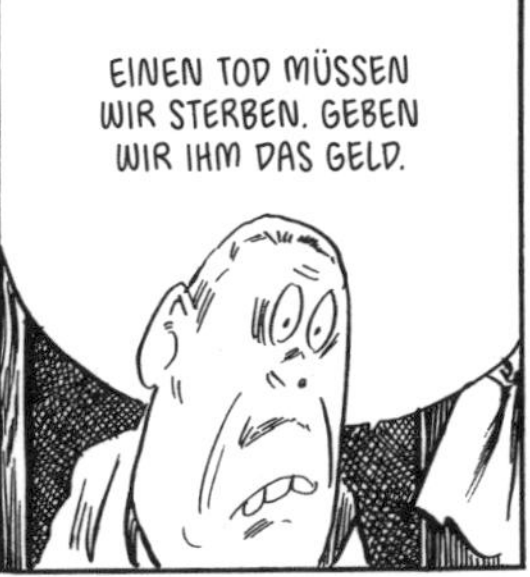
EINEN TOD MÜSSEN WIR STERBEN. GEBEN WIR IHM DAS GELD.

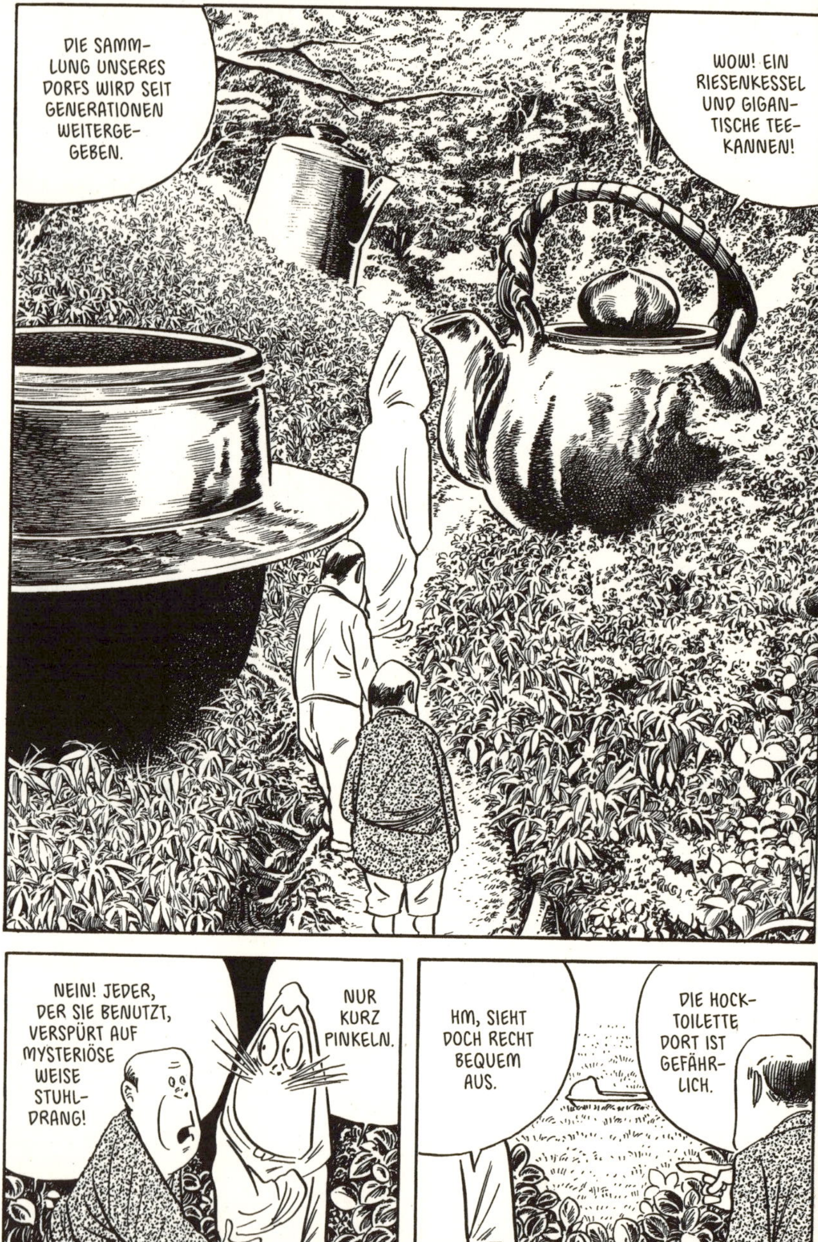

WOW! EIN RIESENKESSEL UND GIGANTISCHE TEEKANNEN!

DIE SAMMLUNG UNSERES DORFS WIRD SEIT GENERATIONEN WEITERGEGEBEN.

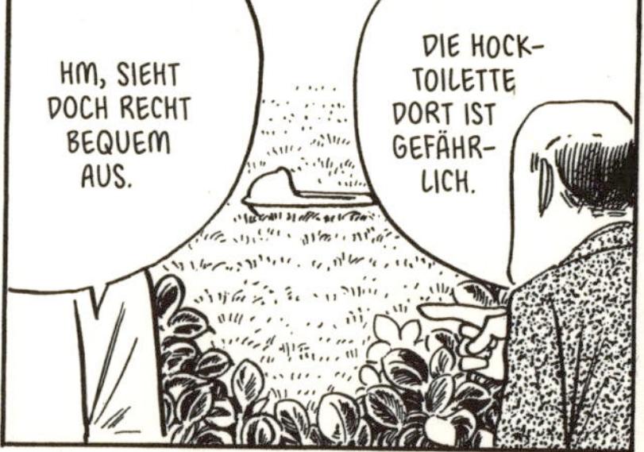

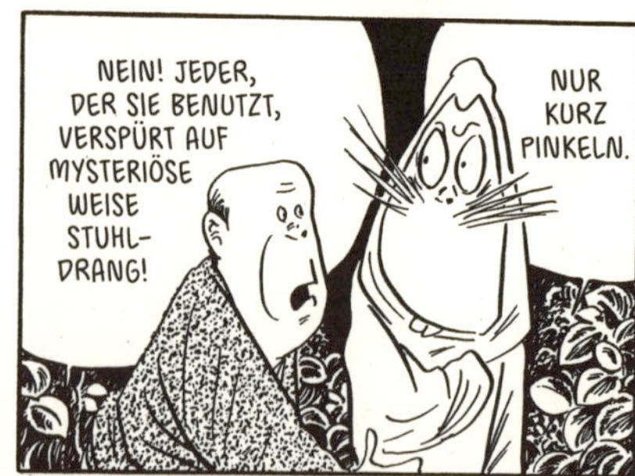

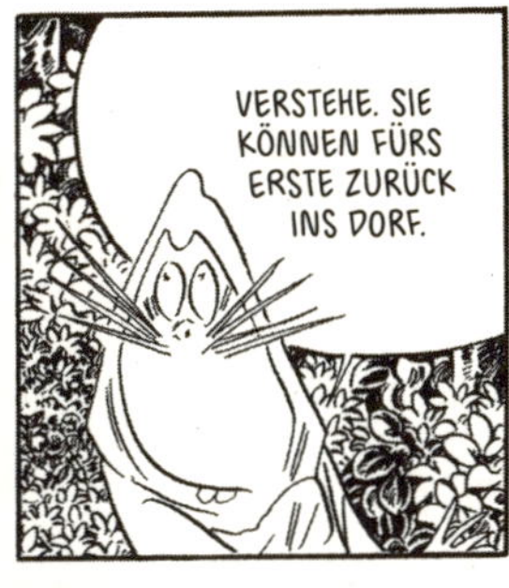

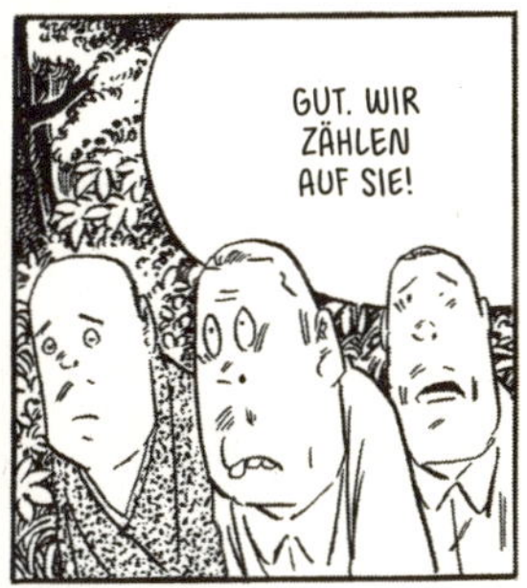

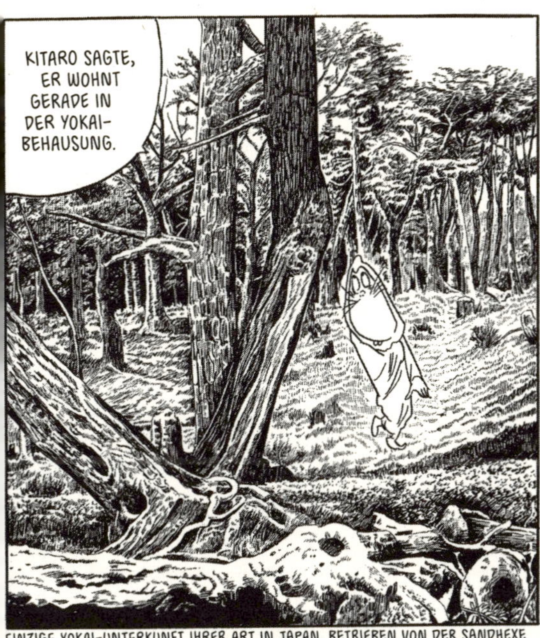

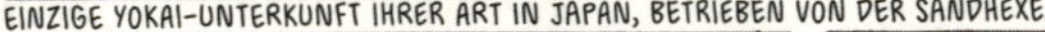
EINZIGE YOKAI-UNTERKUNFT IHRER ART IN JAPAN, BETRIEBEN VON DER SANDHEXE.

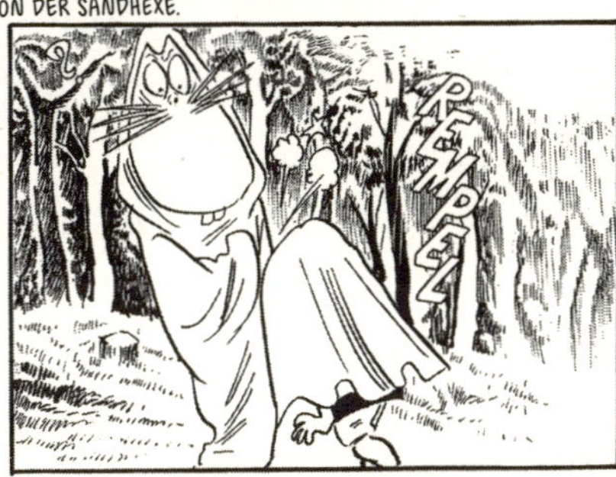

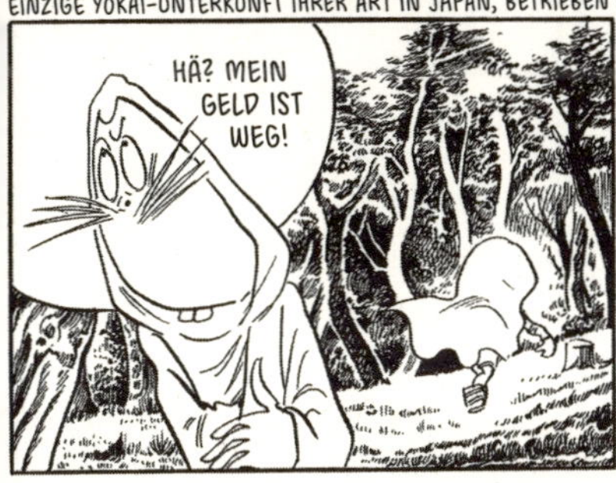

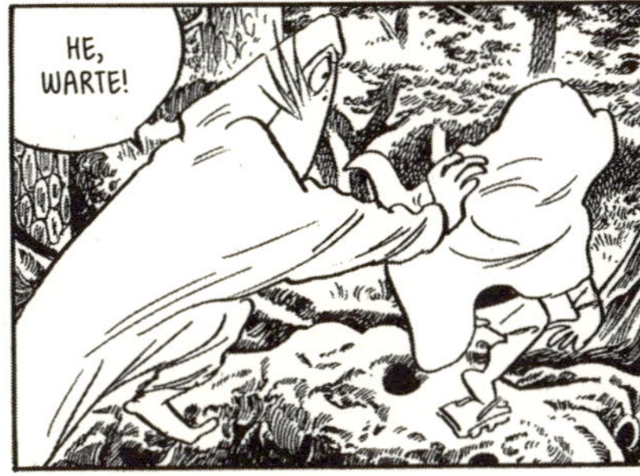

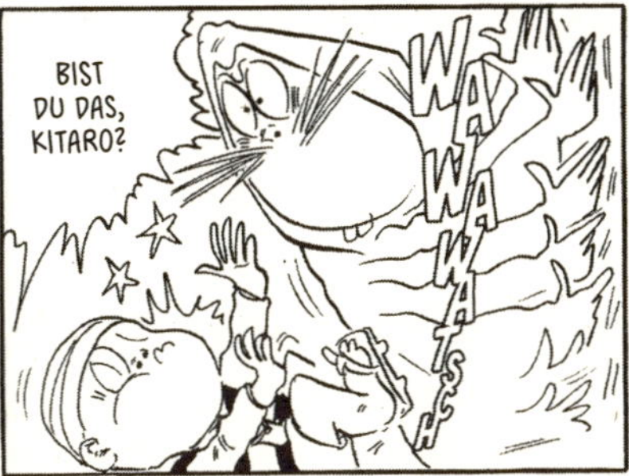

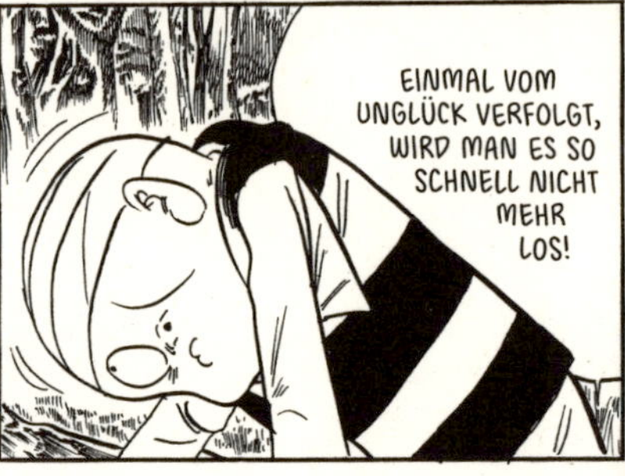
EINMAL VOM UNGLÜCK VERFOLGT, WIRD MAN ES SO SCHNELL NICHT MEHR LOS!

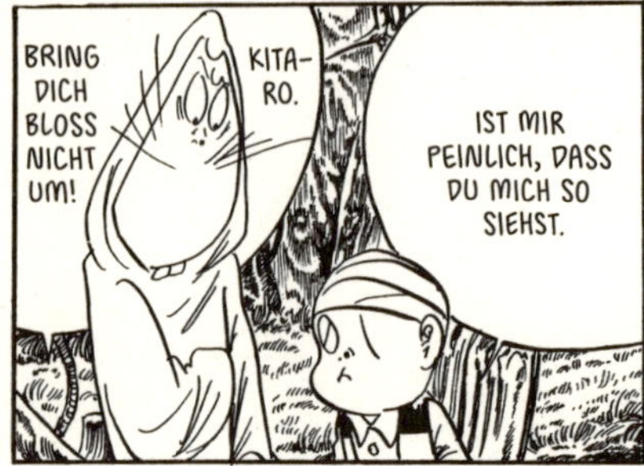
KITA-RO.
BRING DICH BLOSS NICHT UM!
IST MIR PEINLICH, DASS DU MICH SO SIEHST.

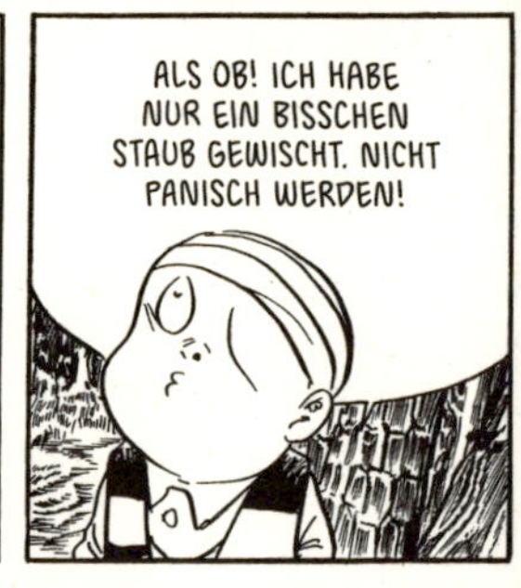
ALS OB! ICH HABE NUR EIN BISSCHEN STAUB GEWISCHT. NICHT PANISCH WERDEN!

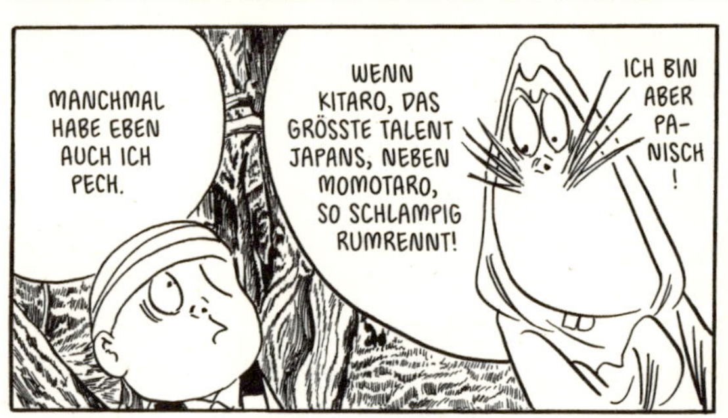
ICH BIN ABER PA-NISCH!
WENN KITARO, DAS GRÖSSTE TALENT JAPANS, NEBEN MOMOTARO, SO SCHLAMPIG RUMRENNT!
MANCHMAL HABE EBEN AUCH ICH PECH.

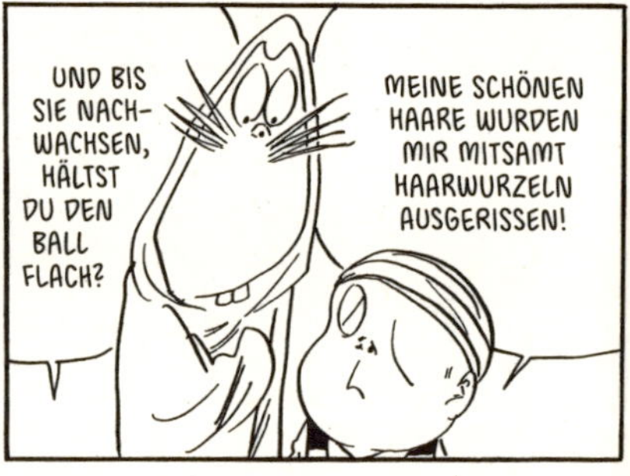
MEINE SCHÖNEN HAARE WURDEN MIR MITSAMT HAARWURZELN AUSGERISSEN!
UND BIS SIE NACH-WACHSEN, HÄLTST DU DEN BALL FLACH?

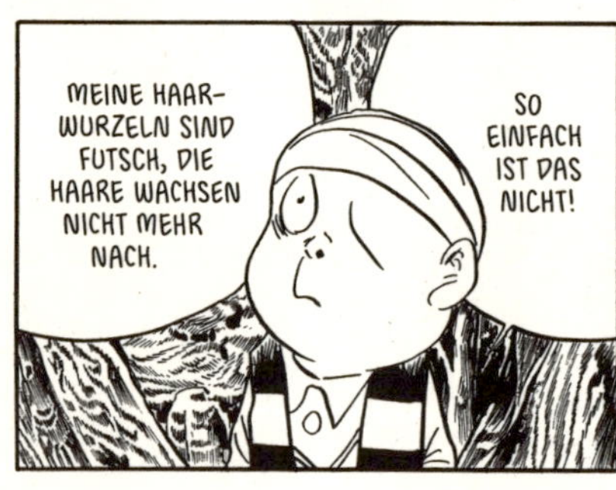
SO EINFACH IST DAS NICHT!
MEINE HAAR-WURZELN SIND FUTSCH, DIE HAARE WACHSEN NICHT MEHR NACH.

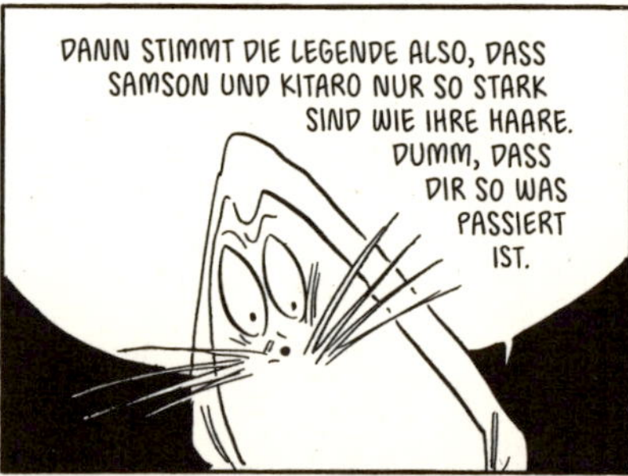
DANN STIMMT DIE LEGENDE ALSO, DASS SAMSON UND KITARO NUR SO STARK SIND WIE IHRE HAARE. DUMM, DASS DIR SO WAS PASSIERT IST.

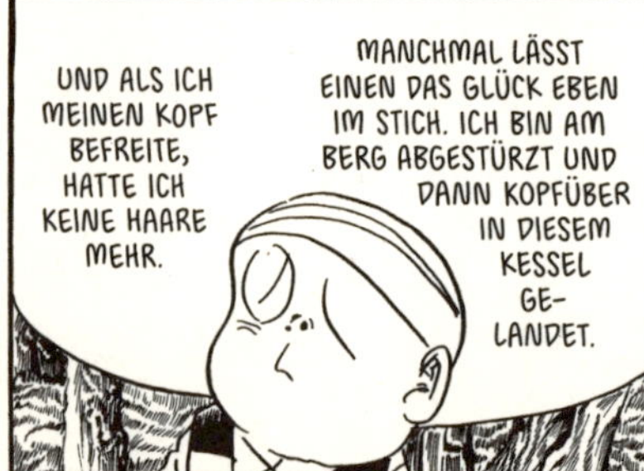
MANCHMAL LÄSST EINEN DAS GLÜCK EBEN IM STICH. ICH BIN AM BERG ABGESTÜRZT UND DANN KOPFÜBER IN DIESEM KESSEL GE-LANDET.
UND ALS ICH MEINEN KOPF BEFREITE, HATTE ICH KEINE HAARE MEHR.

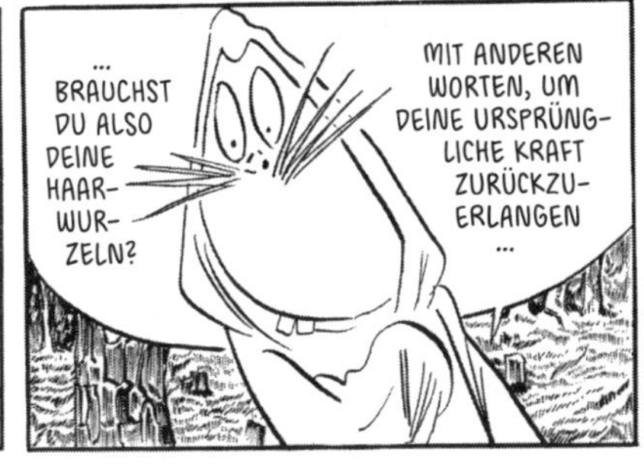
MIT ANDEREN WORTEN, UM DEINE URSPRÜNGLICHE KRAFT ZURÜCKZUERLANGEN ...
... BRAUCHST DU ALSO DEINE HAARWURZELN?

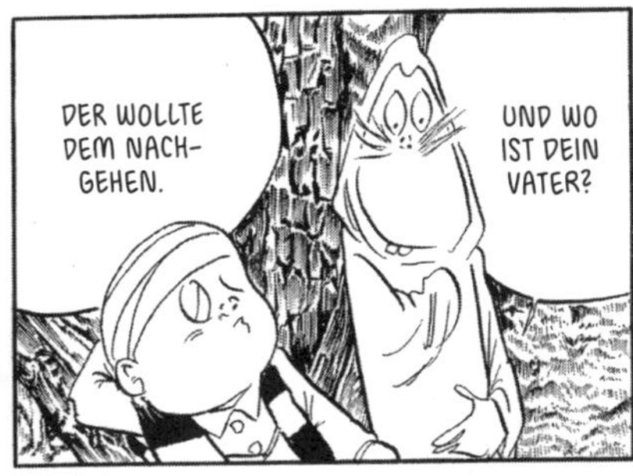
UND WO IST DEIN VATER?
DER WOLLTE DEM NACHGEHEN.

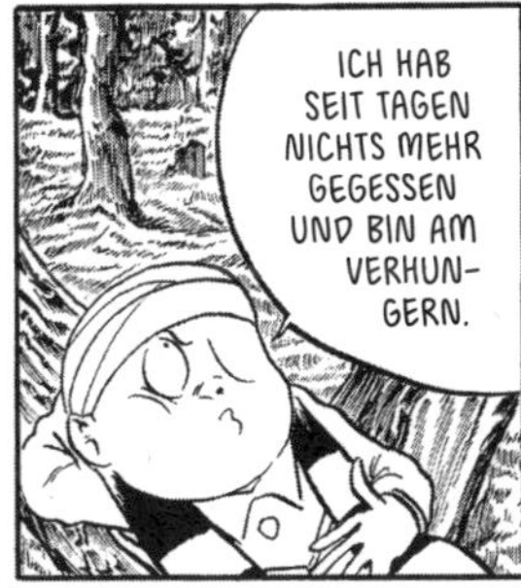
ICH HAB SEIT TAGEN NICHTS MEHR GEGESSEN UND BIN AM VERHUNGERN.

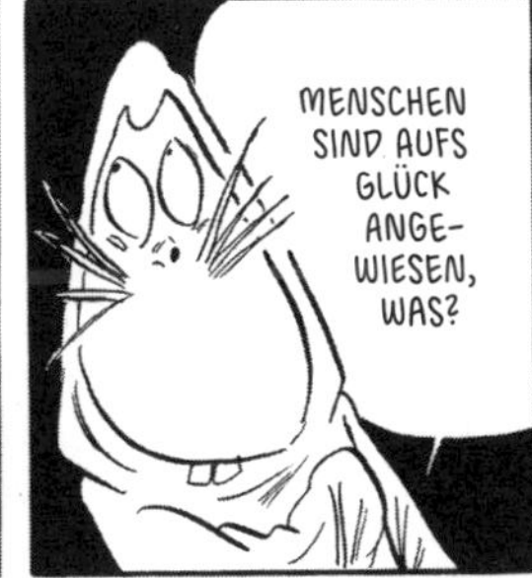
MENSCHEN SIND AUFS GLÜCK ANGEWIESEN, WAS?

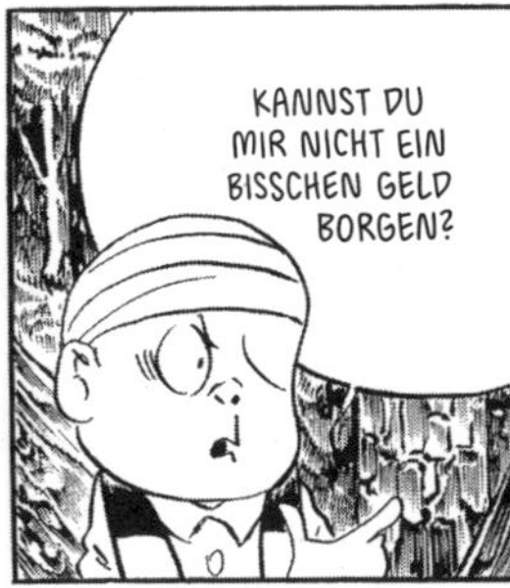
KANNST DU MIR NICHT EIN BISSCHEN GELD BORGEN?

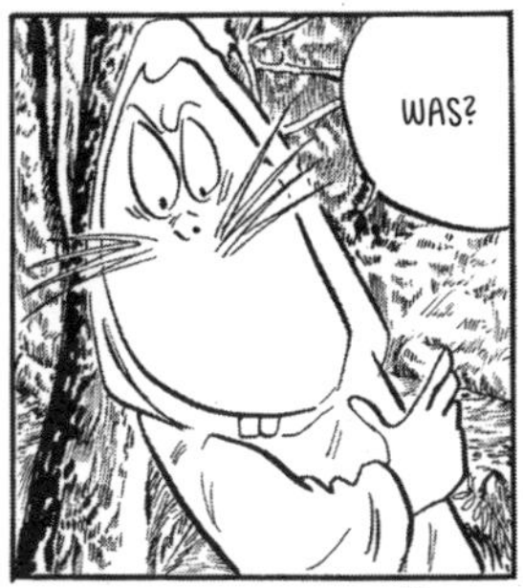
WAS?

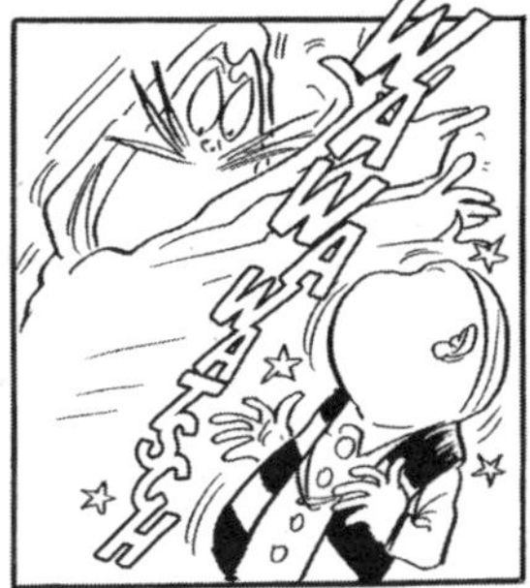
WAWAWA

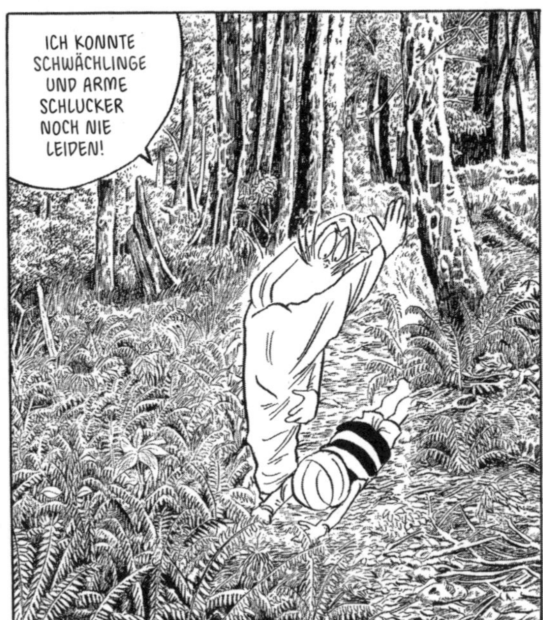
ICH KONNTE SCHWÄCHLINGE UND ARME SCHLUCKER NOCH NIE LEIDEN!

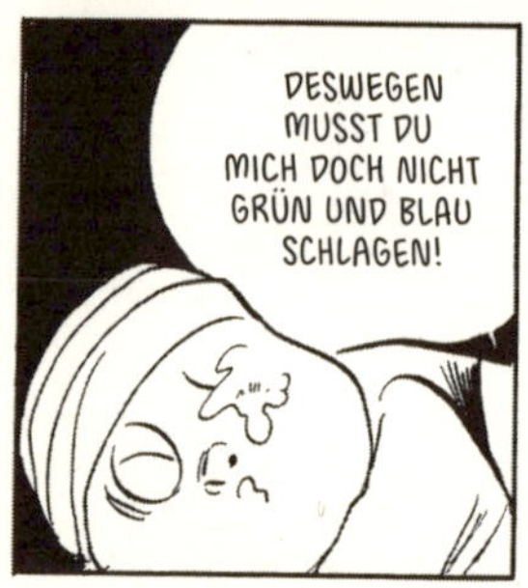
DESWEGEN MUSST DU MICH DOCH NICHT GRÜN UND BLAU SCHLAGEN!

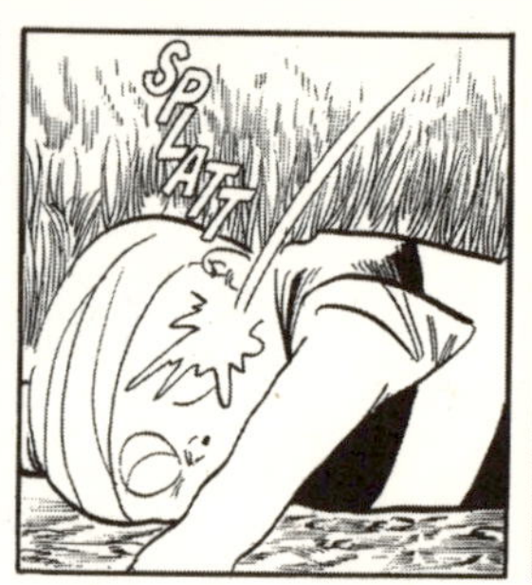
SPLATT

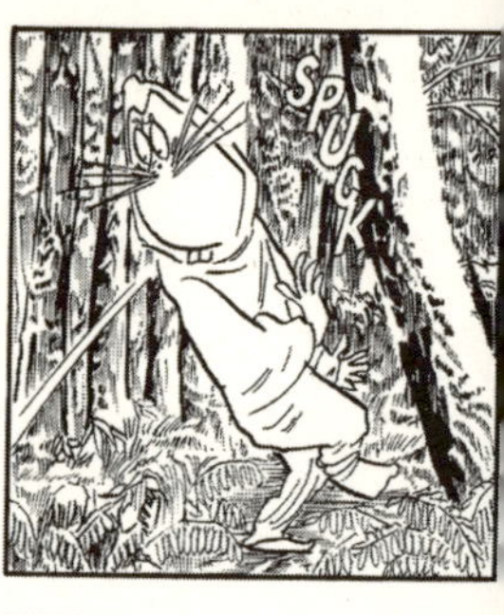
SPUCK

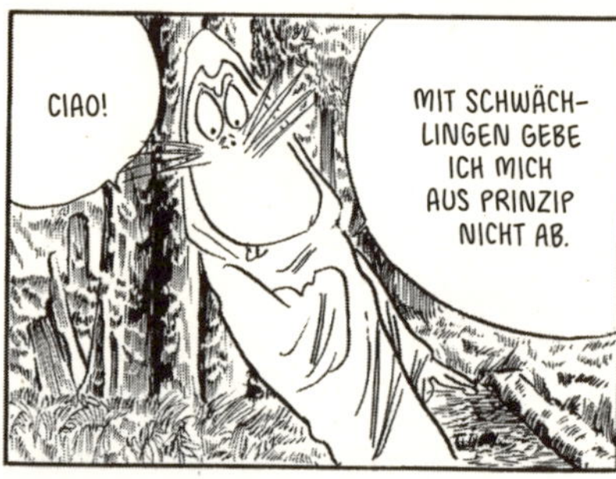
MIT SCHWÄCHLINGEN GEBE ICH MICH AUS PRINZIP NICHT AB.
CIAO!

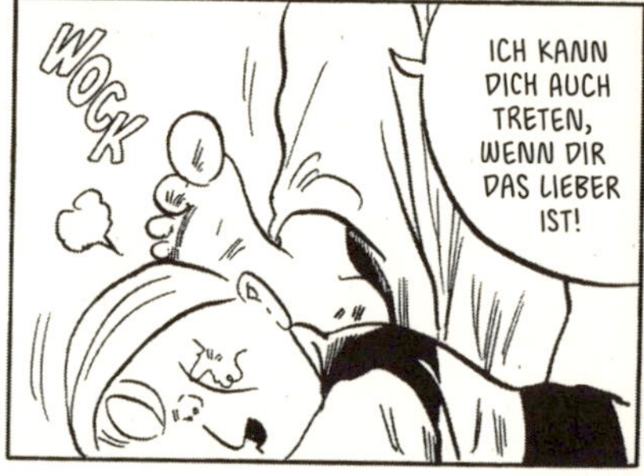
WOCK
ICH KANN DICH AUCH TRETEN, WENN DIR DAS LIEBER IST!

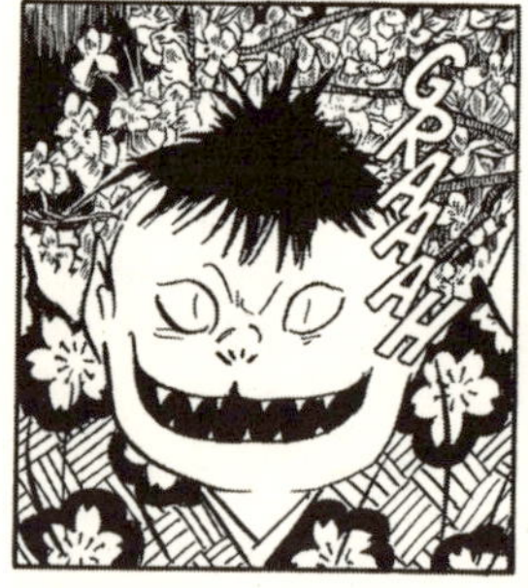
GRAAAAH

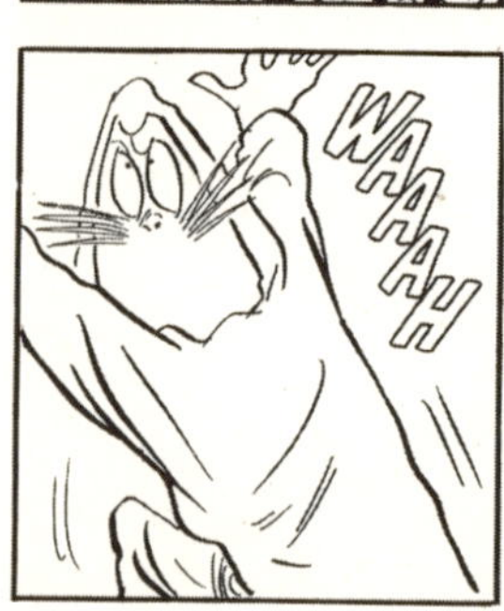
WAAAAH

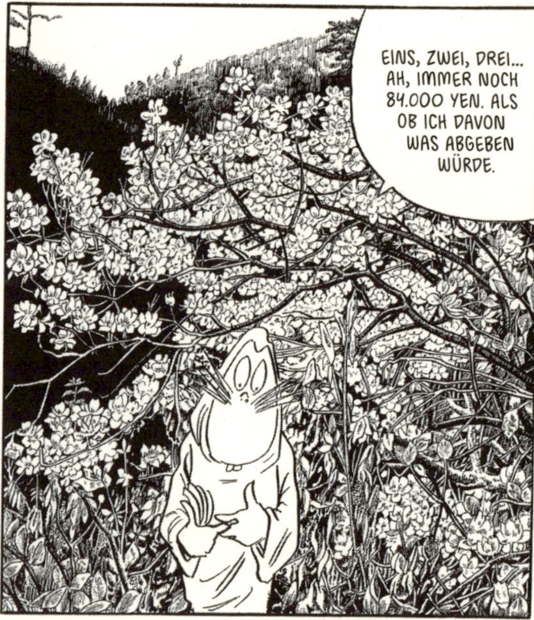
EINS, ZWEI, DREI... AH, IMMER NOCH 84.000 YEN. ALS OB ICH DAVON WAS ABGEBEN WÜRDE.

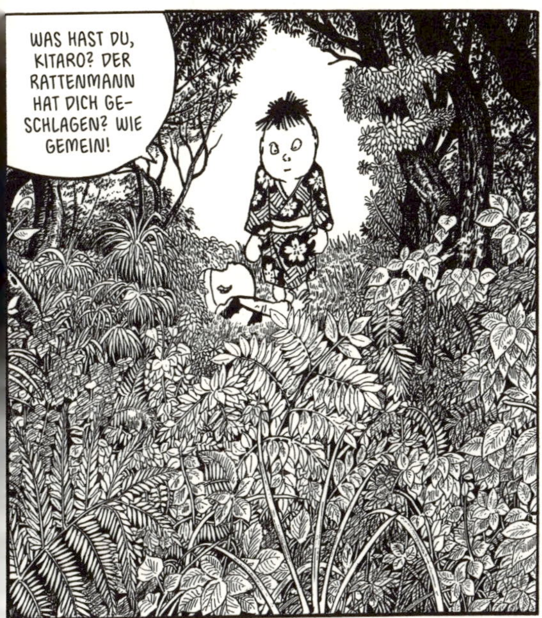
WAS HAST DU, KITARO? DER RATTENMANN HAT DICH GESCHLAGEN? WIE GEMEIN!

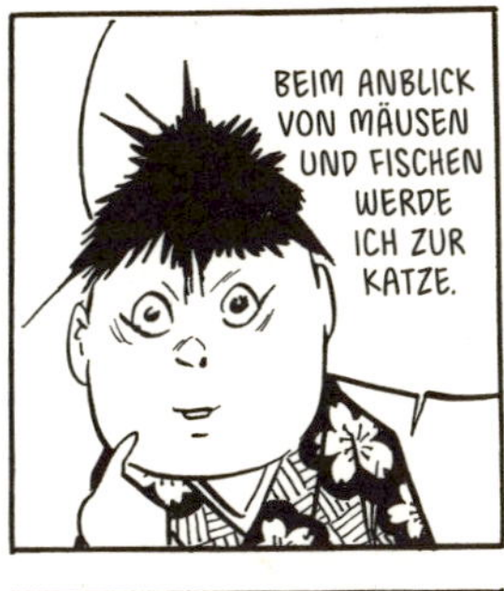
BEIM ANBLICK VON MÄUSEN UND FISCHEN WERDE ICH ZUR KATZE.

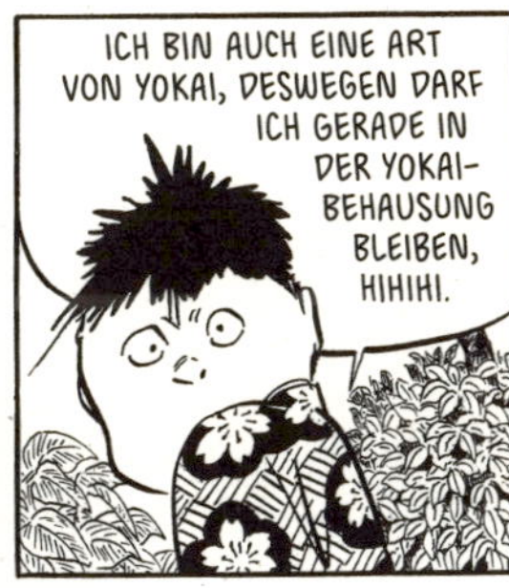
ICH BIN AUCH EINE ART VON YOKAI, DESWEGEN DARF ICH GERADE IN DER YOKAI-BEHAUSUNG BLEIBEN, HIHIHI.

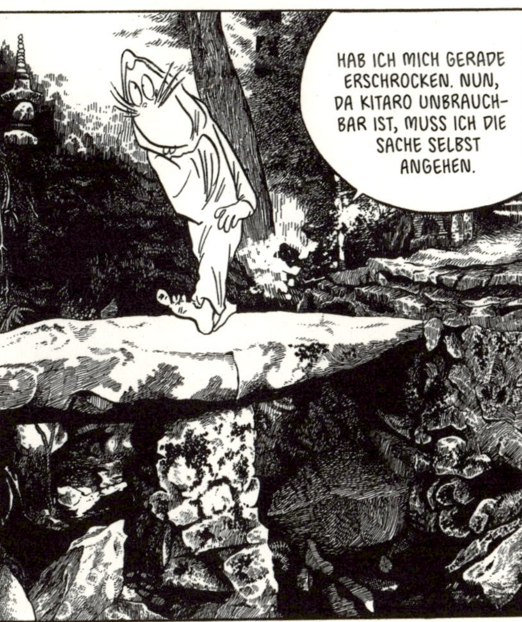
HAB ICH MICH GERADE ERSCHROCKEN. NUN, DA KITARO UNBRAUCHBAR IST, MUSS ICH DIE SACHE SELBST ANGEHEN.

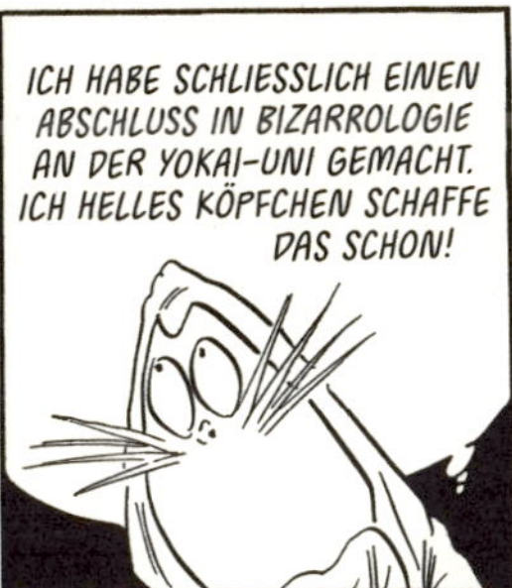
ICH HABE SCHLIESSLICH EINEN ABSCHLUSS IN BIZARROLOGIE AN DER YOKAI-UNI GEMACHT. ICH HELLES KÖPFCHEN SCHAFFE DAS SCHON!

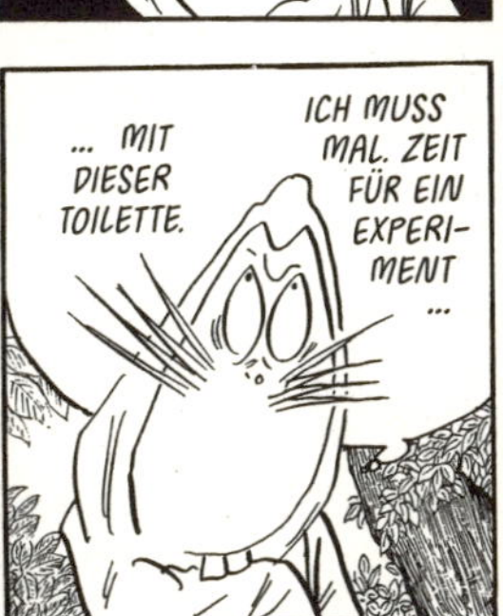
ICH MUSS MAL. ZEIT FÜR EIN EXPERIMENT ...
... MIT DIESER TOILETTE.

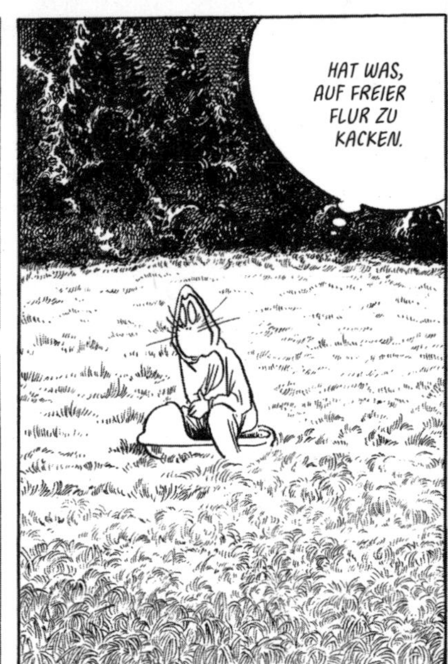
HAT WAS, AUF FREIER FLUR ZU KACKEN.

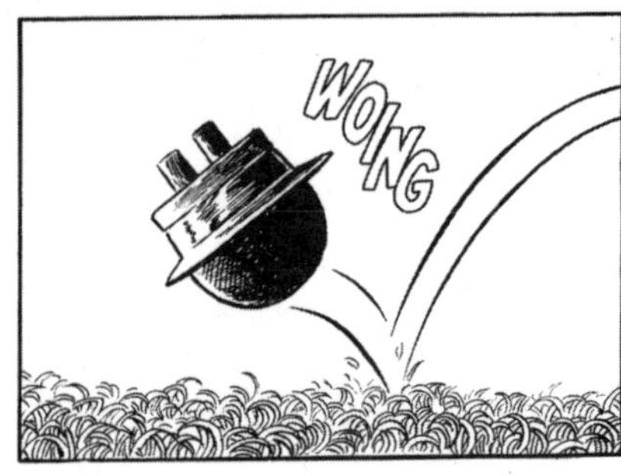
WOING

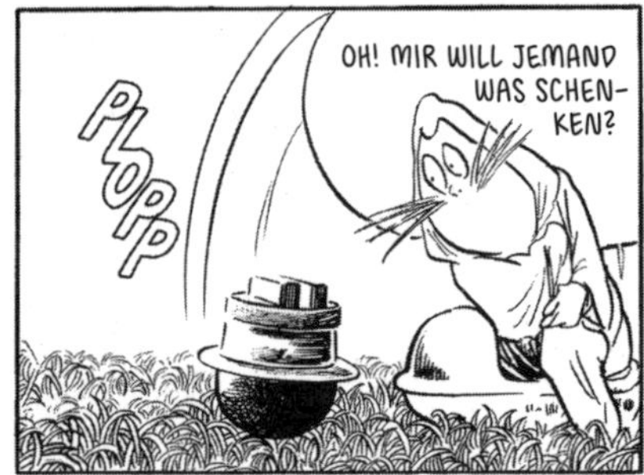
OH! MIR WILL JEMAND WAS SCHEN-KEN?
PLOPP

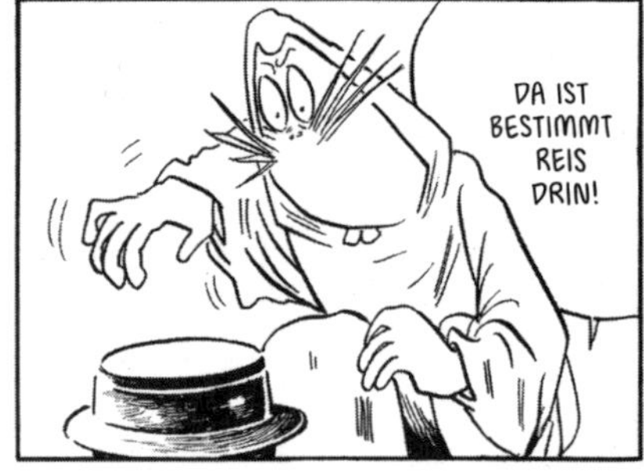
DA IST BESTIMMT REIS DRIN!

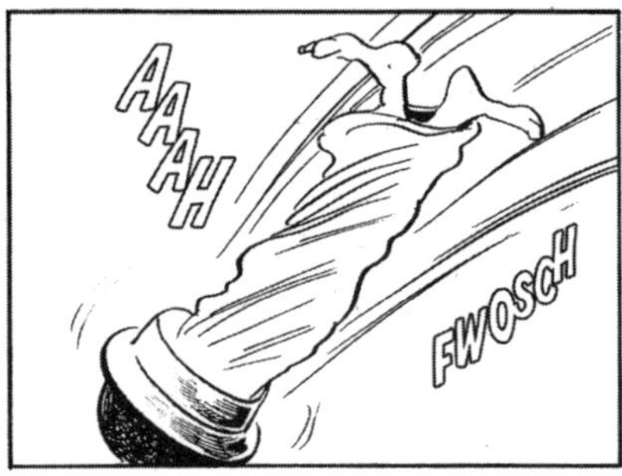
AAAAH
FWOSCH

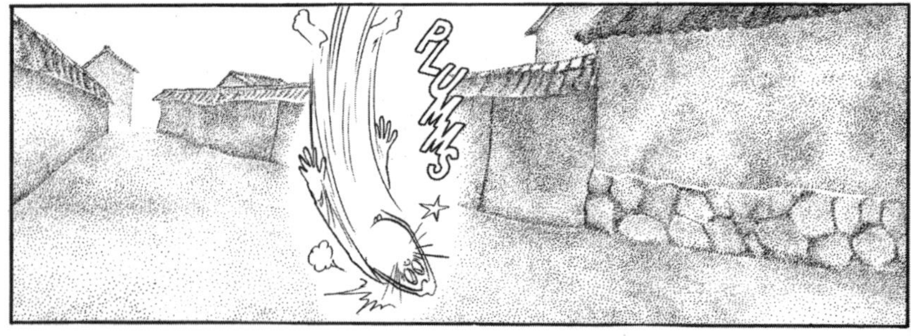
PLUMMS

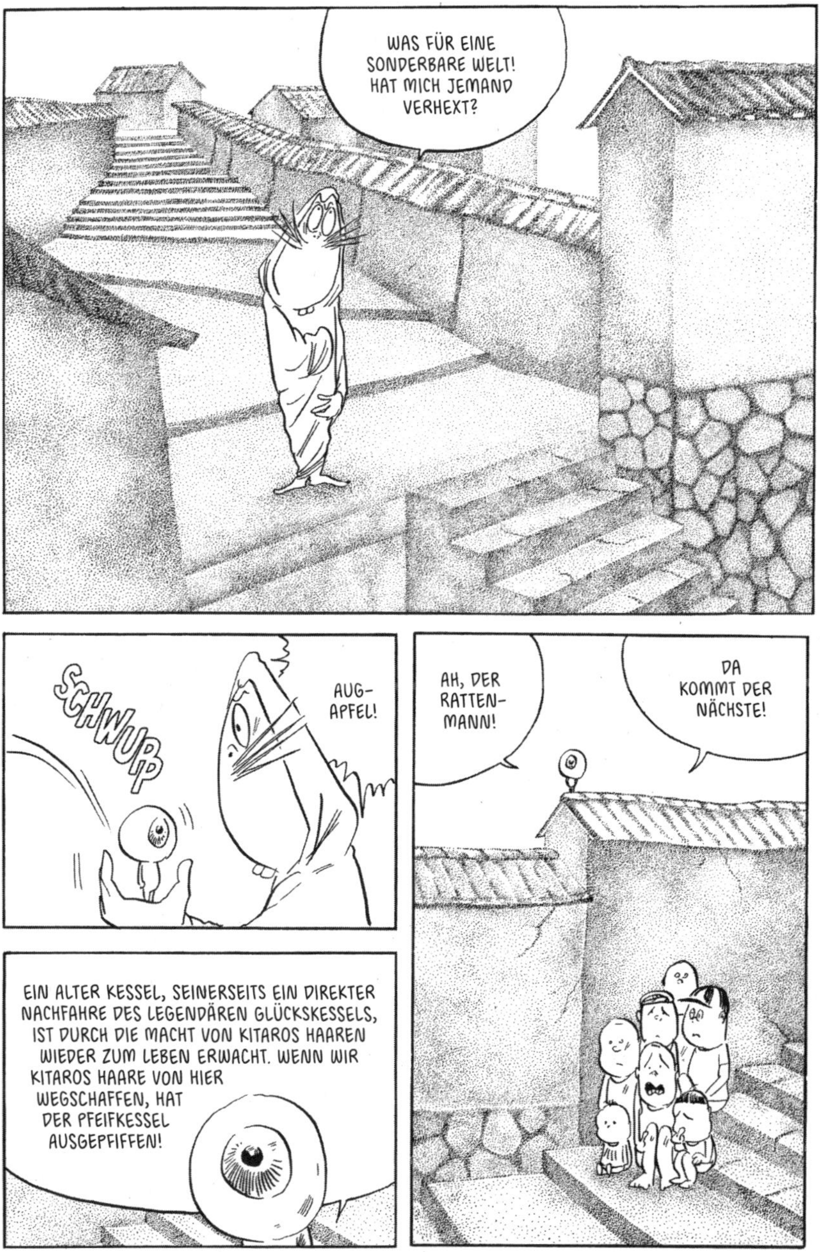

WAS FÜR EINE SONDERBARE WELT! HAT MICH JEMAND VERHEXT?

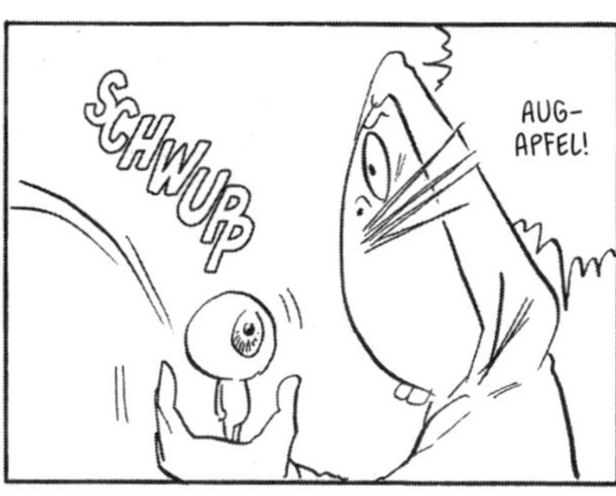

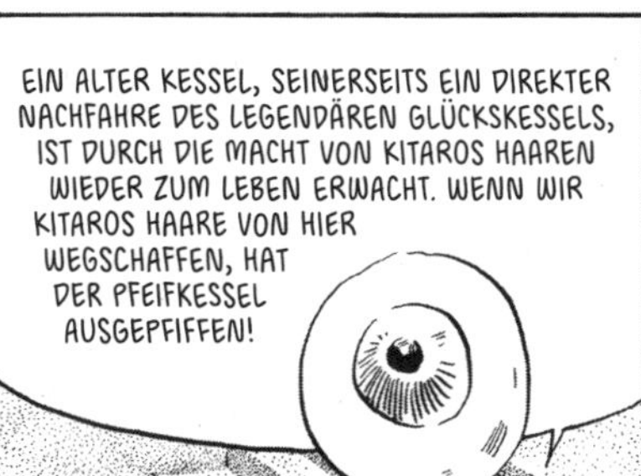

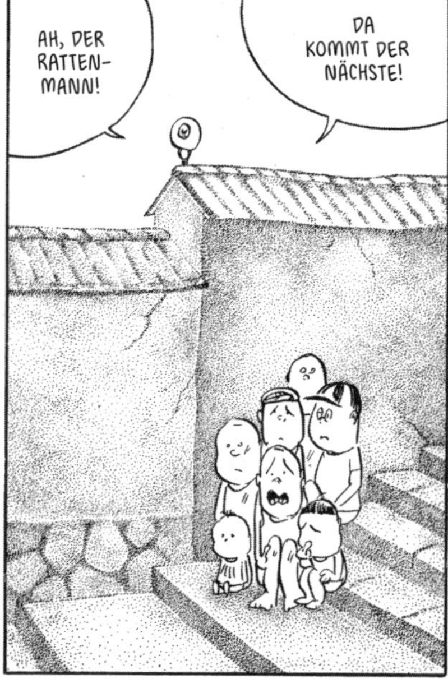

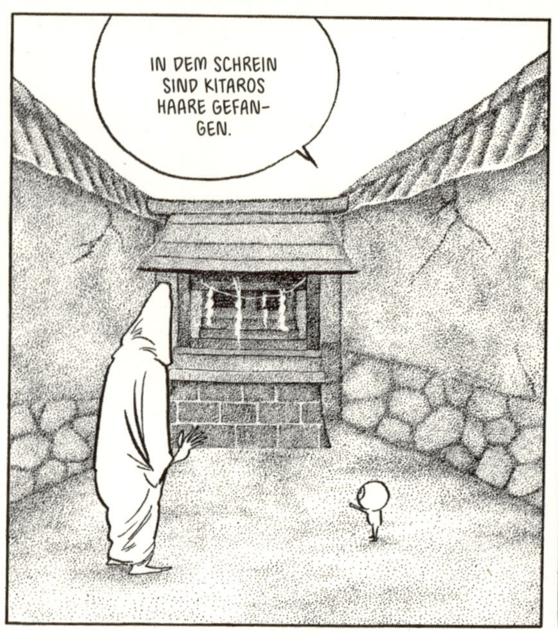
IN DEM SCHREIN SIND KITAROS HAARE GEFAN-GEN.

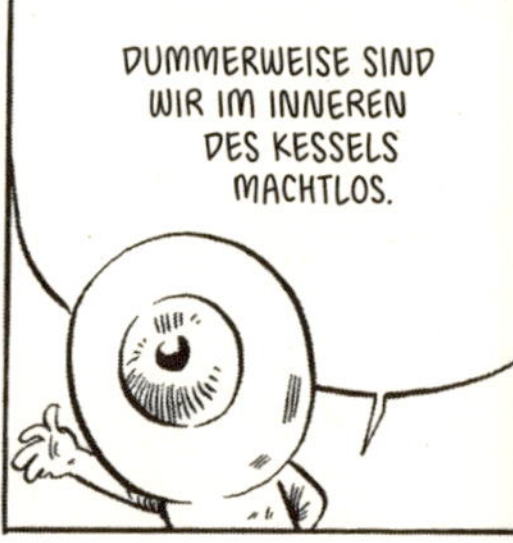
DUMMERWEISE SIND WIR IM INNEREN DES KESSELS MACHTLOS.

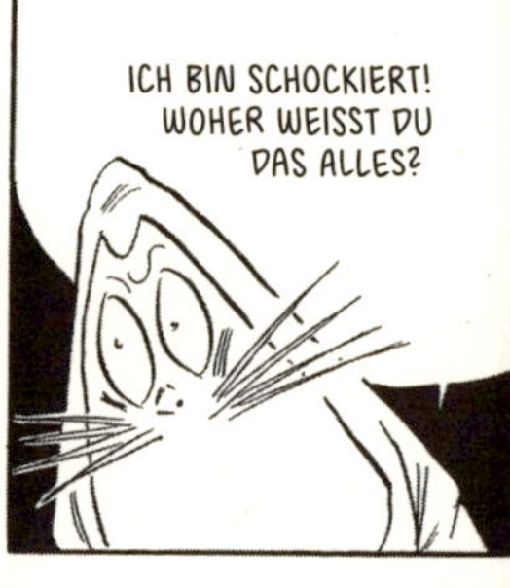
ICH BIN SCHOCKIERT! WOHER WEISST DU DAS ALLES?

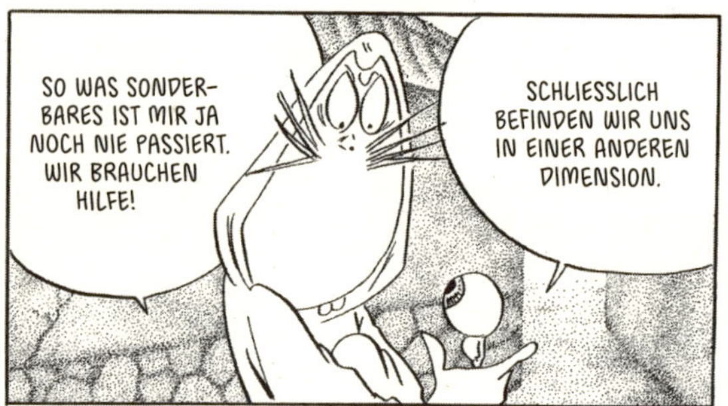
SO WAS SONDER-BARES IST MIR JA NOCH NIE PASSIERT. WIR BRAUCHEN HILFE!
SCHLIESSLICH BEFINDEN WIR UNS IN EINER ANDEREN DIMENSION.

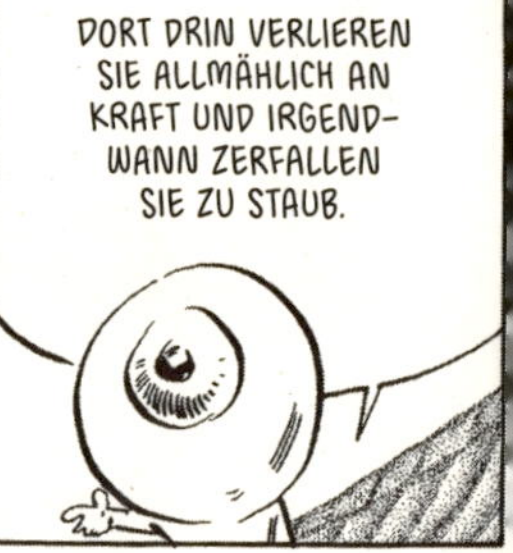
DORT DRIN VERLIEREN SIE ALLMÄHLICH AN KRAFT UND IRGEND-WANN ZERFALLEN SIE ZU STAUB.

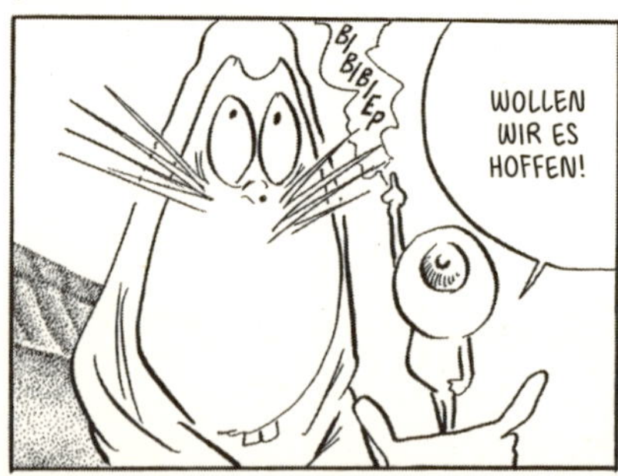
BIBIBIEP
WOLLEN WIR ES HOFFEN!

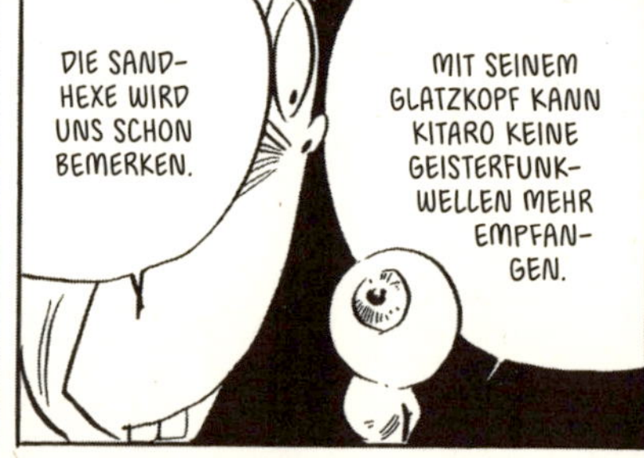
DIE SAND-HEXE WIRD UNS SCHON BEMERKEN.
MIT SEINEM GLATZKOPF KANN KITARO KEINE GEISTERFUNK-WELLEN MEHR EMPFAN-GEN.

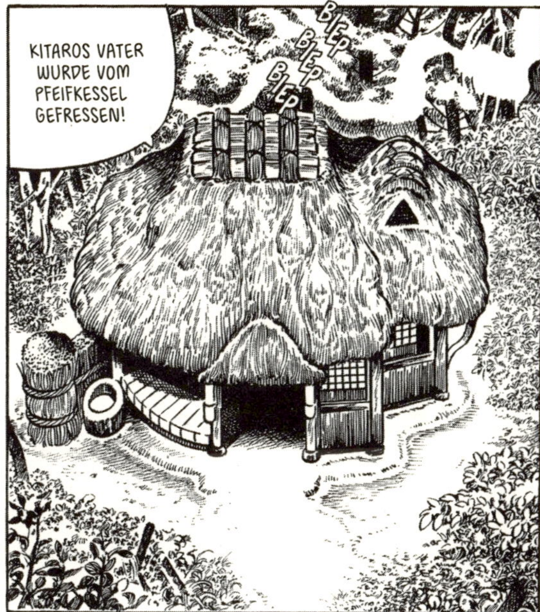
KITAROS VATER WURDE VOM PFEIFKESSEL GEFRESSEN!
BIEP
BIEP
BIEP

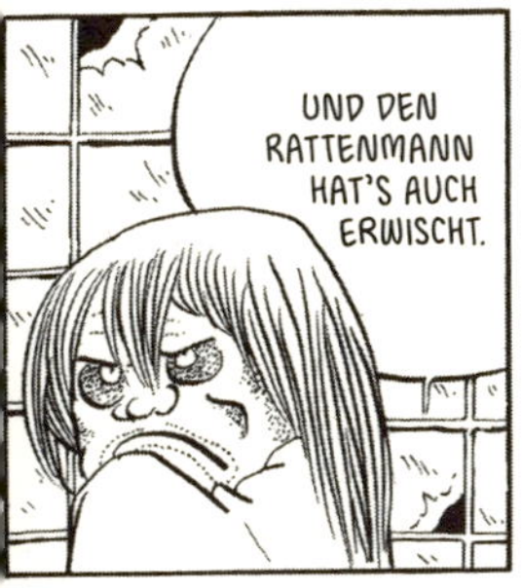
UND DEN RATTENMANN HAT'S AUCH ERWISCHT.

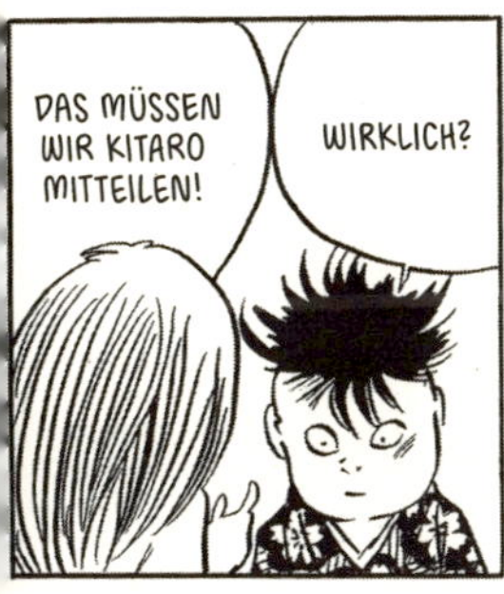
WIRKLICH?
DAS MÜSSEN WIR KITARO MITTEILEN!

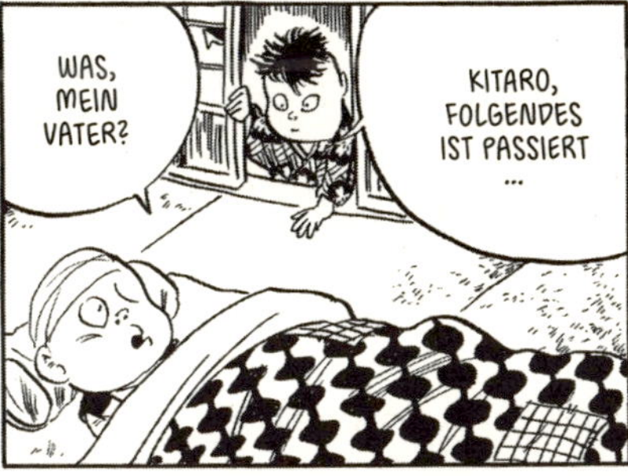
KITARO, FOLGENDES IST PASSIERT ...
WAS, MEIN VATER?

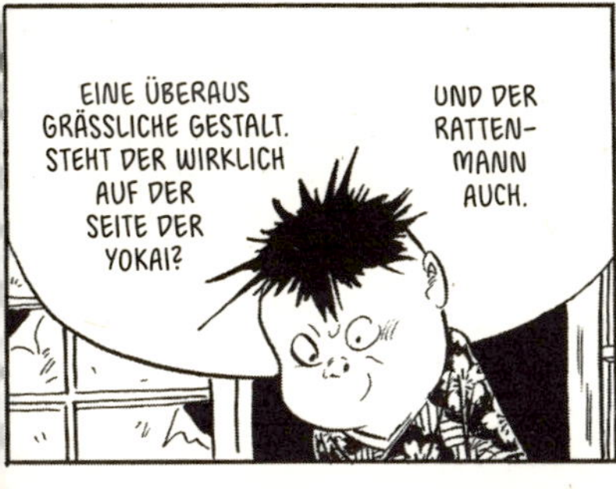
UND DER RATTEN-MANN AUCH.
EINE ÜBERAUS GRÄSSLICHE GESTALT. STEHT DER WIRKLICH AUF DER SEITE DER YOKAI?

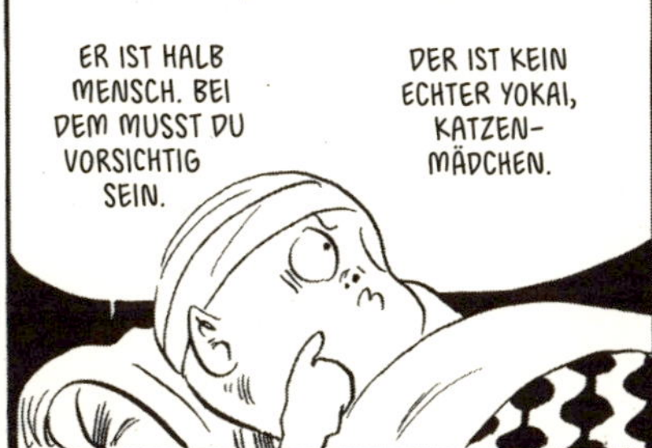
DER IST KEIN ECHTER YOKAI, KATZEN-MÄDCHEN.
ER IST HALB MENSCH. BEI DEM MUSST DU VORSICHTIG SEIN.

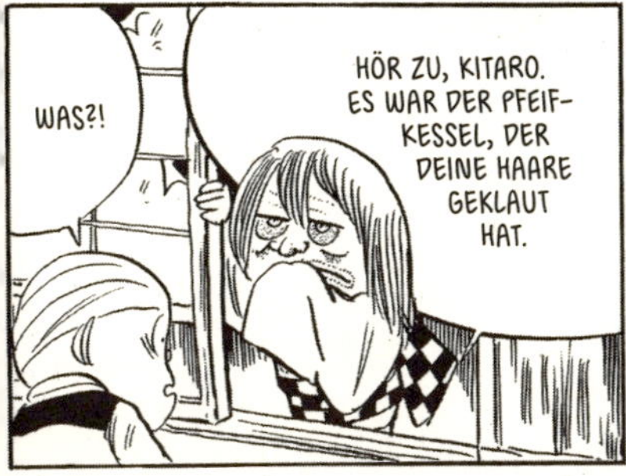
HÖR ZU, KITARO. ES WAR DER PFEIF-KESSEL, DER DEINE HAARE GEKLAUT HAT.
WAS?!

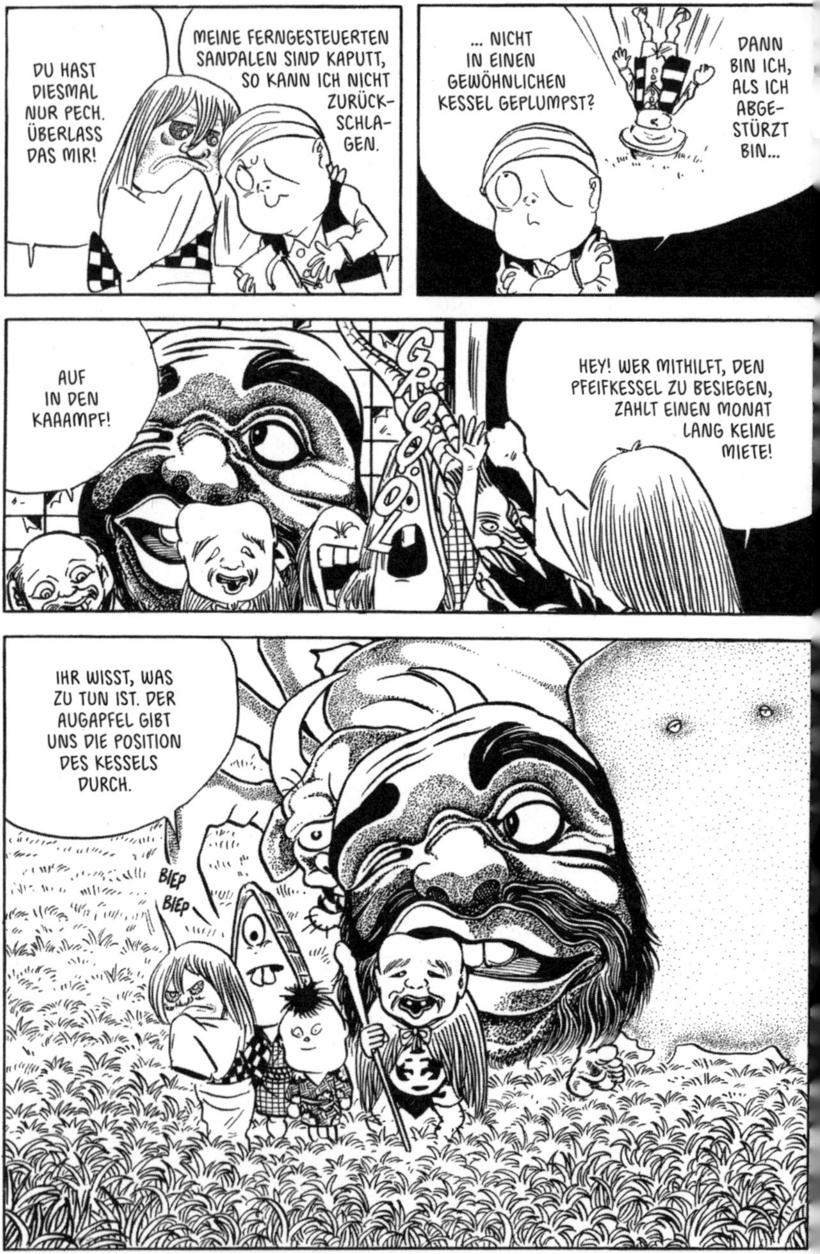

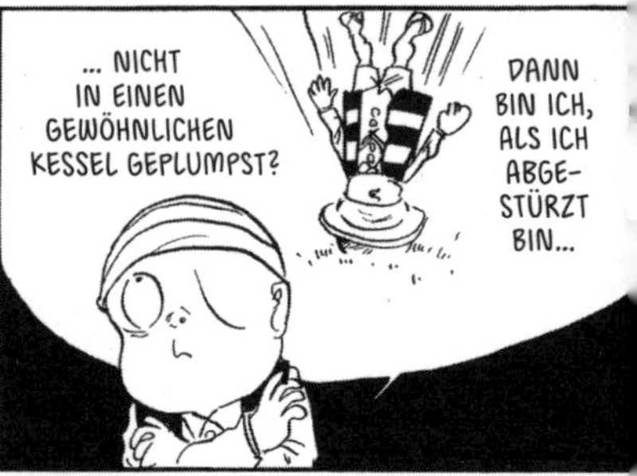
DANN BIN ICH, ALS ICH ABGESTÜRZT BIN...
... NICHT IN EINEN GEWÖHNLICHEN KESSEL GEPLUMPST?

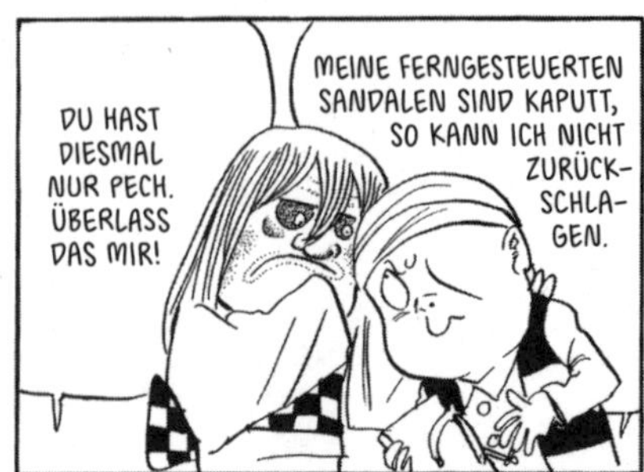
MEINE FERNGESTEUERTEN SANDALEN SIND KAPUTT, SO KANN ICH NICHT ZURÜCKSCHLAGEN.
DU HAST DIESMAL NUR PECH. ÜBERLASS DAS MIR!

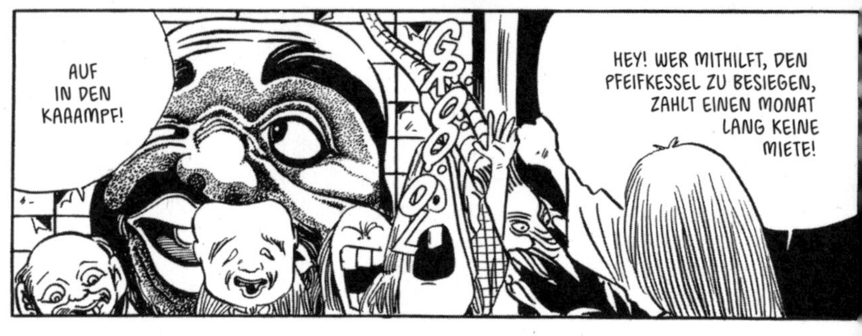
HEY! WER MITHILFT, DEN PFEIFKESSEL ZU BESIEGEN, ZAHLT EINEN MONAT LANG KEINE MIETE!
GROOOL
AUF IN DEN KAAAMPF!

IHR WISST, WAS ZU TUN IST. DER AUGAPFEL GIBT UNS DIE POSITION DES KESSELS DURCH.
BIEP BIEP

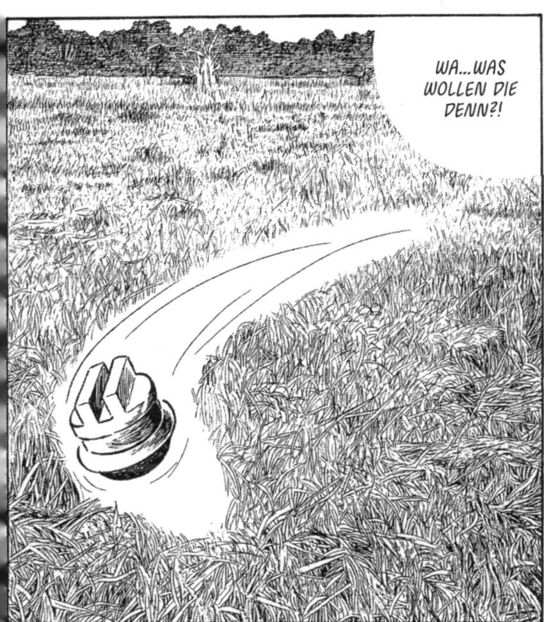
WA...WAS WOLLEN DIE DENN?!

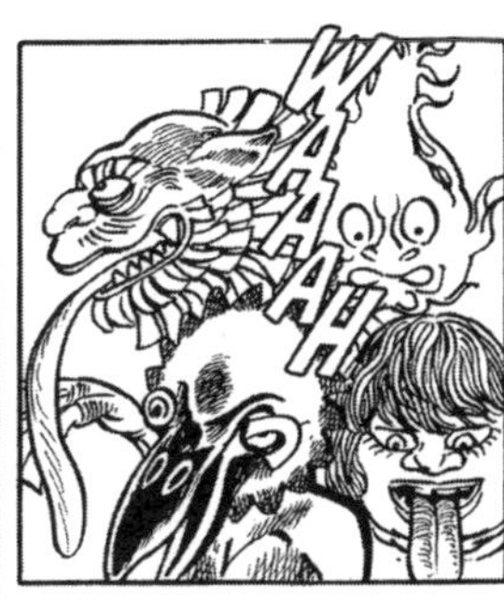
WAAAH

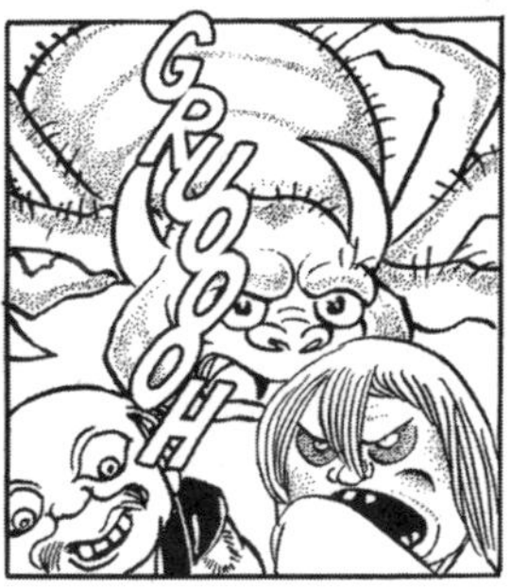
GRUOOOH

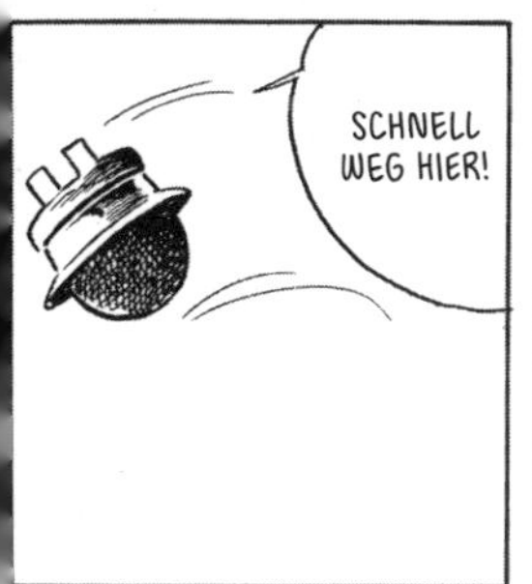
SCHNELL WEG HIER!

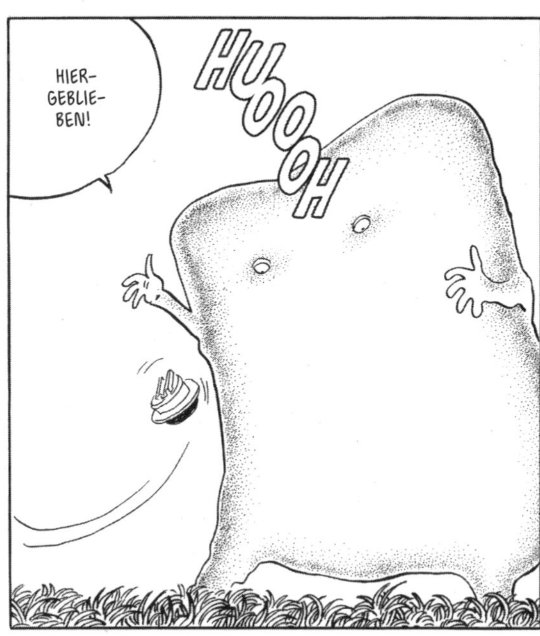
HIER-
GEBLIE-
BEN!
HUOOOH

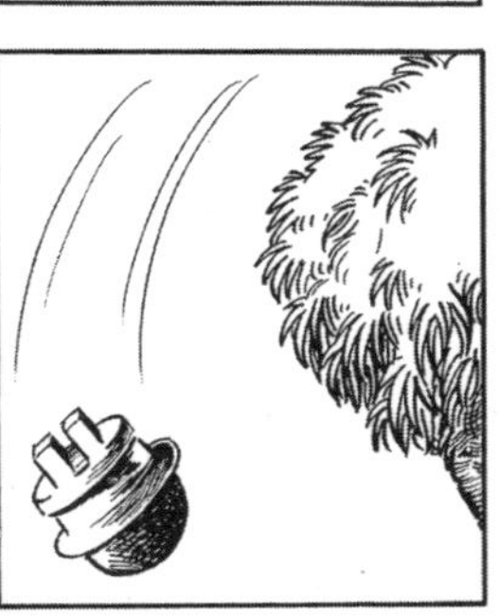

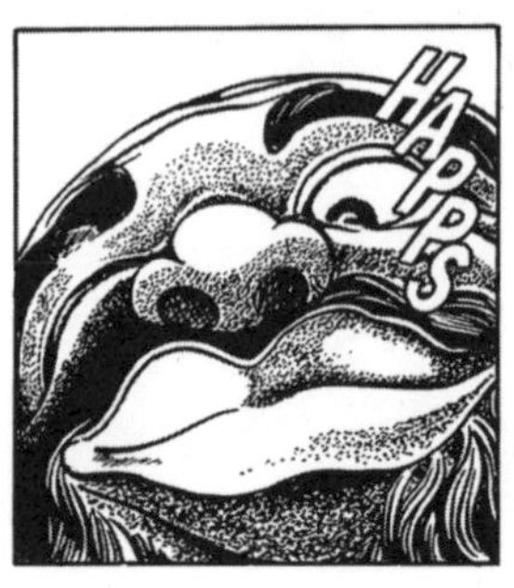
HAPPS

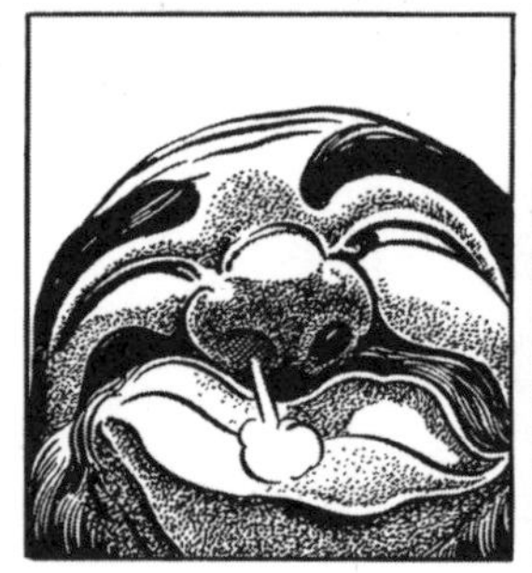

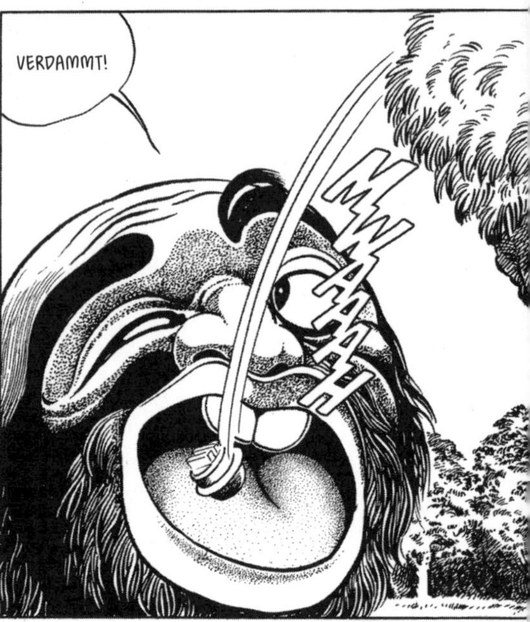
VERDAMMT!
MWAAAAHH

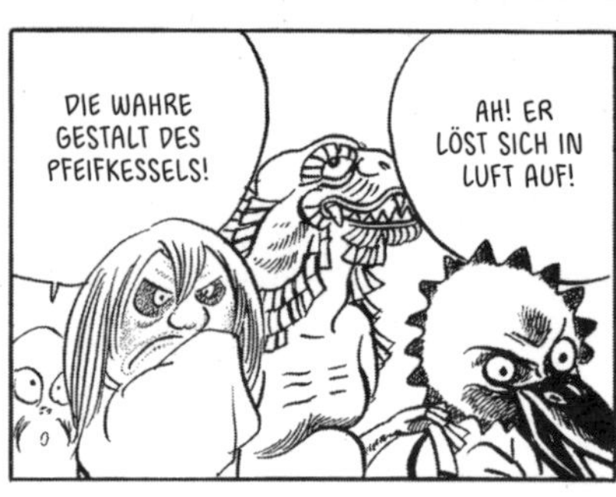
AH! ER LÖST SICH IN LUFT AUF!
DIE WAHRE GESTALT DES PFEIFKESSELS!

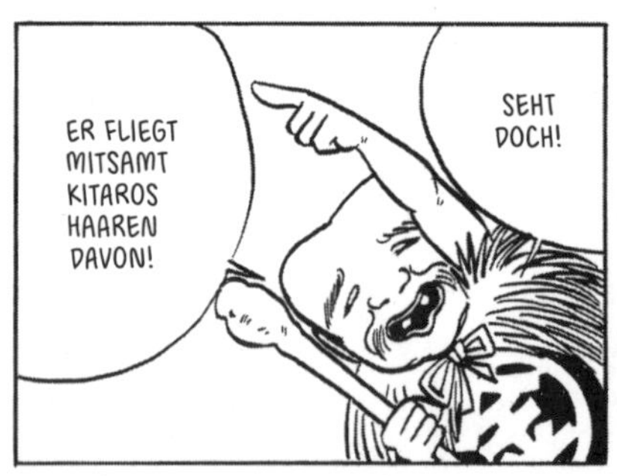
SEHT DOCH!
ER FLIEGT MITSAMT KITAROS HAAREN DAVON!

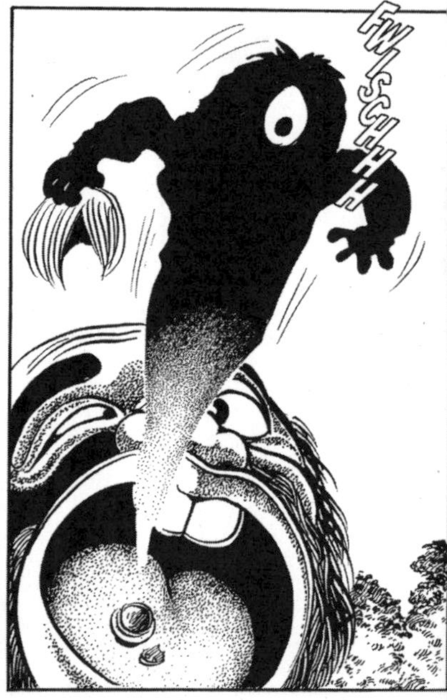
FWISCHHH

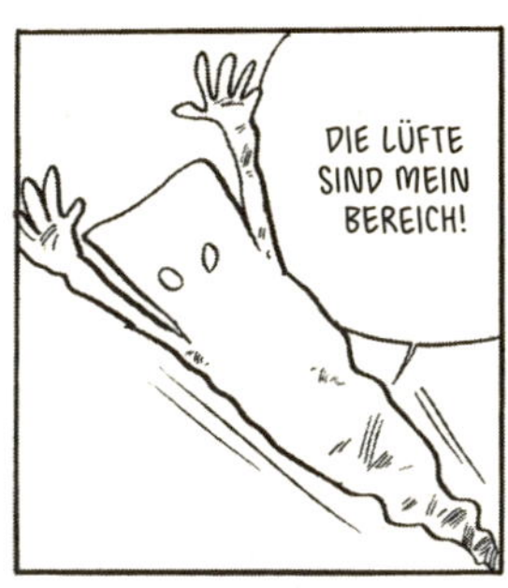
DIE LÜFTE SIND MEIN BEREICH!

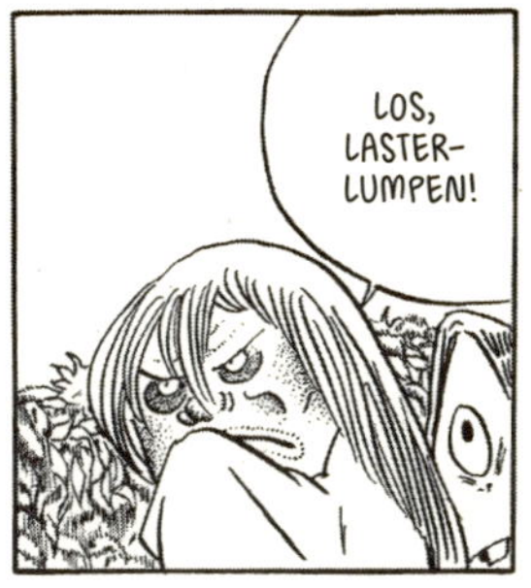
LOS, LASTER-LUMPEN!

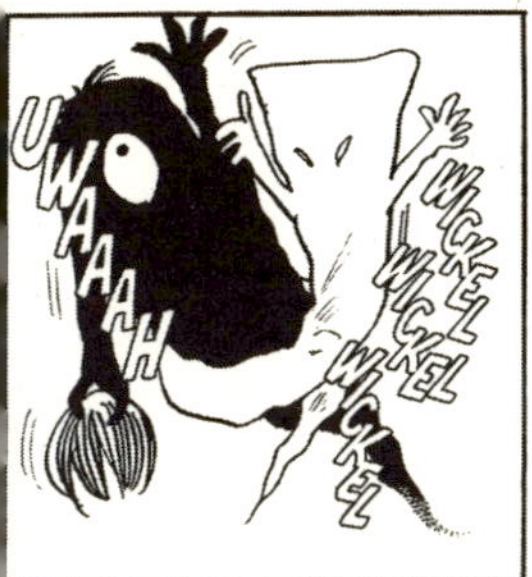
UWAAAAH
WICKEL WICKEL WICKEL

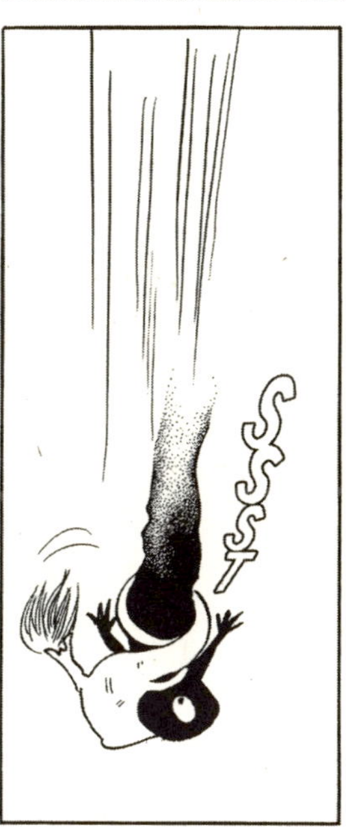
SSST

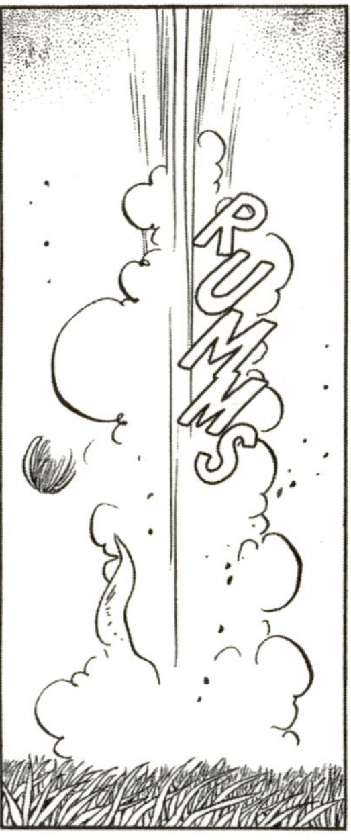
RUMMS

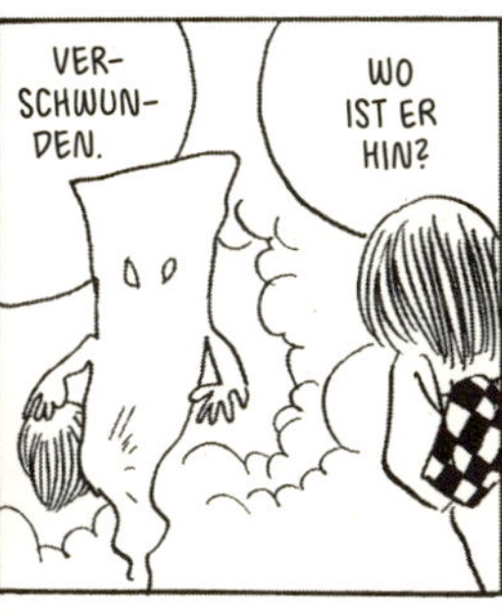
WO IST ER HIN?
VER-SCHWUN-DEN.

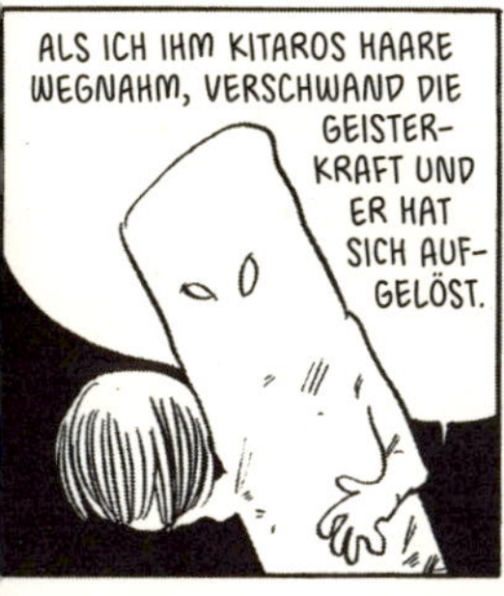
ALS ICH IHM KITAROS HAARE WEGNAHM, VERSCHWAND DIE GEISTER-KRAFT UND ER HAT SICH AUF-GELÖST.

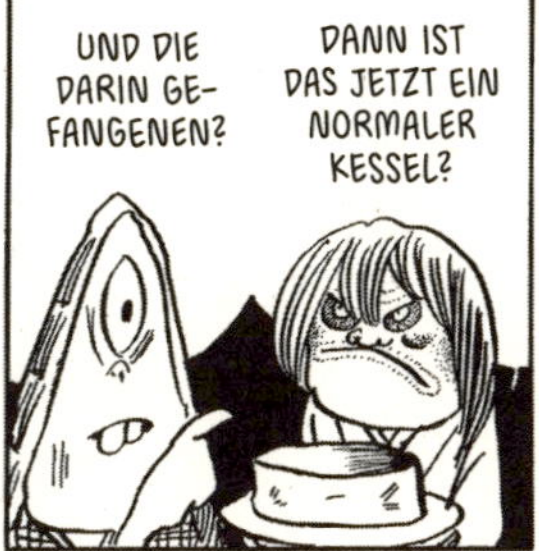
DANN IST DAS JETZT EIN NORMALER KESSEL?
UND DIE DARIN GE-FANGENEN?

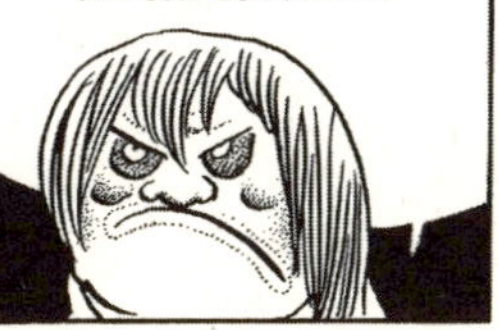
NUR KITAROS WESTE KANN ANDERE DIMENSIONEN BE-REISEN. LASST UNS EINEN FADEN AUFTRENNEN UND ALS SEIL BENUTZEN!

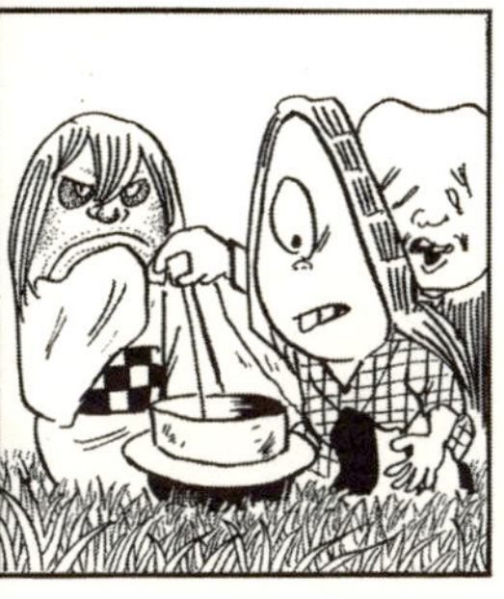

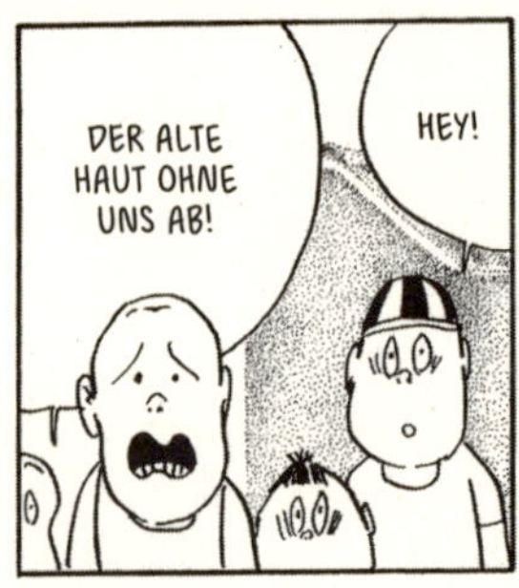
HEY!
DER ALTE HAUT OHNE UNS AB!

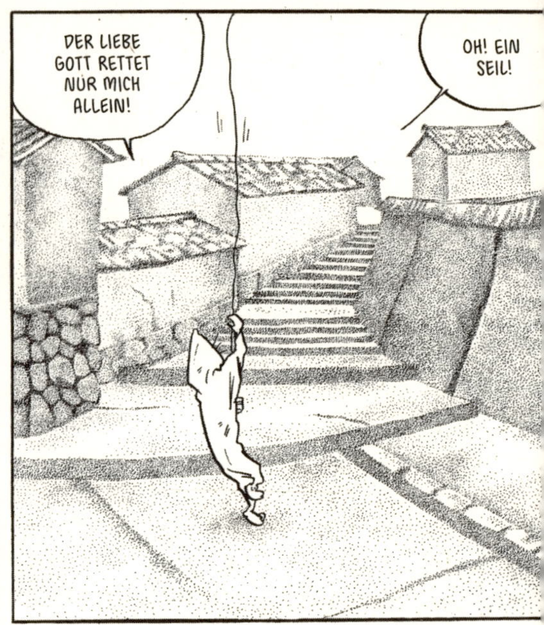
OH! EIN SEIL!
DER LIEBE GOTT RETTET NUR MICH ALLEIN!

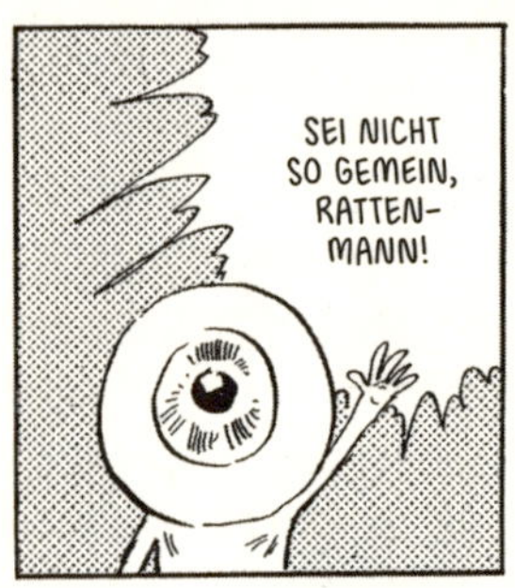
SEI NICHT SO GEMEIN, RATTEN-MANN!

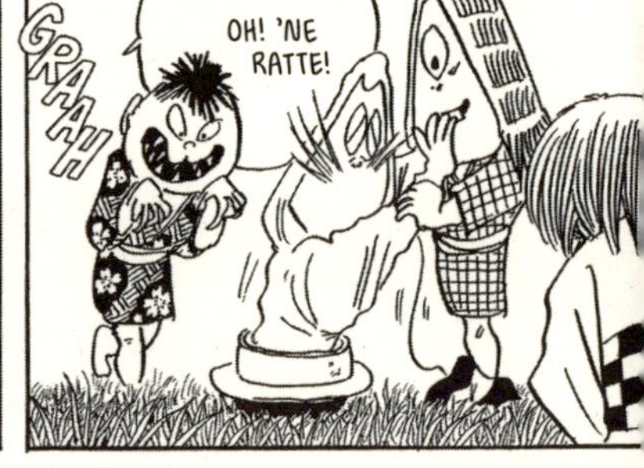
OH! 'NE RATTE!
GRAAAH

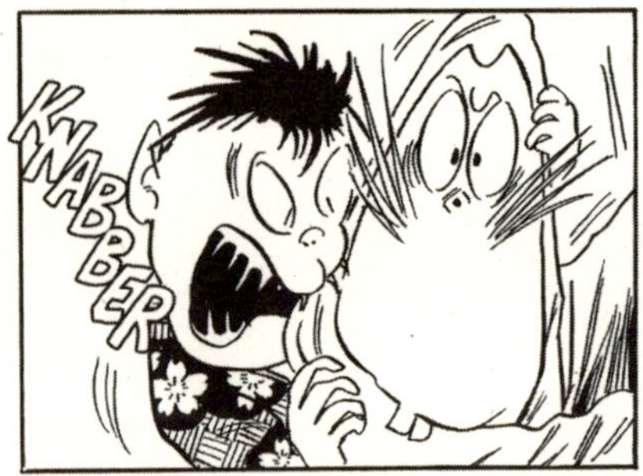
KNABBER

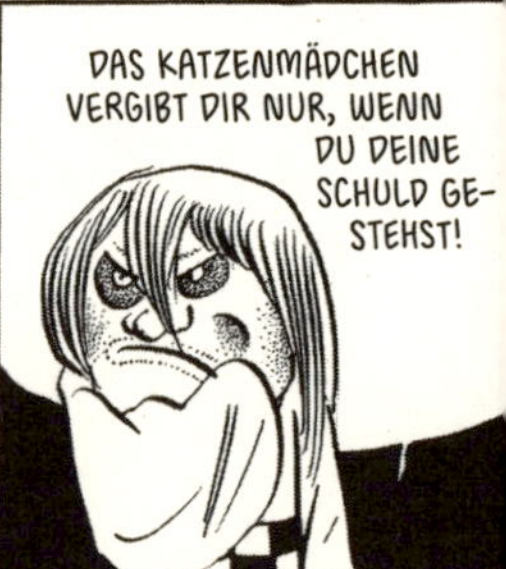
DAS KATZENMÄDCHEN VERGIBT DIR NUR, WENN DU DEINE SCHULD GE-STEHST!

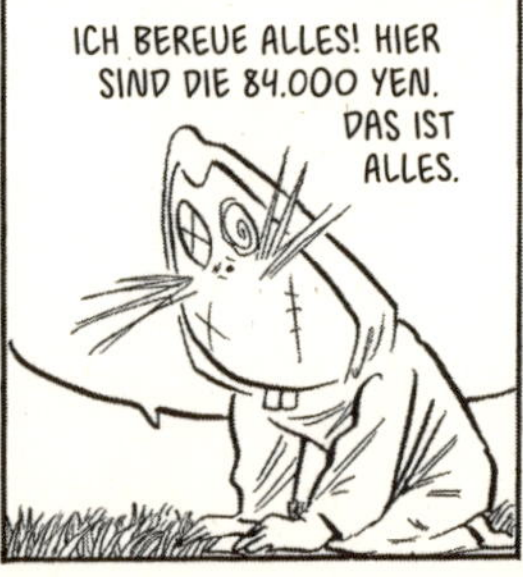
ICH BEREUE ALLES! HIER SIND DIE 84.000 YEN. DAS IST ALLES.

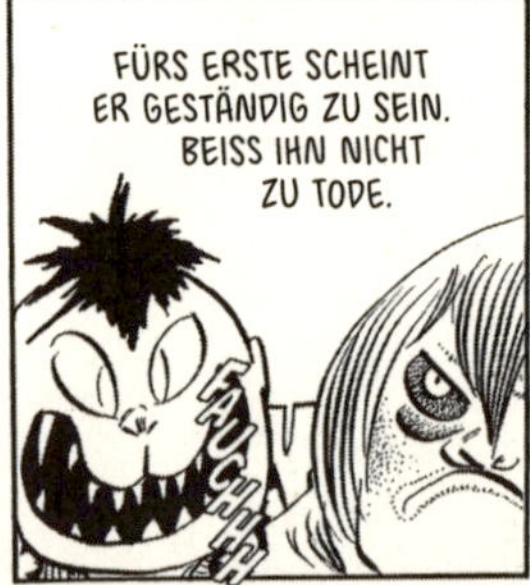
FÜRS ERSTE SCHEINT ER GESTÄNDIG ZU SEIN. BEISS IHN NICHT ZU TODE.
FAUCHHH

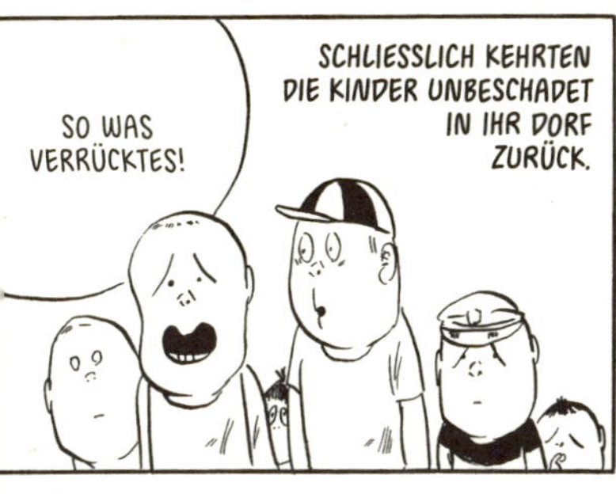
SCHLIESSLICH KEHRTEN DIE KINDER UNBESCHADET IN IHR DORF ZURÜCK.
SO WAS VERRÜCKTES!

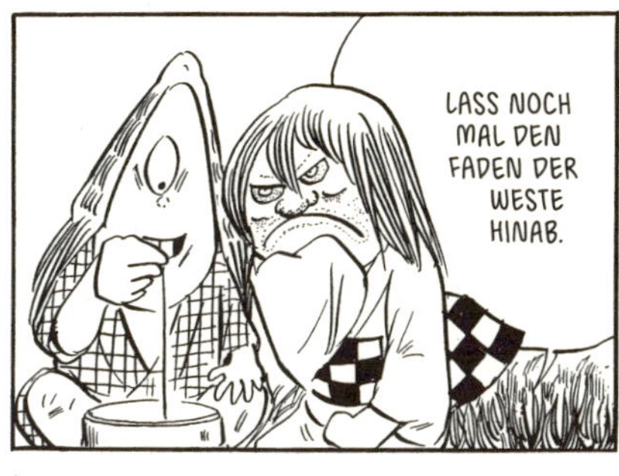
LASS NOCH MAL DEN FADEN DER WESTE HINAB.

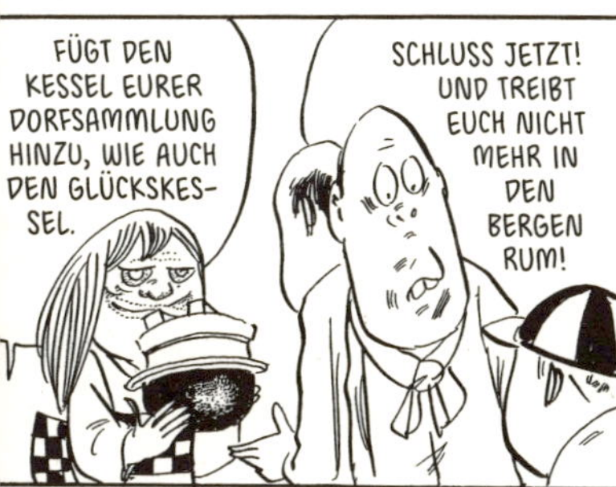
SCHLUSS JETZT! UND TREIBT EUCH NICHT MEHR IN DEN BERGEN RUM!
FÜGT DEN KESSEL EURER DORFSAMMLUNG HINZU, WIE AUCH DEN GLÜCKSKES-SEL.

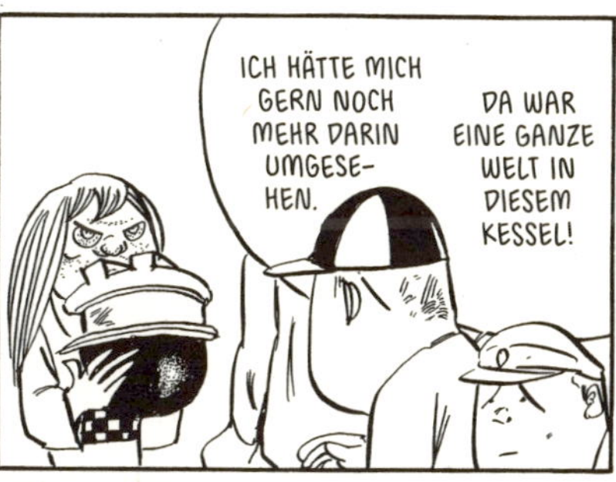
DA WAR EINE GANZE WELT IN DIESEM KESSEL!
ICH HÄTTE MICH GERN NOCH MEHR DARIN UMGESE-HEN.

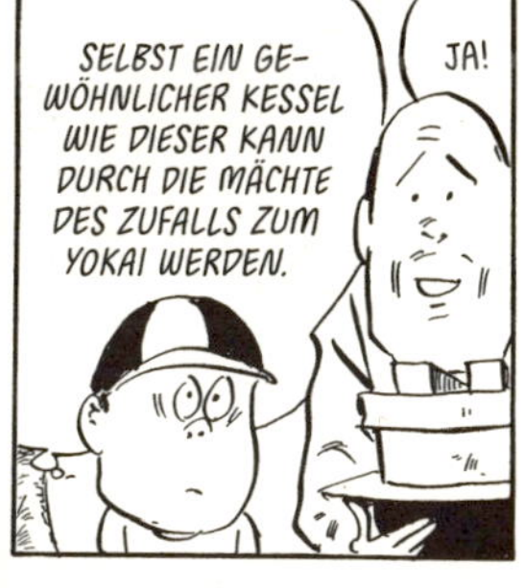
JA!
SELBST EIN GE-WÖHNLICHER KESSEL WIE DIESER KANN DURCH DIE MÄCHTE DES ZUFALLS ZUM YOKAI WERDEN.

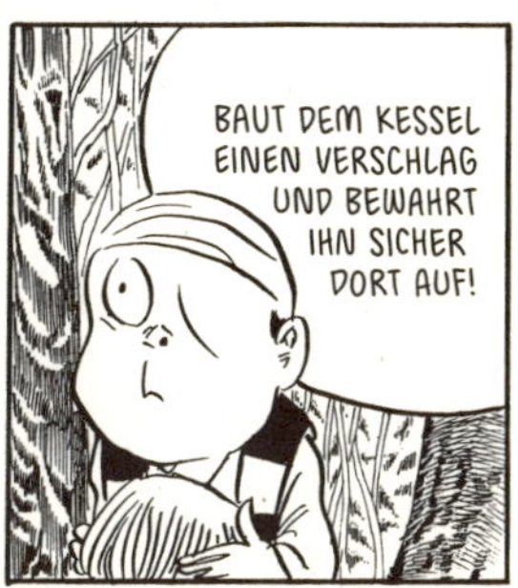
BAUT DEM KESSEL EINEN VERSCHLAG UND BEWAHRT IHN SICHER DORT AUF!

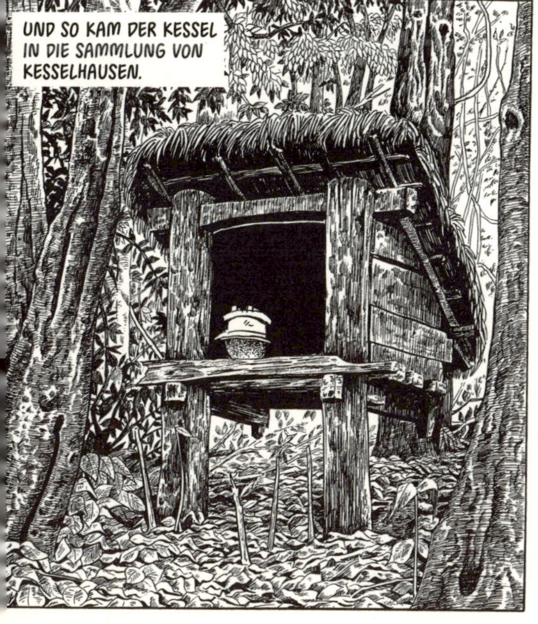
UND SO KAM DER KESSEL IN DIE SAMMLUNG VON KESSELHAUSEN.

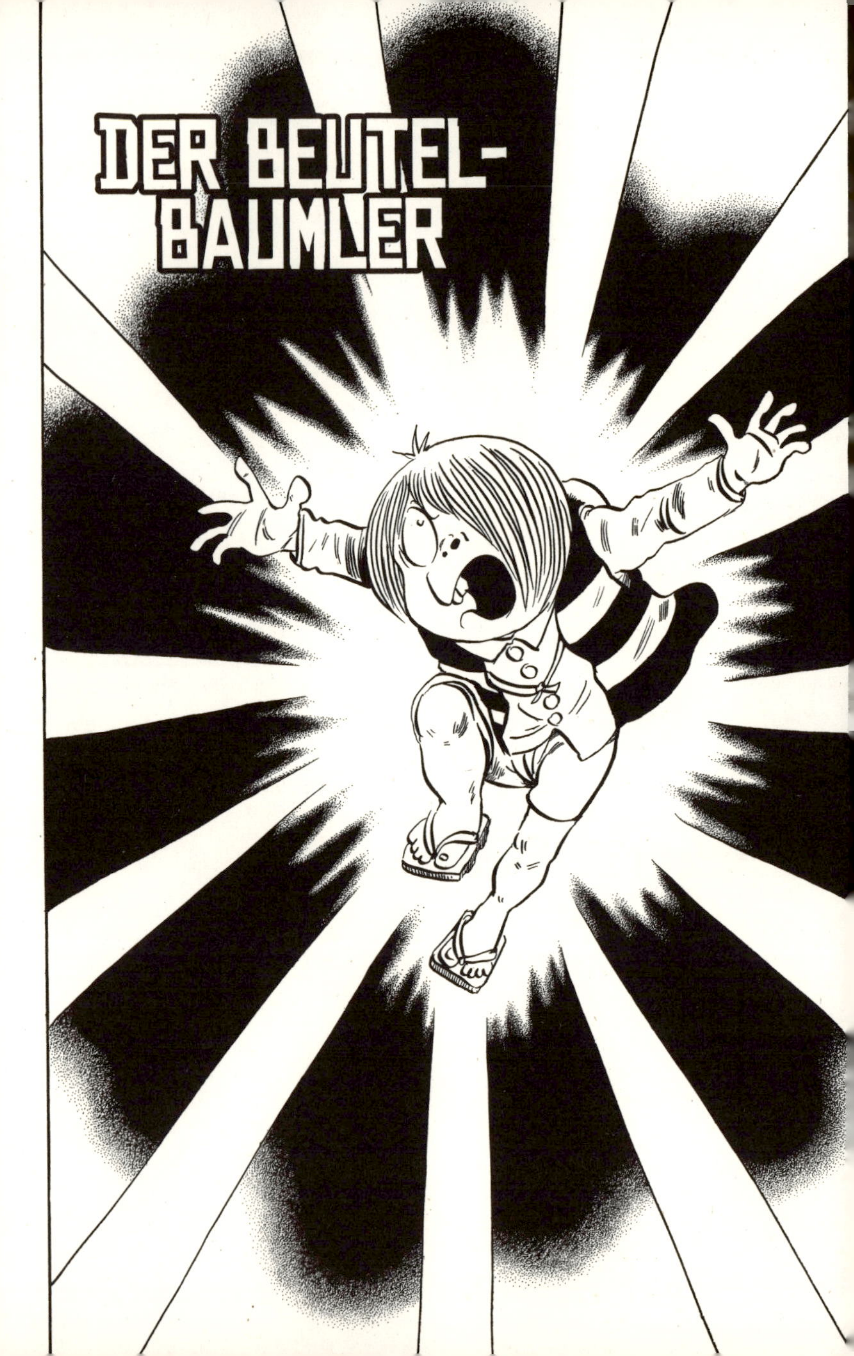
DER BEUTEL-
BAUMLER

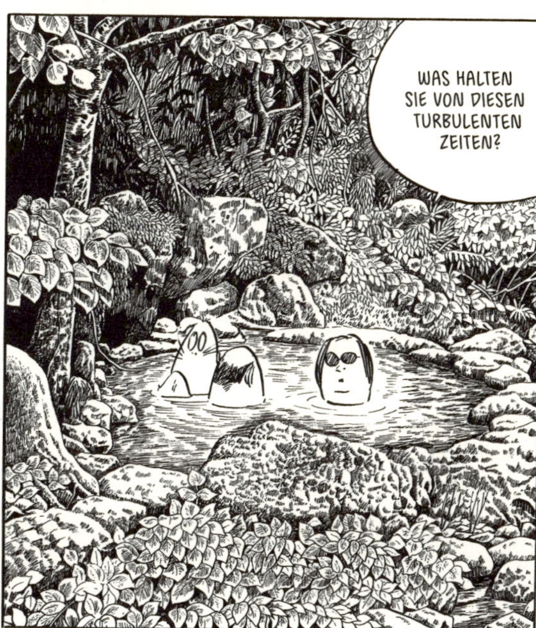
WAS HALTEN SIE VON DIESEN TURBULENTEN ZEITEN?

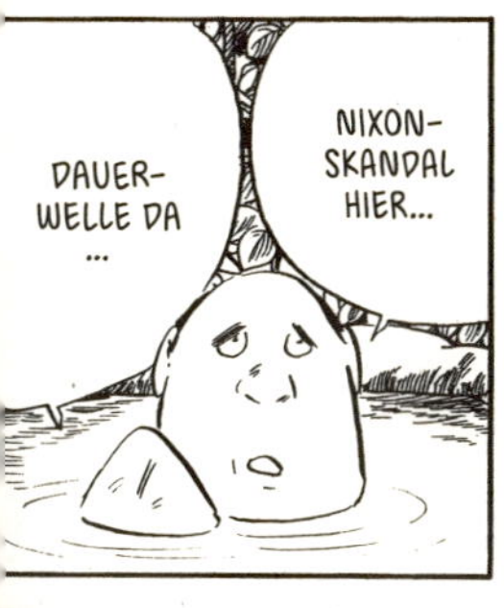
NIXON-SKANDAL HIER...
DAUER-WELLE DA ...

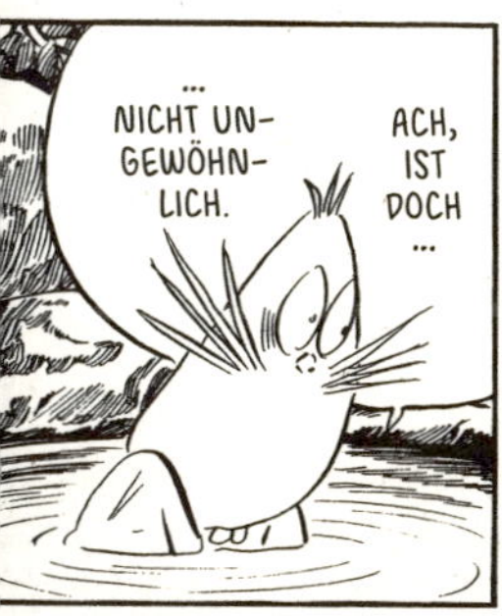
ACH, IST DOCH ...
... NICHT UN-GEWÖHN-LICH.

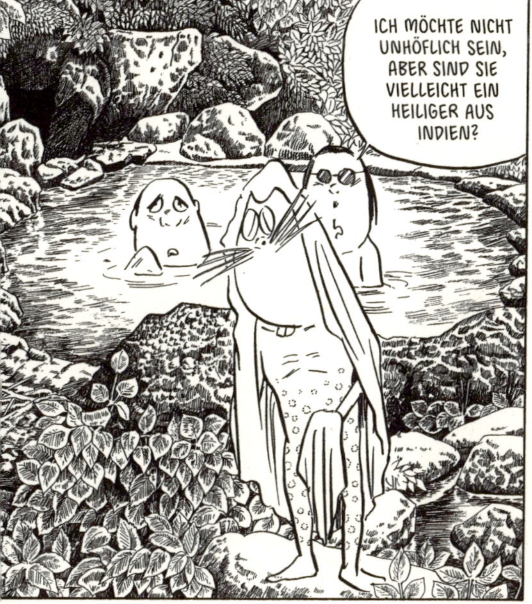
ICH MÖCHTE NICHT UNHÖFLICH SEIN, ABER SIND SIE VIELLEICHT EIN HEILIGER AUS INDIEN?

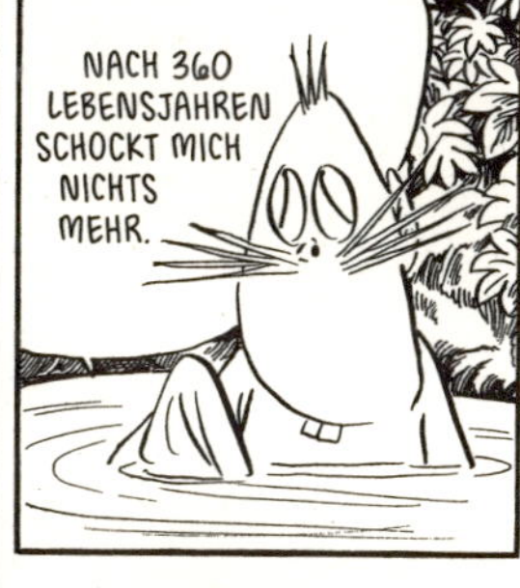
NACH 360 LEBENSJAHREN SCHOCKT MICH NICHTS MEHR.

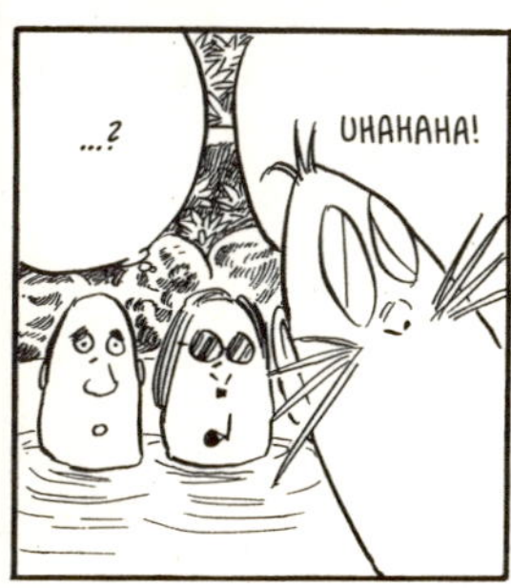
UHAHAHA!
...?

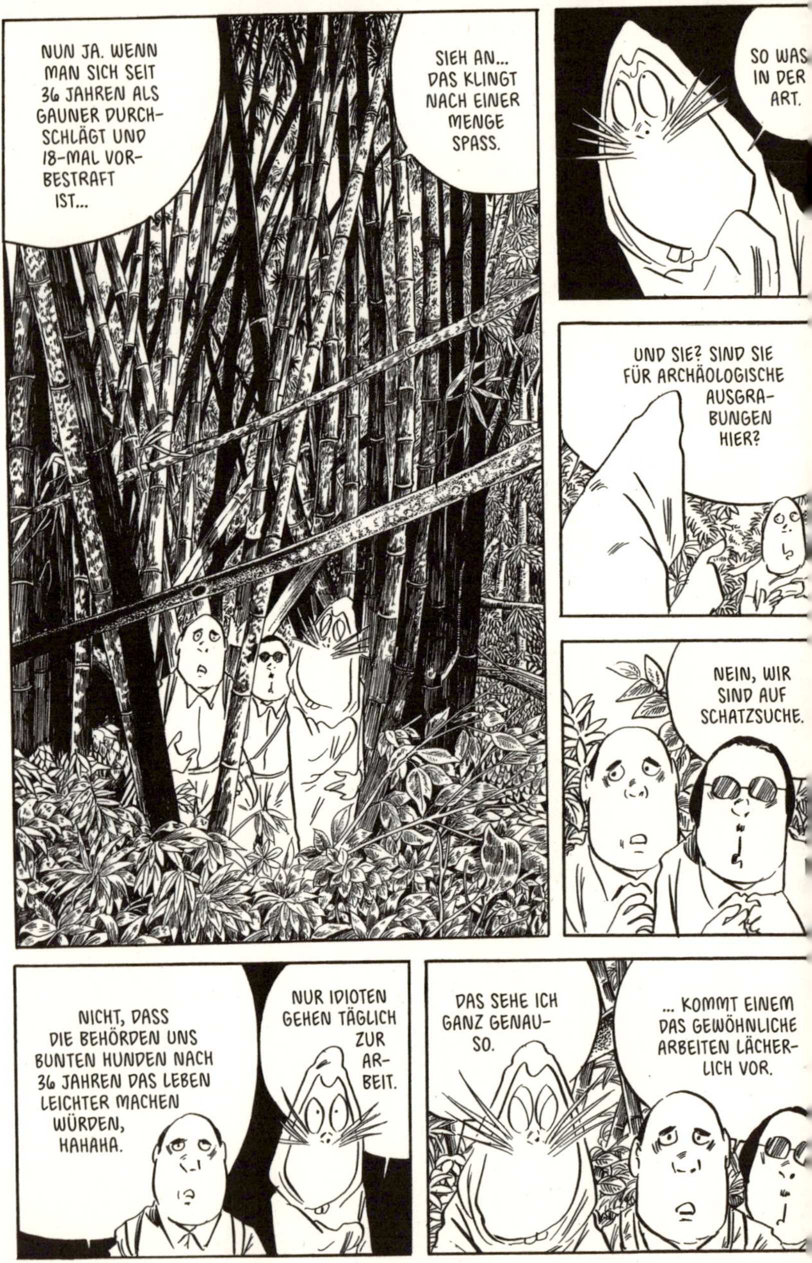

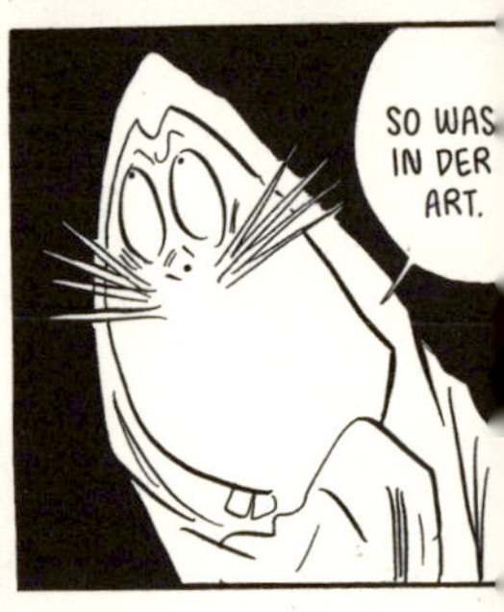

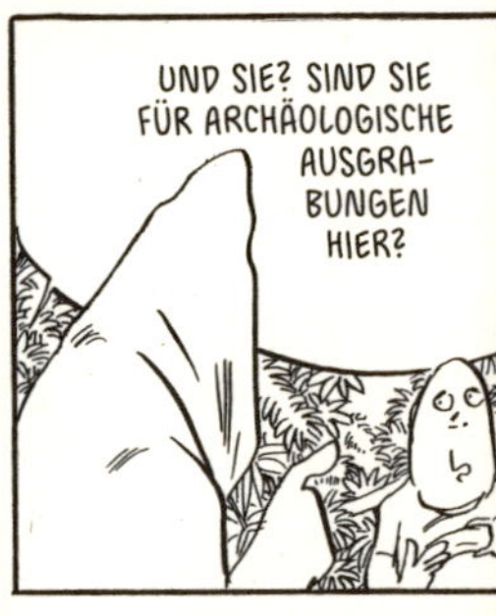

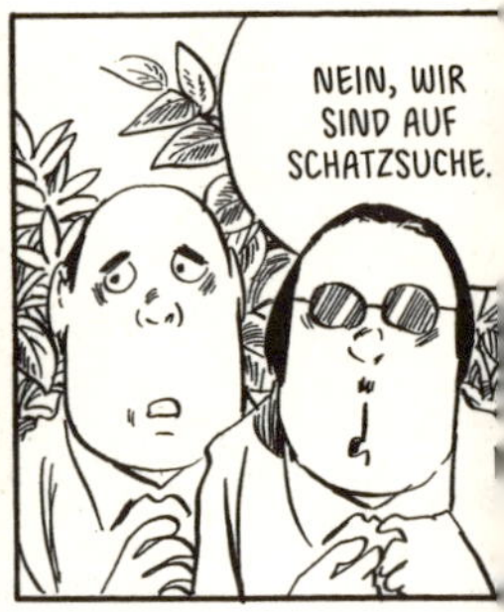

SIEH AN... DAS KLINGT NACH EINER MENGE SPASS.

NUN JA. WENN MAN SICH SEIT 36 JAHREN ALS GAUNER DURCHSCHLÄGT UND 18-MAL VORBESTRAFT IST...

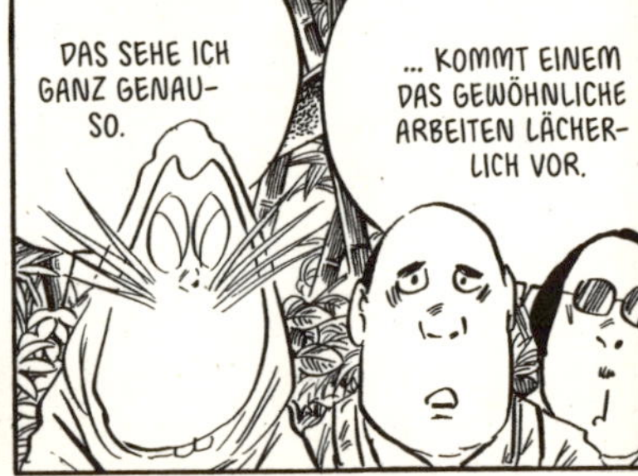

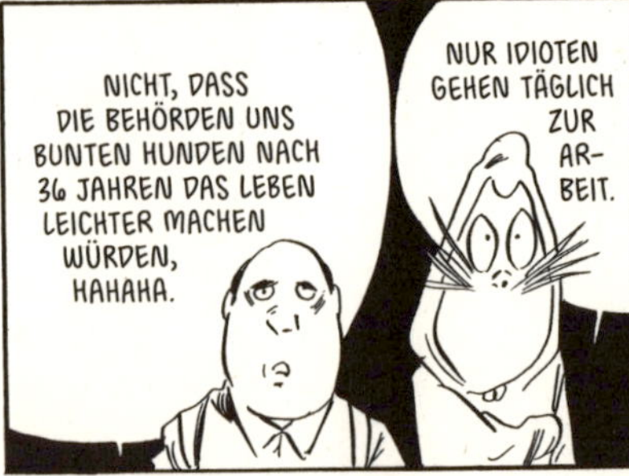

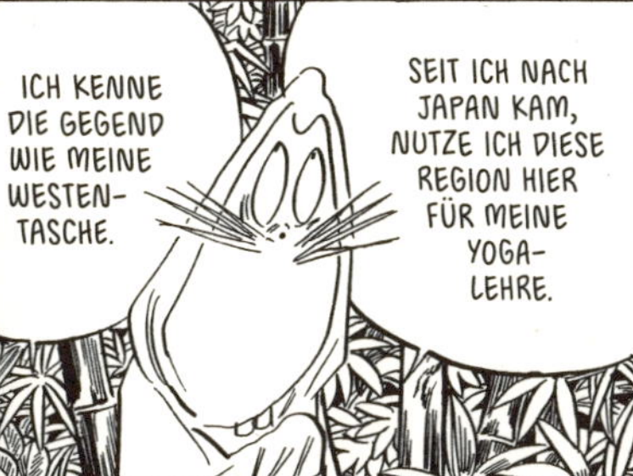
SEIT ICH NACH JAPAN KAM, NUTZE ICH DIESE REGION HIER FÜR MEINE YOGA-LEHRE.
ICH KENNE DIE GEGEND WIE MEINE WESTEN-TASCHE.

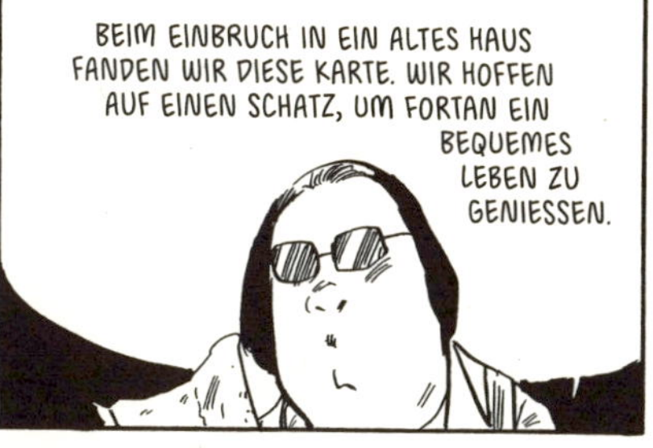
BEIM EINBRUCH IN EIN ALTES HAUS FANDEN WIR DIESE KARTE. WIR HOFFEN AUF EINEN SCHATZ, UM FORTAN EIN BEQUEMES LEBEN ZU GENIESSEN.

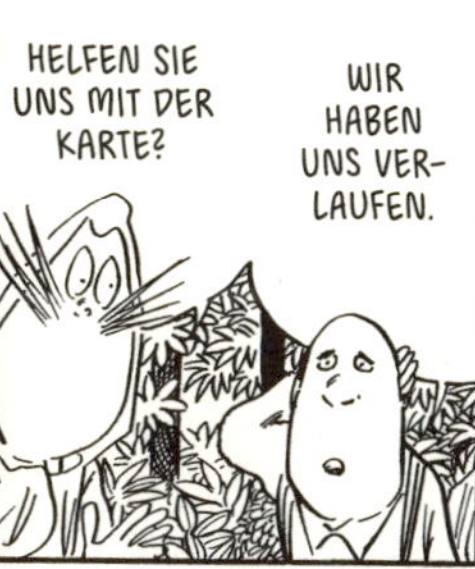
WIR HABEN UNS VER-LAUFEN.
HELFEN SIE UNS MIT DER KARTE?

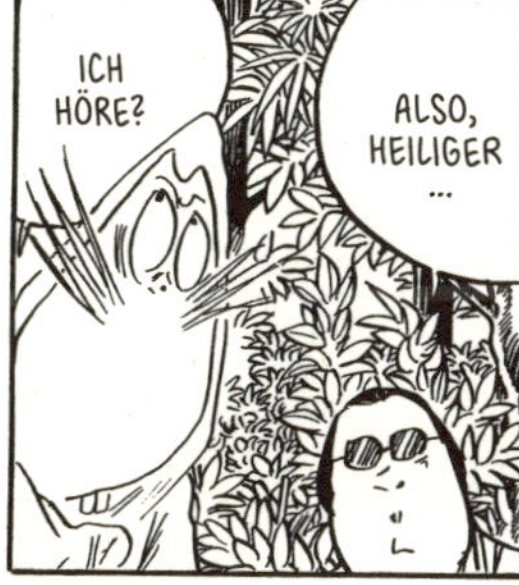
ALSO, HEILIGER ...
ICH HÖRE?

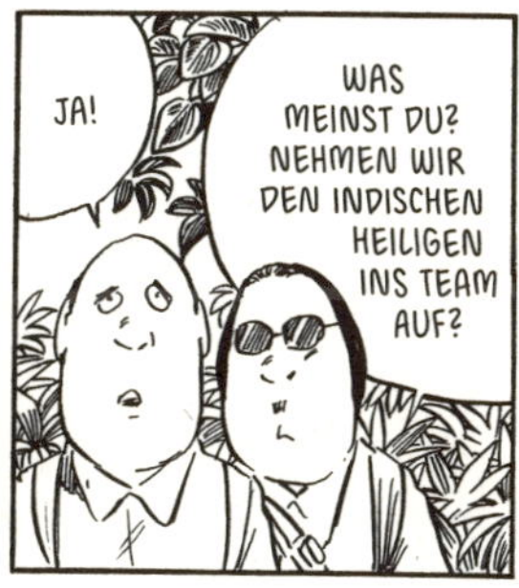
WAS MEINST DU? NEHMEN WIR DEN INDISCHEN HEILIGEN INS TEAM AUF?
JA!

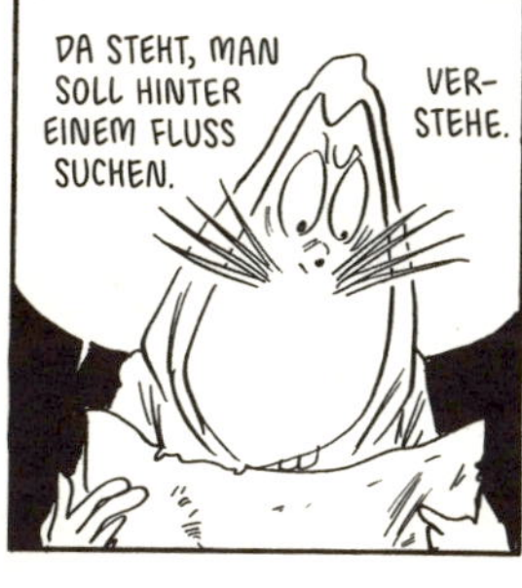
VER-STEHE.
DA STEHT, MAN SOLL HINTER EINEM FLUSS SUCHEN.

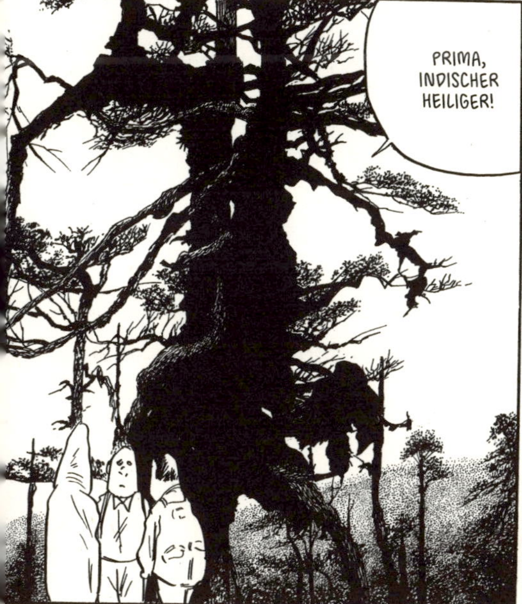
PRIMA, INDISCHER HEILIGER!

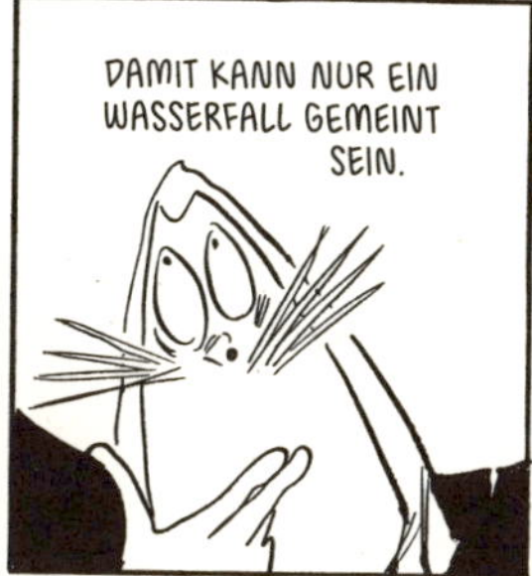
DAMIT KANN NUR EIN WASSERFALL GEMEINT SEIN.

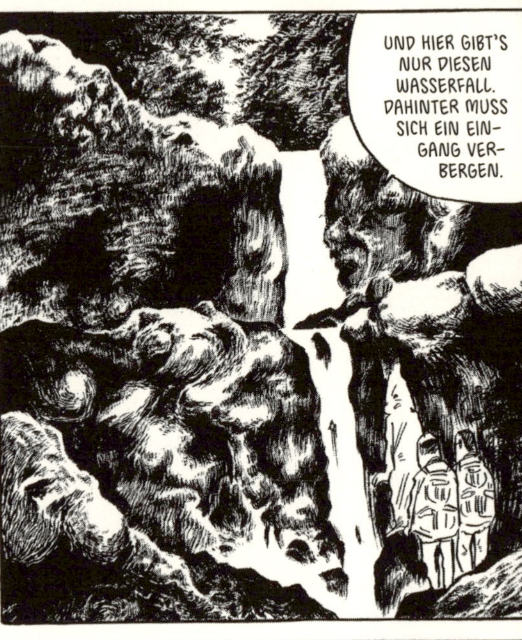
UND HIER GIBT'S NUR DIESEN WASSERFALL. DAHINTER MUSS SICH EIN EINGANG VERBERGEN.

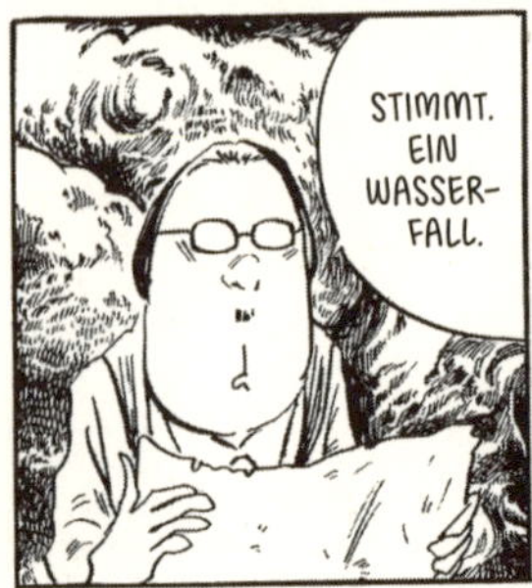
STIMMT. EIN WASSERFALL.

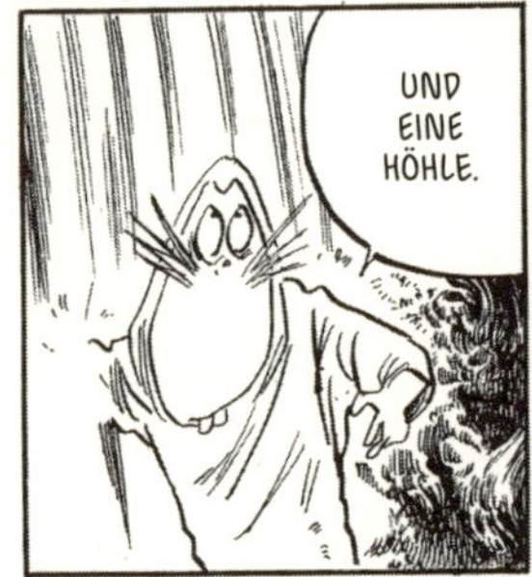
UND EINE HÖHLE.

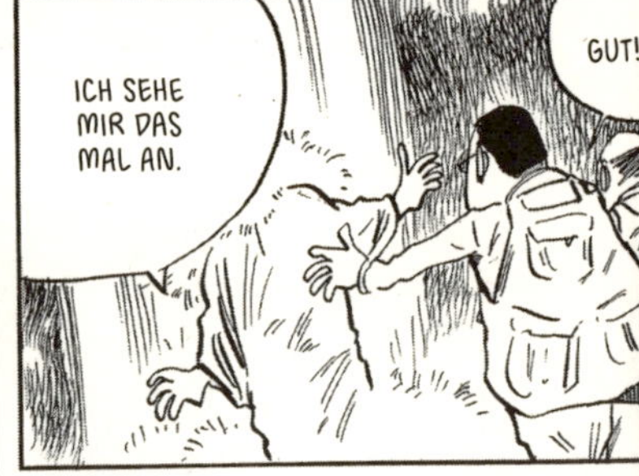
ICH SEHE MIR DAS MAL AN.
GUT!

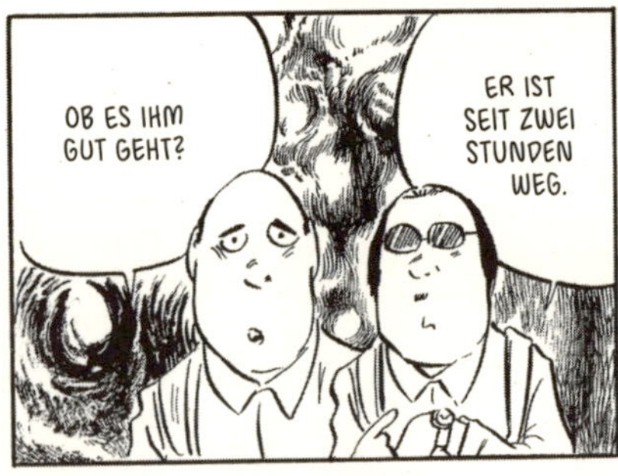
ER IST SEIT ZWEI STUNDEN WEG.
OB ES IHM GUT GEHT?

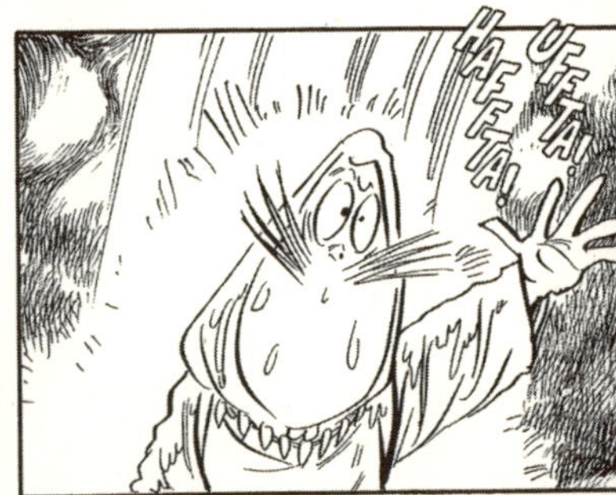
UFFTA!
HAFFTA!

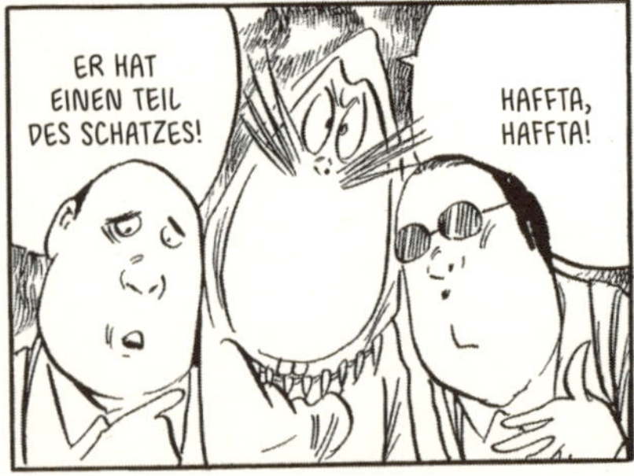
HAFFTA, HAFFTA!
ER HAT EINEN TEIL DES SCHATZES!

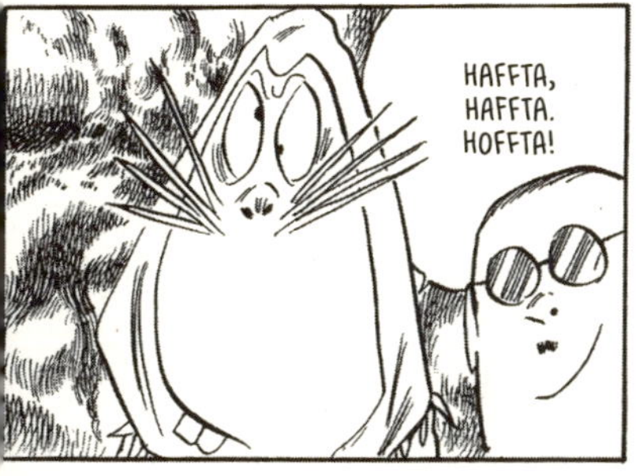
HAFFTA, HAFFTA. HOFFTA!

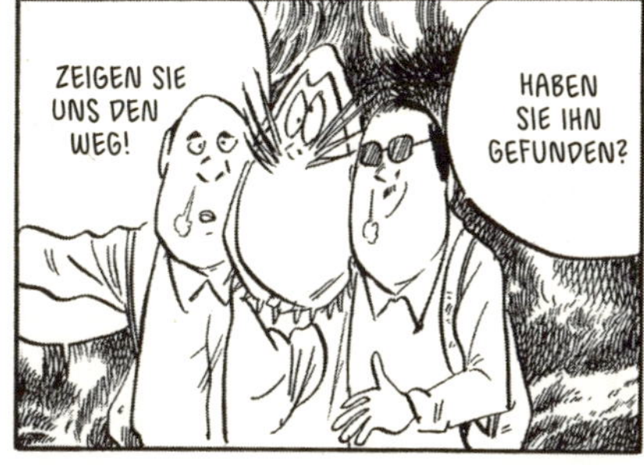
HABEN SIE IHN GEFUNDEN?
ZEIGEN SIE UNS DEN WEG!

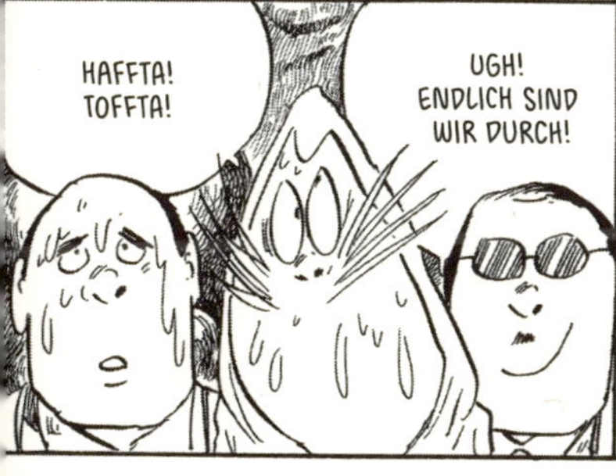
UGH! ENDLICH SIND WIR DURCH!
HAFFTA! TOFFTA!

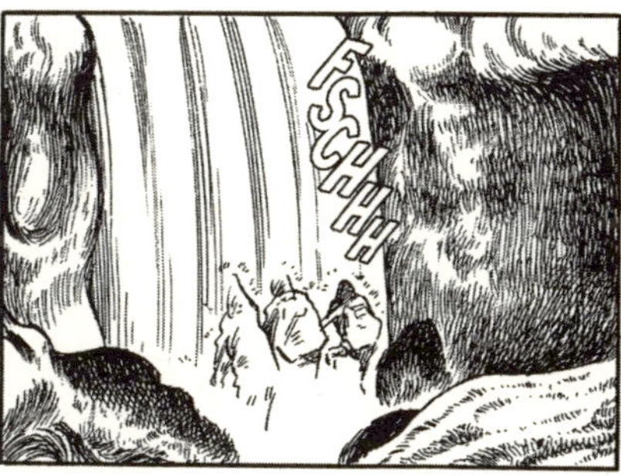
FSCHHH

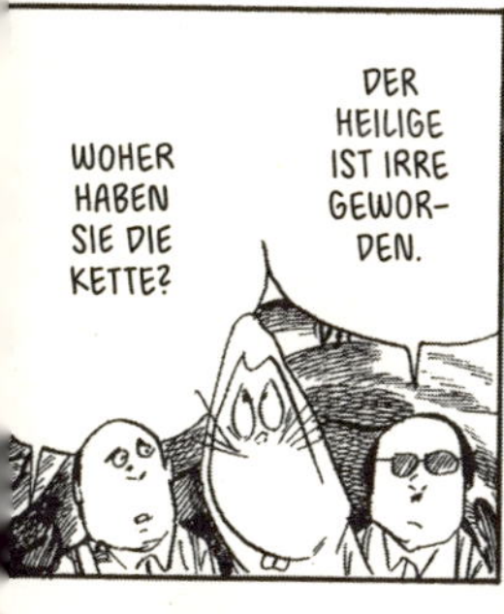
DER HEILIGE IST IRRE GEWORDEN.
WOHER HABEN SIE DIE KETTE?

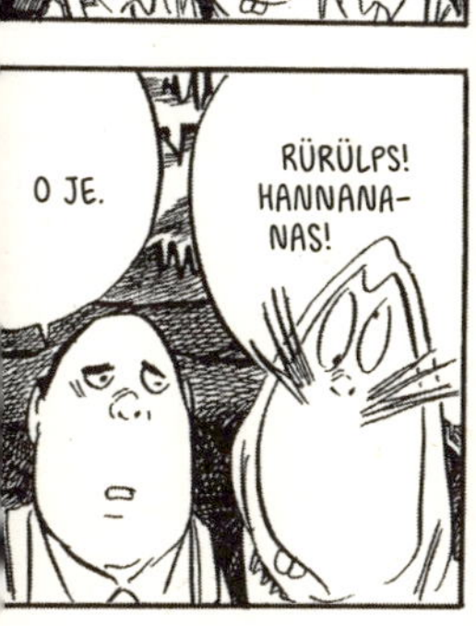
RÜRÜLPS! HANNANANAS!
O JE.

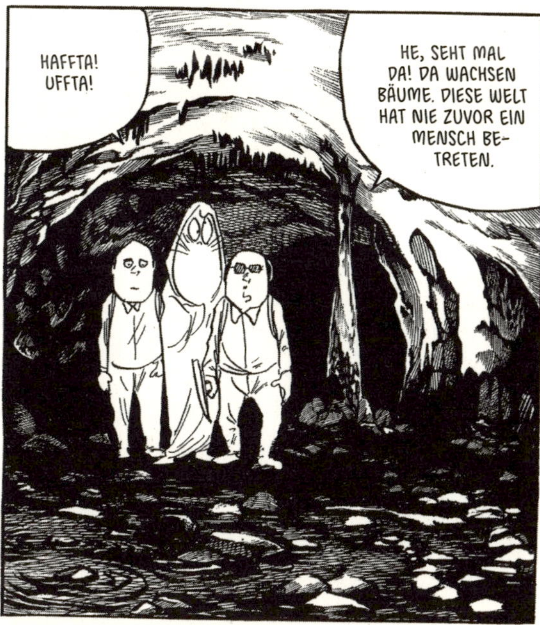
HE, SEHT MAL DA! DA WACHSEN BÄUME. DIESE WELT HAT NIE ZUVOR EIN MENSCH BETRETEN.
HAFFTA! UFFTA!

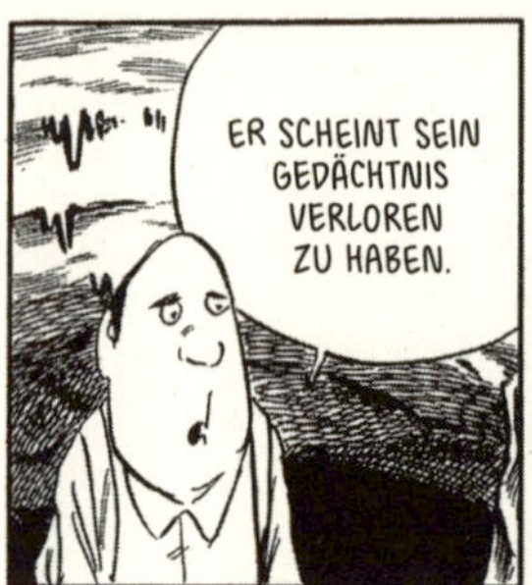
ER SCHEINT SEIN GEDÄCHTNIS VERLOREN ZU HABEN.

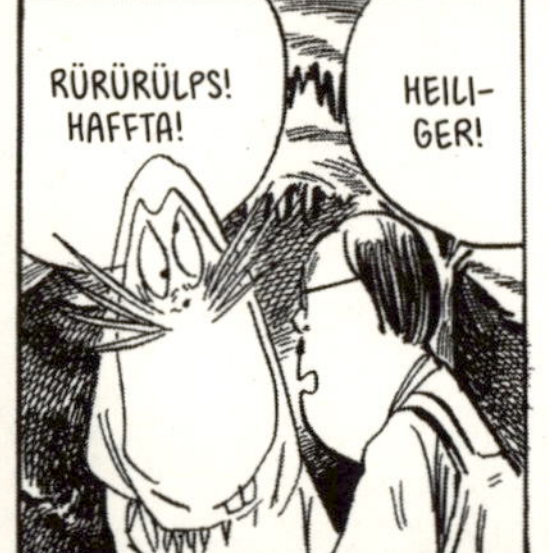
RÜRÜRÜLPS! HAFFTA!
HEILI-GER!

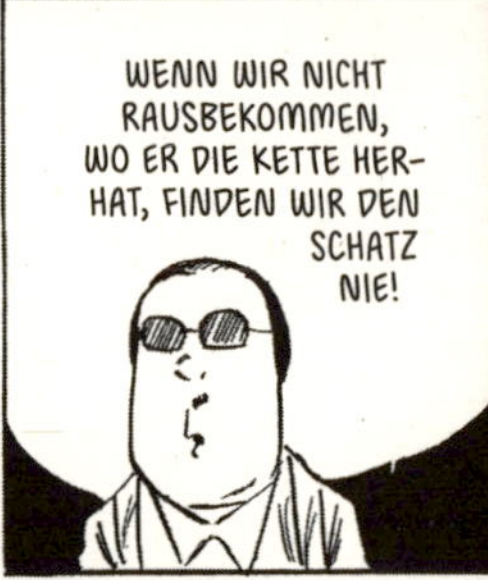
WENN WIR NICHT RAUSBEKOMMEN, WO ER DIE KETTE HER-HAT, FINDEN WIR DEN SCHATZ NIE!

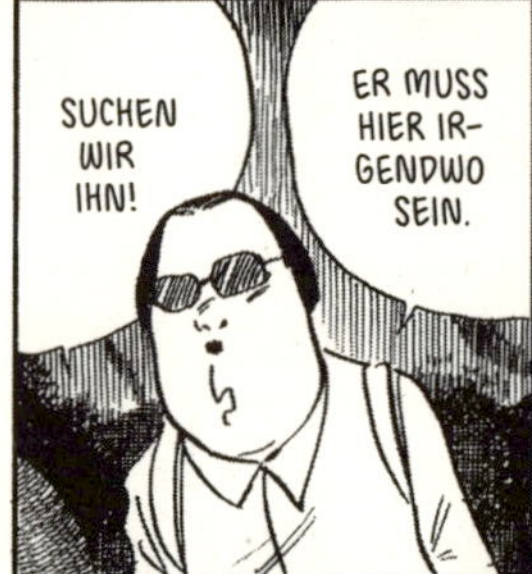
ER MUSS HIER IR-GENDWO SEIN.
SUCHEN WIR IHN!

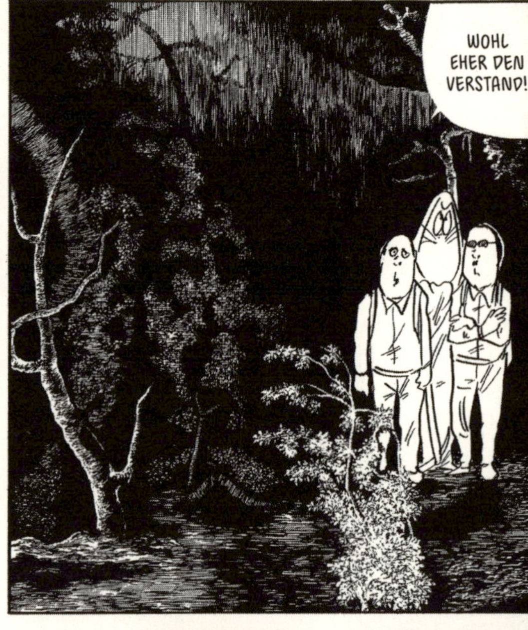
WOHL EHER DEN VERSTAND!

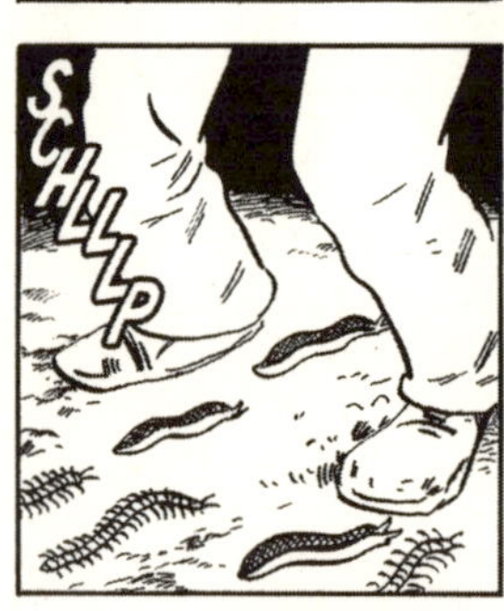
SCHLLLP

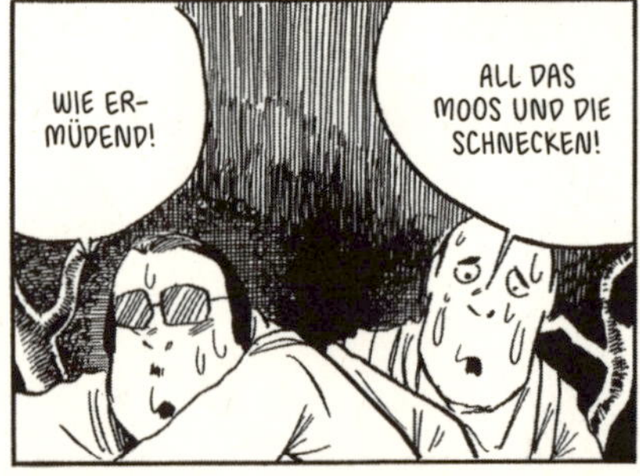
WIE ER-MÜDEND!
ALL DAS MOOS UND DIE SCHNECKEN!

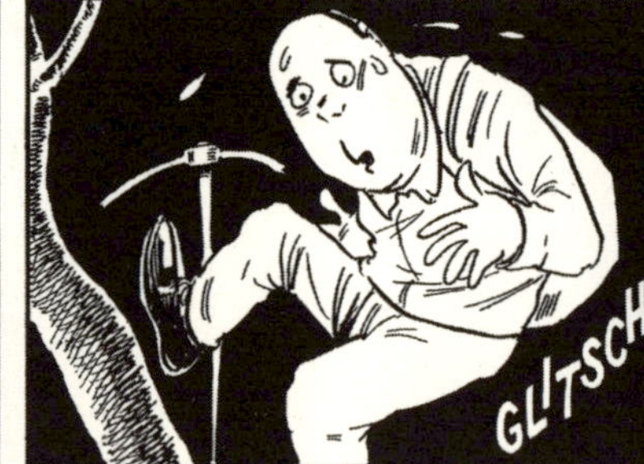
GLITSCH

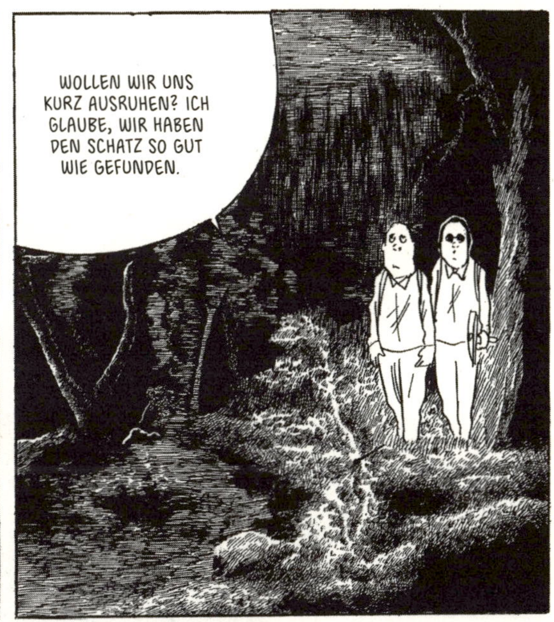
WOLLEN WIR UNS KURZ AUSRUHEN? ICH GLAUBE, WIR HABEN DEN SCHATZ SO GUT WIE GEFUNDEN.

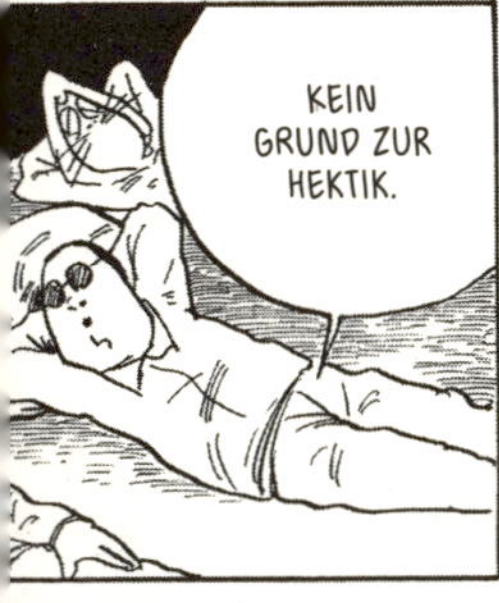
KEIN GRUND ZUR HEKTIK.

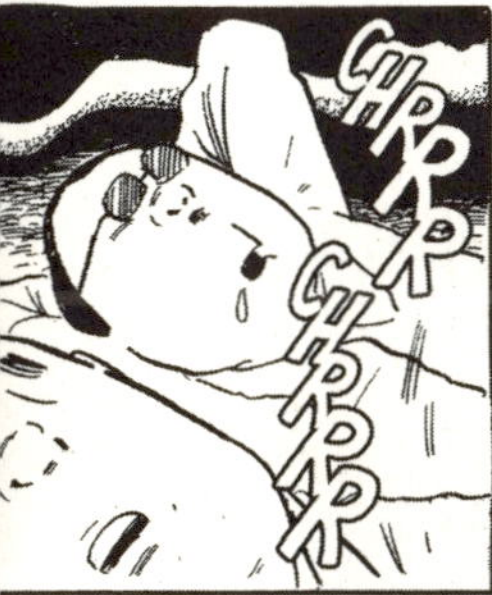
CHRR
CHRR

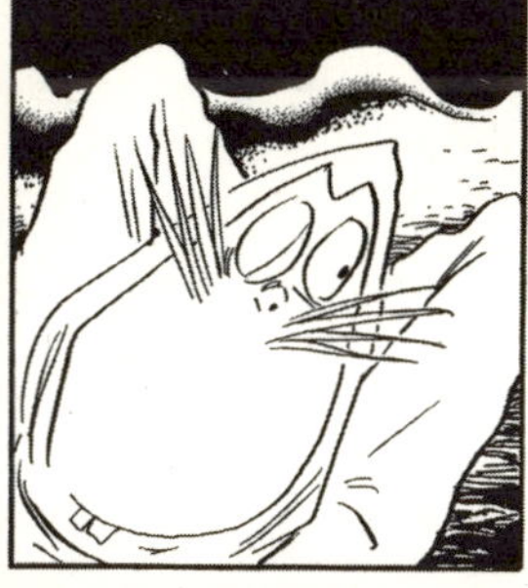

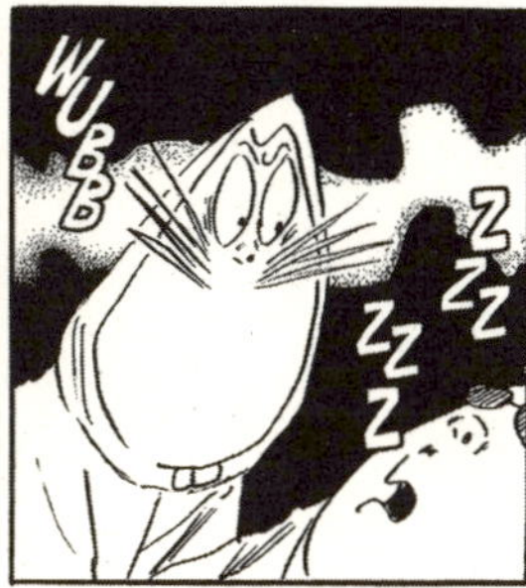
WUBB
ZZZ
ZZZ

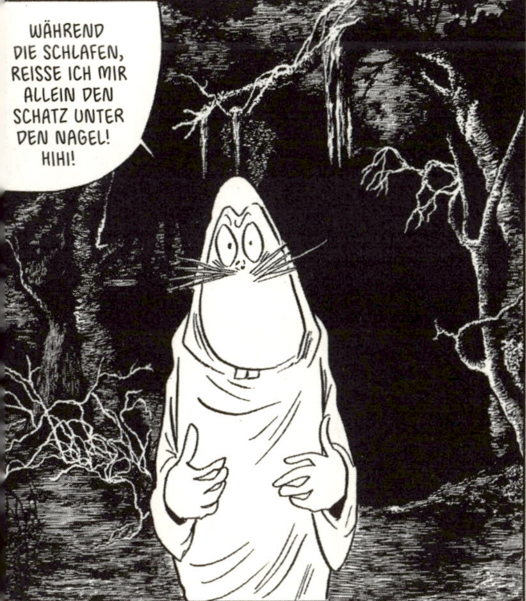
WÄHREND DIE SCHLAFEN, REISSE ICH MIR ALLEIN DEN SCHATZ UNTER DEN NAGEL! HIHI!

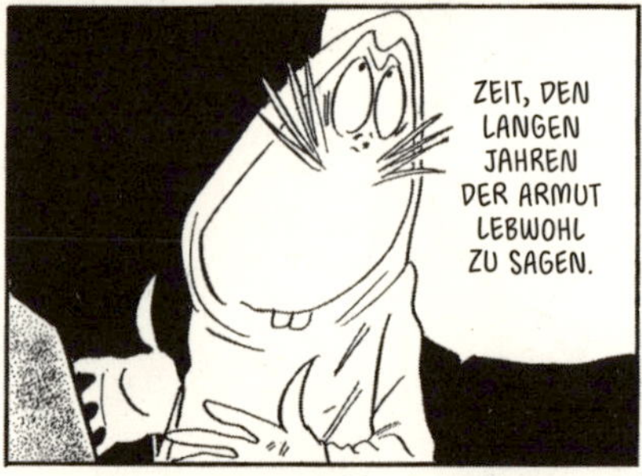
ZEIT, DEN LANGEN JAHREN DER ARMUT LEBWOHL ZU SAGEN.

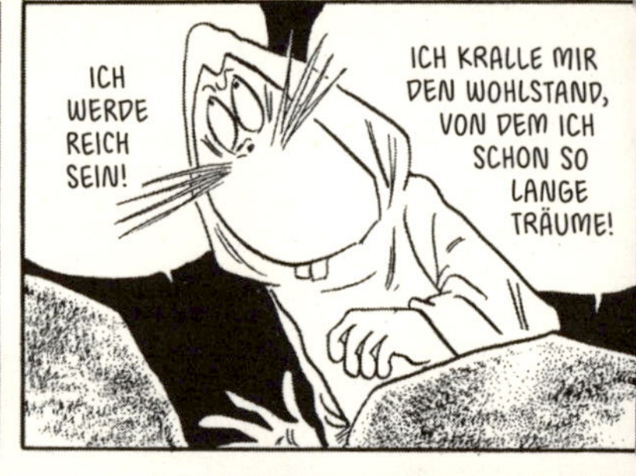
ICH WERDE REICH SEIN!
ICH KRALLE MIR DEN WOHLSTAND, VON DEM ICH SCHON SO LANGE TRÄUME!

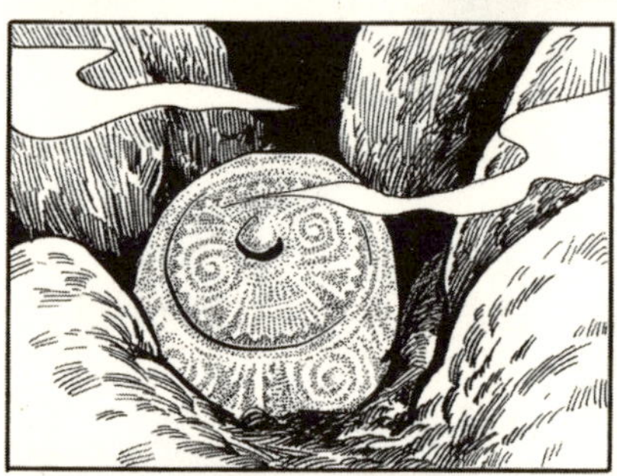

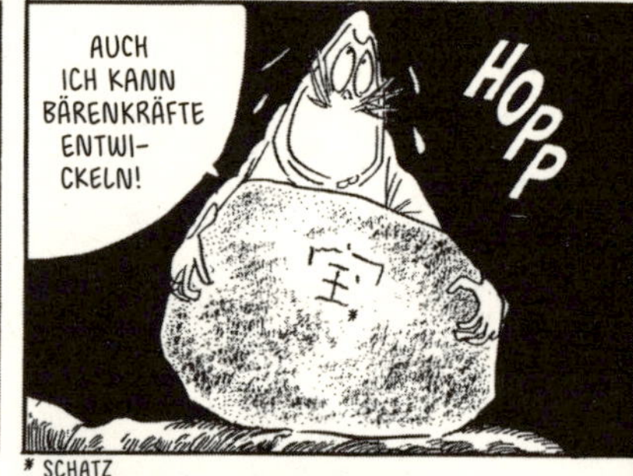
AUCH ICH KANN BÄRENKRÄFTE ENTWI-CKELN!
HOPP
宝*

* SCHATZ

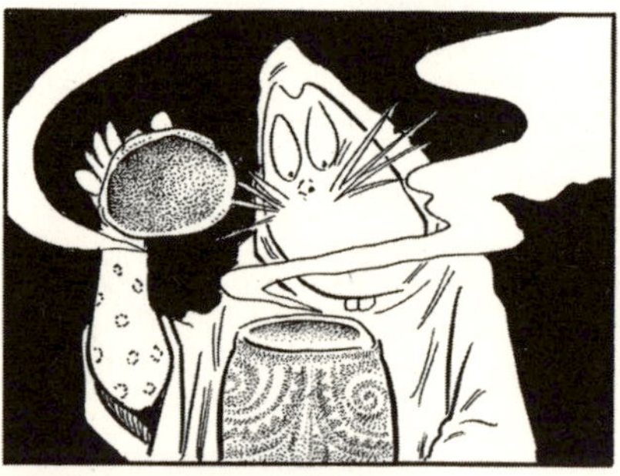

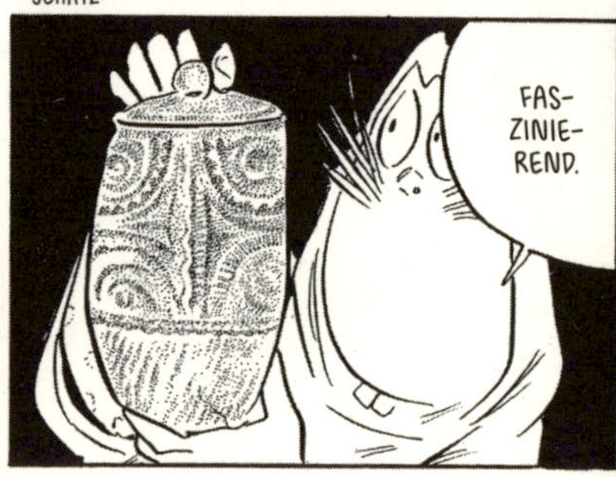
FAS-ZINIE-REND.

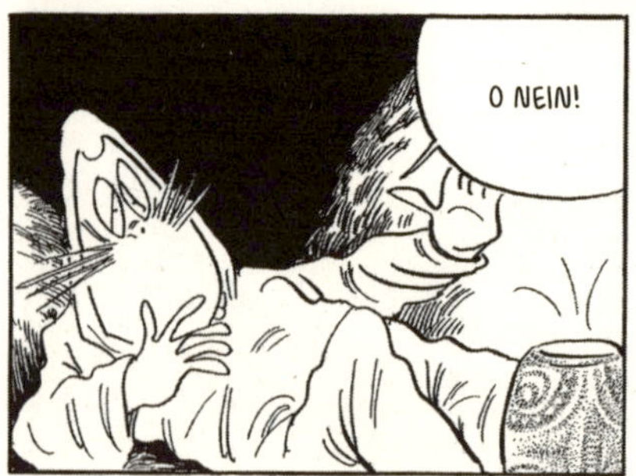
O NEIN!

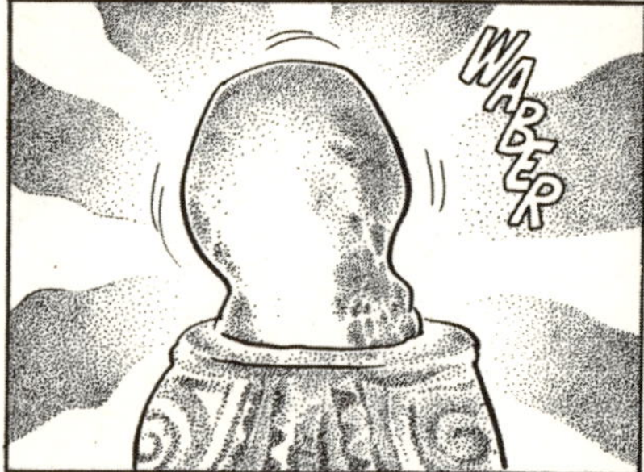
WABER

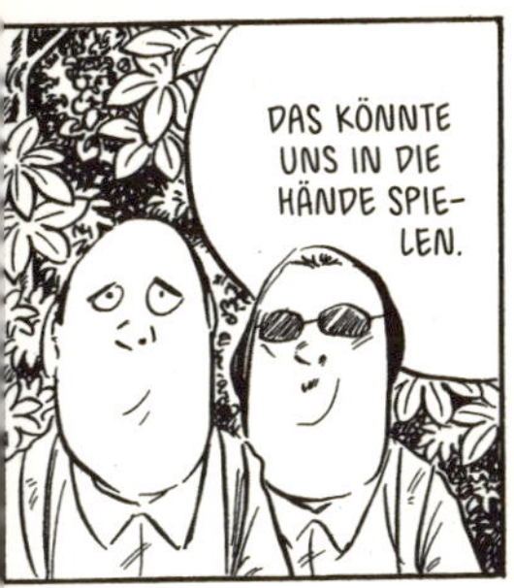
DAS KÖNNTE UNS IN DIE HÄNDE SPIELEN.

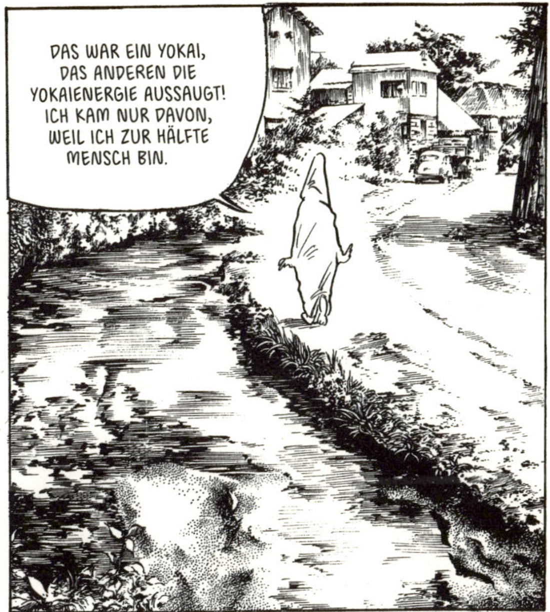
DAS WAR EIN YOKAI, DAS ANDEREN DIE YOKAIENERGIE AUSSAUGT! ICH KAM NUR DAVON, WEIL ICH ZUR HÄLFTE MENSCH BIN.

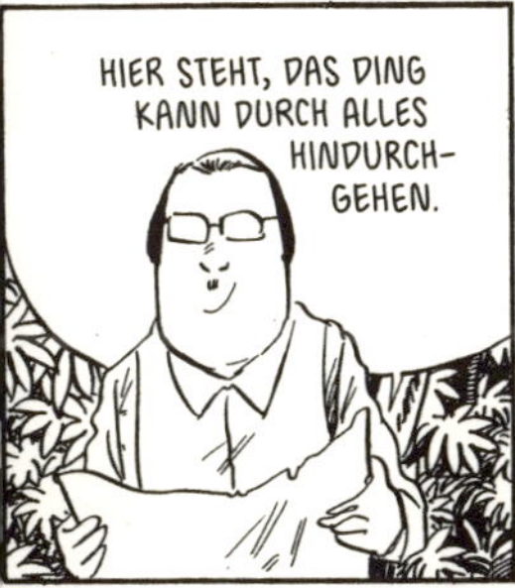
HIER STEHT, DAS DING KANN DURCH ALLES HINDURCHGEHEN.

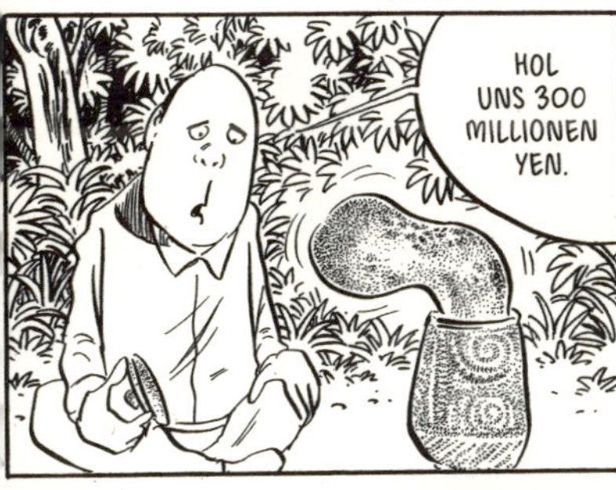
HOL UNS 300 MILLIONEN YEN.

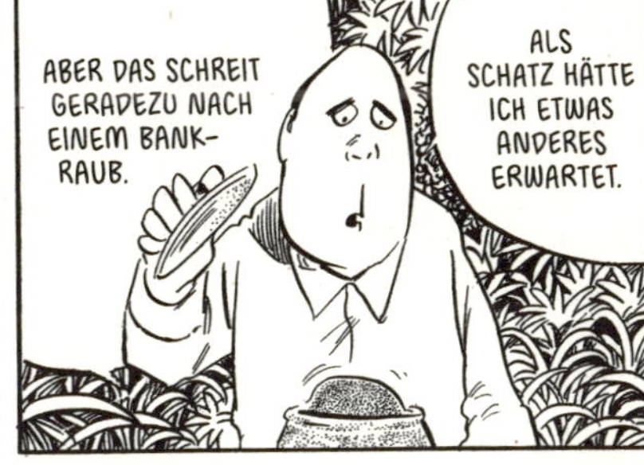
ALS SCHATZ HÄTTE ICH ETWAS ANDERES ERWARTET.
ABER DAS SCHREIT GERADEZU NACH EINEM BANKRAUB.

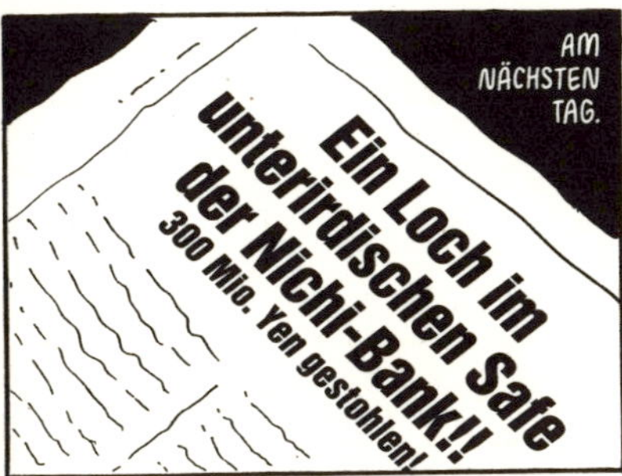
AM NÄCHSTEN TAG.
Ein Loch im unterirdischen Safe der Nichi-Bank!!
300 Mio. Yen gestohlen!

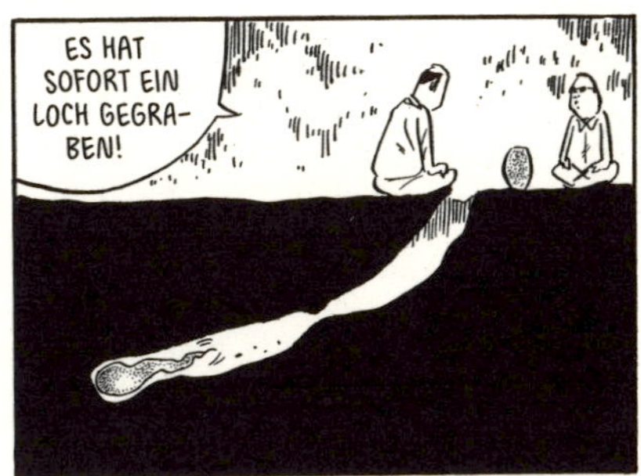
ES HAT SOFORT EIN LOCH GEGRABEN!

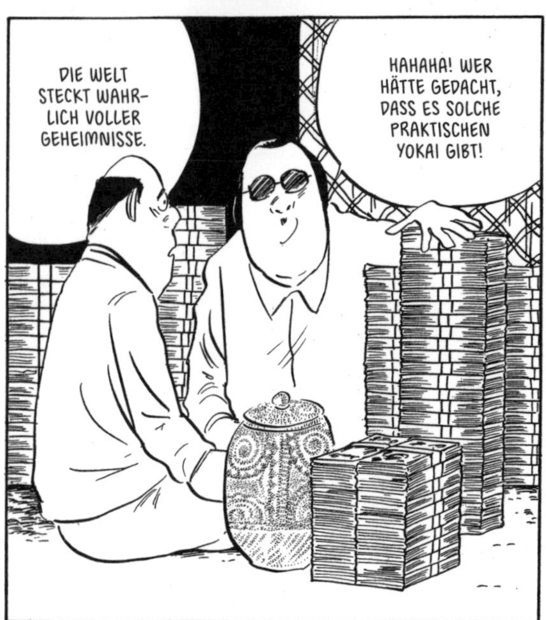
HAHAHA! WER HÄTTE GEDACHT, DASS ES SOLCHE PRAKTISCHEN YOKAI GIBT!
DIE WELT STECKT WAHRLICH VOLLER GEHEIMNISSE.

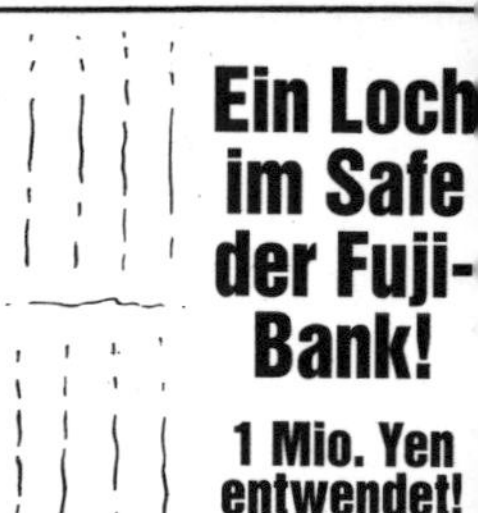
Ein Loch im Safe der Fuji-Bank!
1 Mio. Yen entwendet!

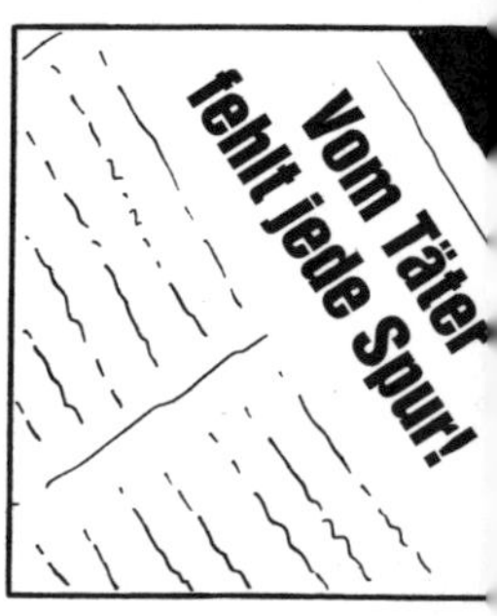
Vom Täter fehlt jede Spur!

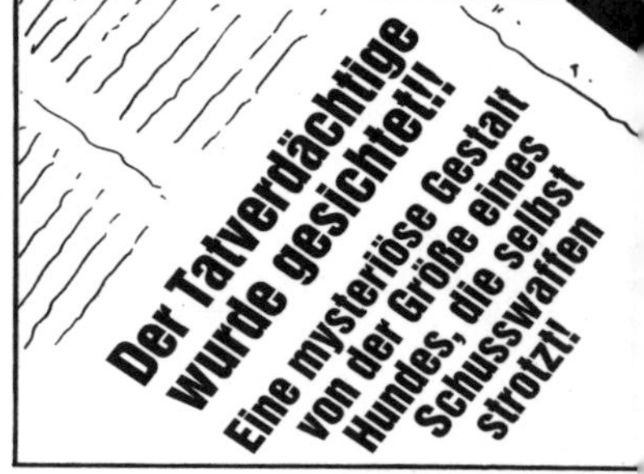
Der Tatverdächtige wurde gesichtet!!
Eine mysteriöse Gestalt von der Größe eines Hundes, die selbst Schusswaffen trotzt!

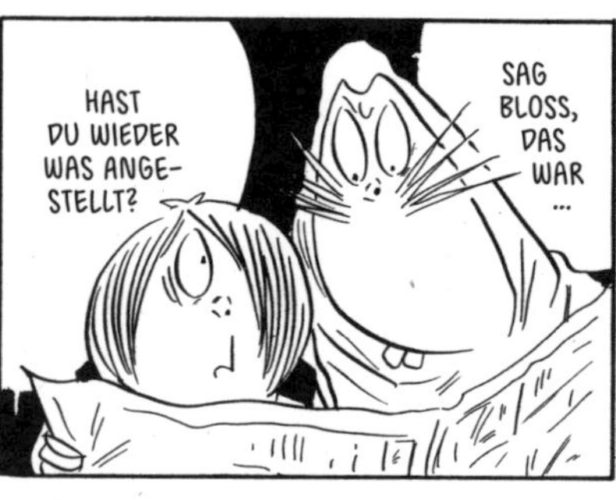
SAG BLOSS, DAS WAR ...
HAST DU WIEDER WAS ANGESTELLT?

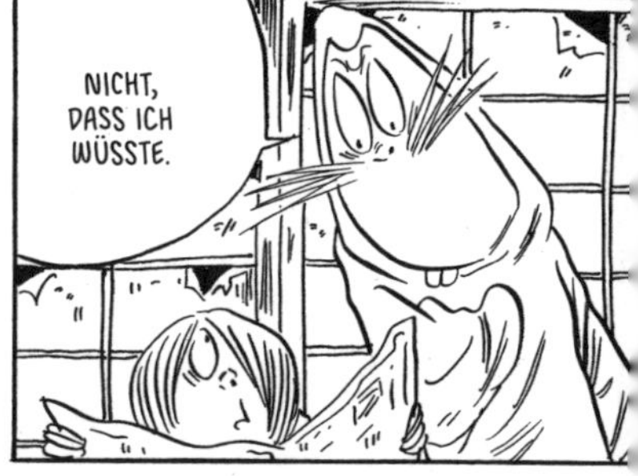
NICHT, DASS ICH WÜSSTE.

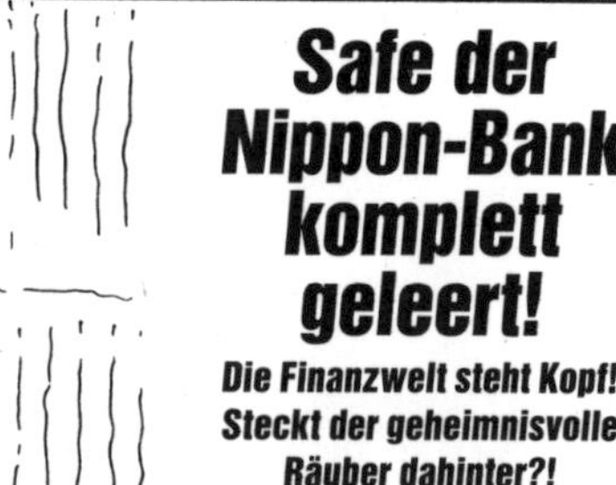
Safe der Nippon-Bank komplett geleert!
Die Finanzwelt steht Kopf! Steckt der geheimnisvolle Räuber dahinter?!

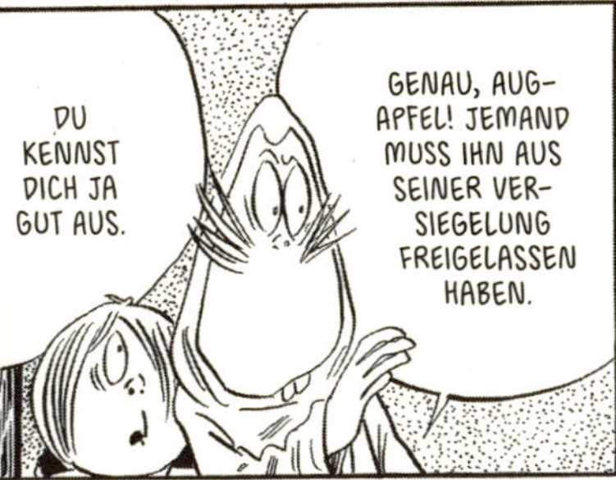
DU KENNST DICH JA GUT AUS.
GENAU, AUG-APFEL! JEMAND MUSS IHN AUS SEINER VER-SIEGELUNG FREIGELASSEN HABEN.

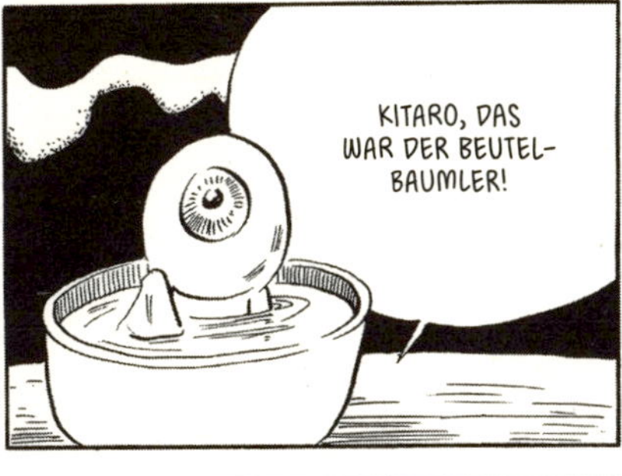
KITARO, DAS WAR DER BEUTEL-BAUMLER!

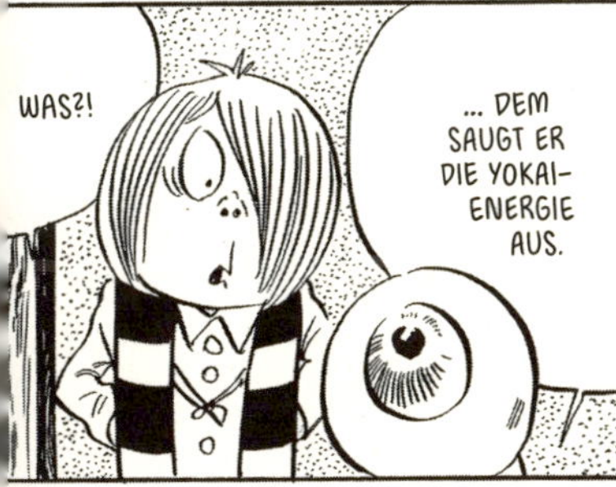
WAS?!
... DEM SAUGT ER DIE YOKAI-ENERGIE AUS.

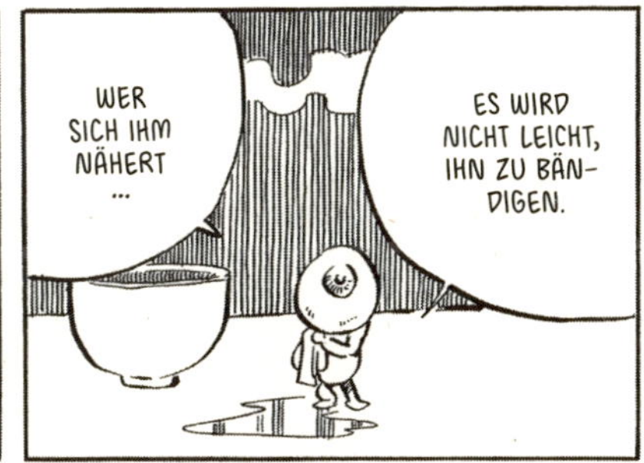
WER SICH IHM NÄHERT ...
ES WIRD NICHT LEICHT, IHN ZU BÄN-DIGEN.

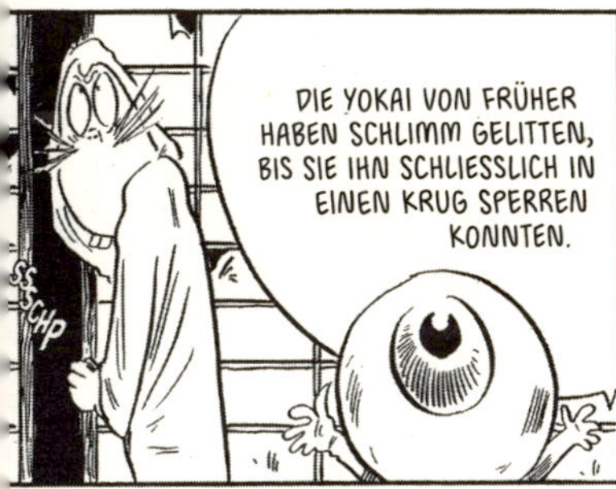
SSSCHP
DIE YOKAI VON FRÜHER HABEN SCHLIMM GELITTEN, BIS SIE IHN SCHLIESSLICH IN EINEN KRUG SPERREN KONNTEN.

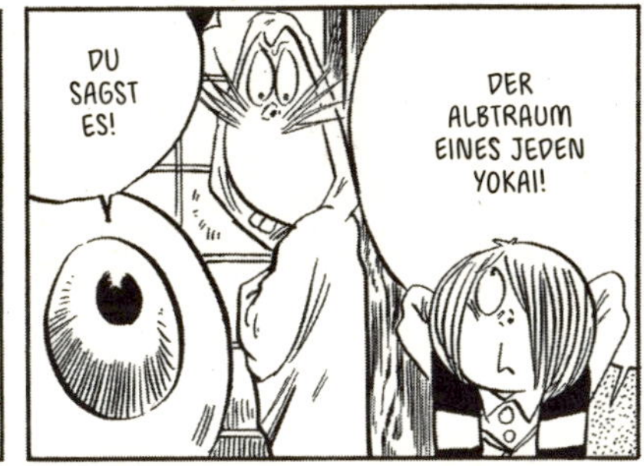
DU SAGST ES!
DER ALBTRAUM EINES JEDEN YOKAI!

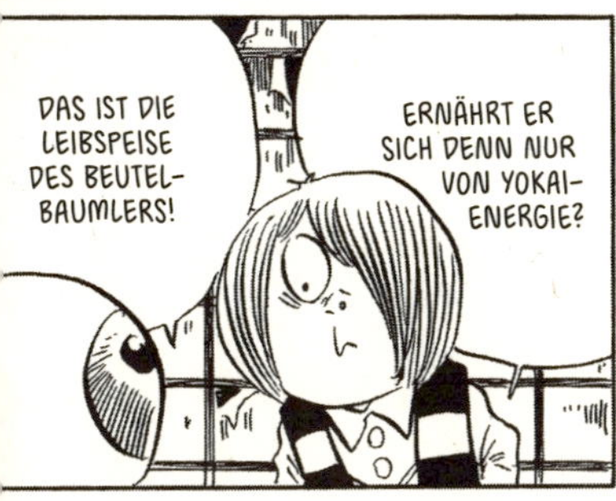
DAS IST DIE LEIBSPEISE DES BEUTEL-BAUMLERS!
ERNÄHRT ER SICH DENN NUR VON YOKAI-ENERGIE?

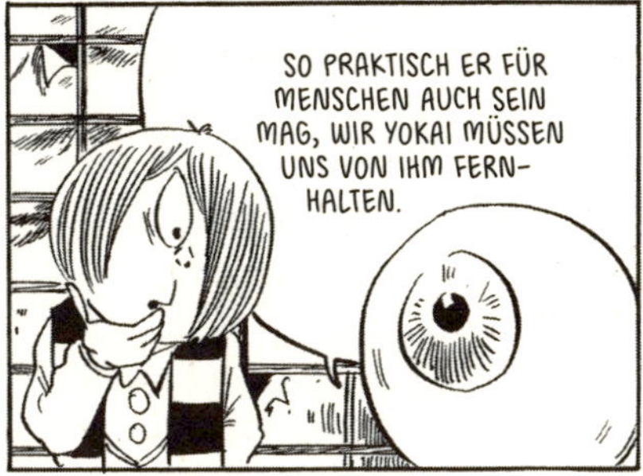
SO PRAKTISCH ER FÜR MENSCHEN AUCH SEIN MAG, WIR YOKAI MÜSSEN UNS VON IHM FERN-HALTEN.

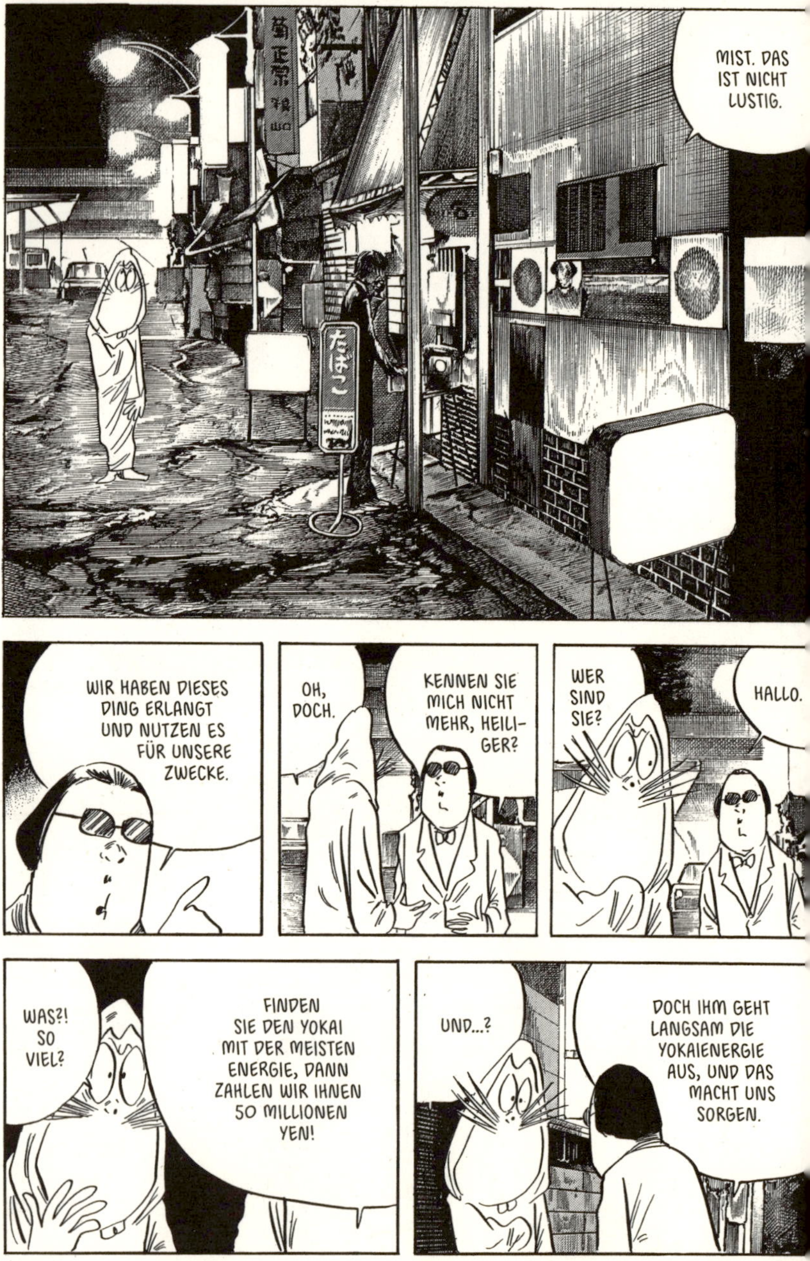

MIST. DAS IST NICHT LUSTIG.

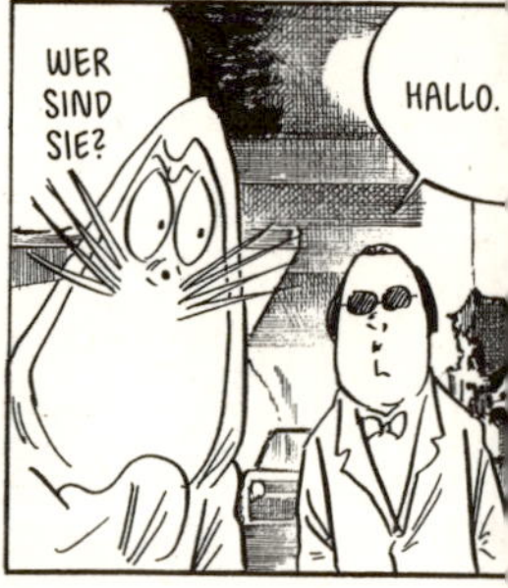

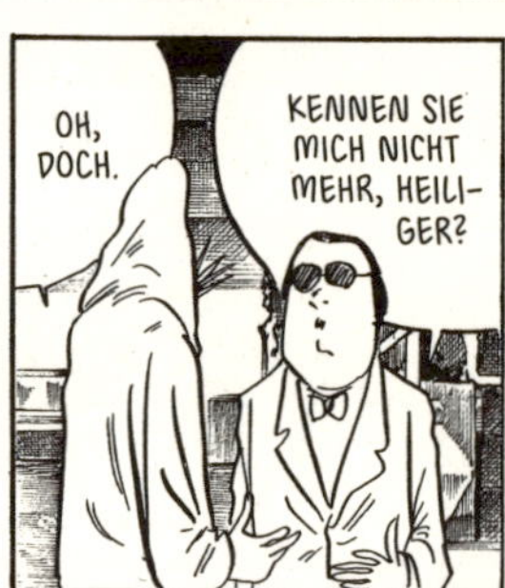

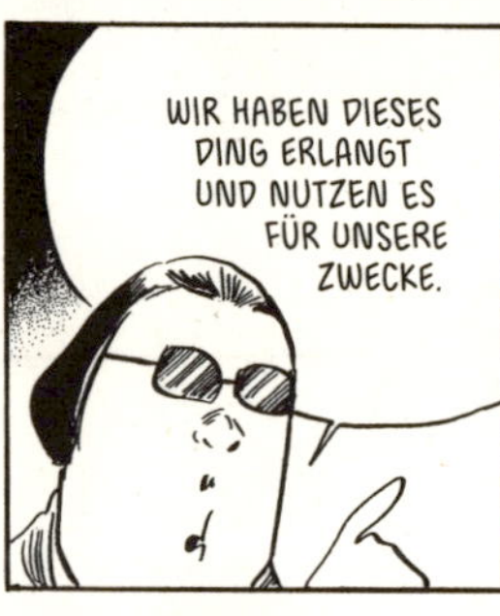

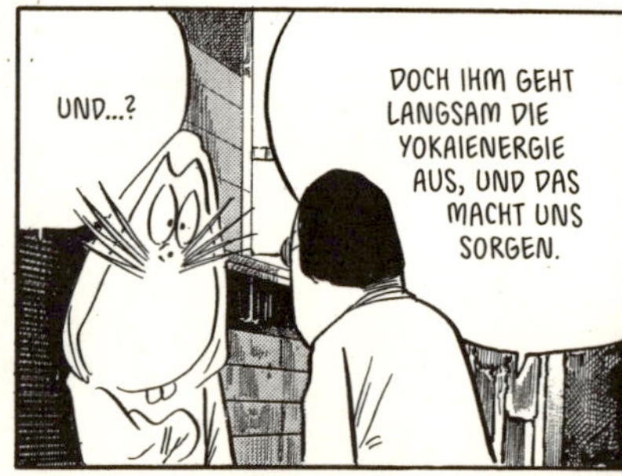

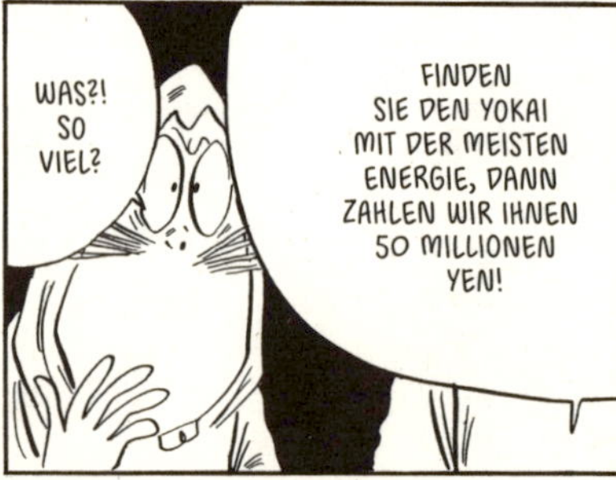

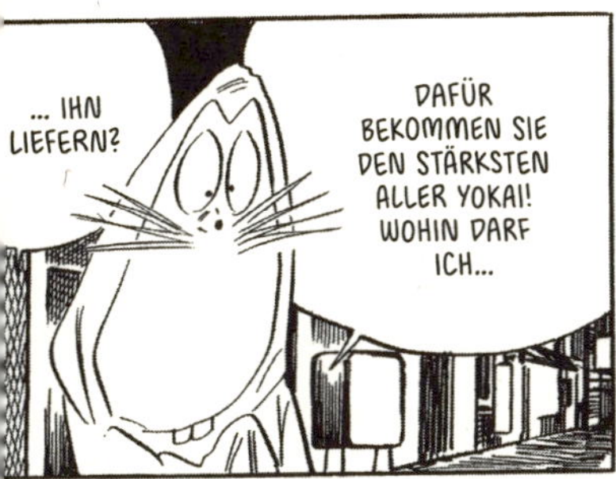
DAFÜR BEKOMMEN SIE DEN STÄRKSTEN ALLER YOKAI! WOHIN DARF ICH...
... IHN LIEFERN?

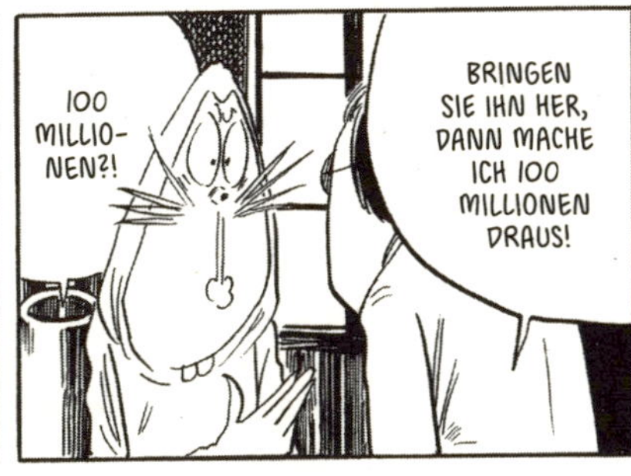
BRINGEN SIE IHN HER, DANN MACHE ICH 100 MILLIONEN DRAUS!
100 MILLIO-NEN?!

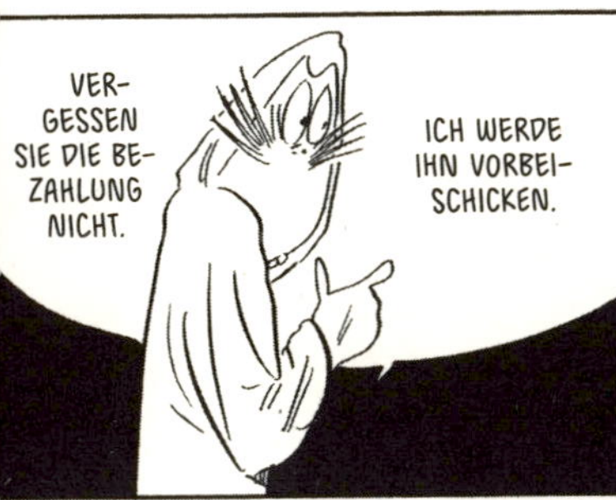
ICH WERDE IHN VORBEI-SCHICKEN.
VER-GESSEN SIE DIE BE-ZAHLUNG NICHT.

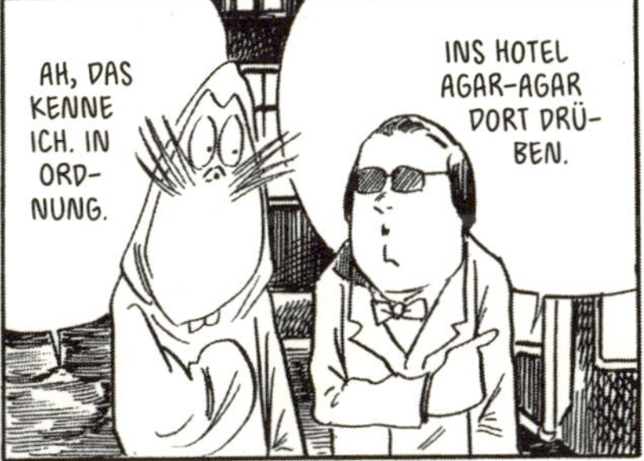
INS HOTEL AGAR-AGAR DORT DRÜ-BEN.
AH, DAS KENNE ICH. IN ORD-NUNG.

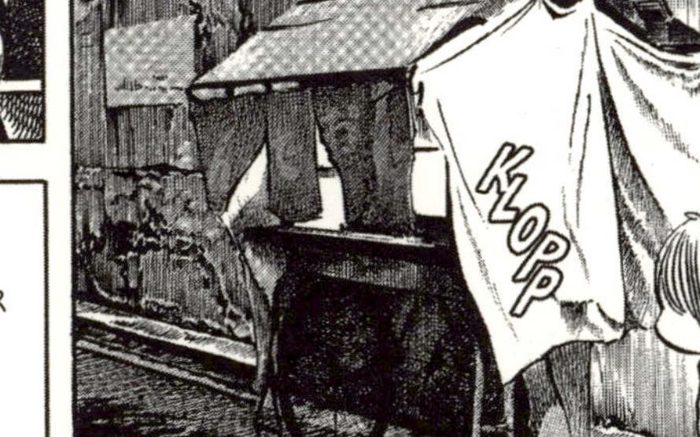
AM NÄCHSTEN TAG.
KLAPP
KLOPP

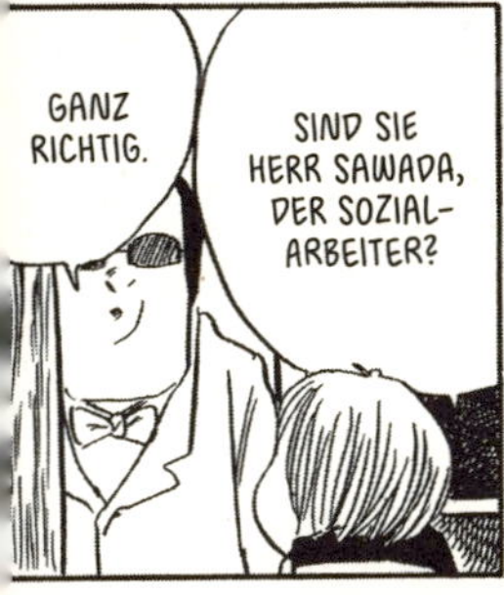
SIND SIE HERR SAWADA, DER SOZIAL-ARBEITER?
GANZ RICHTIG.

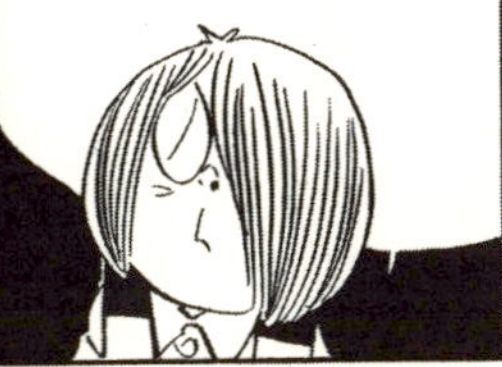
ICH HÖRTE, SIE BENÖTIGEN EINE KLEINE MENGE YOKAIENERGIE FÜR SOZIALE ZWECKE?

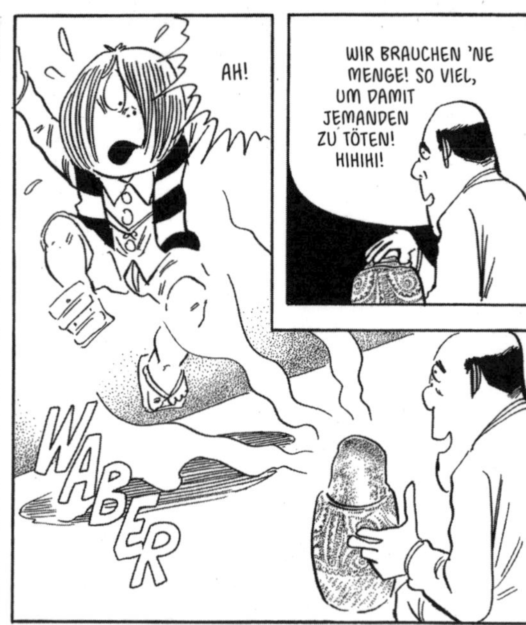
WIR BRAUCHEN 'NE MENGE! SO VIEL, UM DAMIT JEMANDEN ZU TÖTEN! HIHIHI!
AH!
WABER

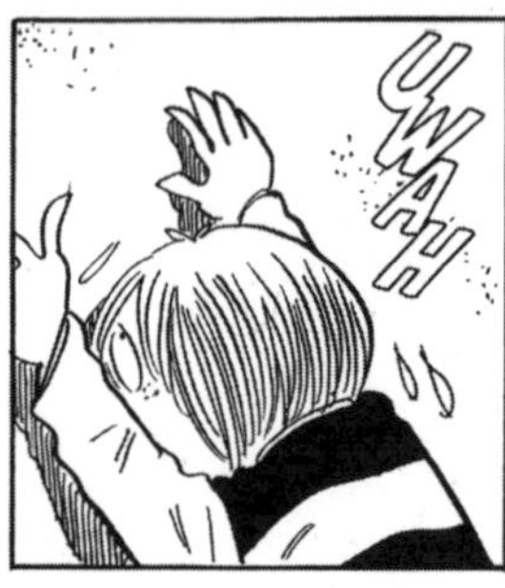
UWAAH

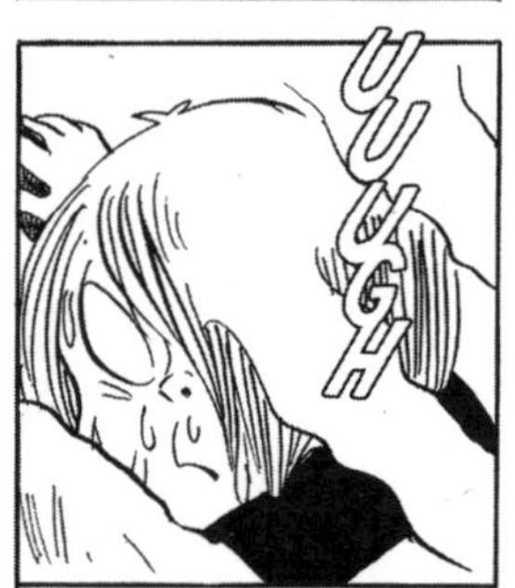
UUUGH

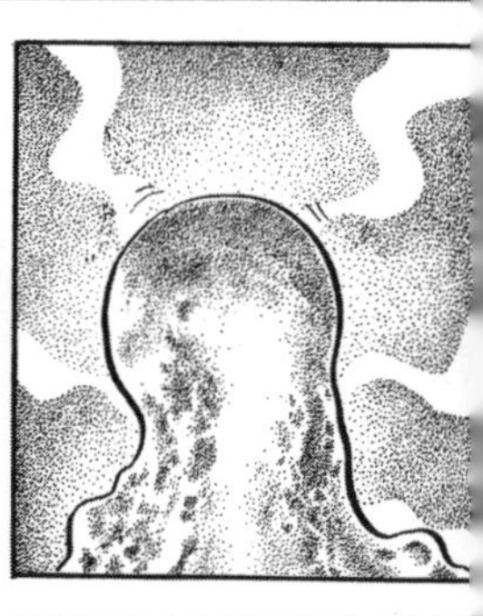

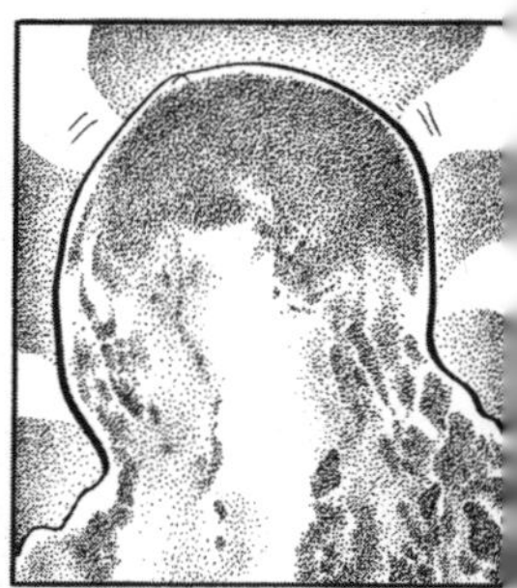

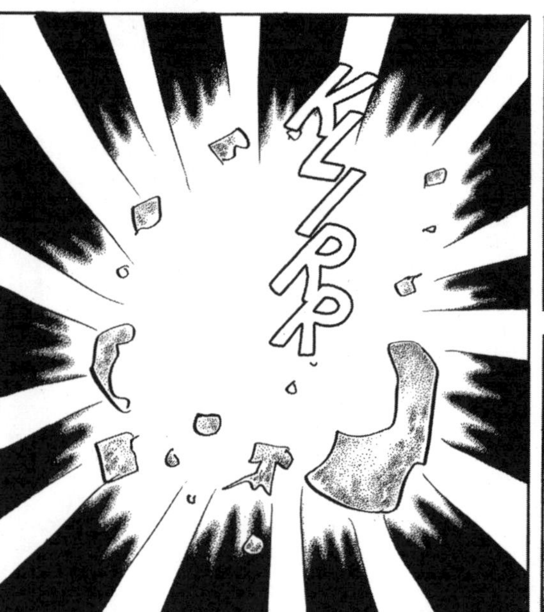
KLIRR

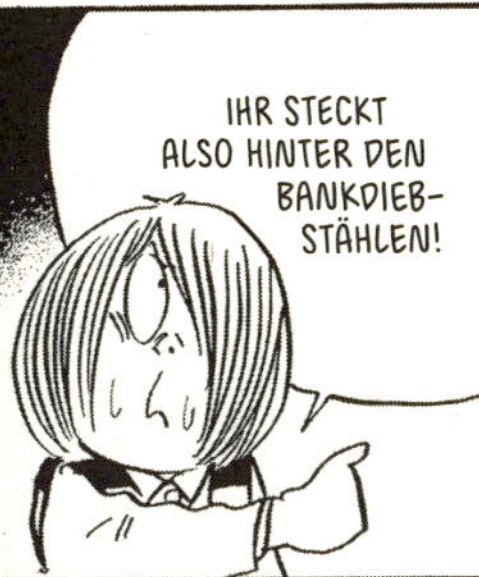
IHR STECKT
ALSO HINTER DEN
BANKDIEB-
STÄHLEN!

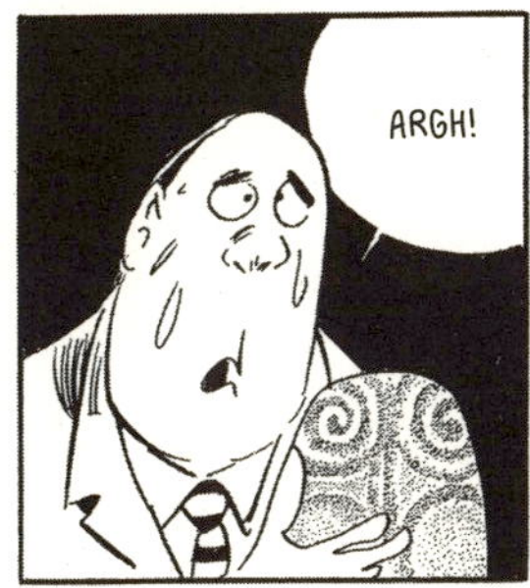
ARGH!

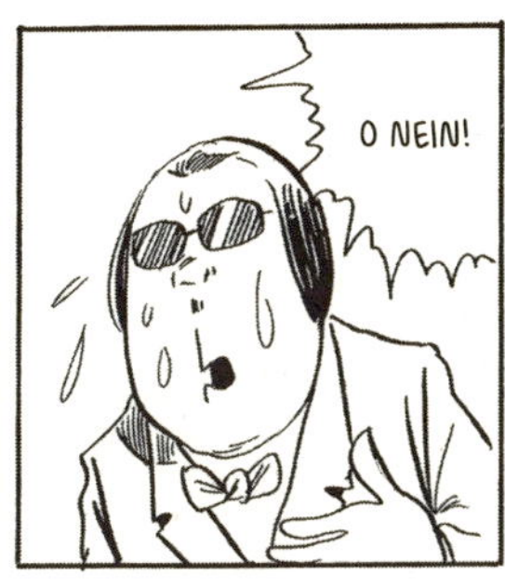
O NEIN!

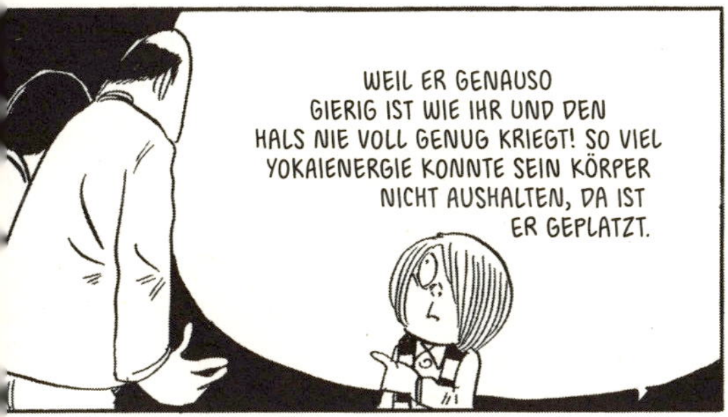
WEIL ER GENAUSO
GIERIG IST WIE IHR UND DEN
HALS NIE VOLL GENUG KRIEGT! SO VIEL
YOKAIENERGIE KONNTE SEIN KÖRPER
NICHT AUSHALTEN, DA IST
ER GEPLATZT.

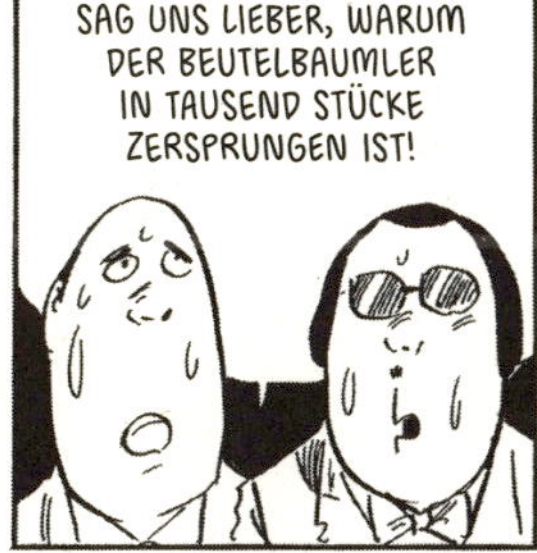
SAG UNS LIEBER, WARUM
DER BEUTELBAUMLER
IN TAUSEND STÜCKE
ZERSPRUNGEN IST!

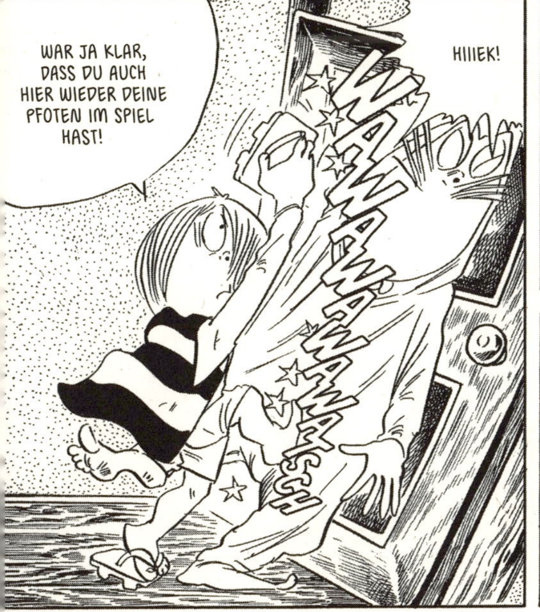
WAR JA KLAR,
DASS DU AUCH
HIER WIEDER DEINE
PFOTEN IM SPIEL
HAST!
HIIIEK!
WAWAWAWAWAWAMSCH

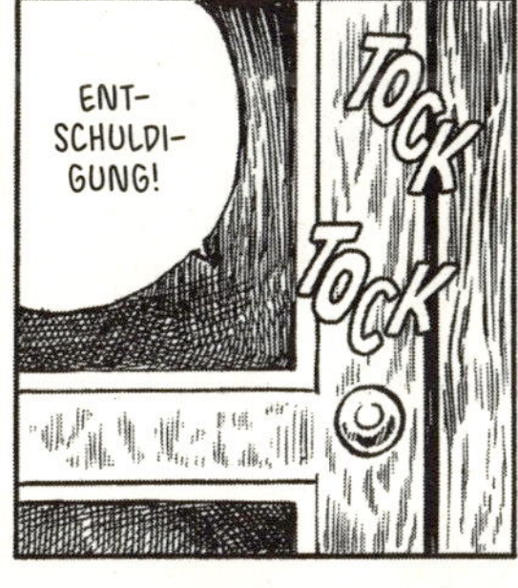
ENT-
SCHULDI-
GUNG!
TOCK
TOCK

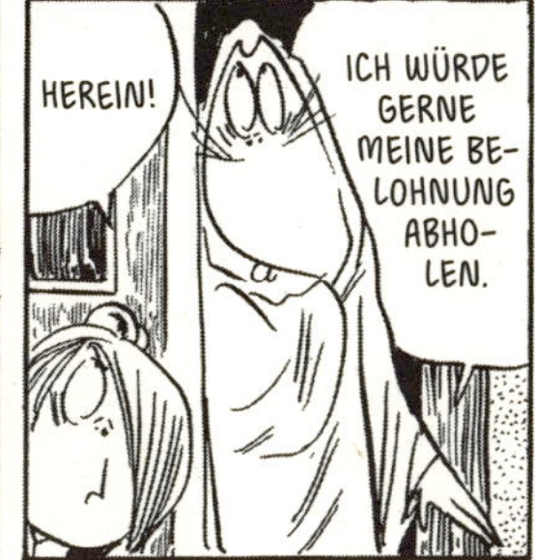
HEREIN!
ICH WÜRDE
GERNE
MEINE BE-
LOHNUNG
ABHO-
LEN.

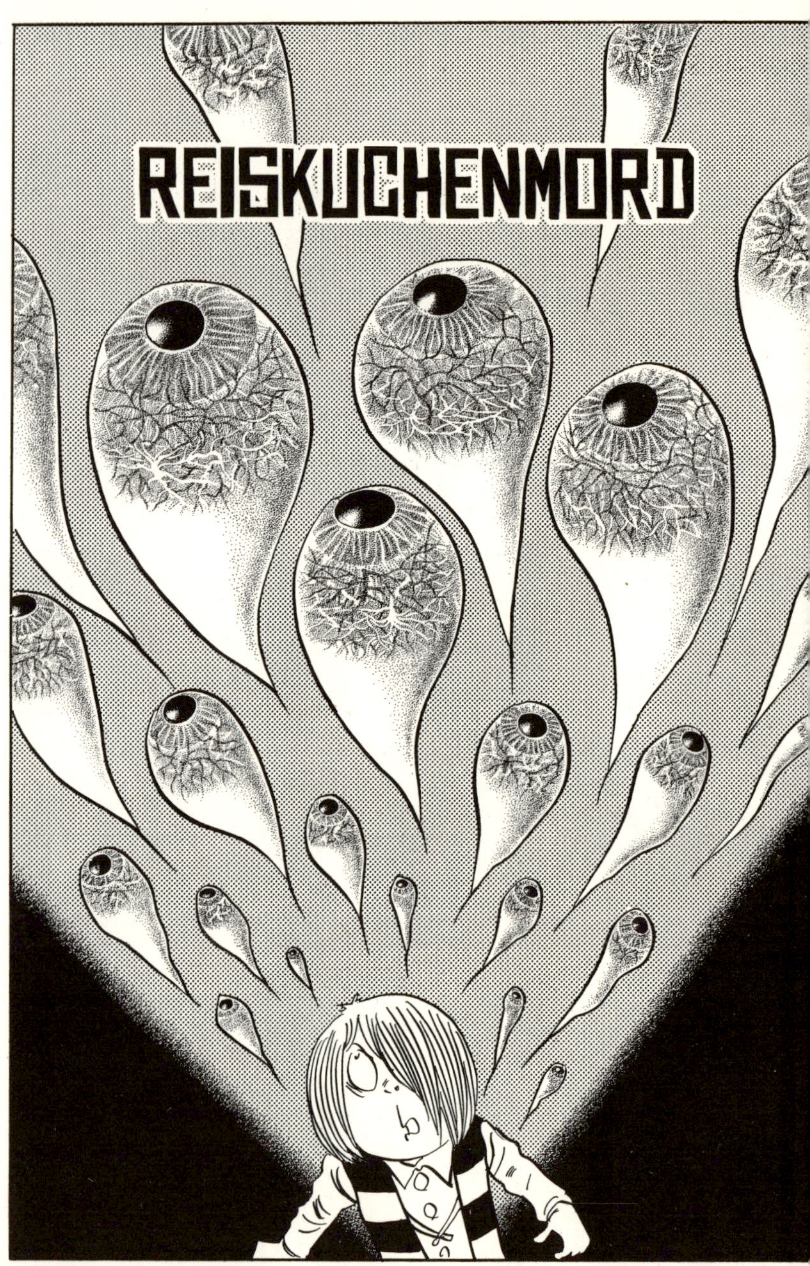
REISKUCHENMORD

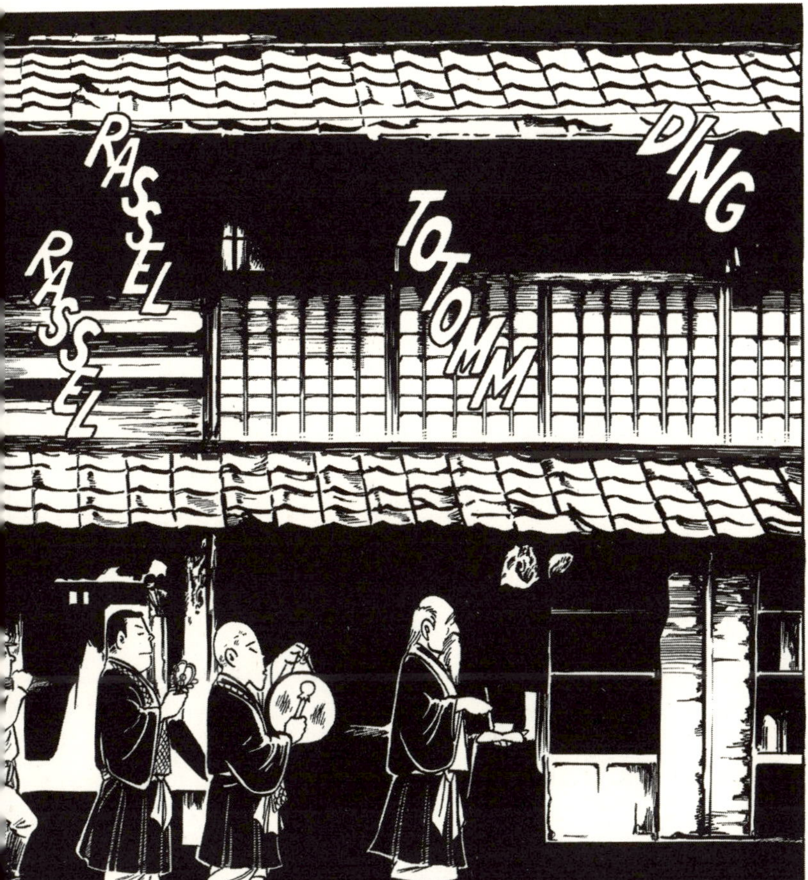

DING
TOTOMM
RASSEL
RASSEL

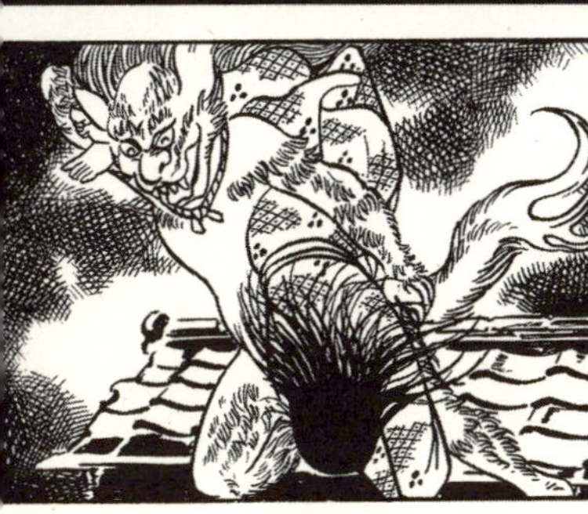

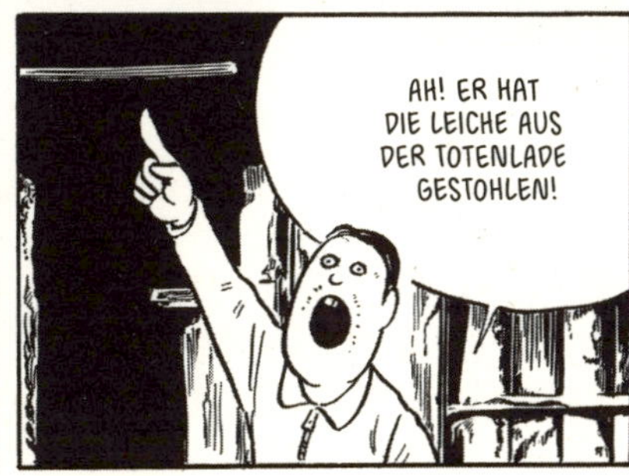
AH! ER HAT DIE LEICHE AUS DER TOTENLADE GESTOHLEN!

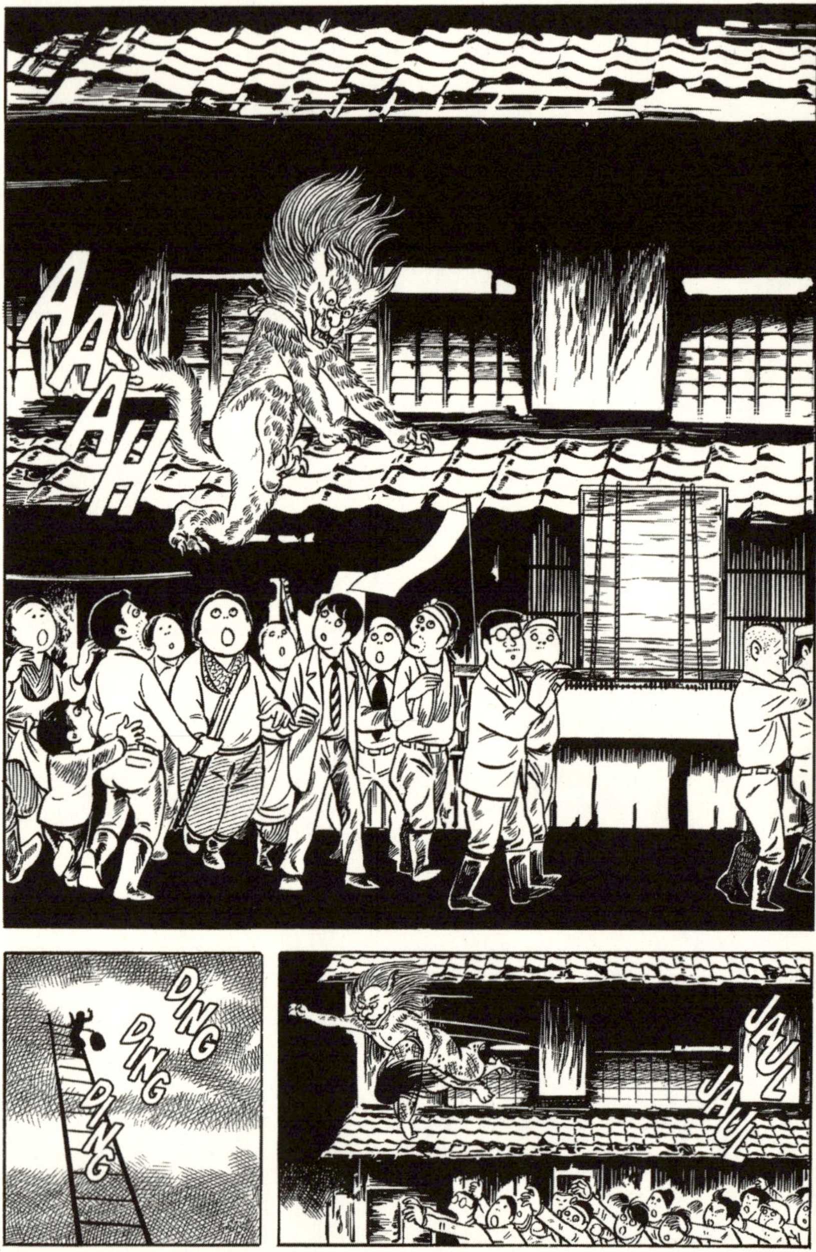

AAAAH

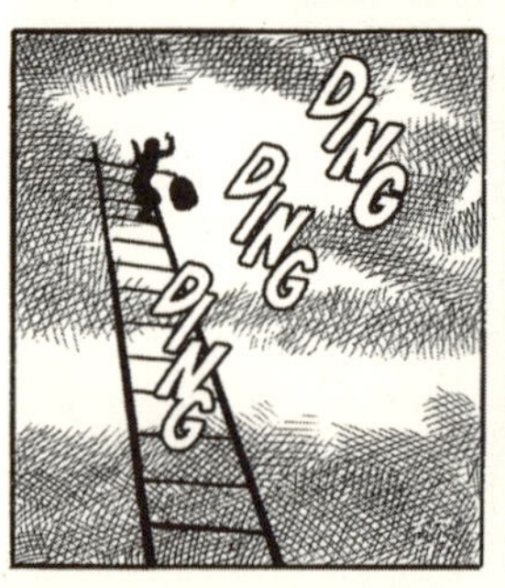
DING
DING
DING

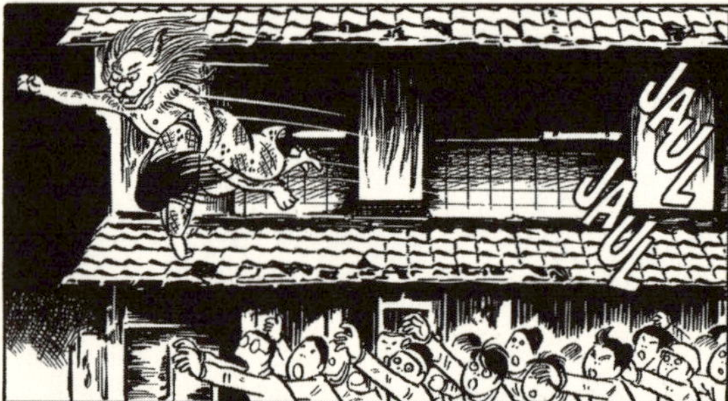
JAUL
JAUL

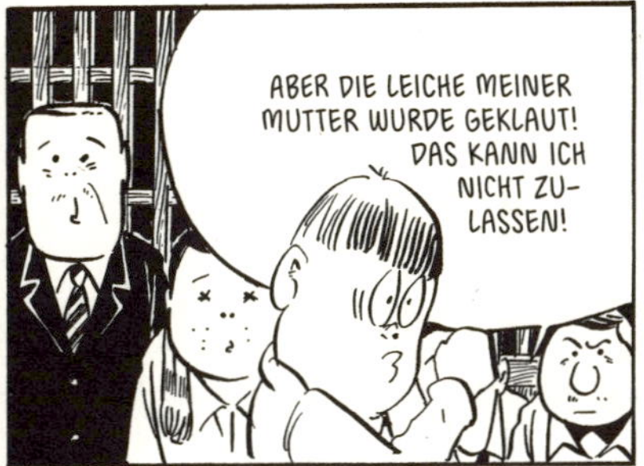

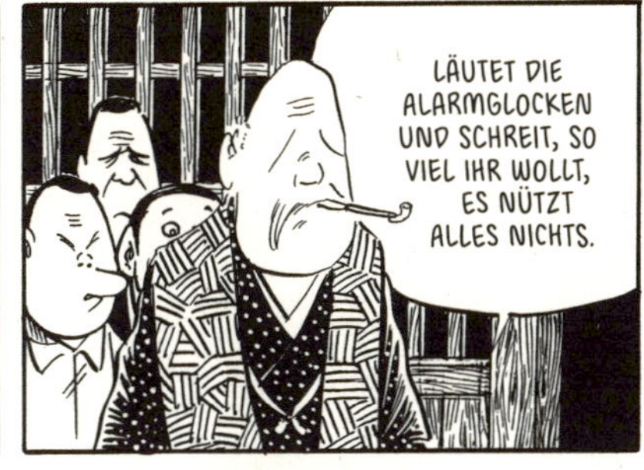

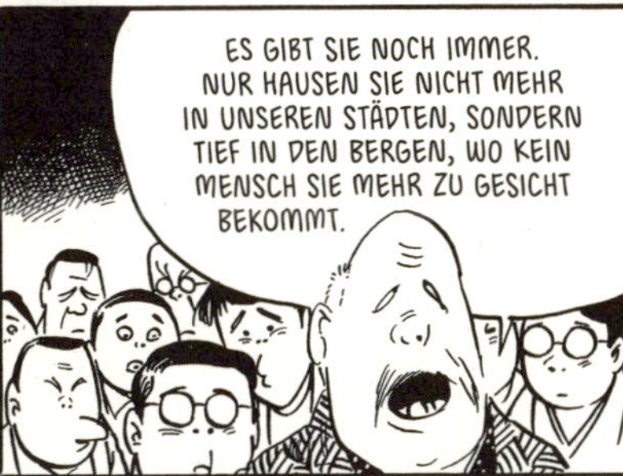

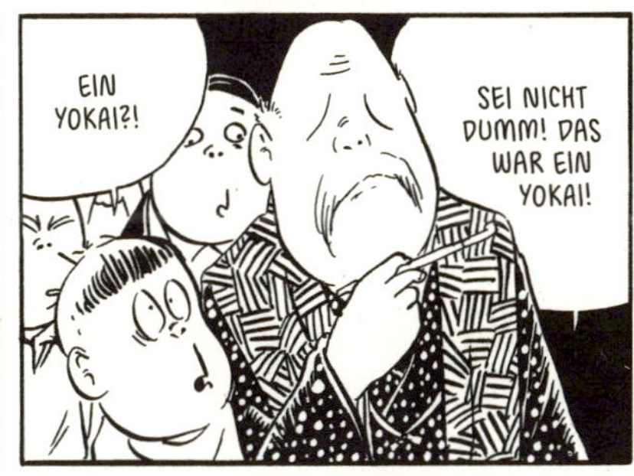

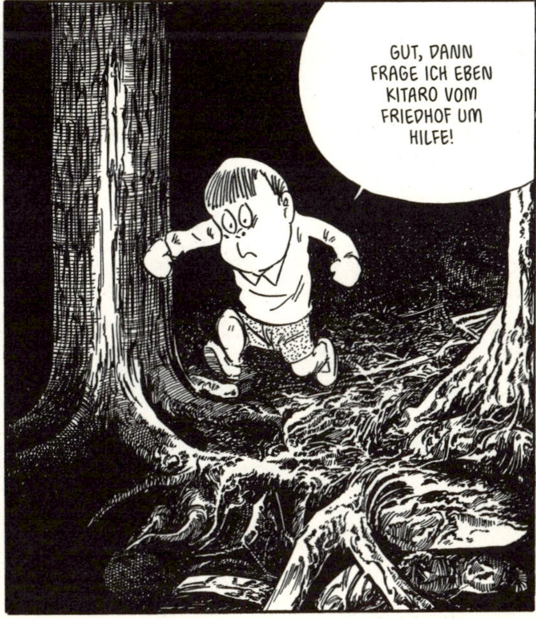

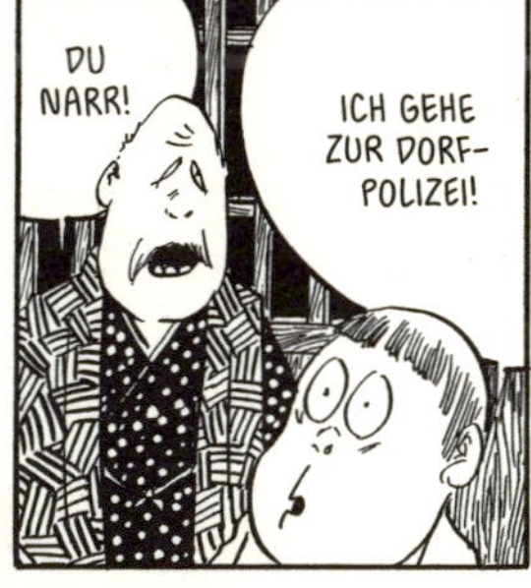

IN DER ANGELEGENHEIT KANN UNS NUR KITARO VOM FRIEDHOF WEITER-HELFEN.

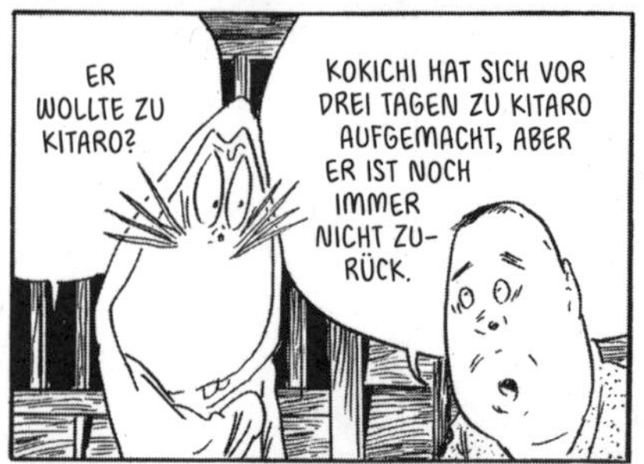
ER WOLLTE ZU KITARO?
KOKICHI HAT SICH VOR DREI TAGEN ZU KITARO AUFGEMACHT, ABER ER IST NOCH IMMER NICHT ZURÜCK.

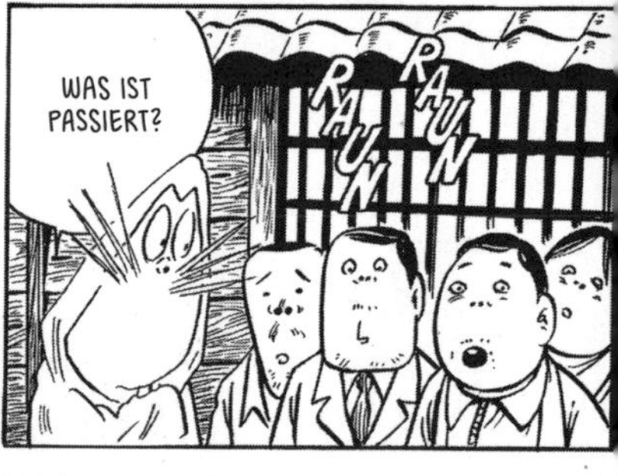
RAUN RAUN
WAS IST PASSIERT?

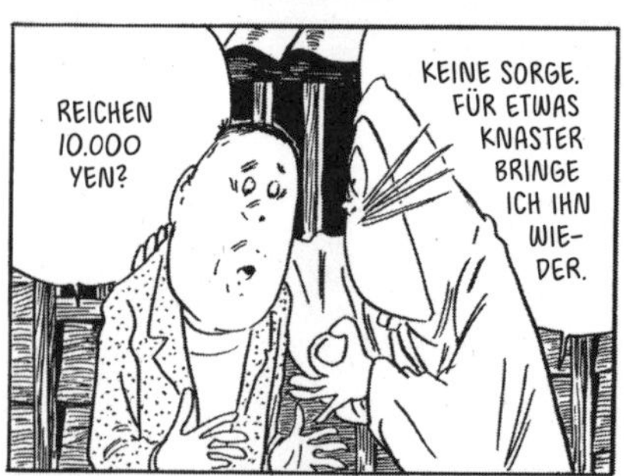
REICHEN 10.000 YEN?
KEINE SORGE. FÜR ETWAS KNASTER BRINGE ICH IHN WIEDER.

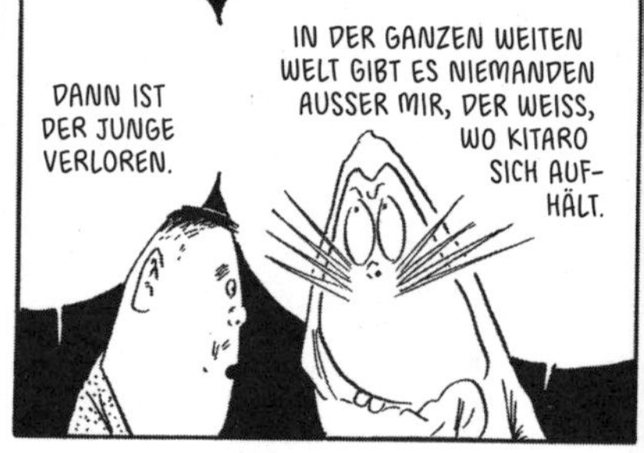
DANN IST DER JUNGE VERLOREN.
IN DER GANZEN WEITEN WELT GIBT ES NIEMANDEN AUSSER MIR, DER WEISS, WO KITARO SICH AUFHÄLT.

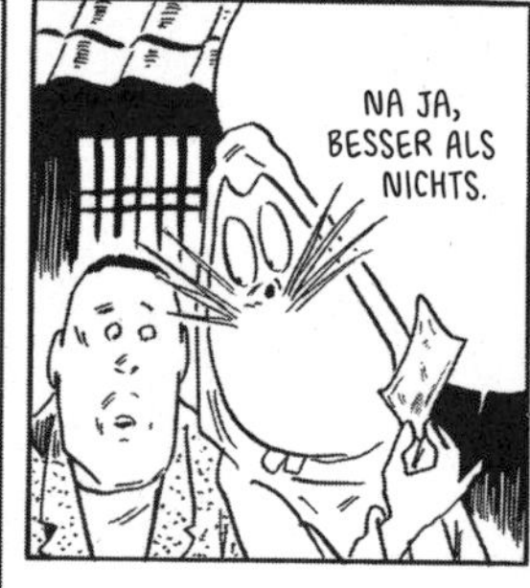
NA JA, BESSER ALS NICHTS.

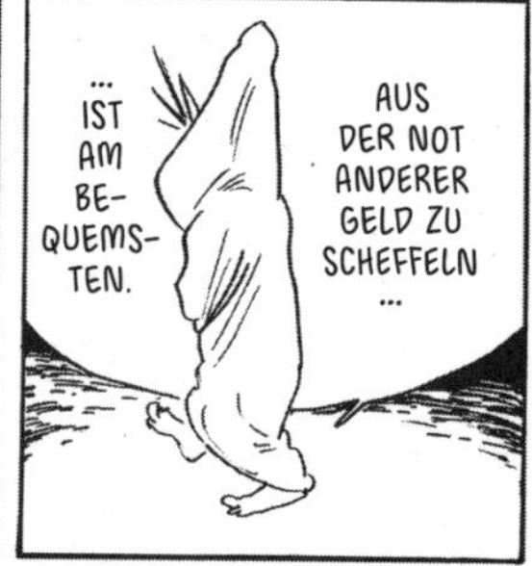
AUS DER NOT ANDERER GELD ZU SCHEFFELN ...
... IST AM BEQUEMSTEN.

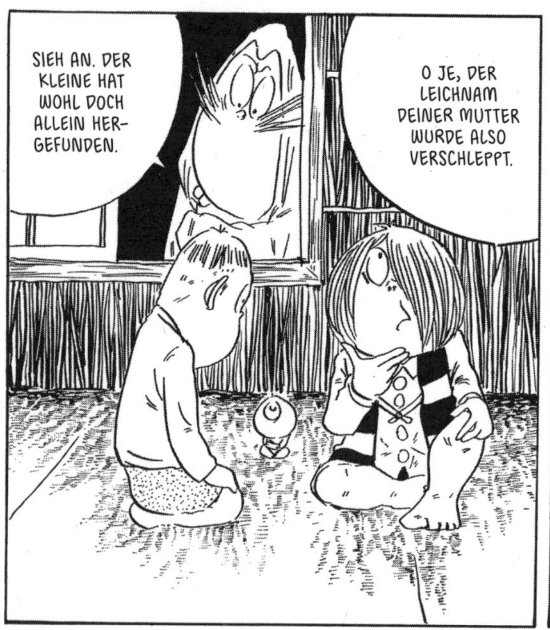
O JE, DER LEICHNAM DEINER MUTTER WURDE ALSO VERSCHLEPPT.
SIEH AN. DER KLEINE HAT WOHL DOCH ALLEIN HERGEFUNDEN.

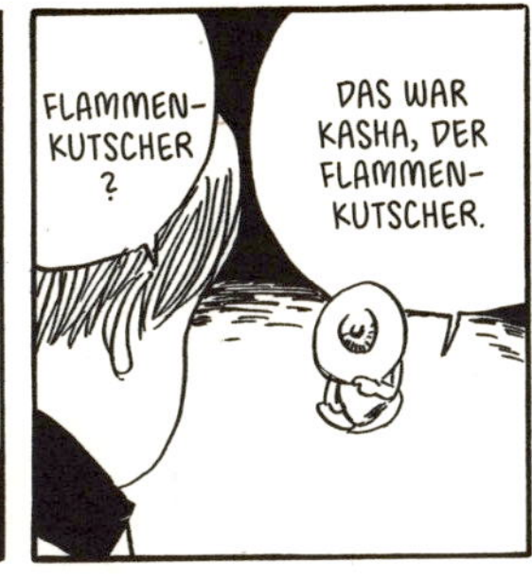
DAS WAR KASHA, DER FLAMMEN-KUTSCHER.
FLAMMEN-KUTSCHER ?

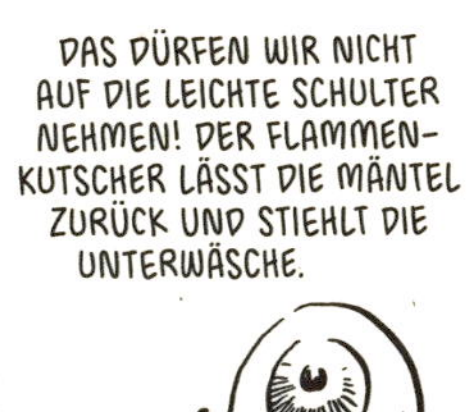
DAS DÜRFEN WIR NICHT AUF DIE LEICHTE SCHULTER NEHMEN! DER FLAMMEN-KUTSCHER LÄSST DIE MÄNTEL ZURÜCK UND STIEHLT DIE UNTERWÄSCHE.

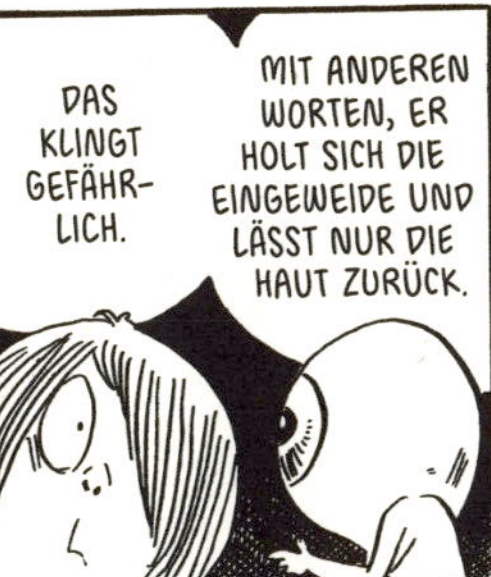
MIT ANDEREN WORTEN, ER HOLT SICH DIE EINGEWEIDE UND LÄSST NUR DIE HAUT ZURÜCK.
DAS KLINGT GEFÄHR-LICH.

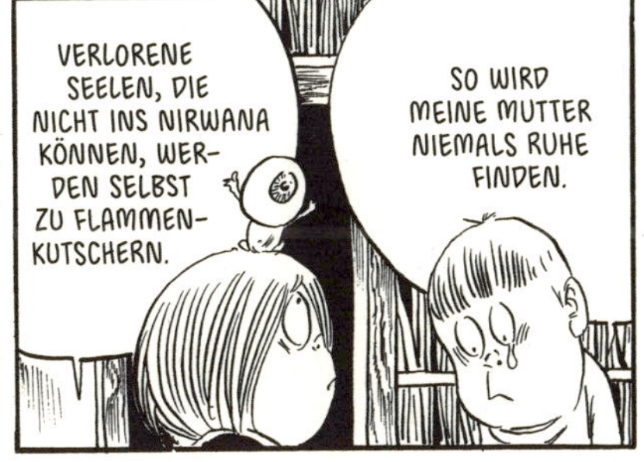
SO WIRD MEINE MUTTER NIEMALS RUHE FINDEN.
VERLORENE SEELEN, DIE NICHT INS NIRWANA KÖNNEN, WER-DEN SELBST ZU FLAMMEN-KUTSCHERN.

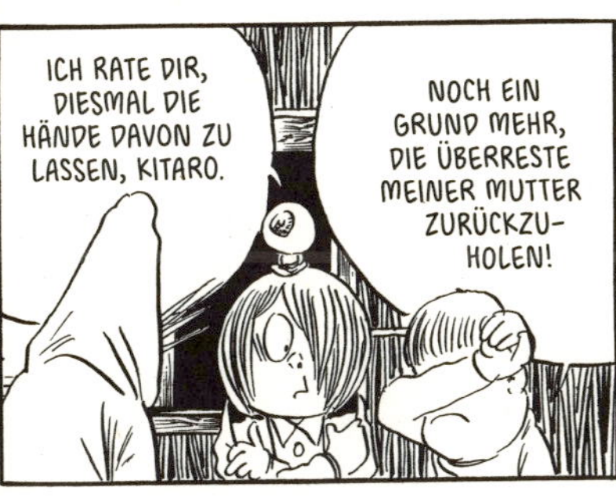
NOCH EIN GRUND MEHR, DIE ÜBERRESTE MEINER MUTTER ZURÜCKZU-HOLEN!
ICH RATE DIR, DIESMAL DIE HÄNDE DAVON ZU LASSEN, KITARO.

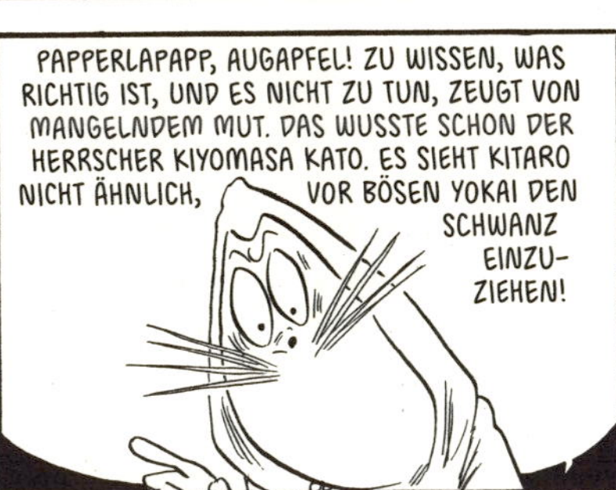
PAPPERLAPAPP, AUGAPFEL! ZU WISSEN, WAS RICHTIG IST, UND ES NICHT ZU TUN, ZEUGT VON MANGELNDEM MUT. DAS WUSSTE SCHON DER HERRSCHER KIYOMASA KATO. ES SIEHT KITARO NICHT ÄHNLICH, VOR BÖSEN YOKAI DEN SCHWANZ EINZU-ZIEHEN!

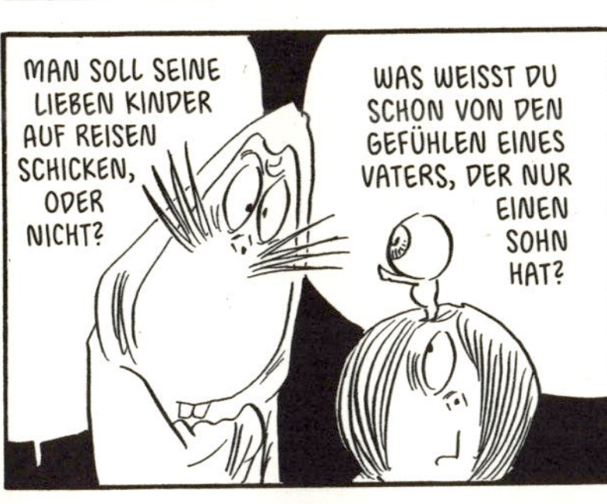
WAS WEISST DU SCHON VON DEN GEFÜHLEN EINES VATERS, DER NUR EINEN SOHN HAT?
MAN SOLL SEINE LIEBEN KINDER AUF REISEN SCHICKEN, ODER NICHT?

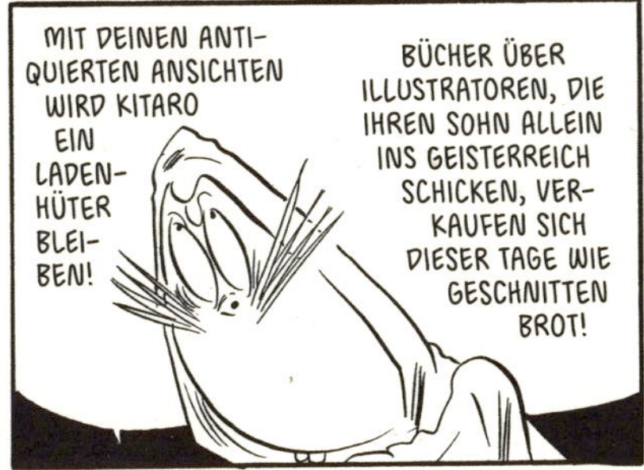
BÜCHER ÜBER ILLUSTRATOREN, DIE IHREN SOHN ALLEIN INS GEISTERREICH SCHICKEN, VER-KAUFEN SICH DIESER TAGE WIE GESCHNITTEN BROT!
MIT DEINEN ANTI-QUIERTEN ANSICHTEN WIRD KITARO EIN LADEN-HÜTER BLEI-BEN!

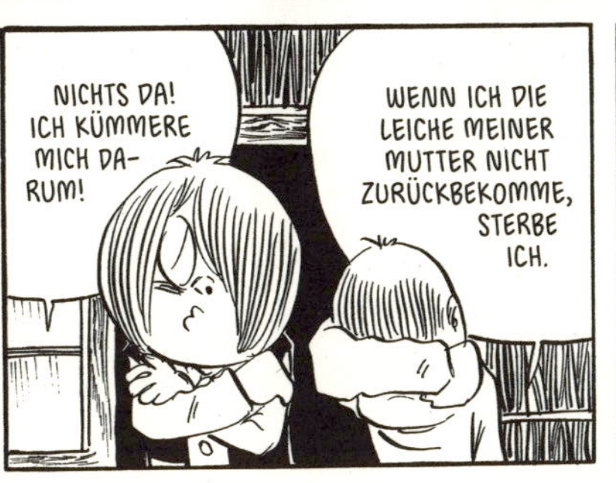
WENN ICH DIE LEICHE MEINER MUTTER NICHT ZURÜCKBEKOMME, STERBE ICH.
NICHTS DA! ICH KÜMMERE MICH DA-RUM!

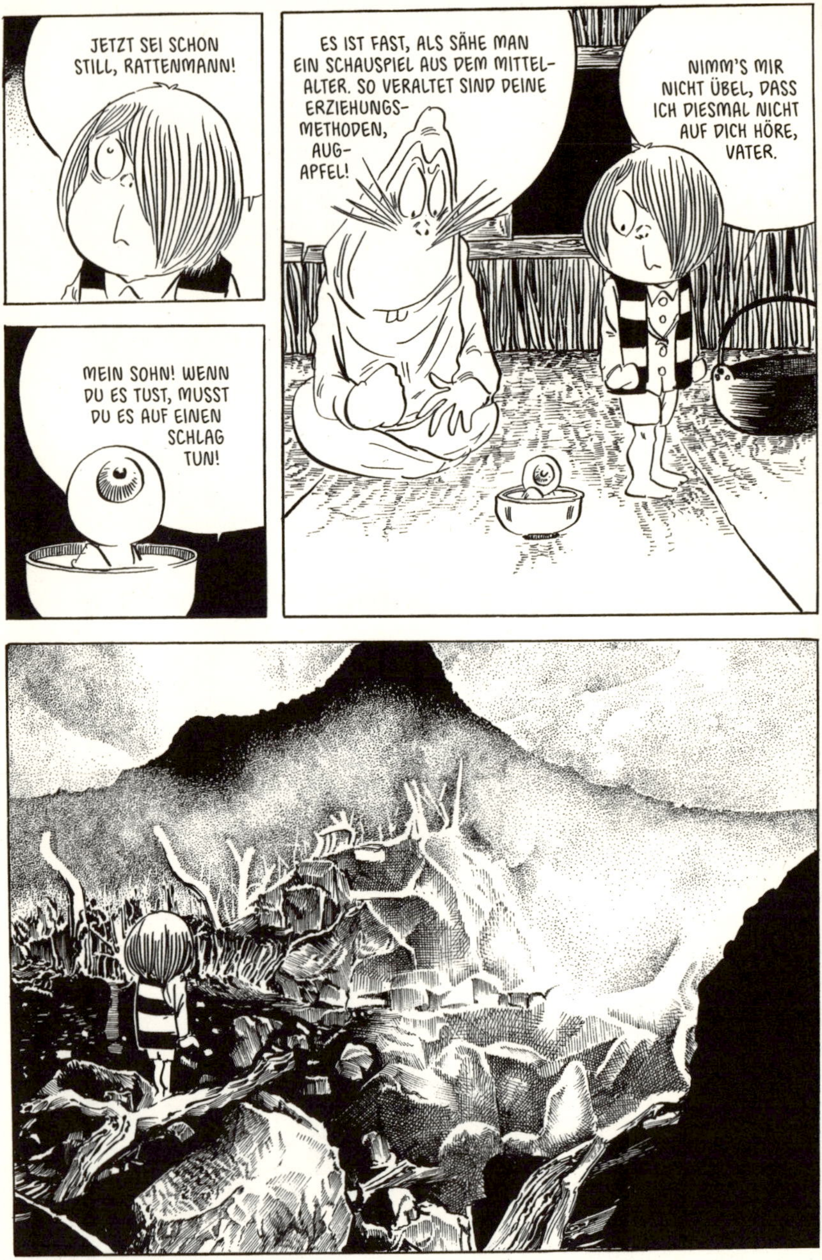

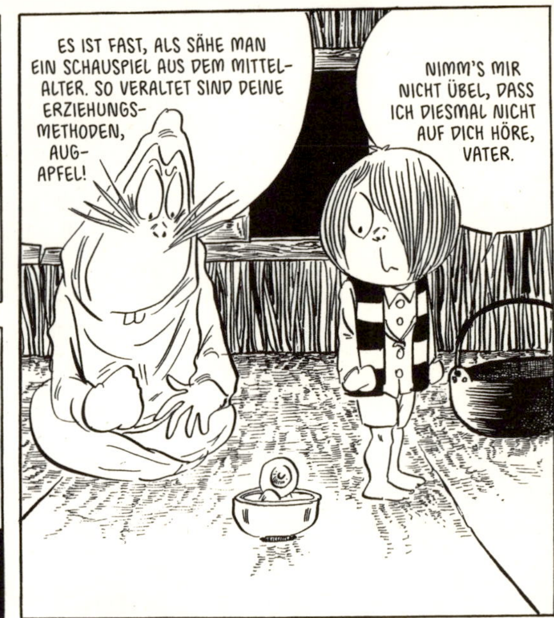
NIMM'S MIR NICHT ÜBEL, DASS ICH DIESMAL NICHT AUF DICH HÖRE, VATER.
ES IST FAST, ALS SÄHE MAN EIN SCHAUSPIEL AUS DEM MITTEL-ALTER. SO VERALTET SIND DEINE ERZIEHUNGS-METHODEN, AUG-APFEL!

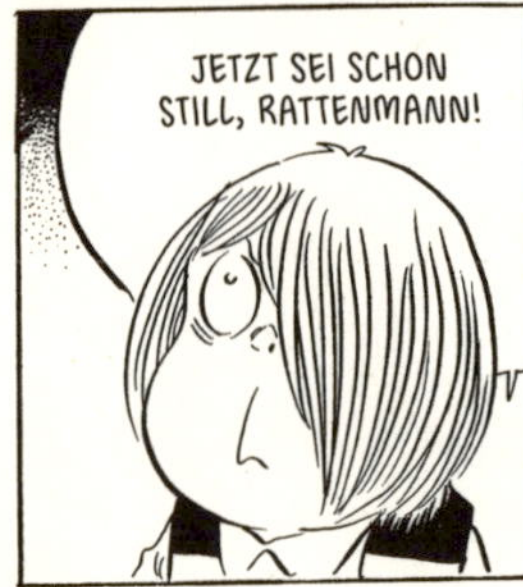
JETZT SEI SCHON STILL, RATTENMANN!

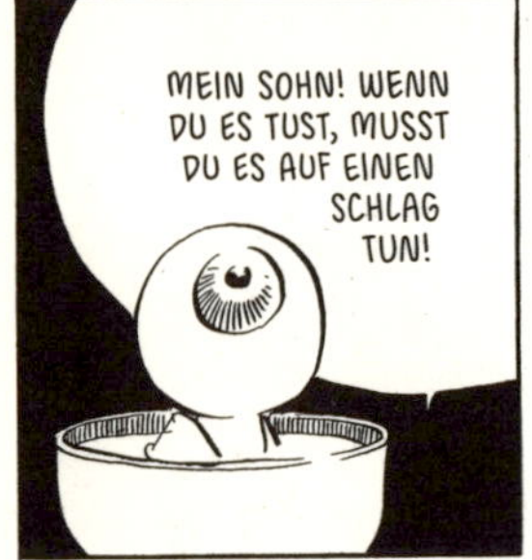
MEIN SOHN! WENN DU ES TUST, MUSST DU ES AUF EINEN SCHLAG TUN!

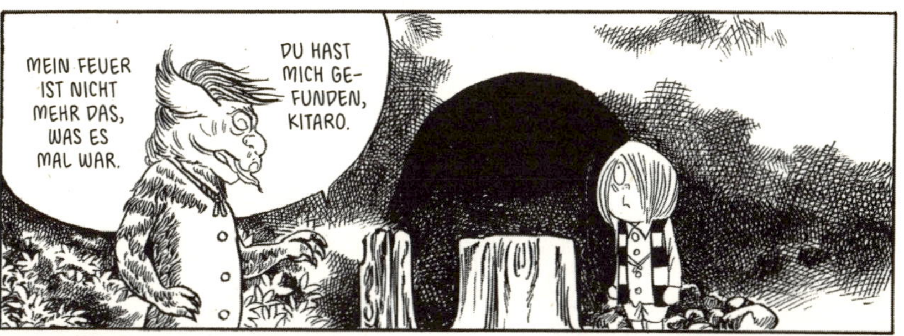
DU HAST MICH GE-FUNDEN, KITARO.
MEIN FEUER IST NICHT MEHR DAS, WAS ES MAL WAR.

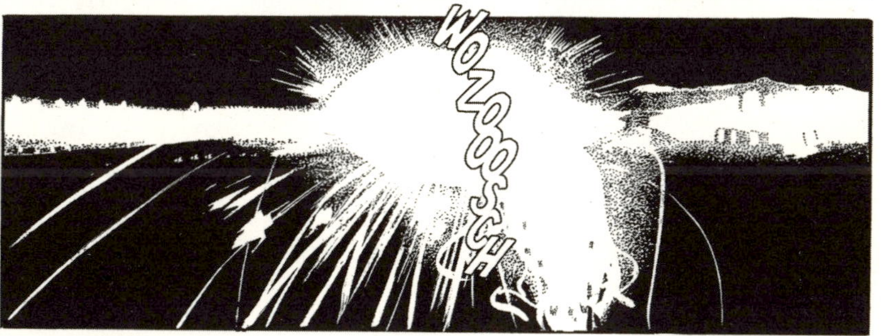
WOZOOSCH

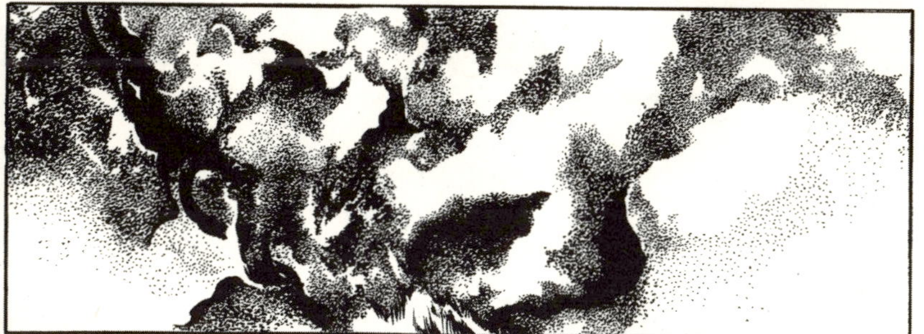

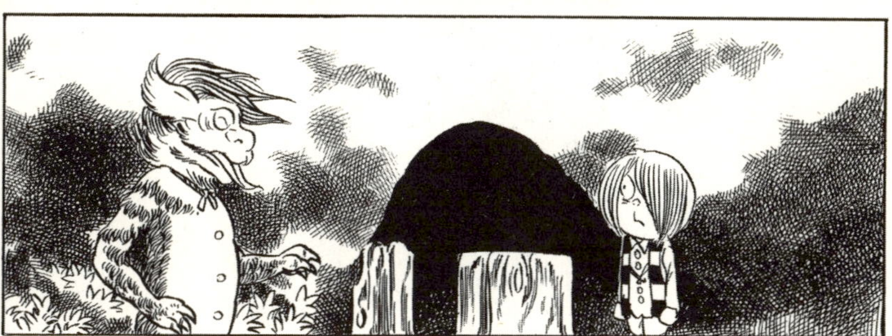

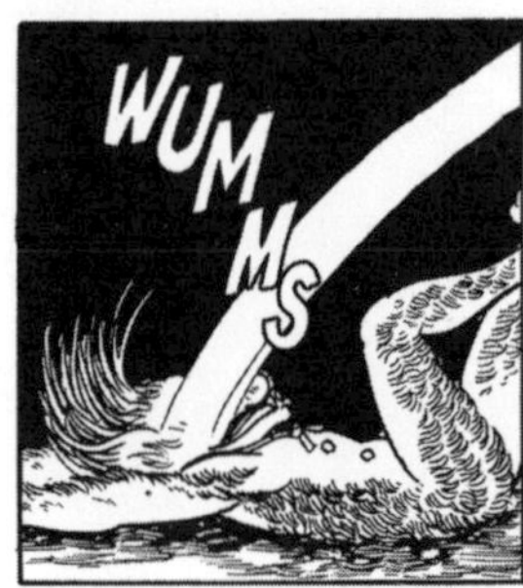
WUMMS

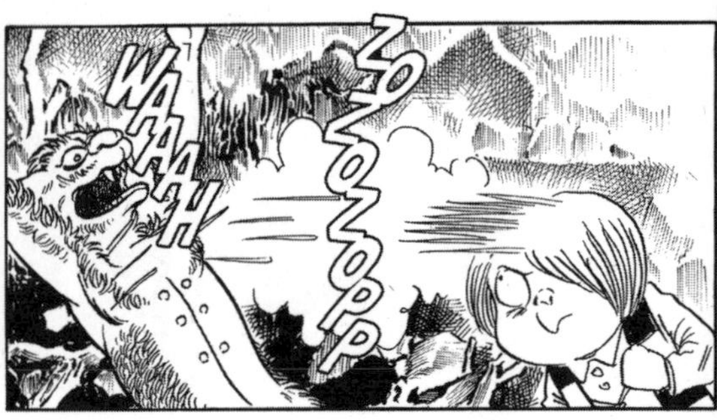
ZOMOMOPP
WAAAAH

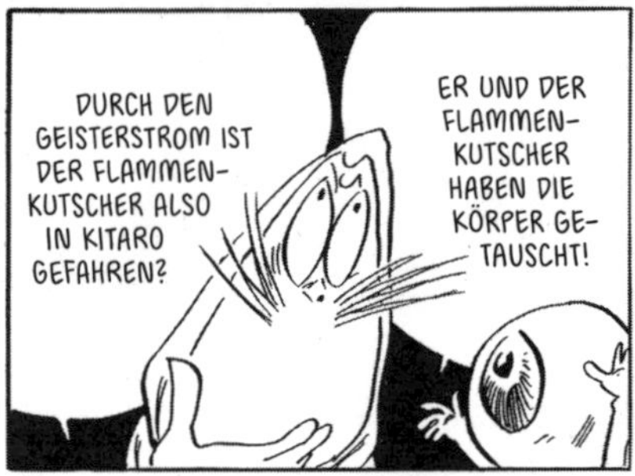
ER UND DER FLAMMEN-KUTSCHER HABEN DIE KÖRPER GE-TAUSCHT!
DURCH DEN GEISTERSTROM IST DER FLAMMEN-KUTSCHER ALSO IN KITARO GEFAHREN?

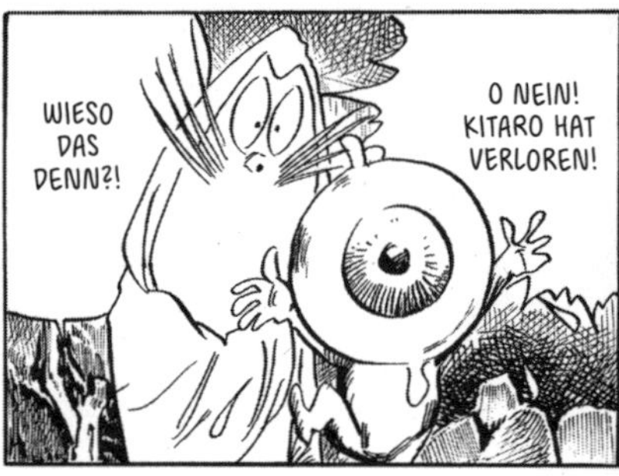
O NEIN! KITARO HAT VERLOREN!
WIESO DAS DENN?!

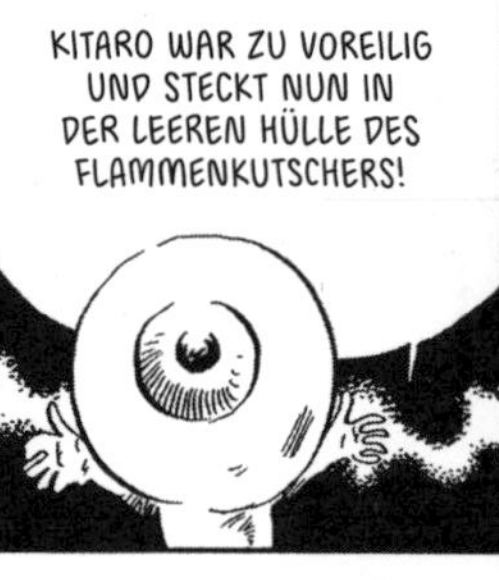
KITARO WAR ZU VOREILIG UND STECKT NUN IN DER LEEREN HÜLLE DES FLAMMENKUTSCHERS!

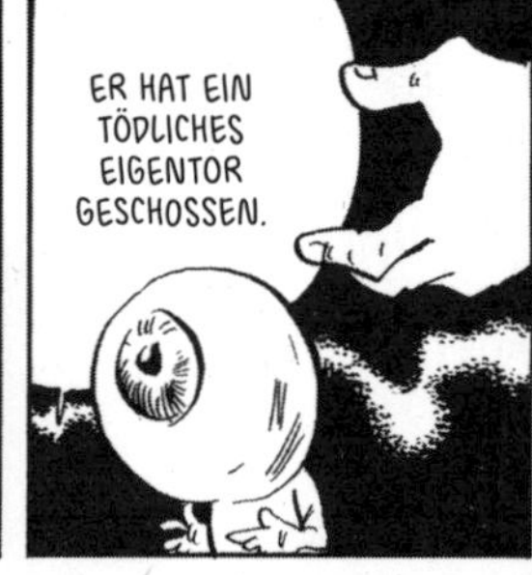
ER HAT EIN TÖDLICHES EIGENTOR GESCHOSSEN.

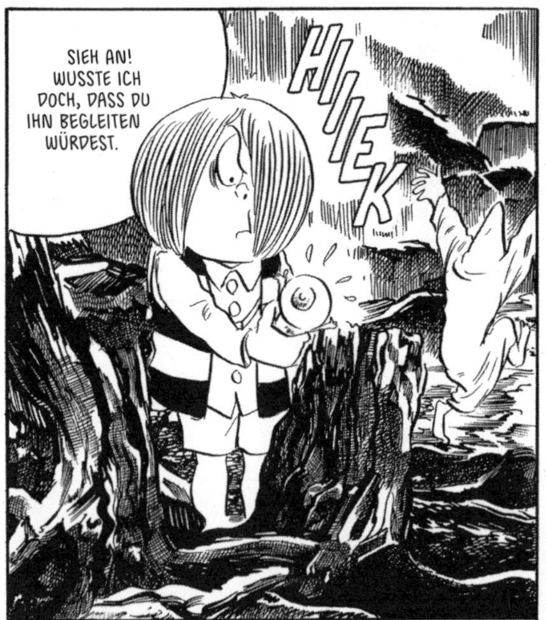
HIIIEK
SIEH AN! WUSSTE ICH DOCH, DASS DU IHN BEGLEITEN WÜRDEST.

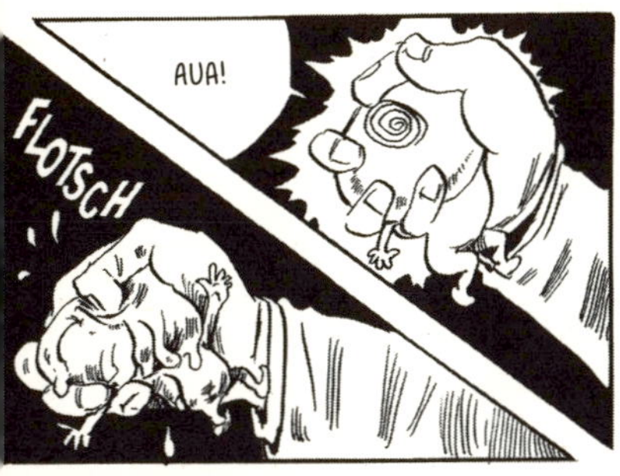
AUA!
FLOTSCH

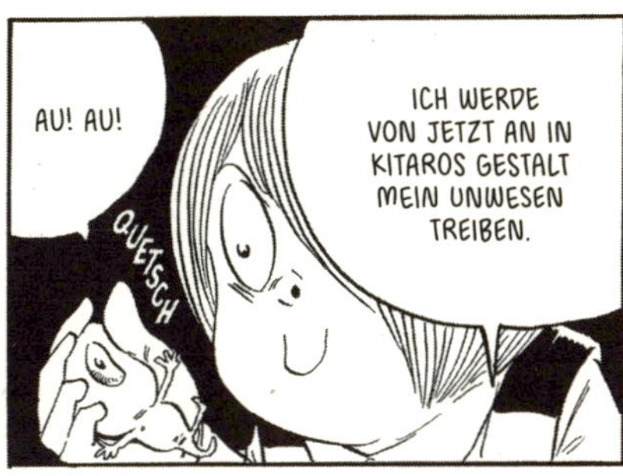
AU! AU!
QUETSCH
ICH WERDE VON JETZT AN IN KITAROS GESTALT MEIN UNWESEN TREIBEN.

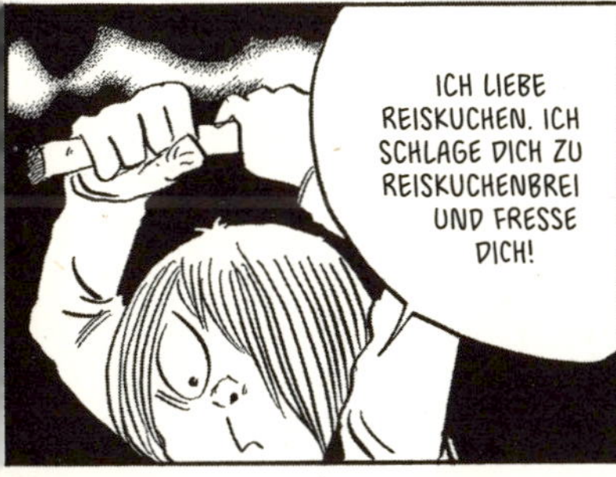
ICH LIEBE REISKUCHEN. ICH SCHLAGE DICH ZU REISKUCHENBREI UND FRESSE DICH!

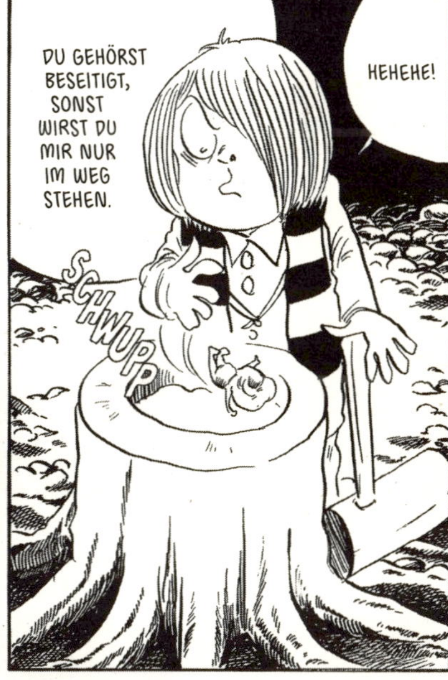
HEHEHE!
DU GEHÖRST BESEITIGT, SONST WIRST DU MIR NUR IM WEG STEHEN.
SCHWUPP

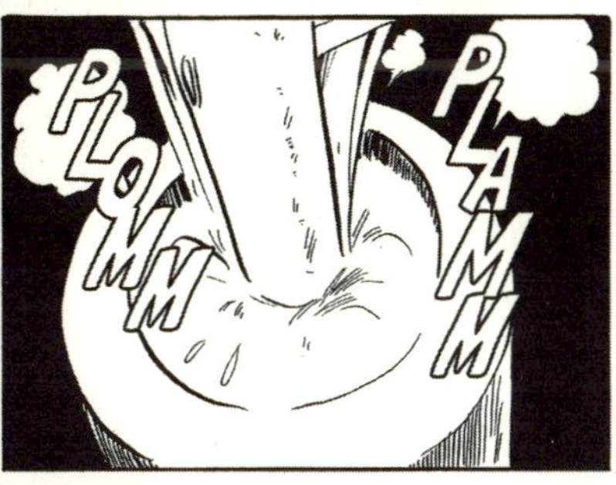
PLOMM
PLAMM

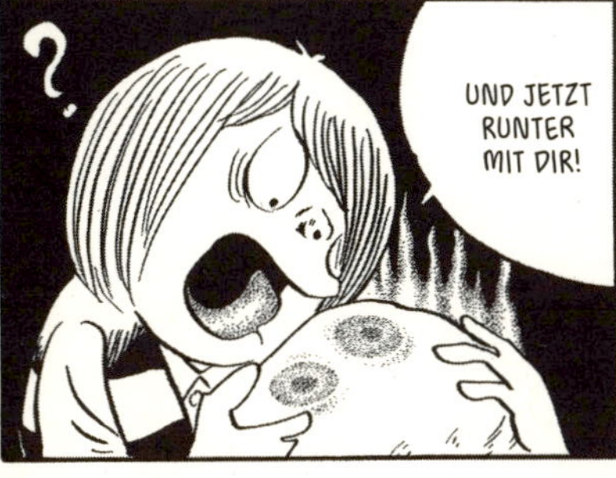
?
UND JETZT RUNTER MIT DIR!

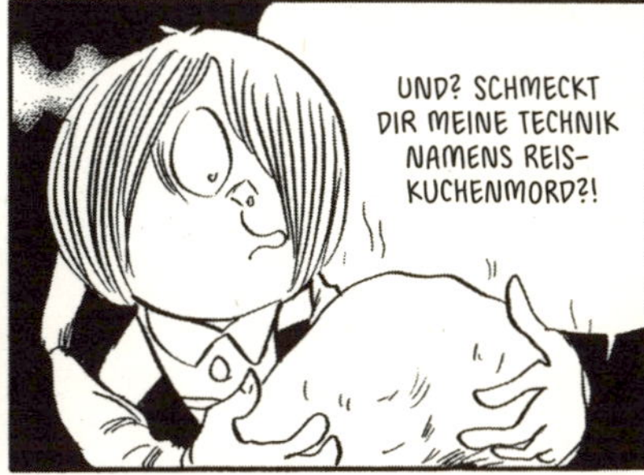
UND? SCHMECKT DIR MEINE TECHNIK NAMENS REIS-KUCHENMORD?!

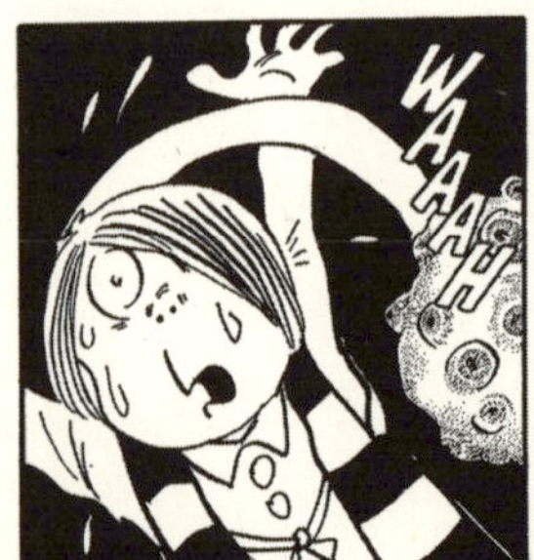
WAAAAH
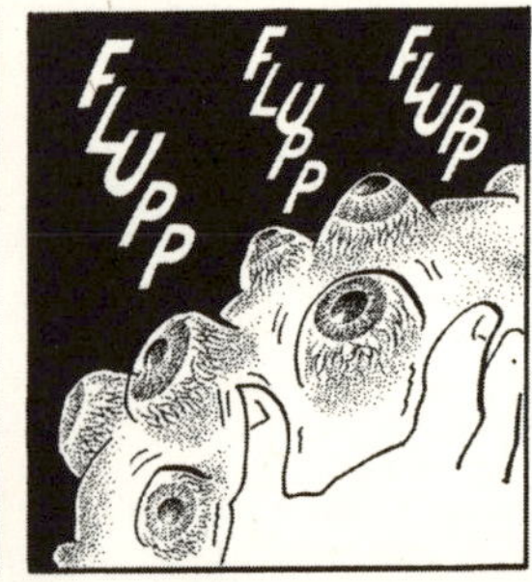
FLUPP
FLUPP
FLUPP
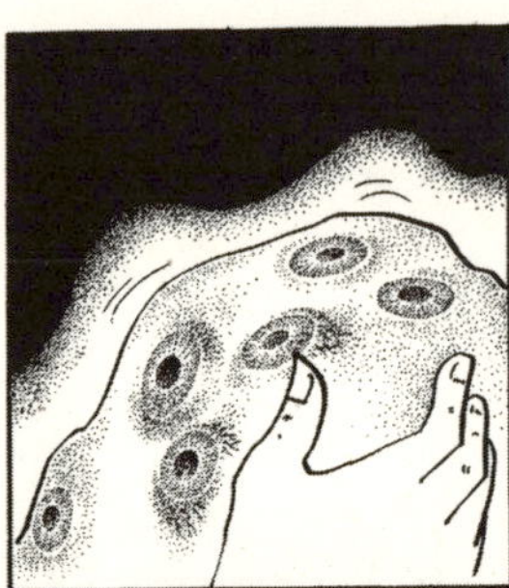
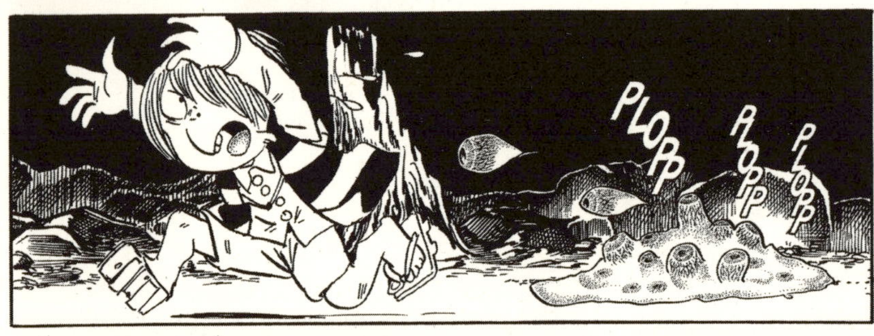
PLOPP
PLOPP
PLOPP
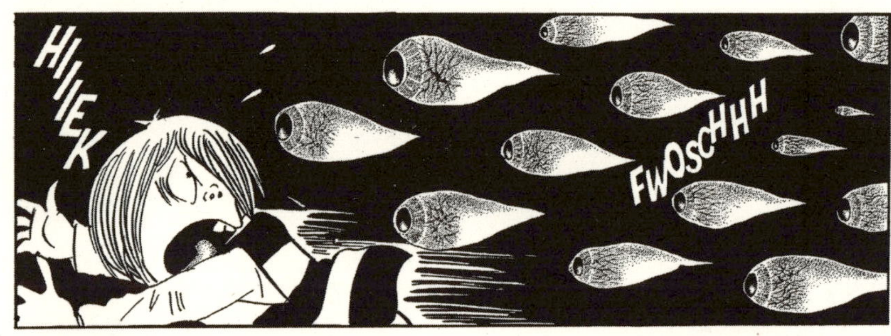
HIIIEK
FWOSCHHH
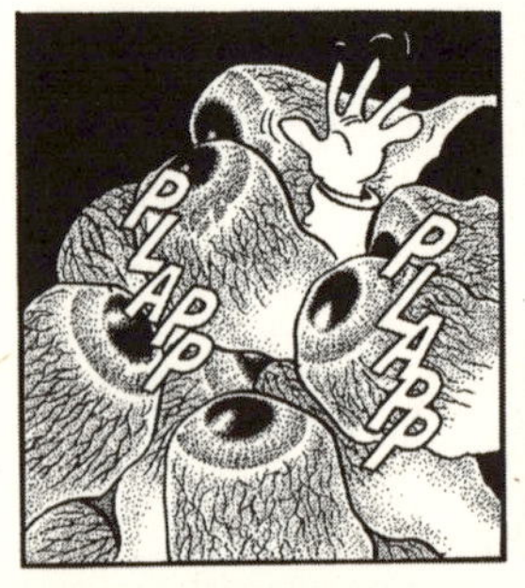
PLAPP
PLAPP
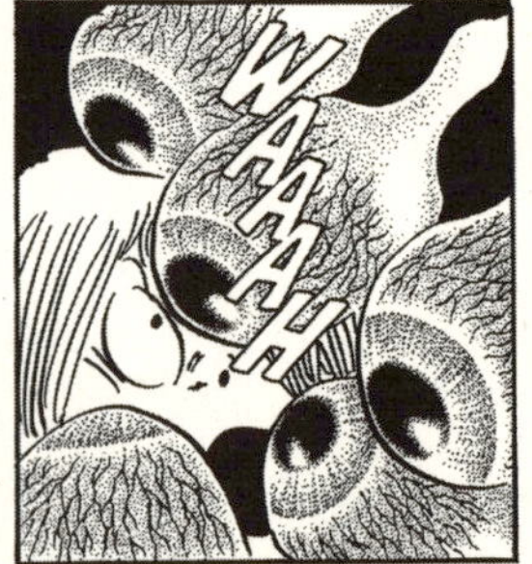
WAAAAH
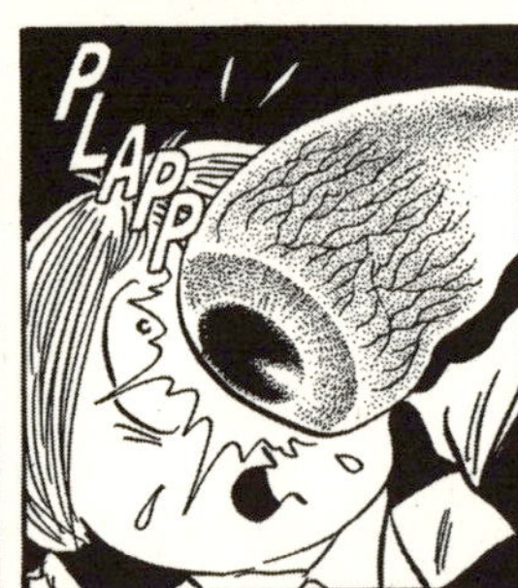
PLAPP

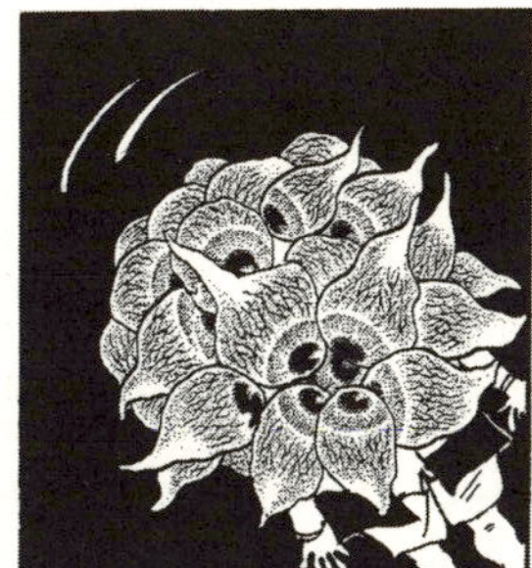
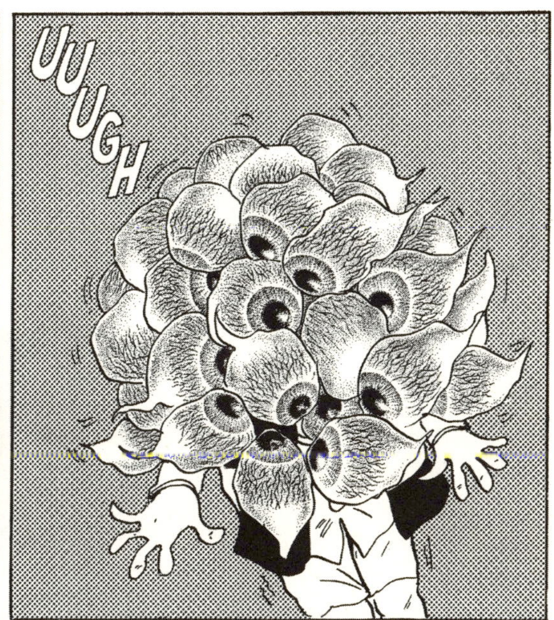
UUUGH
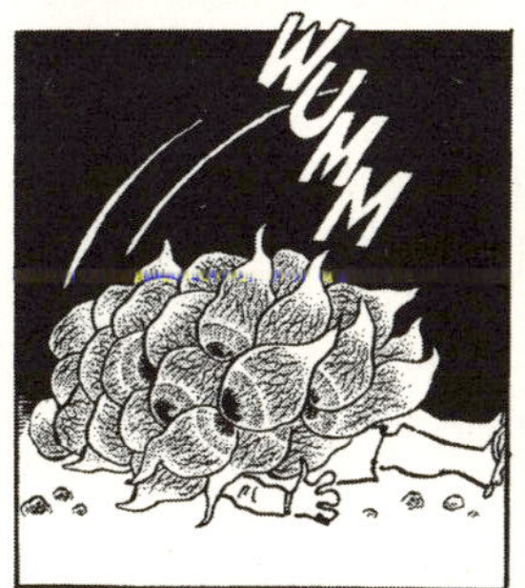
WUMM
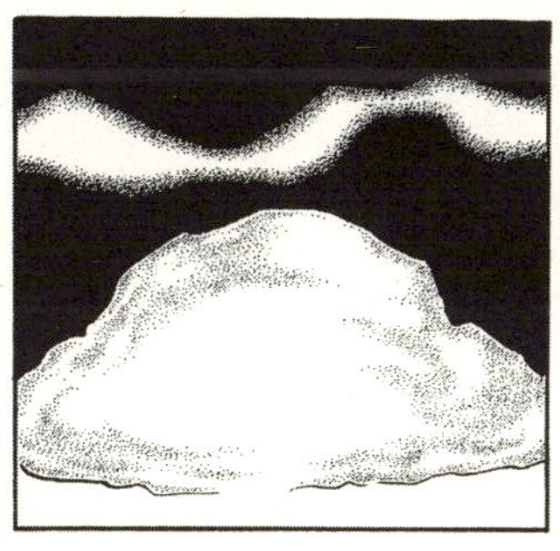
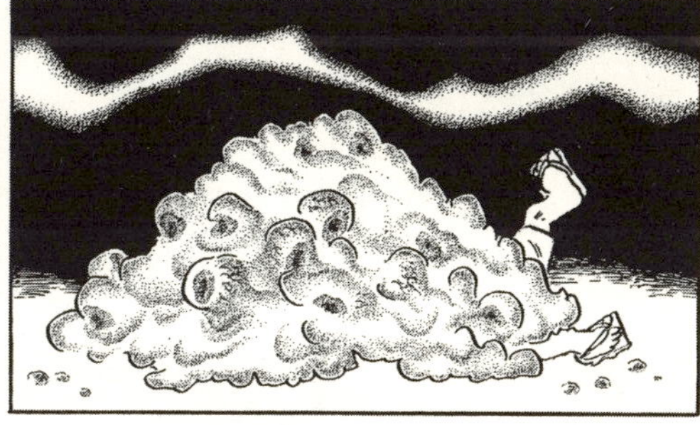
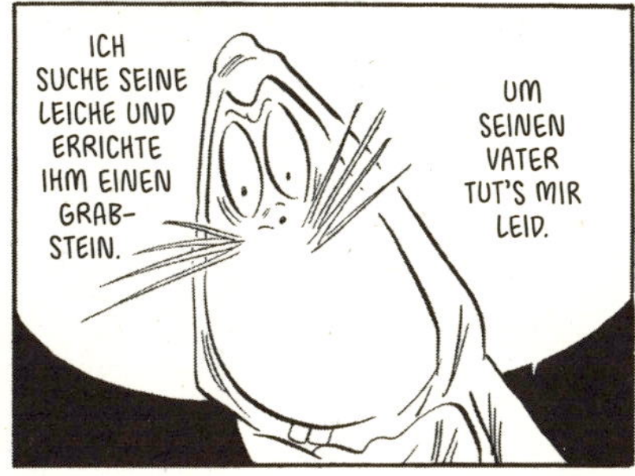
UM SEINEN VATER TUT'S MIR LEID.
ICH SUCHE SEINE LEICHE UND ERRICHTE IHM EINEN GRAB-STEIN.
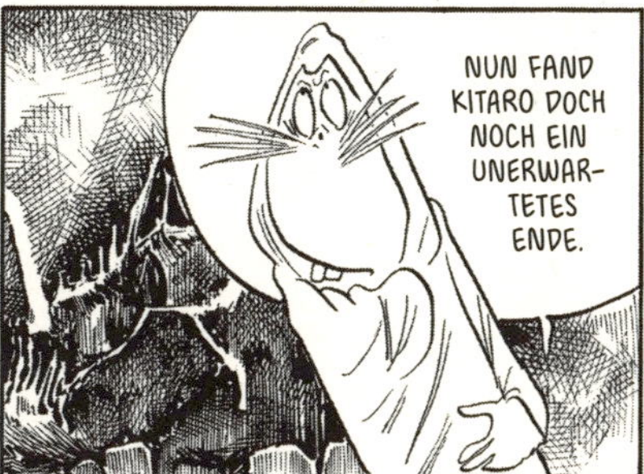
NUN FAND KITARO DOCH NOCH EIN UNERWAR-TETES ENDE.

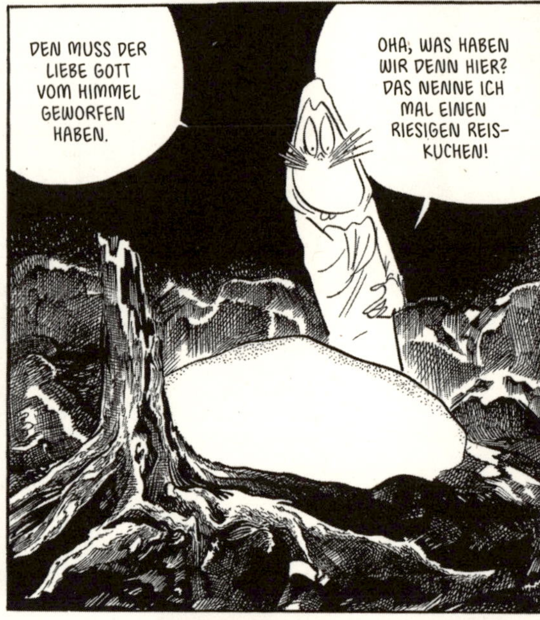
OHA, WAS HABEN WIR DENN HIER? DAS NENNE ICH MAL EINEN RIESIGEN REIS-KUCHEN!
DEN MUSS DER LIEBE GOTT VOM HIMMEL GEWORFEN HABEN.

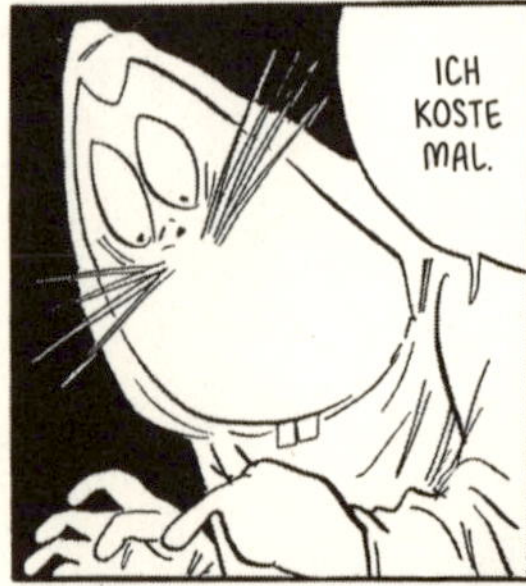
ICH KOSTE MAL.

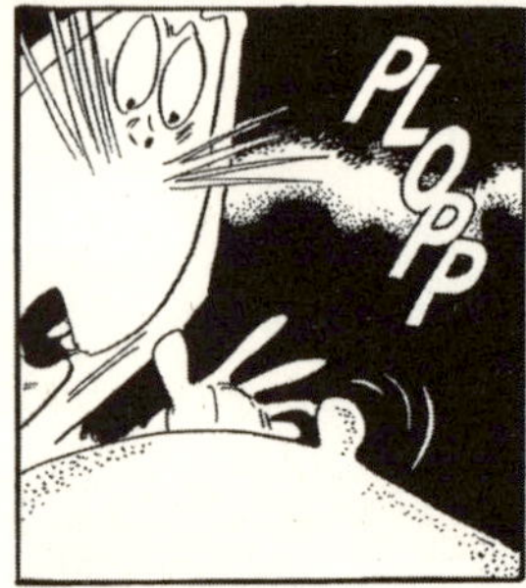
PLOPP

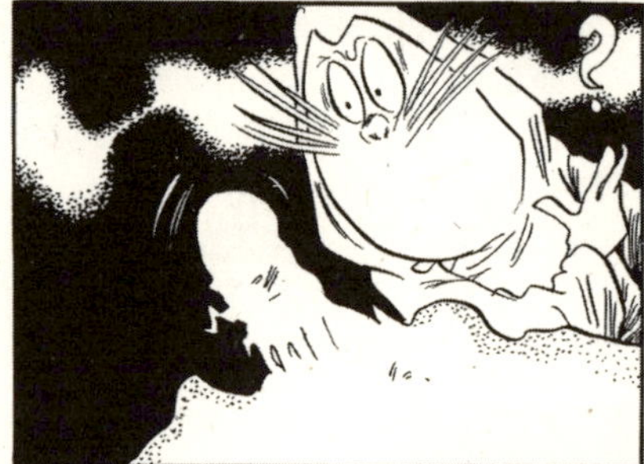

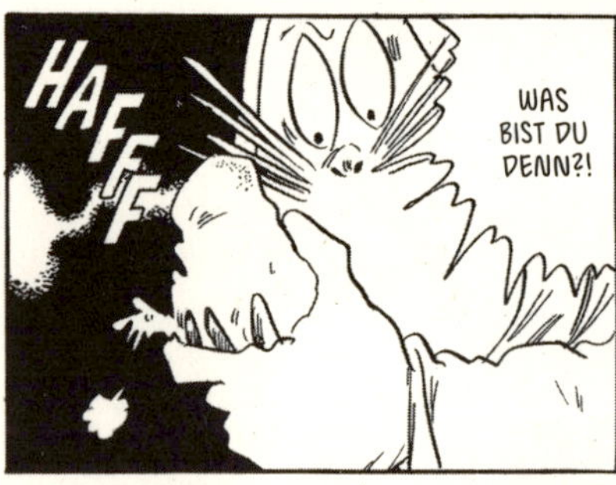
HAFFF
WAS BIST DU DENN?!

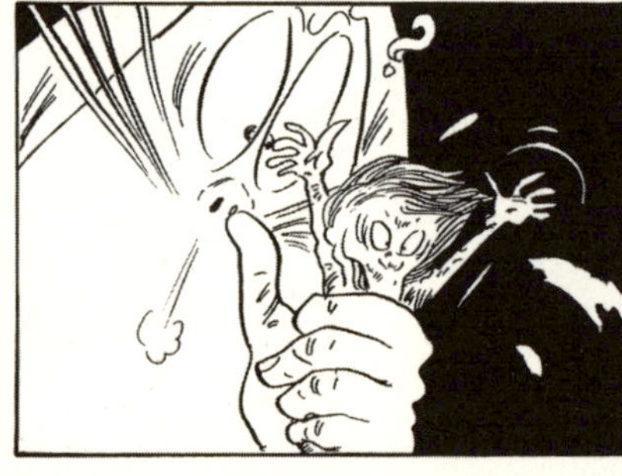

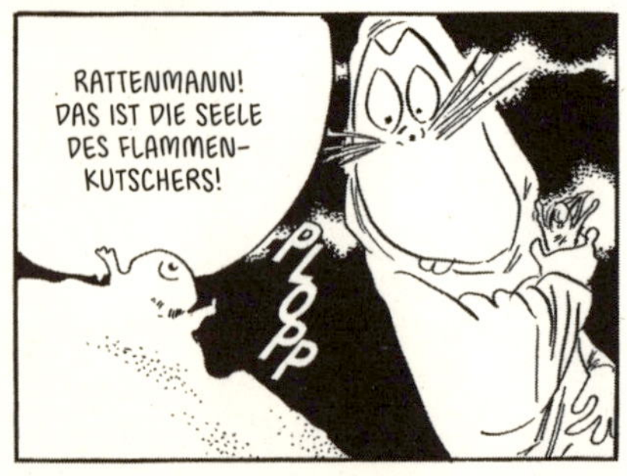
RATTENMANN! DAS IST DIE SEELE DES FLAMMEN-KUTSCHERS!
PLOPP

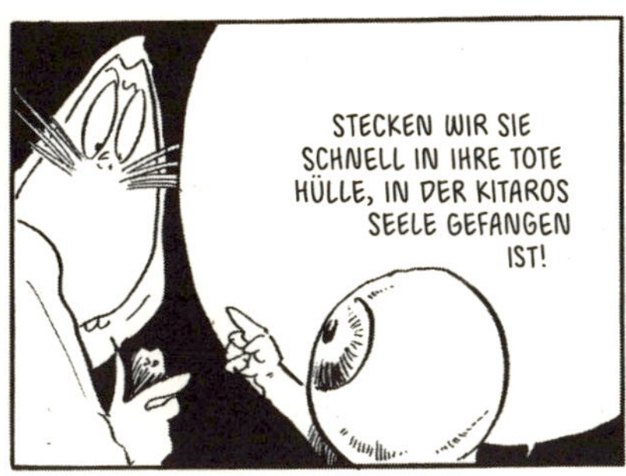
STECKEN WIR SIE SCHNELL IN IHRE TOTE HÜLLE, IN DER KITAROS SEELE GEFANGEN IST!

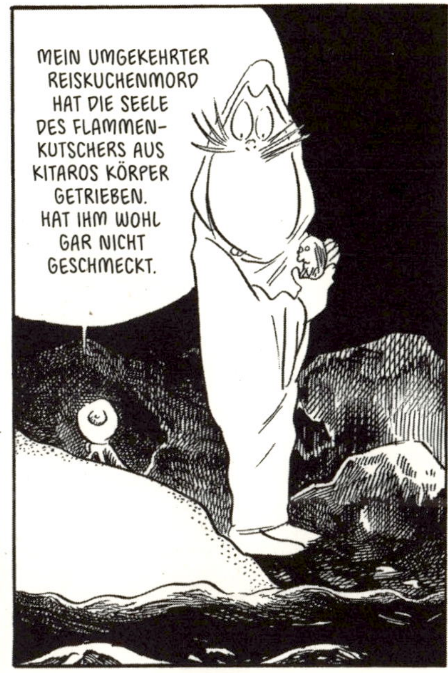
MEIN UMGEKEHRTER REISKUCHENMORD HAT DIE SEELE DES FLAMMEN-KUTSCHERS AUS KITAROS KÖRPER GETRIEBEN. HAT IHM WOHL GAR NICHT GESCHMECKT.

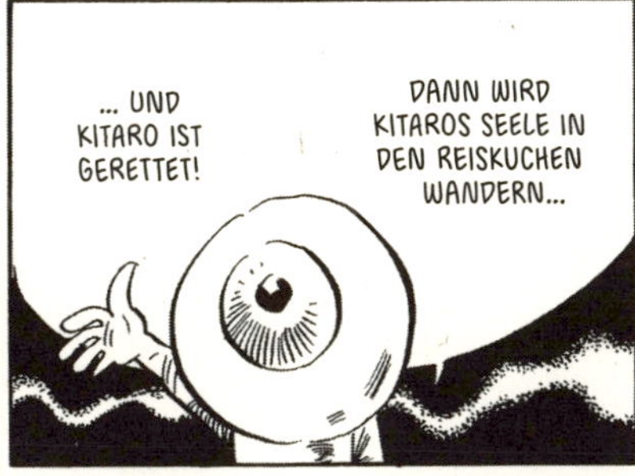
DANN WIRD KITAROS SEELE IN DEN REISKUCHEN WANDERN...
... UND KITARO IST GERETTET!

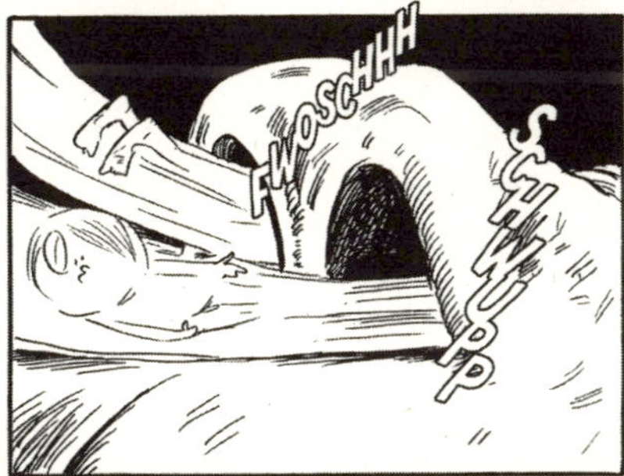
FWOSCHHH
SCHWUPP

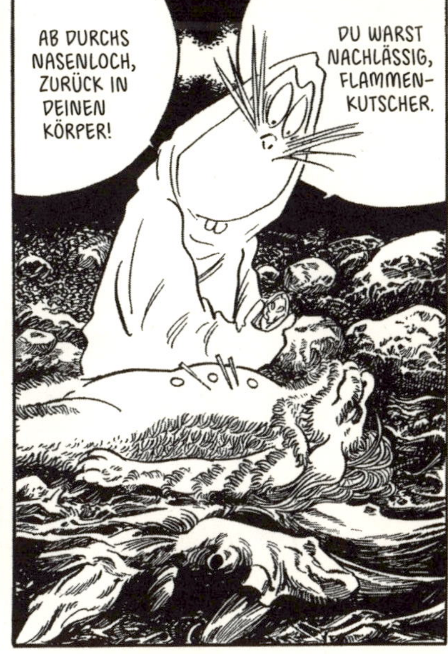
DU WARST NACHLÄSSIG, FLAMMEN-KUTSCHER.
AB DURCHS NASENLOCH, ZURÜCK IN DEINEN KÖRPER!

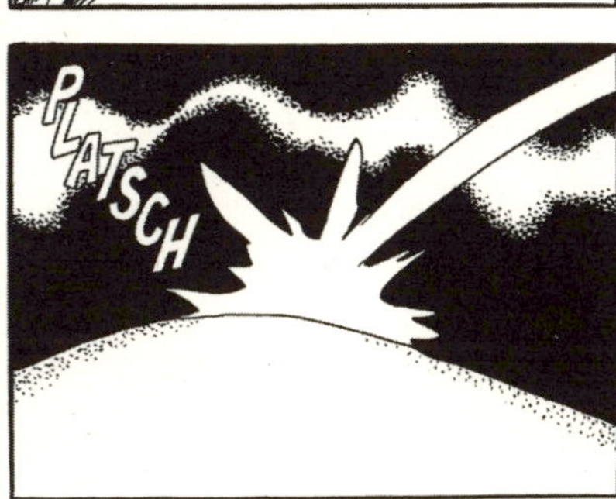
PLATSCH

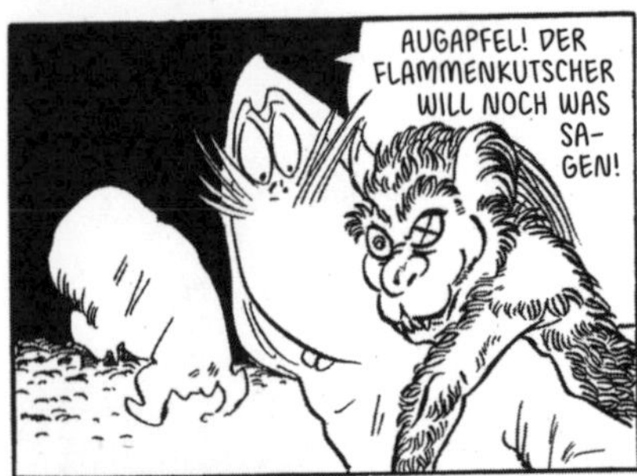
AUGAPFEL! DER FLAMMENKUTSCHER WILL NOCH WAS SA-GEN!

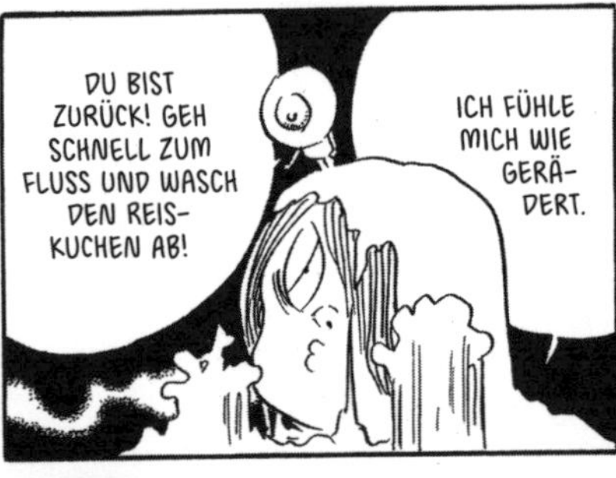
ICH FÜHLE MICH WIE GERÄ-DERT.
DU BIST ZURÜCK! GEH SCHNELL ZUM FLUSS UND WASCH DEN REIS-KUCHEN AB!

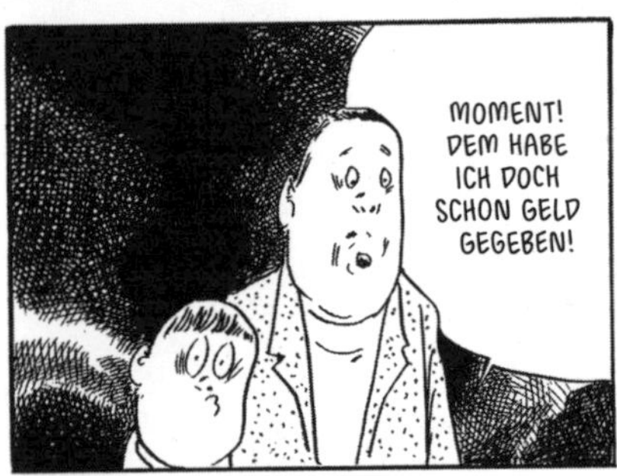
MOMENT! DEM HABE ICH DOCH SCHON GELD GEGEBEN!

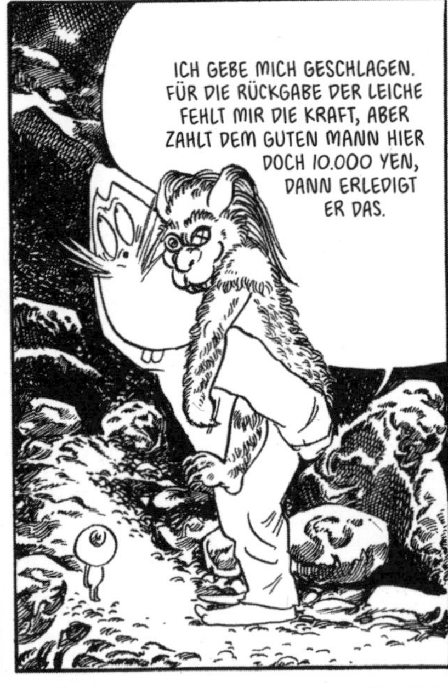
ICH GEBE MICH GESCHLAGEN. FÜR DIE RÜCKGABE DER LEICHE FEHLT MIR DIE KRAFT, ABER ZAHLT DEM GUTEN MANN HIER DOCH 10.000 YEN, DANN ERLEDIGT ER DAS.

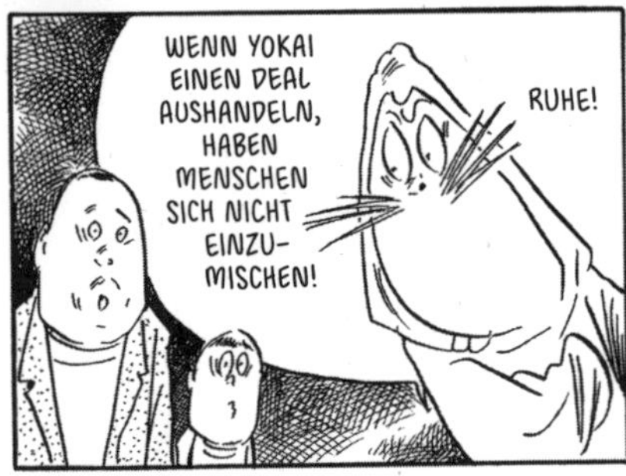
RUHE!
WENN YOKAI EINEN DEAL AUSHANDELN, HABEN MENSCHEN SICH NICHT EINZU-MISCHEN!

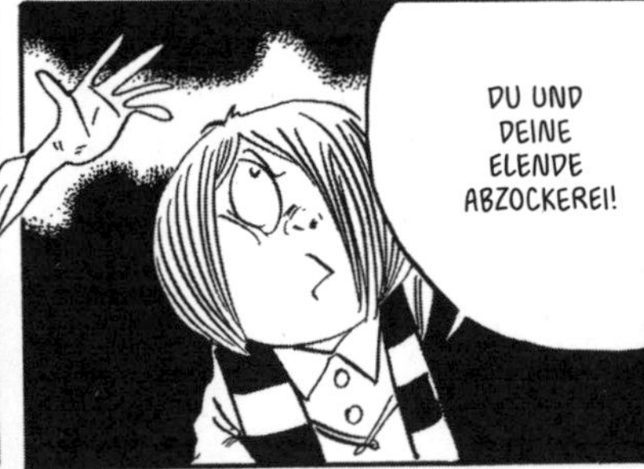
DU UND DEINE ELENDE ABZOCKEREI!

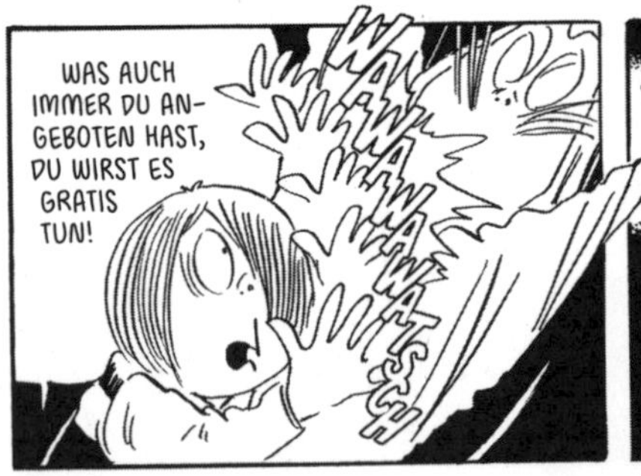
WAWAWAWATSCH
WAS AUCH IMMER DU AN-GEBOTEN HAST, DU WIRST ES GRATIS TUN!

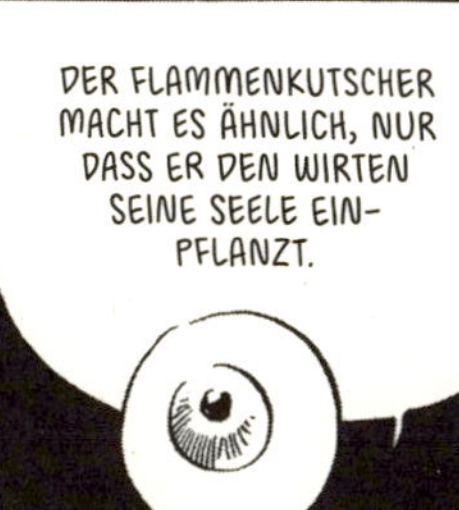

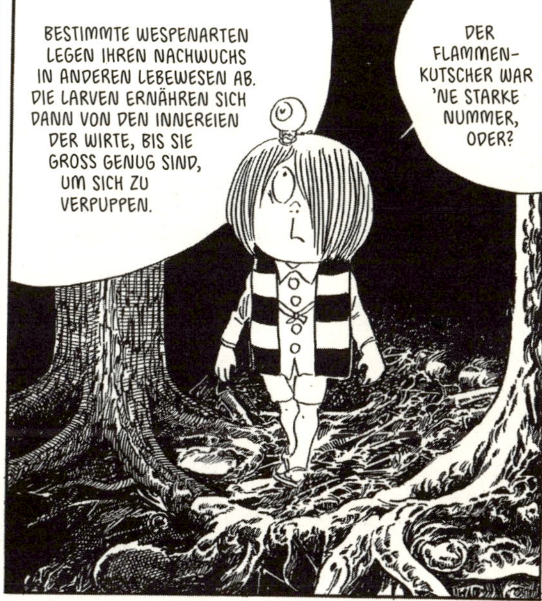

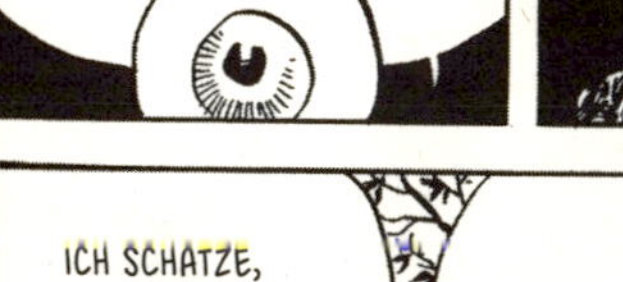

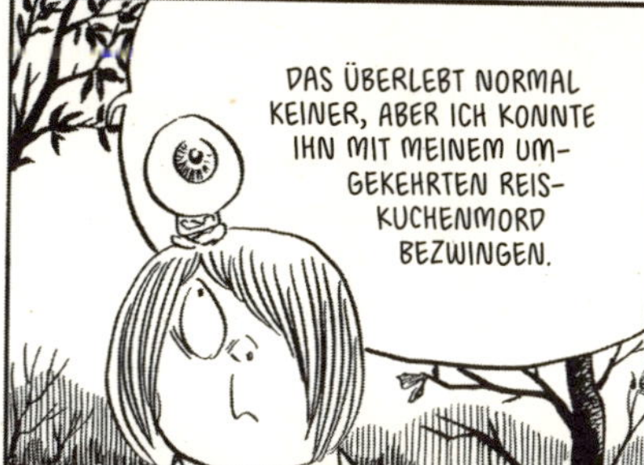

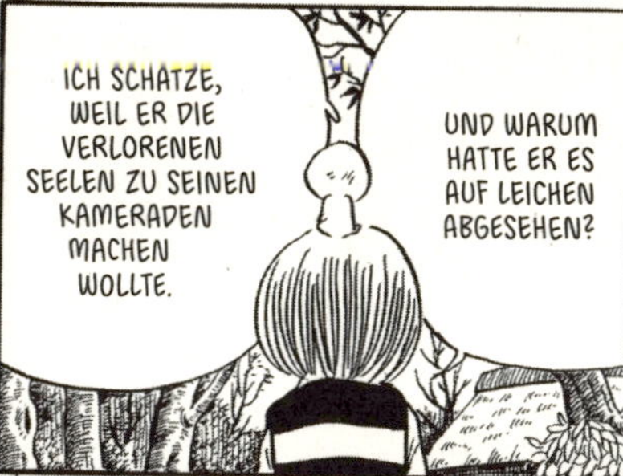

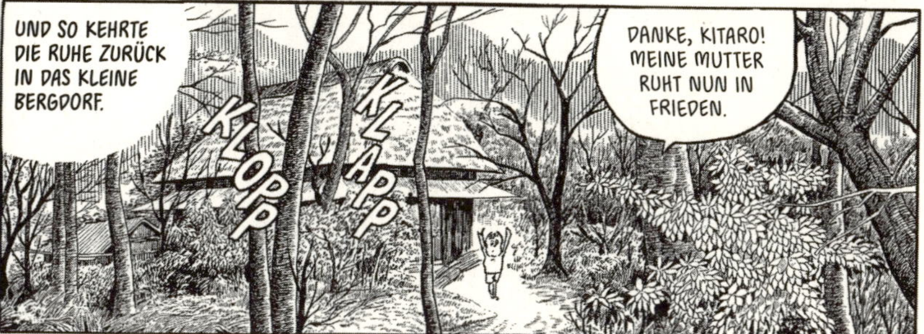

Reiskuchenmord – Ende

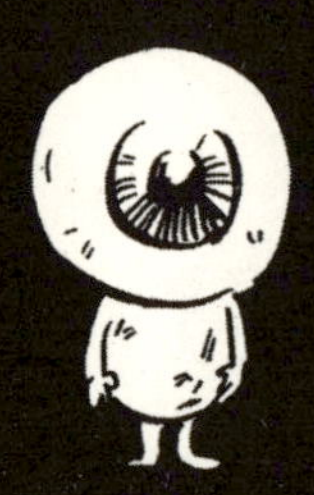

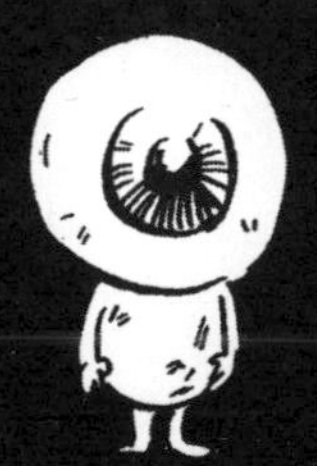

ERSTVERÖFFENTLICHUNG

Der Yokai-Prozess, Teil 4
(Shukan Shonen Magazine, 16. Februar 1969)

Die Fischwurst
(Bessatsu Shonen Magazine, April 1969)

Der Schlammfeldmönch
(Bessatsu Shonen Magazine, Mai 1969)

Linksfuß
(Bessatsu Shonen Magazine, Juni 1969)

Der Bodenstrolch
(Bessatsu Shonen Magazine, Juli 1969)

Das Katzenmädchen und der Rattenmann
(Bessatsu Shonen Magazine, September 1967)

Der Pfeifkessel
(Weekly Shonen Sunday, 26. September 1971)

Der Beutelbaumler
(Weekly Shonen Sunday, 3. Oktober 1971)

Reiskuchenmord
(Weekly Shonen Sunday, 10. Oktober 1971)

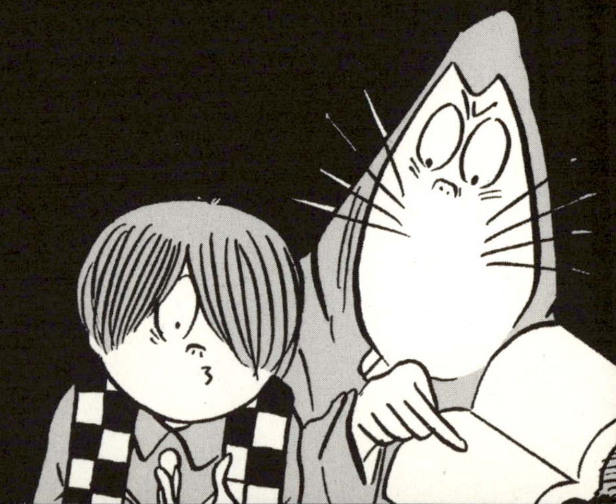

Yokai-Guide 6

von Sabine Scholz

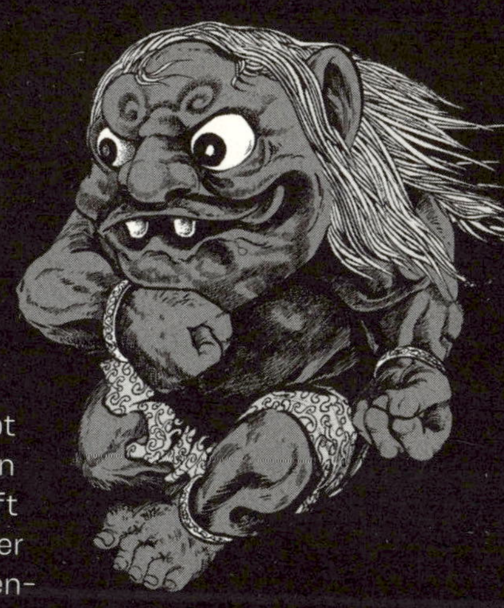

Der Kissendreher (makura-gaeshi) / Band 6

Dieses Yokai lebt in der Traumwelt. Es besitzt Schlafsand und betäubt damit die Menschen, um sie in sein Reich zu entführen. Kitaro bekämpft es mit Salz. In Japan glaubt man, der Kissendreher würde nachts an die Menschen herantreten und ihre Kissen zu ihren Füßen legen oder sogar die Schlafenden selbst wenden. Früher fürchtete man zudem, dass die Seele, die im Traum den Körper verlässt, nicht mehr dahin zurückkehren kann, wenn das Kissen des Schlummernden umgedreht wurde.

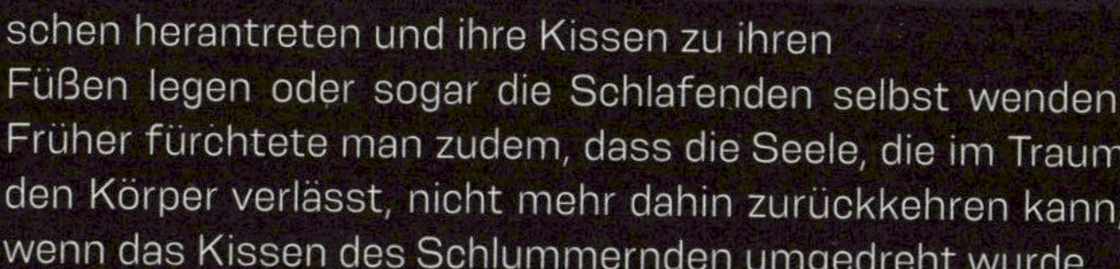

Ubume / Band 8

Ein weibliches Vogel-Yokai, welches einer Eule ähnelt. Es stiehlt Babys und Kleinkinder und nimmt diese mit zu seiner Höhle in den Bergen, um sie zu ihren eigenen Kindern zu machen. Hinterlässt Ubume auf einem Futon einen Fußabdruck, so ist der darauf Schlafende gezwungen, ins Bett zu machen. In der japanischen Folklore erzählt man sich, dass Ubume der unglückliche Geist einer Frau sein soll, die während der Schwangerschaft oder der Geburt ihres Kindes starb. Sie zählt somit zu den Yurei, den Totengeistern, und wurde oftmals als leicht bekleidete Frau dargestellt.

Schwebeflamme (tsurube-bi) / Band 6

Die Schwebeflamme ist ein Feuerball mit dem Gesicht eines alten Mannes. Kitaro ruft das glühend heiße Yokai oft zu Hilfe. Zum Beispiel erleuchtet es dunkle Räume und Höhlen oder erschrickt Kitaros Gegner mit seinem hellen Schein. Manchmal attackiert es sogar Bösewichte mit seinem lodernden Körper. Tsurube-bi bedeutet wörtlich etwa »Feuerkübel«. In der japanischen Folklore zählt es zu den Yurei, den Gespenstern. Dem bläulichen Feuer wird nachgesagt, dass es sich mit Vorliebe an Wegesrändern an den Ästen alter Bäume aufhängt, um arglose Wanderer zu erschrecken. Einige Geschichten erzählen sogar davon, dass es Menschen verschlingt, meist wird es aber als harmlos beschrieben.

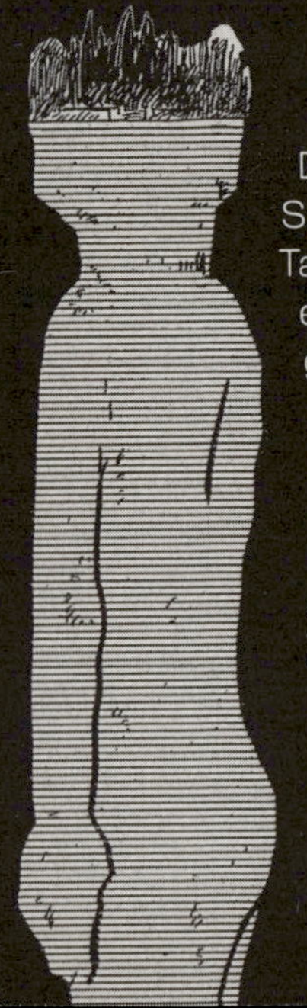

Die Menschenfresserinsel (hitokui-jima) / Band 8

Dies ist ein riesiges Yokai vor der Küste des Dorfs Sasaoka in der Präfektur Wakayama, das bereits seit Tausenden von Jahren lebt. Das felsige Yokai besitzt eine menschliche Form und steht auf dem Meeresgrund. Über Wasser ist nur ein Teil seines Kopfes zu sehen. Die Menschen verehren es als Meeresgott und bringen ihm sogar einmal im Monat zwei Menschenopfer, damit das Meer ruhig bleibt und die Fischernetze gut gefüllt sind. Der Meeresgott wird auch als Herr über die Lüfte angesehen, da er Stürme und Flutwellen verursachen kann. Doch in Wahrheit atmet er in solchen Fällen einfach nur stärker ein und aus. Die Vorderansicht des hitokui-jima in Kitaro erinnert stark an das unvollendete Monument Alai Minar im Süden der indischen Hauptstadt Delhi.

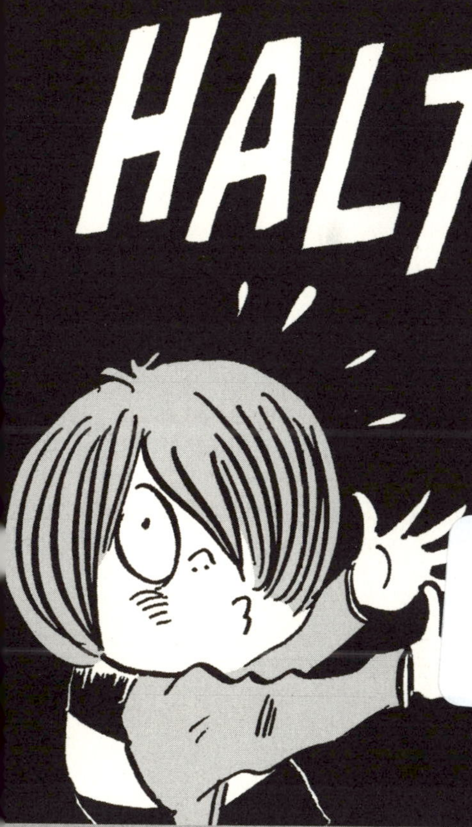

HALT

Kitaro ist ein Manga in japanischer Leserichtung. Da in Japan von hinten nach vorn und von rechts nach links gelesen wird, beginnt dieses Buch hinten und endet hier. Die Bilder und Sprechblasen werden von rechts oben nach links unten gelesen.

Aus dem Japanischen
von Gandalf Bartholomäus
Redaktion: Aranka Schindler
Korrektur: Gustav Mechlenburg
Gestaltung und Lettering: diceindustries
mit einem Font von Kevin Huizenga

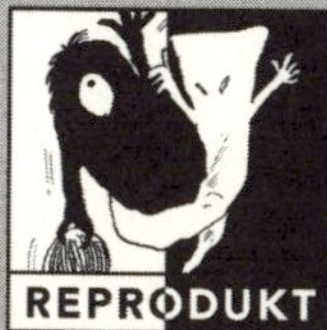

Gottschedstr. 4 / Aufgang 1
13357 Berlin

Published by arrangement with Presspop Inc.
Herausgeber: Dirk Rehm
ISBN 978-3-95640-389-7
Druck: Pozkal, Inowrocław, Polen

Erste Auflage: September 2023

www.reprodukt.com